Heather McLean

D0674876

La vie au Moyen Age

Robert Delort

La vie
au Moyen Age

Edita

COLLECTION « POINTS HISTOIRE »
FONDÉE PAR MICHEL WINOCK
DIRIGÉE PAR RICHARD FIGUIER

*Édition réalisée
avec la collaboration de
M*me* Claude Gauvard*

ISBN 2-02-006194-5

www.seuil.com

Préface
de la troisième édition

Les éditions anglaises de cet ouvrage (New York, 1973, et Londres, 1974) ont suivi de trop près l'édition française (Lausanne, 1972) pour qu'elles en fussent vraiment différentes, à quelques détails près. Une nouvelle publication, près de dix ans plus tard, exigeait de soigneuses révisions et mises à jour, d'autant que la suppression de plus de 500 illustrations (nécessitée par le format « de poche ») et des commentaires — parfois copieux — qui les accompagnaient, privait le texte d'exemples et de développements souvent indispensables à la compréhension d'ensemble.

Je voudrais exprimer toute ma gratitude à Mme Claude Gauvard qui a si parfaitement exécuté ce travail qu'il est maintenant difficile de savoir ce qui, dans ce texte, provient de l'original ou de ses propres corrections. Et qu'elle me permette de dire que, pour tout ce qu'elle en a accepté, comme pour tout ce qu'elle en a modifié, ce livre, désormais, est devenu aussi le sien.

ROBERT DELORT
octobre 1981

1

L'homme et le milieu

Le Moyen Age a vu se préciser et s'épanouir ce monde que, suivant certains, « nous avons perdu » ou que, suivant les autres, nous sommes de toute manière en train de perdre. Les plus banales considérations sur notre vie quotidienne ne font que souligner à quel point la réalité d'autrefois était différente de la réalité actuelle. Les contraintes du relief n'existent pratiquement plus pour celui qui voyage sur une autoroute parmi des collines nivelées ou des vallées remblayées, *a fortiori* pour qui prend l'avion ; les montagnes, longtemps dominatrices, sont tellement colonisées et pénétrées par l'homme qu'il faut les protéger contre de nouvelles attaques. Le sol le plus ingrat, scientifiquement amendé, porte des récoltes plus belles que le sol vierge le plus fertile. Les fleuves les plus puissants d'Occident sont canalisés, la mer contenue, sur les côtes basses, par d'énormes digues ; la flore, la forêt, la faune naturelles n'existent plus qu'à l'état fossile, et on essaie d'en sauvegarder des lambeaux — déjà fort altérés — dans de pitoyables « réserves ».

L'Occidental lui-même, assisté depuis sa naissance contre les maladies épidémiques ou endémiques, contre les disettes ou les carences alimentaires, a vu en quelques siècles tripler la durée moyenne de son existence. Même les contraintes climatiques sont en passe de disparaître, non seulement pour qui peut suivre le printemps ou l'été dans chaque hémisphère, mais aussi pour qui, plus modestement, peut toujours disposer de vêtements adaptés au type de temps et braver les intempéries dans sa voiture ou dans son habitation soigneusement climatisée. Il faut insister sur ces truismes, si l'on veut tenter une approche franche et précise de la vie au Moyen Age.

A l'heure actuelle, seuls certains phénomènes climatiques ou

cosmiques, à l'extérieur, et la plupart des contraintes physiologiques internes sont restés irréductibles et nous font encore
sentir le poids de la nature sur l'homme occidental; pour le
reste, un voile technologique s'est dressé entre l'homme et le
« milieu », sert donc d'intermédiaire obligatoire, empêche pratiquement tout contact direct. Or le Moyen Age a eu précisément
ce contact direct et multiquotidien que l'outil facilite et que la
machine interdit : le bûcheron et sa cognée luttent contre l'arbre
comme le chasseur et son épieu contre le sanglier ou le laboureur, son attelage et sa charrue à mancherons contre le sol
rebelle; l'homme est seul contre le froid, la faim, la maladie;
survivre est surtout une question de force. Aussi, avant toute
étude précise de la vie quotidienne, faut-il établir les conditions
générales, matérielles, de cette vie, le cadre obligatoire dans
lequel elle se déroule et qui la conditionne, ce « milieu » qui
n'est pas exactement semblable au nôtre, ni en soi, ni surtout
par rapport aux hommes; voir aussi les moyens dont les hommes disposaient pour s'en défendre ou pour le dompter; considérer enfin quels étaient ces hommes, parfois reculant, écrasés
par la forêt, la disette, la maladie, toujours revenant, plus
nombreux, vigoureux et dynamiques, à l'attaque d'une nature
qu'ils ont finalement mise en échec, voire qu'ils ont gauche-
ment commencé à asservir.

Le milieu médiéval.

La vie quotidienne — la vie tout court — d'un organisme
quelconque est conditionnée par la nature de l'organisme lui-
même et par le milieu où il vit. On sait la fortune qu'a eue cette
science écologique depuis sa fondation — ou la définition de
son objet — par E. Haeckel en 1866. On a plus récemment
défini le milieu comme un ensemble de facteurs abiotiques
d'origine cosmique (soleil, gravitation...) ou planétaire (climat,
relief, propriétés physico-chimiques du sol ou de l'eau) et de
facteurs biotiques, souvent sous la dépendance des précédents,
provenant des autres organismes (de même espèce ou non)
vivant dans le même milieu : flore, faune, etc.

Enfin, on a depuis longtemps essayé, avec des fortunes diverses, d'étudier plus particulièrement ces interactions multiples
dans le cas d'un organisme privilégié, l'homme; mais les résul-

tats obtenus ont toujours été partiels, par ignorance d'un certain nombre de facteurs inconnus ou impondérables. Or l'historien ajoute à cette écologie humaine déjà démesurée une autre dimension : il ne s'agit plus d'étudier l'homme et son milieu, c'est-à-dire l'espace, à l'heure actuelle, avec les procédés modernes dont on peut disposer, mais de les étudier, si possible, à une époque déterminée, pour laquelle nous manquons souvent des renseignements les plus indispensables.

Il faut aussi ajouter à cette quête spatiale une dimension chronologique, c'est-à-dire étudier l'espace dans le temps, fardeau écrasant pour l'historien qui se devrait alors d'embrasser l'ensemble des connaissances humaines de son époque avant de pouvoir approcher la période privilégiée à laquelle il désire se consacrer...

La tentation est grande de considérer — au moins pour la courte période — que ni le milieu ni l'homme n'ont fondamentalement varié, et que leurs interactions (dont certaines privilégiées) ont seules constitué la trame de l'histoire. Or ce postulat commode n'est que très grossièrement approximatif ; il est faux pour les facteurs biotiques (nombre d'individus, variations de la faune ou de la flore, etc.) ; il est très discutable pour l'homme lui-même (biologie, physiologie, psychologie, caractères somatiques...) ; il semble également l'être pour les facteurs abiotiques.

Certes, les représentations iconographiques, les descriptions de paysages ou de phénomènes climatiques, des textes sans nombre nous semblent évoquer exactement ceux que nous connaissons : ainsi le Canigou, l'île de Crète, la Manche, les pluies méditerranéennes, la forêt de Brocéliande, et on imagine difficilement qu'aient pu se produire des modifications perceptibles non seulement pour nous, 1 000 ou 1 500 ans après, mais *a fortiori* pour des gens dont bien peu vivaient plus d'un demi-siècle.

Pourtant, il est possible de mettre en évidence et des variations séculaires et des variations très brèves de presque toutes les composantes si complexes du milieu géographique.

Les formes du relief elles-mêmes peuvent se modifier brutalement. L'Occident médiéval a connu de nombreux tremblements de terre, par exemple le long de l'axe rhénan, à l'époque carolingienne et, avec une ampleur rarement égalée, en 1356 autour de Bâle. Ceux de Catalogne ou d'Andalousie aux XVe et

XVIe siècles préfigurent le désastre de Lisbonne (1755), et les séismes italiens sont souvent en rapport avec des éruptions volcaniques (Vésuve, Etna, Stromboli...). Dans les pays karstiques (Causses, Slovénie), ce sont des gouffres qui se démasquent d'un seul coup; et, en novembre 1248, un extraordinaire glissement de terrain, sur 3,5 kilomètres de large, engloutissait, au pied du mont Granier, les Abîmes de Myans, avec plusieurs villages et des milliers de personnes, aux portes de Chambéry.

Des modifications, moins rapides, sont cependant visibles sur un nombre restreint de siècles: ainsi les mouvements du sol comme la subsidence de la région vénitienne sous le poids des alluvions alpestres apportées par le Pô, l'Adige, la Brenta, le Piave ou les subsidences et émersions de la région napolitaine, accélérées par les phénomènes volcaniques mais intégrables dans un mouvement d'ensemble qui fit se modifier les côtes tyrrhéniennes parfois de plusieurs mètres depuis l'époque romaine — phénomène en rapport avec le chevauchement des plaques Europe et Afrique, en bordure de la Méditerranée.

Le sol de Venise continue à s'enfoncer; le port antique de Baïes est sous l'eau et les temples voisins portent sur leurs colonnes les traces des pholades marines qui s'y fixèrent avant leur récente émersion. Le relèvement du bouclier scandinave, écrasé il y a 20 000 ans sous une calotte de glace épaisse de 2 ou 3 kilomètres, est de 1 mètre par siècle: le Moyen Age a donc vu le pays au nord de Stockholm « monter » d'une dizaine de mètres. L'homme ne s'est pas directement aperçu de tous ces phénomènes, mais il a profité ou pâti de leurs conséquences: ainsi Birka, une capitale du monde scandinave, dont les chenaux étaient sillonnés par des drakkars au faible tirant d'eau: deux siècles suffirent à faire de ses baies un chapelet de lacs, à exonder ses quais et à rendre ses chenaux impraticables... Songeons aussi à Venise dans sa lagune envasée et sur son sol lentement immergé.

Par ailleurs, si la structure lithographique du sol ne se modifie guère en profondeur, la couche superficielle voit sa composition varier considérablement en fonction d'alluvionnements, de sédimentations ou de l'action complexe des organismes vivants.

Les modifications du relief sont accélérées parfois très brutalement par l'action des eaux: effondrement subit d'une tête de glacier entraînant un morceau de la montagne (glacier d'Argen-

Le séisme bâlois
du 18 octobre 1356

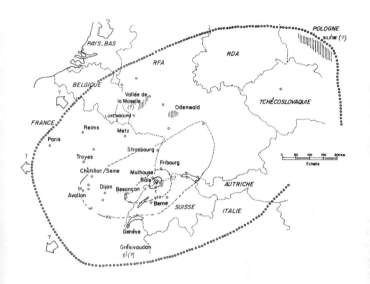

Le plus important des tremblements de
terre au nord des Alpes durant le dernier
millénaire a laissé un souvenir terrifié dans
la littérature médiévale et postmédiévale.
De fait, il avait été ressenti avec force sur
plusieurs centaines de kilomètres d'est en ouest, et les dégâts, sinon les pertes
en vies humaines — évitées grâce aux secousses préliminaires —, avaient été
considérables.

D'après B. Cadiot, D. Mayer-Rosa, J. Vogt, dans J. Vogt, *les Tremblements
de terre en France,* Orléans, BRGM, 1979, p. 162.

tière) ; extraordinaire montée des eaux comme la crue de 587 qui
modifia profondément le réseau padan, repoussant l'Adige vers
le nord et lui donnant accès à l'Adriatique, mais lui enlevant le
Mincio au profit du Pô, dont elle déplaça l'embouchure de
plusieurs kilomètres vers le sud.

Glaciers, fleuves et mers fournissent d'ailleurs un travail
considérable dont les effets sont visibles, sinon tous sur la vie
d'un homme, du moins sur quelques générations. Des méandres
sont recoupés : vallée de la Save, par exemple, entre Provo et
Progar, ou du Lot, entre Cahors et Duravel. Des alluvionnements considérables font divaguer le cours d'eau dans son
propre lit : le Rhône ou le Pô poussent leur delta semé d'étangs
dans la mer ; l'Escaut voit ses bouches changer sans cesse, et de
même le réseau terminal de la Meuse et du Rhin ; la Romanche
se barra elle-même lors de la crue de 1191, formant un lac qui
engloutit Bourg-d'Oisans ; vingt-huit ans plus tard, elle fit sauter
le verrou.

Quant à la mer, elle sape les falaises (Pays de Caux), engloutit des forêts (Dol-de-Bretagne au VIIIe siècle), des terres cultivées, des villages (sur la côte flamande ou frisonne au XIe et au
XIIe siècle), ou les dévaste durablement par une avancée brusque, lors d'une tempête ou d'une marée exceptionnelle : la
formation, de 1177 à 1287, de l'immense Zuyderzee, provint de
l'entrée de la mer dans le lac Flevo, puis de la rupture apocalyp-
tique du grand cordon de dunes dont les restes forment les îles :
Texel, Vlieland, Terschelling, Ameland... Le littoral se modifie
constamment. Au début de notre ère, une grande île, qu'un bras
de la Gironde (fermé au Moyen Age) séparait du reste du
Médoc, existait là où sont actuellement la pointe de Grave,
Soulac, etc. ; un ensemble considérable de lagunes, de l'Isonzo
au Pô, a été comblé en quelques siècles, scellant le destin de
villes devenues inhabitables ou inintéressantes comme Aquilée,
Grado, Comacchio, Concordia, Héraclée. Ce phénomène est
très général sur la côte méditerranéenne, entre Livourne et
Barcelone, par exemple : Ampurias, Ruscino, près de Perpi-
gnan, Aigues-Mortes, Luni, Pise ont vu la terre avancer aux
dépens des lagunes, sinon de la mer elle-même. Les *Nehrungen*
de la côte baltique ont provoqué le comblement rapide des
Haffen intérieurs, en particulier entre Danzig et Königsberg. Le
sable amené par la mer et modelé par le vent a envahi l'arrière-

pays, barré des rivières, créé des étangs d'eau douce, inexorablement détruit des villages, comme dans les Landes.

A ces actions locales peuvent s'ajouter des phénomènes très généraux, d'importance planétaire, voire cosmique. La plupart sont sous la dépendance du soleil. Au cours de son voyage dans la galaxie, celui-ci peut passer dans des espaces obscurs qui atténuent temporairement son éclat, donc la chaleur et les radiations qu'il émet; par ailleurs, tous les dix ou onze ans, la recrudescence des taches solaires en liaison avec des émissions d'ultraviolets très courts provoque dans l'atmosphère terrestre de brusques changements de pression en haute altitude. Les particules à haute énergie — en particulier les neutrons — en provenance du soleil ou formant le cœur du rayonnement cosmique pourraient d'autre part frapper à mort toute vie sur terre, s'il n'y avait le champ magnétique qui les «piège», pour la plupart, et les fait tourner en formant ce que l'on appelle les ceintures de Van Allen. L'arrivée de ces particules en plus ou moins grand nombre à la surface de la terre dépend donc et de l'intensité du rayonnement cosmique et de l'intensité du champ magnétique terrestre. Or les deux varient en fonction des émissions solaires et des causes multiples affectant les champs électromagnétiques terrestres.

On a pu mettre en évidence, pour le Moyen Age, une diminution d'intensité de ce champ magnétique d'environ 12 %, ce qui est considérable pour une dizaine de siècles, mais cette intensité était encore, à la fin du Moyen Age, de 22 % supérieure à l'actuelle! Par ailleurs, les maxima et minima de l'activité solaire sont en gros repérés: s'ils sont à peu près cycliques – sauf entre 1100 et 1300 –, ils sont assez différents des actuels, à moduler en fonction des calculs de M. Milankovitch.

Sans entrer dans d'autres détails scientifiques, qui ne sont pas tous démontrables, disons donc que les gens du Moyen Age ont reçu moins de particules à haute énergie que nous n'en recevons, et que le soleil qu'ils ont connu n'était pas tout à fait le même que le nôtre. Le climat qu'ils ont subi était donc, à latitude égale, et différent du nôtre et différent suivant l'époque envisagée.

D'une part, l'attraction solaire a pu agir sur les masses d'eau tiède (équatoriale) glissant sur les eaux plus froides (polaires) et les a fait remonter (Gulf Stream) plus haut en latitude. Peut-être

également, le récent changement de la vitesse de rotation terrestre, agissant sur la force de Coriolis, a-t-il affecté les courants
marins... Quoi qu'il en soit, et durant plusieurs siècles, la
banquise est descendue moins loin au sud, et les Vikings ont eu
la possibilité d'aller assez facilement au Groenland, « terre
verte », voire au Labrador, et à Terre-Neuve où ils ont trouvé
vigne (?), saumons, etc. De plus, les vents dominants en Europe occidentale, qui soufflent de l'ouest, passent sur ces eaux
superficielles à qui ils empruntent tiédeur et humidité : et, par
exemple, l'Angleterre et la Scandinavie ont eu, au cours de cette
période, un climat plus doux que de nos jours.

D'autre part, le *jet stream* boréal, flux d'air en sens inverse
du mouvement de rotation terrestre, qui court au-dessus de la
zone tempérée à des altitudes moyennes et qui gouverne nos
climats en définissant à peu près le front polaire, est très sensible aux variations brusques de pression : s'il s'accélère, sa force
centrifuge le fait se rapprocher de l'équateur et sa vitesse lui
assure un circuit annulaire presque parfait. Le front polaire
descend donc, en latitude, amenant le froid sur l'Europe occidentale, le passage des cyclones sur la Méditerranée — donc
l'humidité — et l'établissement de types de temps en rapport
avec la latitude. Si le *jet* ralentit, il est rejeté vers le nord, et sa
diminution de vitesse lui fait adopter un cours sinueux : non
seulement l'Europe occidentale est soumise à un climat plus
tiède et plus humide, mais le temps peut y être, à la même
latitude, différent suivant la longitude, en raison des sinuosités
du front polaire, donc des avancées ou reculs méridiens de l'air
chaud ou de l'air froid.

On voit l'importance fondamentale de ces variations climatiques : par exemple, la remontée du front polaire et des eaux
chaudes, amenant la tiédeur, fait fondre la banquise, puis les
glaciers ; le niveau de la mer tend donc à augmenter et les côtes
basses sont envahies. Or on a pu calculer assez précisément les
périodes au cours desquelles s'est passé ce phénomène grâce à
la tourbière alpestre de Fernau, d'où le glacier voisin se retire en
cas de réchauffement et où il se répand dans le cas contraire, et
grâce au glacier de Grindelwald. Ces mouvements — qui continuent et dont on peut actuellement vérifier les causes et constater les effets — coïncident entre eux et, en gros, avec ceux de la
mer. Ainsi au XXᵉ siècle, période de réchauffement jusque vers

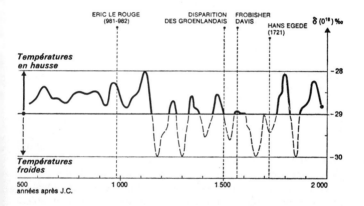

*Variations climatiques
depuis l'an 500 ap. J.-C.*

La glace des calottes polaires est un extraordinaire témoin des variations climatiques; elle comporte autant de feuillets que d'années et chaque feuillet (pour les 550 dernières années) ou groupe de feuillets (jusqu'à — 8019 ans avant notre ère) peut être daté avec précision : différentes méthodes (dont le rapport entre les isotopes de l'oxygène (^{16}O et ^{18}O) permettent d'étudier refroidissements ou réchauffements climatiques. Le dépôt des cendres volcaniques permet d'étudier également toutes les grandes éruptions du passé.

La calotte du Groenland révèle les variations climatiques du Moyen Age et en particulier l'amélioration (tiédeur) du VIIIe au XIIe siècle.

D'après W. Dansgaard, dans L. Rey, *Groenland, univers de cristal*, Paris, Flammarion, 1974, p. 25.

1950, et surtout après 1990, les glaciers reculent, la mer avance (son niveau augmente de 1,3 millimètre par an). Il semble que le Moyen Age a connu une petite période fraîche jusque vers 750 (époque mérovingienne) ; un réchauffement — carolingien — de 750 à 1200 (envahissement du marais de Dol et de la plaine flamande) ; un léger rafraîchissemenr au XIIIe siècle, peut-être plus frais vers le milieu du XIVe, et un petit réchauffement du XIVe au XVIe siècle. La période de réchauffement a été peut-être marquée — localement — par une certaine sécheresse ; quelques hivers ont pu être également très froids, à cause de la sinuosité du front polaire. Ces périodes ont vu la Seine souvent gelée, les charrois passer le Rhin ou le Rhône sur les glaces, le vin découpé à la hache et emporté dans des chapeaux (1478) ou le gel interdire l'accès des forêts franconiennes en 873 ; tel greffier du Parlement dont nous avons gardé la page d'écriture nous déclare — et nous le vérifions — que son encre gèle avant même d'atteindre le parchemin.

Mais, d'une manière générale, la tendance climatique a été légèrement plus favorable qu'à l'heure actuelle. Or c'est elle qui, en définitive, organise le milieu, car son influence est prépondérante sur la végétation et, au moins par son intermédiaire, sur tous les êtres vivants, par suite sur l'homme.

La formation végétale qui couvre la majorité de l'Occident est ainsi la forêt. Mais cette forêt n'est pas tout à fait semblable à celle dont nous connaissons les lambeaux ; elle est née ou s'est revigorée au cours d'une période fraîche et humide, aux temps mérovingiens. Or elle nuance par son ampleur la tendance climatique ; en particulier l'évaporation, considérable grâce aux feuillus, entretient une humidité plus constante, des précipitations plus abondantes et permet donc à la forêt de survivre et de se perpétuer, même si les conditions extérieures se sont modifiées. En revanche, dès que cette forêt est détruite (feu, défrichements, moutons), elle ne se reconstitue spontanément que dans les régions qui lui sont encore favorables : ainsi les forêts en bordure de la Méditerranée se transforment-elles en maquis, sauf si l'altitude est suffisante (Corse). La forêt ibérique, dégradée par les moutons au cours du Moyen Age, a laissé la place à la steppe actuelle ; de même, la forêt d'Orléans, trop profondément attaquée, a vu baisser singulièrement le niveau de ses rivières, et les versants des vallées de Haute-Provence, défo-

Les forêts en Occident au Xᵉ siècle

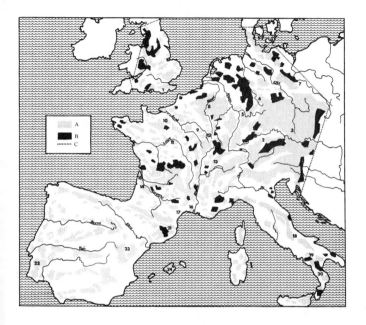

A Principaux massifs forestiers. **B** Massifs forestiers pour lesquels subsistent des incertitudes sur leurs limites et leur compacité. **C** Limites de l'enquête. Principales essences connues : **1** Weald : chêne, bouleau. **2** Vorland bavarois : hêtre, chêne. **3** Forêt de Bohême : chêne, hêtre. **4** Buchonia : hêtre. **5** Dreieich Forst : chêne, hêtre, charme. **6** Diepholz : chêne, bouleau. **7** Lusace : orme, charme. **8** Ardenne : hêtre. **9** Forêt d'Othe : chêne, hêtre. **10** Forêts de l'Évrecin : chêne, hêtre, érable. **11** Sologne : chêne, bouleau. **12** Plateau de Langres : chêne, charme, hêtre. **13** Jura : pin, sapin, épicéa. **14** Forêt des Graves : chêne. **15** Forêt du Médoc : chêne, pin. **16** Sylva Godesca : pin. **17** Montagne de Sète : pin. **18** Abruzzes : chêne, hêtre. **19** Cilento : pin. **20** Sila : pin. **21** Catalogne : chêne, rouvre, bouleau, pin. **22** Algarve : pin. **23** Serrania de Cuenca : pin. **24** Baléares : pin.

Ch. Higounet, *Paysages et villages neufs du Moyen Age,* Bordeaux, Fédération historique du Sud-Ouest, 1975, p. 63 (*les Forêts de l'Europe occidentale du Vᵉ siècle à l'an mil,* XIII, Settimana di Studio del Centro italiano di Studi sull'Alto Medio Evo, Spolète, 1965, Presso la Sede del Centro, 1966, p. 398-399). Carte simplifiée (Edita SA).

restés, ont vu leur terre arrachée par le ruissellement et toute
végétation disparaître.

Mais la forêt « naturelle », même dans les régions où elle est
pleine de vigueur et se régénère d'elle-même, ne garde pas la
même composition : il y a une lutte constante entre les diverses
essences, que favorisent tour à tour d'imperceptibles nuances
climatiques sur des sols pourtant semblables. On a pu étudier
ces variations de composition du manteau végétal en Occident
grâce aux pollens trouvés dans les tourbières, voire aux troncs
entiers conservés dans la glace (Grindelwald) ou dans la terre
(couérons de la forêt de Scisy à Dol). Le noisetier, prépondérant
au cinquième millénaire, a été remplacé rapidement par chênes,
ormes, tilleuls, puis, au Moyen Age, par hêtres et charmes ou
sapins et épicéas. La tourbière de Fernau montre comment les
bouleaux ont été concurrencés puis repoussés par les épicéas et
arolles ; en Allemagne, le Rotes Moor, où hêtres et charmes sont
prépondérants jusque vers l'an 800, s'entoure de bouleaux et de
coudriers qui prennent l'avantage à partir de l'an mille. La
plaine flamande au début de l'ère chrétienne, avant la transgres-
sion marine, était plantée d'aulnes et de noisetiers, qui ne
repoussèrent plus. Et les châtaigniers de la forêt d'Orléans
régressent considérablement au XIIe siècle. Le platane est inconnu avant l'époque carolingienne et, comme le peuplier, fort
rare avant l'intervention consciente des hommes.

Les variations spontanées dans la prépondérance de telle ou
telle essence ont des conséquences extrêmement importantes : le
sol dont elles tirent sélectivement tels ou tels minéraux peut être
modifié dans sa composition, mais surtout la couche de feuilles
mortes, vite décomposées, constitue la pellicule parfois très
épaisse de terre végétale appelée humus.

L'humus est particulièrement riche dans les forêts de feuillus ;
les conifères fournissent un tapis moins profond, plus sec,
d'aiguilles moins charnues et moins abondantes, même si certaines (mélèzes) tombent chaque hiver. On conçoit facilement la
différence quand l'homme, après défrichement, met ces terres
en culture ou, s'il conserve un gros lambeau de forêt, la nature
du troupeau qu'il peut y envoyer paître : les porcs préfèrent le
gland, la faîne, voire la châtaigne à la pomme de pin... Par
ailleurs, les sous-bois sont totalement différents suivant l'essence prépondérante : le hêtre est fort intolérant, le chêne ac-

cueille un riche cortège. La composition de la faune végétarienne en est directement influencée et, par suite, celle du peuple des carnivores qui dévorent les végétariens et enfin celle des supercarnivores qui vivent de proies elles-mêmes carnivores. Il n'est pas exagéré de considérer la couverture végétale comme l'élément fondamental du paysage, comme le premier des facteurs biotiques agissant sur les hommes.

De ce fait, décrire l'Occident médiéval comme une immense forêt de chênes et de hêtres laissant la place aux épicéas et aux sapins vers le nord ou dans les montagnes est une constatation primordiale pour qui veut étudier la vie des hommes durant cette période. Mais il ne faut pas oublier que les hommes ont également agi sur elle, la détruisant localement, en totalité ou sélectivement, modifiant sa composition, sans le savoir ou intentionnellement, en replantant des essences différentes. Il en est résulté, dès le Moyen Age, des modifications profondes de la forêt « naturelle » et de la faune, indépendamment de la tendance climatique ou des cycles biologiques.

La faune de l'Occident était, de ce fait, légèrement autre, qualitativement, que celle que nous connaissons ; et la proportion relative des espèces, comme le nombre des individus leur appartenant, y était fort différente. On peut avancer à cela plusieurs raisons naturelles : par exemple, insectes, reptiles, batraciens et oiseaux étaient en rapport étroit avec le milieu, avec le climat et la végétation, eux-mêmes différents de ceux que nous connaissons. Les cas d'endémisme étaient plus marqués ; les îles Britanniques n'ont ainsi connu le lapin que vers le XIIᵉ siècle. Certaines espèces apparaissaient, d'autres reculaient ou connaissaient des cycles biologiques dont on ignore encore les raisons ; les sauterelles ont plus rarement gagné le cœur de l'Occident après l'invasion générale de 873, mais elles ont continué à dévaster fréquemment, celles du Sud *(Schistocerca gregaria),* les îles et les bords de la Méditerranée (Espagne, Italie, Roumanie) et celles de l'Est *(Locusta migratoria),* Russie, Pologne, Hongrie, monde germanique. Le rat noir s'est (peut-être) multiplié après le XIIIᵉ siècle et n'a cédé la place au redoutable rat gris que dans le courant du XVIIIᵉ siècle : c'est l'une des raisons qui ont rendu possibles les épouvantables épidémies de peste du XIVᵉ au XVIIIᵉ siècle et la mort de dizaines de millions d'Occidentaux. Les anophèles, vecteurs de la mala-

ria, ont proliféré aux abords de la Méditerranée, dans les marais
dus à l'émersion des sols, au manque de drainage systématique,
et particulièrement en période de réchauffement climatique et de
déflation démographique. Des épizooties, aux raisons complexes, décimaient à tel moment telle espèce, sauvage ou domestique. Ajoutons enfin les conséquences non prévues d'actions humaines spécifiques, soit aveugles contre les crapauds et
les chouettes, soit intéressées à court terme, pour défendre des
animaux domestiques, pour lutter contre les rapaces destructeurs de poulaillers, les rongeurs ennemis des récoltes, pour
améliorer la nourriture carnée en chassant le gibier ou pour se
protéger contre les fauves et les reptiles venimeux.

Le résultat en est bien connu. La destruction des rapaces
amène le pullulement des rongeurs ou la prolifération de certains oiseaux destructeurs d'insectes déterminés; des plantes se
trouvent donc favorisées, d'autres en difficulté. L'attaque — ou
la défense — acharnée contre les loups renforce les troupeaux
de sangliers, et la destruction des vipères fait progresser les rats.
L'importation des chats domestiques d'Afrique, connus depuis
longtemps, mais peu répandus avant la fin du Moyen Age, n'a
pas été sans inconvénients, puisque ceux d'entre eux retournés à
l'état sauvage ont contribué à perpétuer et à amplifier les méfaits
des félins « naturels » en Occident : lynx, chat sauvage. Le recul
des loutres ou des visons, comme l'amélioration des techniques
de pêche ou l' «ensemencement» des étangs, a amené une
modification qualitative du peuple des rivières.

Un certain nombre d'espèces, courantes au Moyen Age, ont
ainsi disparu d'Occident ou sont devenues très rares. Les au-
rochs *(urus)* ont été les premiers éliminés; il n'en restait plus
que quelques-uns en Pologne au début du XVIᵉ siècle, si rares
que les Allemands les confondaient avec les bisons. Herber-
stein, le dernier, les a fait représenter et les a décrits comme
semblables à des bœufs, « à part qu'ils sont tout noirs et ont sur
le dos une sorte de raie blanchâtre ». Mais ils avaient, depuis le
Haut Moyen Age, quitté l'Occident pour ses marges, car ils
apparaissent très rarement dans la littérature ou dans les traités
cynégétiques.

En revanche, les ours étaient «très communes bestes»; le
grand chasseur qu'était le comte de Foix, Gaston Phébus, nous
décrit par le menu, en 1387, leurs mœurs, les endroits où on les

trouve, la manière dont on les chasse. Les paysans eux-mêmes, *a fortiori* les montagnards, connaissaient bien cette grosse bête lourde et forte, avide de miel, parfois redoutable et parfois bonasse, facile à berner même quand elle est en colère. Les ours ont reculé surtout sous les coups des grands seigneurs, seuls capables d'entretenir des meutes de mâtins aptes à les chasser, de s'entraîner et de les tuer à l'épieu. Leur sommeil hivernal, leur fécondité très réduite, leur manque d'agressivité, leur solitude hargneuse et leur relative faiblesse au combat, mené seul (les ours ne se battent pas en troupes), n'en ont pas fait des adversaires très tenaces.

Les loups, au contraire, ont profondément marqué le Moyen Age par leur nombre, leur force, leurs ruses, leur pugnacité, leurs contacts permanents avec les hommes. La forêt occidentale n'était que la continuation de la grande taïga eurasiatique, réservoir inépuisable de ces bêtes légères, rapides, ubiquistes, qui pouvaient, en troupes, couvrir en quelques jours des centaines de kilomètres et hanter les longs et froids hivers qu'a connus l'Occident. Seule l'Angleterre, protégée par la mer, put exterminer ses loups au cours du Moyen Age.

Ailleurs, la grande peur du loup mangeur d'enfants, de femmes, de vieux, de mères-grand, est passée dans le folklore, ainsi que les hommes-loups. Mais la littérature cynégétique ou populaire abonde aussi en détails sur Isengrin, dont on se moque de loin, tandis que le chasseur rend hommage à ses qualités extraordinaires de force, de ruse et de courage. D'innombrables documents nous le montrent tout à fait intégré dans la vie quotidienne. Dans les environs de Gênes, à la fin du XIIIe siècle, on trouve jusqu'à 6 louveteaux le même jour; la Bretagne, l'Auvergne, la Sicile, *a fortiori* la Cordillère cantabrique, la Meseta et le Harz, sont peuplés de loups. En 1420, Paris est envahi et, en 1438, sa proche banlieue. On a même pu dire que l'expansion des loups était un baromètre de la santé occidentale : un moment de relâchement, de faiblesse, et la bête accourt, se multiplie, dévore. Il en est de même jusqu'à la fin du XVIIIe siècle au moins.

Les autres carnassiers ont été moins difficilement contenus ou n'ont pu se développer, tant que le loup était roi; ainsi les lynx (loups-cerviers), dont l'espèce nordique était déjà concentrée en Scandinavie ou en Russie et dont l'espèce méridionale ne dépassait guère l'Espagne, l'Italie du Sud et les Balkans, bien qu'on en trouvât quelques-uns au nord des Pyrénées, dans le Béarn, en Savoie. Et, de même, le chat sauvage. Le sanglier, la plus forte bête qui fût, au dire de Gaston Phébus, était fort commun mais limité dans son extension, surtout par les loups, dévoreurs de marcassins, mais aussi par les battues fréquentes des seigneurs qui s'entraînaient à l'affronter (lui qui pouvait tuer d'un seul coup de boutoir) ou qui s'en nourrissaient. Alphonse de Poitiers en fit tuer et saler 2 000 avant de partir à la croisade.

Les diverses autres espèces que connaissait le monde rural — seigneurs et paysans — ont moins attiré l'attention, car elles ont été courantes jusqu'au début du XXᵉ siècle : des renards et blaireaux jusqu'aux faisans, aux lièvres, aux chevreuils ou aux chamois, aux fourmis, aux abeilles. Quant aux castors, ils étaient déjà rares ailleurs qu'en Allemagne après l'époque carolingienne.

Reste le problème, difficile à résoudre, de savoir si les animaux de cette époque n'étaient pas plus vigoureux, plus forts, plus gros que leurs descendants actuels. Certaines lois de l'écologie iraient en ce sens pour les périodes froides ou humides. Mais le matériel osseux examiné en Pologne ou en Russie ne permet pas de l'assurer avec certitude. Et si la matière des parchemins ne concerne que les peaux des animaux domestiques (moutons, chevreaux, veaux), donc est inutile pour notre propos, l'étude des fourrures, d'après les dimensions que les textes nous autorisent à calculer sur des centaines de milliers d'exemplaires, nous assure que les belettes, hermines, écureuils, etc., étaient comparables aux nôtres et que la taille relative de certains animaux des bois, par rapport à certains animaux des landes, respectait rigoureusement les proportions actuelles.

En somme, au Moyen Age, l'Occidental a connu un milieu différent du nôtre surtout par des nuances ; avant le XIIIᵉ, les températures étaient peut-être légèrement plus fortes (+ 1°), ce qui n'excluait pas des hivers souvent rudes. L'omniprésence de la forêt augmentait l'état hygrométrique de l'atmosphère, tout en atténuant les amplitudes trop brusques ; peu ou pas d'espèces disparues en ce qui concerne végétation ou faune, mais la forêt était beaucoup plus étendue, les ifs, poison du bétail, ou les loups, dévoreurs de troupeaux et d'hommes, plus nombreux, certains types de feuillus ou de conifères plus répandus.

Chêne et hêtre régnaient là où plus tard s'est imposé le pin.

La différence fondamentale avec l'époque actuelle est que l'homme avait moins de moyens pour agir sur ce milieu, l'utiliser ou se défendre contre lui ; qu'il en était beaucoup moins séparé et beaucoup plus dépendant. La vie quotidienne a été en grande partie consacrée à une lutte constante contre une nature écrasante et mal connue.

Hommes et milieu.

En fait, le Moyen Age a hérité de l'Antiquité gréco-romaine ou germanique un certain nombre de techniques et d'outils qui laissaient l'homme moins désarmé que le « primitif » en face du monde. Il en a amélioré quelques-uns, il en a inventé de nouveaux, il en a aussi oublié plusieurs, et tous n'avaient pas, dans leur domaine, la même efficacité. D'où le caractère inégal et relatif des résultats acquis.

Les principaux atouts de l'homme étaient toujours le fer et le feu. Mais le fer obtenu grâce aux procédés germaniques était d'une qualité supérieure. On le sait pour l'époque mérovingienne, grâce aux analyses effectuées principalement sur les épées ; les forgerons obtenaient parfaitement des aciers trempés avec 0,4 à 0,6 % de carbone, ou des aciers très résistants mais dont la faible teneur en carbone (0,32 %) permettait la soudure avec le fer doux ; la carbonitruration (l'azote abaissant la température de solubilité du carbone dans le fer de 723" à 590") accroissait considérablement la dureté et la robustesse d'ensemble des tranchants, rapportés sur une âme très souple.

Par ailleurs, la production de métal, longtemps réservée à l'armement, put, à partir surtout du XIe siècle, être consacrée également aux instruments permettant attaque et façonnage du bois, voire de la pierre, et surtout le travail de la terre : herse, charrue, faux, faucille, etc. Il faut en rendre responsable non une amélioration des techniques de la mine, qui est exceptionnellement en profondeur et tout naturellement à ciel ouvert, mais plutôt une multiplication de fours d'un type nouveau. A partir de l'époque carolingienne, utilisation d'une cuve de fortes dimensions et maçonnée au-dessus du sol — où reste le creuset —, aération naturelle par les vents dominants et artificielle grâce à des soufflets hydrauliques. Cette dernière invention permit non seulement de produire plus de métal de meilleure qualité, mais, en augmentant la puissance du feu, donc les températures, elle améliorait considérablement le procédé d'obtention du verre, de la brique, de la céramique et des argiles réfractaires.

La meilleure utilisation de l'énergie hydraulique, moulins-bateaux (à Toulouse), moulins à marée (Douvres, Adour) et surtout au fil de l'eau ou sur barrage, est peut-être le progrès le plus important qu'ait réalisé le Moyen Age entre le Xe et le XIIIe siècle. Martinets pour écraser le minerai ou frapper le métal, moulins à fer, à tan, à huile, à malt, à bière, à papier, à chanvre, moulins-foulons, moulins à aiguiser se diffusent très rapidement sur toutes les rivières d'Occident aménagées en conséquence. Les moulins à farine restent de loin les plus nombreux, mais dès le XIe siècle (Tolède) certains d'entre eux commencent à être mus par le vent.

La connaissance des vents marins, des voiles et des charpentes maritimes a probablement permis aux Normands d'élaborer au XIIe siècle un nouveau type de moulin promis à un grand avenir, en particulier dans les polders néerlandais, pour épuiser l'eau, ou, dans tous les pays et endroits venteux, pour moudre le grain. Un problème technique a dû être résolu pour permettre la pleine utilisation des énergies hydraulique et éolienne, car le mouvement circulaire obtenu dans un premier temps — par roues horizontales ou verticales — ne constituait qu'un progrès quantitatif sur celui obtenu à partir de tours à perche, à arc ou à pédale, ou même des primitives meules à bras. L'arbre à cames permettant de transformer ce mouvement circulaire en mouvement alternatif fut, sinon inventé — car Héron d'Alexandrie le connaissait déjà au IIIe siècle avant J.-C. — du moins retrouvé et généralisé à cette époque (XIe-XIIe siècle); il fut complété par le système bielle-manivelle, véritable révolution du XIVe siècle dont les effets sont toujours actuels.

Pour les problèmes de démultiplication des roues dentées et engrenages, des pressoirs, des treuils ou différents engins de levage, le Moyen Age s'est borné à adopter des appareils de l'Antiquité en accroissant parfois leur efficacité par un choix judicieux de matériaux plus résistants et par le plus grand soin porté à la construction. La grue à cage d'écureuil de Bruges, au XIVe siècle, était fort admirée, et des systèmes de pressoirs perfectionnés ont donné naissance aux vérins à vis et cabestan répandus dès le XIIIe siècle et permettant de lever de très gros fardeaux. Malheureusement, les crics, dont le principe était connu et employé au moins pour les arbalètes, auraient exigé des quantités trop considérables de métal pour être d'usage général.

La forme d'énergie la plus couramment employée, parce que aisément mobilisable en tous endroits, restait l'énergie animale et tout spécialement celle fournie par les hommes : le forgeron et son marteau, le bûcheron et sa cognée, le paysan et son hoyau, le vigneron portant sa hotte ou le maçon ses pierres le prouvent au plan élémentaire. Des équipes actionnaient des cabestans, tournaient dans des cages d'écureuil, halaient des bateaux, tiraient des chariots, manœuvraient treuils, poulies, leviers...

Cependant, ces efforts furent plus efficaces grâce à des inventions simples mais révolutionnaires comme celle de la brouette au XIIIe siècle, diffusée surtout au XIVe et au XVe siècle, ou de la roue à jante et rayons, garnie de plaques de fer, sinon cerclée. Par ailleurs, l'aide des animaux de trait ou de bât fut beaucoup mieux utilisée grâce à des inventions encore plus importantes : bête ferrée à partir du Haut Moyen Age, plus solide et moins fatiguée sur la terre et les pierres ; bœuf travaillant avec sa tête (joug aux cornes), cheval avec les épaules (collier d'attelage), au lieu de s'étrangler en tirant par le cou ; attelage en file et non plus de front. Les conséquences en furent, nous le verrons, encore plus considérables sur l'agriculture (possibilité d'utiliser de lourdes charrues sur des sols très compacts récemment défrichés) que sur les transports terrestres. D'ailleurs, les grandes révolutions des transports s'accomplirent sur l'eau, et plus précisément sur la mer ou les fleuves les plus larges avec l'apparition de nouveaux types de bateaux, larges, ronds, pansus, capables de porter de grosses quantités de marchandises et de remonter au vent grâce à leur voilure mixte et à leur solide gouvernail d'étambot.

Drakkars scandinaves ou galères antiques cèdent ainsi peu à peu la place aux nefs et coques atlantiques, aux énormes galéasses et hourques, aux blanches caravelles que guident sur la mer boussole, astrolabe, portulan et tables de déclinaison solaire.

Les progrès techniques, fort lents au début du Moyen Age qui adopte les innovations germaniques mais oublie des procédés

antiques, s'accélèrent à partir du XIe et surtout du XIIIe siècle.
Les hommes commencent à en prendre conscience ; l'empirisme
des recettes fait place peu à peu à une réflexion rationnelle,
sinon scientifique, à laquelle l'invention capitale du XVe siècle,
l'imprimerie, donne une exceptionnelle diffusion. Mais trop
d'efforts restent encore consacrés, comme de nos jours, à des
problèmes concernant l'efficacité des armes ou les techniques
de la guerre. Si l'arc plus puissant et plus précis mais au tir très
lent qu'est l'arbalète peut à la rigueur servir contre les animaux,
les frondes géantes et perfectionnées par treuil, ressorts et
contrepoids que sont les trébuchets (fin du IXe siècle) puis les
mangonneaux (XIe siècle en Occident), *a fortiori* les canons
(début du XIVe siècle), n'ont eu au Moyen Age que des applica-
tions guerrières.

Ceux qui auraient pu faire progresser les autres techniques par
des investissements coûteux n'en sentaient pas le besoin, voire,
étaient contre toute nouveauté. Les seigneurs ont certes construit des moulins ou amélioré les routes, mais uniquement pour
augmenter la rente seigneuriale. Ne laissant aux paysans que le
nécessaire, donc les empêchant de contribuer au renouveau
technique, ils ont consacré le superflu à des dépenses impro-
ductives, et seuls des moines, vivant en autarcie, ont pu favoriser la machine qui évite ou amplifie l'effort. Le monde médiéval
est ainsi resté bien près de l'outil, du travail individuel exécuté à
la main, du corps à corps avec la nature, dont il a senti sans
intermédiaire la force et la puissance.

Aussi, compte tenu de ses préoccupations, de ses ignorances
et des instruments qu'il possédait, il a exercé sur cette nature
une action dont les résultats ont été inégaux.

Il a certes utilisé ou combattu largement la faune naturelle. La
pêche et la chasse disposent d'un arsenal d'une redoutable
efficacité. Les paysans utilisent surtout des engins : filets fixes
ou mobiles, employés aussi bien pour les oiseaux (dans les
arbres ou en vol), les petits rongeurs (lièvres, lapins) ou les
poissons (saumons, tanches, truites, brochets, lamproies, anguilles), claies d'osier, collets dans les passages, bourses de cuir
devant les terriers, harpons ou tridents, trappes ou pièges qui
supposaient des fils fins et forts, des ressorts souples et puissants. La chasse aux animaux gros ou très rapides exigeait des
investissements considérables que seule pouvait faire la classe

chevaleresque. Il est vrai qu'une partie au moins de ces investissements servait également à la guerre : armes de trait (arbalète) ou de combat (épieu), animaux spécialement dressés (chevaux, chiens en meute, faucons...).

D'autres animaux domestiques ont contribué également à faire reculer ou à détruire la faune naturelle : buffles, taureaux ou porcs forestiers traquant les fauves ; volaille, moutons que l'on défend en exterminant belettes, renards, loups et qui prélèvent une part considérable de la nourriture des herbivores sauvages tout en dégradant la végétation par destruction des jeunes pousses (chèvres).

La forêt a été aussi vigoureusement attaquée ou utilisée. D'une part, la cueillette y est restée importante : bois, champignons, fruits des châtaigniers, des noisetiers, des pins (pignons), même des chênes ou des hêtres, qui permettaient d'élaborer la bouillie de glands ou l'huile de faîne. Ajoutons le miel des abeilles sauvages, sans compter le gibier. La forêt est également un élément d'équilibre dans une économie paysanne ; elle fournit, outre des bois d'œuvre, les fascines des routes, des fondations ou des murs, des cabanes, le petit bois de chauffage ou le charbon. Les rameaux munis de leurs feuilles, après avoir servi de litière aux animaux domestiques, étaient enfouis et amélioraient des sols anciens, dont l'acidité était par ailleurs modifiée grâce à l'adjonction de terre à bruyère. Les sols nouveaux, gagnés sur les feuillus, étaient riches d'une couche épaisse et fertile, l'humus, et les sols profonds des marécages devenaient d'excellentes terres à blé, grâce aux sarcles, herses, charrues, etc. Mais c'est le besoin de ces terres vierges et leur conquête, fait majeur du Moyen Age, qui a amené l'attaque générale contre la forêt dès les VIIe et VIIIe siècles et surtout du XIe au XIIIe siècle, lors du grand essor démographique. C'est alors que se répand l'usage de la forte cognée pour mordre sur les futaies, mais encore plus de l'herminette pour combattre des broussailles sans cesse renaissantes et pour éclaircir le sous-bois ; de la scie, pour rendre transportable le bois en bille au moins jusqu'à la rivière flottable ; de la hache, du palan et de la charrue pour couper et extraire les racines ou les souches difficiles à carboniser sur place.

Les progrès du défrichement furent limités puis arrêtés avant la fin du XIIIe siècle par la faiblesse des techniques non telle-

ment d'attaque que d'utilisation agricole des champs ainsi gagnés (dont il aurait fallu savoir accroître les rendements). D'autre part, le recul considérable de la forêt mettait en péril l'équilibre des terroirs, qui reposait aussi bien sur le ramassage du bois
mort, la glandée des porcs ou la chasse, que sur une production
accrue des céréales. La crise démographique du XIVᵉ siècle fit
abandonner maints essarts que la forêt ou la broussaille récupéra
rapidement. Ailleurs, en Haute-Provence ou en Italie du Nord,
l'homme s'était déjà aperçu que la destruction de l'arbre entraî-
nait l'érosion irréversible du sol et avait tenté d'arrêter les
chèvres et les paysans qui continuaient le ravage. Rois et seigneurs, de leur côté, en Angleterre, mais également en France
ou en Pologne, avaient réservé un certain nombre de forêts pour
y chasser.

Mais les attaques et exploitations parallèles de la formation
végétale dominante ont eu d'autres conséquences fondamentales
dont plusieurs échappèrent longtemps aux hommes. Le renou-
vellement des essences en fut accéléré. Le massacre préférentiel
des grands arbres, d'usage immédiat, favorisa les spécimens
moins bien venus. Dès le XIIᵉ siècle, le problème était déjà
grave ; on en a l'écho dans le célèbre récit de Suger, qui crie au
miracle quand il arrive à trouver en personne, après les vaines
recherches de ses hommes, les quelques troncs indispensables
pour façonner les longues poutres de son abbaye. L'attaque
généralisée de la forêt a certes mis à la disposition des hommes
des millions d'hectares de champs nouveaux, mais cette destruction désordonnée ou cette exploitation maladroite a fortement accru la détérioration de la couverture végétale et modifié
partiellement l'hydrographie, le microclimat, voire le sol et le
relief.

L'homme a d'ailleurs tenté volontairement d'utiliser ou de
modifier des données de la géographie physique ; la lutte contre
les fleuves et la mer a donné lieu aux plus gigantesques travaux
qu'ait connus le Moyen Age. Dès l'époque carolingienne, la
Loire est endiguée entre les colossales « turcies », bien avant
l'aménagement minutieux du réseau padan, la dérivation du
Tessin (XIIᵉ au XIVᵉ siècle) et de l'Adda (XIIIᵉ siècle), puis la
régularisation du Pô lui-même. Durant la même période, les
Vénitiens arrivaient à détourner la Brenta et le Piave, à contenir
l'Adige et à sauver la lagune de l'envasement ; des digues

énormes tentèrent également de protéger la côte flamingo-hollandaise des transgressions marines : le golfe du Zwyn, récemment formé, fut enserré entre des murs et des terres envahies récupérées en partie (polders). Charlemagne tenta même de réunir par un canal dont les restes sont très apparents les réseaux du Danube (mer Noire) et du Rhin (mer du Nord) ; mais le projet échoua et ne fut exécuté définitivement, à un endroit plus propice, qu'au XIXe siècle. Les Hanséates furent plus heureux en réunissant la Trave (Baltique) et l'Elbe (mer du Nord) par le canal de la Stecknitz (1398), prédécesseur du canal de Kiel. Mais les travaux finalement les plus importants dans ce domaine furent ceux, moins spectaculaires, de drainage des marais et de leur mise en culture après assèchement ; d'irrigation de terres sèches, comme dans le Roussillon ou en Sicile, ou encore de domestication de l'énergie hydraulique.

L'aménagement de l'espace pose également le problème des routes, des chaussées dans les marais, des ponts sur les cours d'eau, de l'utilisation des gués, du choix des cols. Et si le chemin médiéval prit souvent la suite de la voie romaine, le seul exemple des magnifiques ponts, fortifiés ou non, qui sèment l'Occident nous rappelle à suffisance l'ampleur de l'effort fourni par les hommes à cette époque.

Finalement, le paysage occidental tel que nous le voyons de nos jours a incontestablement été façonné par l'œuvre ininterrompue du Moyen Age ; c'est elle qui a bouleversé de manière définitive la structure et la dynamique des écosystèmes naturels, dès lors remplacés par l'agrosystème occidental. Mais il faut bien souligner que le résultat global n'a été acquis que sur plusieurs siècles : que c'est donc le travail quotidien de millions d'individus, un faible outil à la main, qui a entraîné des modifications, au total considérables, mais pratiquement imperceptibles au cours d'une vie d'homme. C'est le sentiment d'une lutte journalière contre un milieu hostile ou rebelle, aux résultats toujours remis en question, et non la certitude de la victoire qui a animé en profondeur la vie occidentale.

Et les préoccupations essentielles ont été, comme chez les peuples « primitifs », encore plus défensives qu'agressives, visant surtout à protéger et à nourrir le corps et se cristallisant autour des problèmes élémentaires : habitat, vêtement, alimentation.

La lutte contre le froid, le vent, la pluie, la trop grande

chaleur, voire contre les bêtes, la nuit, le mauvais œil, la nature
effrayante amène, comme aux siècles précédents, la construction de maisons et l'établissement de climats artificiels.

Vu la prédominance de la forêt, le bois est le matériau de
base : ainsi pour les châteaux érigés sur des mottes, qui sont
longtemps des tours en bois — celle de Hastings est encore
debout à la fin du XIIᵉ siècle —, ainsi pour les maisons, ou au
moins leur colombage, dans les villes, qui de ce fait brûlent
fréquemment ; ainsi pour la cabane ou la hutte du paysan ou du
villageois, qui dans certains pays est à base de branches ou de
troncs. Les églises, particulièrement en Norvège, mais aussi à
Honfleur, dans les Carpates, à Venise, sont souvent en bois ; et
de même le rempart des *grod* polonais, l'ossature des levées de
terre, renforcées de pieux, la palissade des maisons fortes ;
par-dessus tout sont de bois les charpentes, les poutres portant
les planchers ou les dallages, les chevrons et voliges des toits
(parfois de bardeaux, souvent de chaume), les meubles, beaucoup d'outils ou d'ustensiles domestiques. La technique du
climat artificiel n'est pas très élaborée, mais ce sont des feux de
bois, exceptionnellement de tourbe, qui permettent d'améliorer
quelque peu la température ambiante autour de la cheminée
seigneuriale ou de l'âtre paysan.

Les autres matériaux de l'habitation, quand il y en a, sont
fournis par la terre, bien que le goudron qui parfois les protège
provienne encore du bois et que souvent l'argile, mêlée à la
paille hachée (pisé), habille un squelette de bois. Parfois, la
terre est séchée au soleil ou cuite pour obtenir des tuiles ou des
briques, dont l'emploi n'est courant que dans certains pays :
Danemark, Europe hanséatique, Flandre, Toulousain... et tardivement ; leur triomphe sur le bois est généralement postérieur
au Moyen Age.

La pierre est exceptionnellement taillée, sauf pour les grands
et riches monuments du type église, bâtiments conventuels,
château, palais urbain ; elle est d'usage courant, enserrée dans
mortier ou terre, là où la forêt a reculé et est incapable d'offrir
du bois d'œuvre pour autre chose que les poutres et charpentes.
Pierres, bois et terre cuite, voire plomb, servent encore aux
rares canalisations d'amenée ou d'évacuation des eaux.

Toutes ces maisons protégeaient bien contre les précipitations, pluie ou neige ; également contre le soleil et, d'une ma-

nière générale, contre la nature visible; les ouvertures étaient en effet fort étroites et pas toujours pour des raisons architecturales: fenêtres souvent absentes des maisons paysannes, ou fort petites dans des châteaux, eu égard à l'ampleur des salles; églises, cathédrales, monuments romans sont également très sombres. Ce n'est qu'au XIIIe siècle ou plus tard que soleil et lumière entrent à flots dans des résidences privilégiées ou dans les maisons-Dieu, que le Moyen Age découvre la beauté des couleurs lumineuses, du bleu du ciel, du vert des feuilles, et que l'amour de la nature remplace en partie la méfiance qu'elle avait inspirée jusque-là.

Constructions de bois, de brique ou de pierre, sans beaucoup de lumière, protègent contre la trop grande chaleur estivale, s'il en est besoin; un crépi blanc augmente la réverbération dans les pays du Sud, et les rues serrées entre les maisons sont de véritables couloirs, souvent sombres.

En revanche, les constructions protègent assez mal de l'humidité, et surtout du froid: courants d'air par les minces fenêtres non vitrées (au mieux, tendues de toile enduite de cire) ou par les interstices de la charpente. Peu de tissus d'ameublement évitant le contact des murs ou sols, de dalles glacées ou de terre battue, et chauffage généralement insuffisant. L'invention ou la diffusion, à partir du XIe siècle, de la grande cheminée chauffant au large est certes un progrès sur le brasero qui avait suffi aux peuples méditerranéens, mais un recul par rapport à l'hypocauste du riche Romain. Seigneurs comme paysans sont logés à la même enseigne: la fumée accompagne souvent la chaleur, et, si le tirage est excellent, il y a peu de chaleur rayonnée. On se demande si la petite chaumière, groupant hommes et bêtes, n'est pas plus tiède que l'immense château aux cheminées jumelées. Aussi, si nous mettons à part les progrès du confort, tardifs, que nous constatons chez certains nobles, clercs ou bourgeois, il n'est pas exagéré de dire que les hommes, quel que soit leur état, ont connu au Moyen Age des habitations obscures et froides. Bien entendu, la notion de froid est très relative: des riches laboureurs qui auraient pu se calfeutrer dans des maisons mieux conçues, à la fin du Moyen Age, n'en ont même pas eu l'idée. Mais il faut noter aussi que les vêtements médiévaux apportaient généralement une protection très efficace contre les écarts de température et que, même si nos ancêtres étaient aussi

Musée de Varberg, Suède

Nos ancêtres sont surtout connus par les œuvres des peintres et des sculpteurs ; le témoignage de ce grand Danois, assassiné vers 1380, et que la tourbe nous a conservé presque intact, est exceptionnel. Il ne diffère de nous que par le costume qui a été reconstitué : des chausses couvrent les jambes, une robe est la pièce principale, complétée par un chaperon et par un manteau doublé de fourrure pour lutter contre le froid. Ce costume est typique du monde paysan. Dans l'aristocratie les variantes sont nombreuses et la mode naît dès le XIVᵉ siècle. Chacun se doit d'exprimer sa condition sociale par la qualité de son vêtement.

sensibles au froid que nous, des séjours dans leurs maisons non chauffées étaient facilités par les caractères particuliers de leur habillement.

Le costume a certes plusieurs fonctions, et celle de défendre le corps contre les intempéries n'est probablement pas primordiale. Mais il est difficile de ne pas remarquer que, au Moyen Age, avant le milieu du XIVe siècle, tout le monde, homme comme femme, prêtre comme noble ou comme paysan, pauvre comme riche, est habillé long. A peine peut-on signaler quelques nuances, d'ailleurs fonctionnelles, pour l'homme en général (braies), pour le travailleur ou le guerrier, qui portent tous deux au moment de l'action un costume plus court et plus dégagé (et des outils ou armes spéciaux), ou pour le prêtre, le noble, le riche, dont les matériaux du vêtement sont généralement plus précieux. Les lourds et somptueux draps de laine, la fine toile de Reims, les riches et souples tissus de soie leur sont réservés ; la tiretaine, le burel, la toile grossière habillent les plus pauvres. De même la coiffure ou les chaussures présentent diverses particularités suivant les époques ou les milieux.

Mais, quelles qu'en soient les motivations, l'adoption généralisée d'un même type d'habit ample, flottant et long, a pour première conséquence de couvrir tout le corps et d'assurer une protection générale contre des accidents climatiques.

De plus, il n'y a pas de vêtement de saison et on porte le même costume hiver comme été ; de ce fait, on est amené à superposer, l'hiver, différentes pièces d'habillement, et, même si les plus intimes d'entre elles ne sont pas toujours très ajustées, les couches d'air qui les séparent sont d'excellents isolants. Enfin, la pièce extérieure est presque toujours doublée intérieurement de fourrure, c'est-à-dire du matériau le plus remarquable et le plus efficace contre la déperdition de chaleur : épais mais léger, imperméable à l'eau mais non à l'air. On a calculé récemment que les fourrures portées poil au-dehors étaient déjà deux fois plus efficaces que le plus serré des draps de laine ; que dire de celles que le Moyen Age portait toujours poil en dedans ! Par ailleurs, il ne faudrait pas croire que seuls les riches ou les puissants fourraient leurs habits. Les peaux de chevreau ou de mouton n'étaient pas plus chères que les étoffffes grossières ; blaireaux, renards, prédateurs de tout poil que l'on détruisait spontanément fournissaient des dépouilles gratuites et excellentes. Les zibelines, hermines ou vairs que revêtaient les grands étaient certes plus chers et passaient pour plus « beaux » — concept lui aussi bien relatif — mais n'étaient guère plus efficaces. De toute manière, le résultat était le même : le costume médiéval offrait à tous une remarquable protection contre le froid. Au point que l'été devait paraître bien chaud à ceux qui ne pouvaient ou ne voulaient pas se séparer de leurs fourrures, et qu'une maison très claire et ensoleillée n'était peut-être pas tellement souhaitée.

Vêtements longs et fourrures sont en rapport avec d'autres fonctions du costume ; en particulier la protection de la pudeur ou le respect des tabous sexuels. A l'Antiquité blanche et nue, fille du soleil, on a opposé le Moyen Age, ganté, fourré et sombre, sur lequel l'influence du christianisme est plus considérable que celle de la tradition germanique. Les courbes du corps sont en fait brisées, dissimulées par ces matériaux épais, peu souples, tombant jusqu'aux pieds, habillant de la même manière homme et femme, prêtre ou roi, tous fondus dans le même uniforme d'une famille universelle. Le milieu du XIVe siècle, qui voit non seulement passer la Grande Peste et perdurer les crises, mais également apparaître le costume ajusté — et court —, la différenciation progressive des modes masculine et féminine, un début de distinction sociale, voire professionnelle, d'après la forme et non plus le matériau des habits (en attendant la naissance des modes et les costumes nationaux), correspond à un profond changement des mentalités. Ce vêtement très élaboré assume alors pleinement ses autres fonctions, celle d'orner le corps, de caractériser l'individu qui le porte : forme, couleur, accessoires, matière sont inlassablement nuancés. La richesse ou le rang social doivent sauter aux yeux. Par là le costume rejoint les bijoux aux métaux rares et brillants, aux pierres éclatantes et multicolores, aux formes étudiées, dont dispose une élite très hiérarchisée.

En somme il faut, comme lors de l'étude de l'habitation, distinguer ici aussi plusieurs niveaux : le vêtement est un fait sociologique complexe dont une des fonctions, entre autres, est de protéger le corps contre les intempéries. Ce n'est pas la seule, ce n'est pas l'essentielle.

La véritable lutte contre le froid ou le chaud est menée par le corps lui-même et le métabolisme basal. Elle se fonde avant tout sur les fonctions de nutrition.

La nourriture élémentaire de l'Occident médiéval — mis à part tout problème de diététique ou de gastronomie — est qualitativement comparable à la nôtre. Certes, quelques produits, venus d'Asie, d'Afrique et surtout d'Amérique à l'époque moderne (café, thé, chocolat), les solanacées (tabac, tomate, pomme de terre), quelques espèces de haricots et le maïs étaient inconnus, mais la gamme d'aliments en principe disponibles restait très large et très variée.

Les glucides et hydrates de carbone en général étaient fournis surtout par des céréales de type blé — le riz étant très peu répandu — dont les espèces étaient fort nombreuses, suivant les latitudes, les qualités du sol, le climat : épeautre, seigle, froment, méteil (mélange seigle-froment), millet, avoine, orge ; s'y ajoutait le sarrasin ou blé noir. Avec la farine obtenue à partir des grains, on élaborait des bouillies, des galettes ou, grâce à la levure de bière, des pains : pains de bouche ou de tranchoir, servant d'assiette.

Lipides et protéines provenaient d'aliments végétaux ou animaux : huiles (de colza, œillette, lin, olive) ou graisses (beurre, lard, suif, saindoux) ; viandes d'origine domestique (volaille, porc, mouton) ou sauvage (sanglier, héron, sarcelle, lièvre, lapin) ; poissons d'eau douce (tanche, truite, saumon...) ou de mer (merlan, hareng, morue), dont la chair est indispensable en Carême ou lors des jeûnes. Viviers et étangs permettent d'en fournir à la demande aux riches. Et le hareng séché ou salé se répand dans tous les milieux à la fin du Moyen Age. De plus, un certain nombre d'aliments donnent à la fois lipides et protéines : légumes secs, lentilles, fèves, petits pois, noisettes et même châtaignes ou champignons. Par-dessus tout, les œufs, très employés en dehors du Carême (dont la fin voit fleurir les fameux œufs de Pâques), et les produits laitiers comme le fromage, fourni par les paysans, dégusté par les poètes, qui le veulent :

> Non mie blanc comme Hélène
> Non mie plourant comme Magdelaine
> Non Argos mais du tout avugle
> Et aussi pesant comme un bugle

Contre le pouce soit rebelle
Et qu'il ait tigneuse croutelle
Sans yeux, sans plourer, non pas blanc
Tigneux, rebelle, bien pesant.

Il y avait peu de fruits cultivés, à part les pommes, fruits par excellence de l'Occident indo-européen, ce qu'indiquent amplement et leur nom en français venant de *pomum* (fruit en général) et les appellations identiques en allemand *(apfel)*, anglais *(aple)*, russe *(jabloko)* ou celte *(aballo,* qui a donné de nombreux toponymes). Poires, coings, noix, mûres, voire pêches, figuraient cependant dans les vergers et se joignaient, sur les tables, aux fruits fournis par la forêt : cormes, alises, sorbes, nèfles, prunelles ou baies sauvages (fraises, groseilles ou framboises).

Peu de légumes également, bien que la plupart des espèces fussent déjà connues : poireaux, carottes, cardes, navets, raves, chicorées, choux, laitues, cresson, asperges, persil, oignons, échalotes. A l'époque de Charlemagne, on cultivait et consommait également : rue, tanaisie, livèche, sauge, sarriette, bétoine, etc.

Les riches amélioraient leur ordinaire avec des fruits exotiques (dattes, pistaches), surtout à l'époque des croisades, et utilisaient des sauces très épicées à base de poivre, gingembre, cannelle, noix de muscade, girofle. La fleur de safran était également une épice réputée, bien qu'elle provînt d'Europe (d'Aragon, par exemple) ; les moins riches employaient moutarde et ail. Rappelons enfin que la consommation de sel était considérable, probablement double de l'actuelle, en raison des multiples salaisons, et que le miel, très répandu, tint longtemps la place du sucre, lequel, connu et obtenu sur les bords de la Méditerranée dès le milieu du Moyen Age, était surtout en usage pour les pharmacopées.

La boisson principale était l'eau, souvent difficile à obtenir en milieu urbain — où les porteurs d'eau furent nombreux jusqu'au XIXe siècle — et au sein duquel les travaux d'adduction (aqueducs, fontaines) furent toujours considérables. Venise ne survécut que grâce à un système compliqué de puits-citernes. Les châteaux n'étaient guère mieux alimentés et, durant les sièges qui amenaient fréquemment assèchement ou empoisonnement de citernes, souffraient cruellement de la soif. Divers manuels distinguent soigneusement les différentes sortes d'eau, dont les meilleures sont les minérales, puis les eaux de pluie, de rivière, de source, de puits, enfin d'étang. On savait que l'eau bouillie se « corrompait » moins vite et que l'eau pure était moins bonne que celle mêlée de réglisse, de miel, de vin.

Les boissons alcoolisées étaient fort répandues; non l'alcool même, l'eau-de-vie, obtenue assez pure par distillation et réservée à un usage pharmaceutique, mais le cidre (la « pomade »), venu de Biscaye au XIᵉ siècle et gagnant la Normandie depuis le Pays d'Auge entre les XIIIᵉ et XVᵉ siècles, le poiré, les « cerisé », « prunellé », « morée », le médon (hydromel); surtout les bière et cervoise extraites de toute céréale fermentée depuis l'Antiquité indo-européenne, mais parfumées au houblon à partir du XIᵉ siècle dans certaines régions d'Allemagne, et le vin, difficile à conserver (bien que, au XIIIᵉ siècle, Frère Jofroi mentionne des vins vieux de sept ans), mais universellement consommé. Le vin est, avec le pain, la nourriture par excellence du chrétien, l'une des deux espèces de la communion. Il passe pour nourrir le corps, rendre la santé, prévenir des infirmités, aider la digestion, renforcer la chaleur naturelle, clarifier les idées, ouvrir les artères, reposer le cerveau, mettre fin à l'engorgement du foie, enlever du cœur la tristesse et favoriser la procréation.

La vigne était cultivée partout où le climat le permettait, même en Angleterre, et le vignoble le plus important était celui de la région parisienne. Les quantités fournies et bues dans tout l'Occident étaient donc considérables. Quant à la qualité, c'était bien évidemment autre chose. Cependant, certains vins étaient recherchés et donc chers: le malvoisie et le chypriote, le grenache, signalé au XIIIᵉ siècle comme « la pervenche de tous vins », les crus de Beaune, d'Auxerre, de Saint-Pourçain, le vin du Rhin, d'Alsace, le blanc de Saint-Émilion ou le rouge d'Orléans.

Les problèmes qualitatifs de ce genre ne semblent en fait se poser qu'au niveau d'une élite restreinte, celle qui peut se payer des maisons de pierre de taille et des habits luxueux. C'est elle qui peut faire alterner sur sa table marcassin ou lièvre, tanche et anguille, pâté de brème ou queue de sanglier, varier les recettes pour apprêter la même viande ou les mêmes légumes. La cuisine paysanne ne semble pas avoir été très soignée; elle s'est localement consacrée à un nombre restreint de plats nourrissants du type soupe aux choux. Les vrais gourmets ont été les riches bourgeois, les nobles, les princes ; on a conservé des livres de cuisine d'époque tardive comme le *Viandier* de Taillevent (XIVᵉ siècle), queux de Charles VI, qui nous donne des recettes, recopiées sans cesse, et nous permet de nous faire une idée des préparations et assaisonnements de l'époque ; on a essayé de refaire de tels plats aux XIXᵉ et XXᵉ siècles en suivant les prescriptions à la lettre, mais le résultat a été très décevant, prouvant un changement radical du goût. Témoin ce civet de veau recommandé à sa jeune femme par un bourgeois parisien de la fin du XIVᵉ siècle :

Civé de veel. Non lavé, non pourvouli, demy cuit en la broche ou sur le gril, puis le despeciez par pièces et friolez en sain avec grant quantité d'oignons par avant cuis : puis prenez pain roussi seulement, ou chappeleures de pain non brûlé, pour ce qu'il seroit trop noir pour civé de veel : (jà asoit-ce que iceluy pain roussi serait bon civé de lièvre). Et soit iceluy pain trempé ou boullon de beuf et un petit de vin ou de purée de pois, et en le trempant, broyez gingembre, canelle, girofle, graine de paradis, et du saffran largement pour jaunir et pour lui donner couleur, et destrempez de vertjus, vin et vinaigre, puis broyez vostre pain et coulez par l'estamine : et mettez vos espices, le pain coulé, ou chaudeau, et faites tout boulir ensemble ; et soit plus sur le jaune que sur le brun, agu de vinaigre, et attrempé d'espices. Et nota qu'il y convient largement saffran, et eschever à y mettre noix muguettes ne canelle, pour ce qu'ils roussissent.

La même élite pouvait également se permettre d'ordonner des repas extraordinairement copieux et variés en quatre, cinq ou six services dont on a de la même manière conservé les descriptions. Voici, par exemple, un dîner de viande (« char ») :

Autre disner de char de 24 mets à 6 assiettes.
Première assiette : pastés de veel menu déhaché à gresse et mouelle de beuf, pastés de pinparneaux, boudins, saucisses, pipefarce, et pastés norrois de quibus.
Seconde assiette : civé de lièvre et brouet d'anguille ; fèves coulées, saleure grosse char, beuf et mouton.
Tiers mets : rost, chappons, connins, veel et perdris, poisson d'eaue doulce et de mer, aucun taillis avec œrures.
Quart mets : mallars de rivière à la dodine, tanches aux soupes et

bourrées à la sausse chaude, pastés de chappons de haulte gresse à la souppe, de la gresse et du persil.

Quints mets : un boulli lardé, ris engoulé, anguilles renversées, aucun rost de poisson de mer ou d'eaue doulce, roissolles, crespes et vielz sucre.

La sième assiette, et derrenière pour yssue : flanciaux succrés et lait lardé, neffles, noix pellées, poires cuites et la dragée. Ypocras et le mestier.

Voici un menu de Carême, proscrivant « la chair » :

Autre disner de poisson.

Premiers mets : pois coulés, harens, porée, anguilles salées, oïstres, une salaminée de brochets et de carpes.

Second mets : poisson d'eaue doulce, une soringue d'anguilles, pastés norrois et blanc mengier parti, une arboulastre, pastés, bignés.

Tiers mets : rost le meilleur, etc. ; ris engoulé, tartres, leschefrayes et darioles, pastés de saumon et de bresme, une chaudumée.

Quart mets : taillis, crespes, pipefarces, escherois, loche frite, doreures, congres et turbos au soucié, tourtes lombardes, anguilles renversées.

De tels repas étaient rares et ont un intérêt descriptif ou local, pour qui étudie la naissance et les étapes de la gastronomie moderne ; ils ne doivent pas nous faire négliger la cuisine et les façons de cuisine des moins riches, les goûts du populaire, les recettes locales et leurs racines profondes.

C'est pour un certain milieu qu'apparaissent également des préoccupations diététiques, dans des ouvrages comme *le Secret des Secrets*, qui signale surtout une petite minorité de gros mangeurs. On s'attache déjà aux crises de foie ou aux maux d'estomac : le premier « est conforté » par du bois d'aloès, du camphre, ambre, myrte, rhubarbe, gomme arabique, grenades acides, vin aigre de grappes sauvages, laitue, chicorée, lupin, aristoloche, fenugrec, plantain, valériane, joubarbe, chair de chevreuil, de poule, de perdrix et les « mirobolans » : absinthe, agaric, coloquinte, séné... ; l'estomac préfère les produits acides ou aromatiques, des rôties de pain trempées de vin aigre, de la viande de vache ou de lièvre, cuite lentement. La grosse viande de chèvre, bœuf, mouton adulte, convient aux forts estomacs des travailleurs. Le cochon de lait et l'agneau de lait sont tout à fait déconseillés ; le porc nourrit, comme le veau, mais les chairs salées ou la viande de sanglier sont desséchantes. Il ne faut surtout pas trop manger, car on s'alourdirait. En fait, le problème fondamental concernant l'alimentation médiévale n'est pas tellement de rechercher et de constater la gamme étendue de produits mangeables, voire délectables, mais de préciser les quantités consommées, la manière dont elles étaient réparties, donc, dans la mesure du possible, de déterminer rations et régimes quotidiens.

Il est sûr que la nourriture de base était constituée par les céréales. Même chez les grands, dont on a pu étudier plus facilement les menus, et dans des pays comme la Suède, où le gibier était fort abondant, elles forment les deux tiers, voire les trois quarts des rations quotidiennes. La culture principale, quasi unique, est celle du blé : tous les corvéables ou salariés, payables en nature, mangeaient d'abord du pain ; les disettes sont annoncées par la hausse du prix du blé, et la littérature médiévale montre que sa consommation est universelle et considérable.

On ne peut malheureusement la chiffrer avec beaucoup de précision. En effet, en 1328, la France comptait 3,2 millions de feux pour environ 420 000 km² ; les défrichements avaient étendu au maximum la superficie arable dans ce pays qui comportait peu de hautes montagnes. Jura, Vosges, toutes les Alpes et une bonne part des Pyrénées, Roussillon, Navarre en étaient exclus. Il n'est pas impossible que plus du quart de ces 420 000 km² fût ensemencé en blé ; c'est la proportion du début du XIXᵉ siècle, avec assolement triennal. Par ailleurs, nous savons, grâce aux travaux de Slicher Van Bath, que le rendement moyen était à cette époque de 4,3 pour 1, soit de 6,4 hectolitres à l'hectare. 10 millions d'hectares fourniraient donc 64 millions d'hectolitres, soit 51 millions de quintaux, ce qui semble bien être un minimum, car la France du XVIIIᵉ siècle, un peu plus étendue — mais surtout aux dépens de montagnes non emblavables —, produisait, d'après J. Toutain, 100 millions d'hectolitres (80 millions de quintaux). Devons-nous considérer que seulement deux tiers de ces 10 millions d'hectares étaient ensemencés (assolement triennal) et que la production totale n'aurait donc été que de 34 millions de quintaux, à peine 42 % de celle du XVIIIᵉ siècle ? Selon cette estimation tout à fait minimale, en retirant 8,6 millions de quintaux pour la semence, mais en admettant que les exportations et les pertes étaient négligeables, il serait resté environ 25 millions de quintaux pour 3,2 millions de feux, soit 8 quintaux par feu et par an. Le feu paysan n'aurait donc, dans ces conditions, disposé que du revenu net de 1,5 hectare ensemencé, ce qui semble très faible. Et cependant, en admettant un feu de quatre ou cinq personnes — et une forte proportion de jeunes —, cette estimation minimale attribuerait quand même à chaque adulte 600 grammes de blé par jour, à une date où l'optimum démographique de la France était largement dépassé.

Même en admettant, ce qui est peu vraisemblable, que l'Occidental disposait d'une ration comparable à celle des pays développés actuels, soit 3 000 calories par jour et par tête, les céréales en auraient déjà fourni plus de la moitié, puisque 100 g de blé correspondent à peu près à 300 calories. En supposant une ration encore acceptable de 2 500 à 2 800 calories, et en décomptant le nombre considérable de nourrissons et d'enfants non sevrés, on constaterait une proportion très supérieure, de l'ordre de 70 à 80 %. Des calculs analogues que l'on pourrait faire en Angleterre ou dans diverses régions d'Italie donneraient des résultats comparables. Il faut donc, en tout état de cause, souligner la part prépondérante des glucides dans l'alimentation médiévale.

Les protéines ne jouent-elles, dans ce cas, qu'un rôle mineur et négligeable ? En fait, il semble bien que l'Occident, par rapport au monde islamique ou extrême-oriental, fût très carnivore et que la tendance en fût renforcée sur la fin du Moyen Age. L'interdiction de consommer de la viande en Carême et le vendredi, et tous les jours de « jeûne », est déjà une indication : cette nourriture semble en effet courante, même si elle peut être estimée superflue ou impure. En Allemagne, aux XIVe et XVe siècles, en Angleterre, dans les pays slaves, des enquêtes très précises paraissent nous le prouver. Les travailleurs au service des dominicains de Strasbourg reçoivent de 0,6 à 0,7 kilo de viande par jour. En 1307, à Francfort-sur-l'Oder, on dévore 100 kilos de bœuf par an et par tête ; en 1397, 1,3 kilo par jour à Berlin. Or la viande pas très grasse, type bœuf ou volaille, fournit de 1 650 à 2 060 calories par kilo.

On peut ajouter d'autres renseignements concernant le milieu urbain français avant de considérer les milieux ruraux (à porc ou à volaille et à gibier). Paris aurait, en 1394, abattu 30 316 bœufs, 19 604 veaux, 108 532 moutons, 30 794 porcs et, vers le milieu du XVᵉ siècle, 12 500 bœufs, 26 000 veaux, 208 000 moutons et 31 500 porcs, mais la volaille et les porcs domestiques d'une population probablement supérieure à 150 000 habitants ne sont pas compris dans le décompte. Une étude récente sur la population urbaine à Carpentras a établi, pour le XVᵉ siècle, une consommation annuelle minimale de 26 kilos de viande par tête et par an, surtout moutons, brebis, agneaux et bœufs, les porcs domestiques n'étant pas comptés ni les autres sources de protéines. D'autres études signalent 40, voire 50 kilos dans les régions proches. Mais les 26 kilos minimaux, consommés plus pendant 52 dimanches consécutifs que pendant 365 jours, soit 40 kilos avec les volailles et la charcuterie, correspondent quand même à plus de 100 grammes par jour, soit environ 200 calories.

Des chiffres tenant compte des porcs, dont 100 grammes fournissent 380 calories s'ils sont moyennement gras et 580 s'ils sont très gras, suggéreraient une part non négligeable des protéines dans l'alimentation quotidienne, car s'y ajouteraient également les fromages, les œufs et les protéines d'origine végétale. Pensons à une famille paysanne sacrifiant un seul porc par an (les calendriers et représentations figuratives nous en montrent généralement deux) ; elle disposerait de 80 à 100 kilos de viande à 3 800 calories, de charcuterie à 4 100 calories et de lard à 9 000 calories, plus le petit gibier, la volaille, etc. Ce minimum de 400 000 calories par an donnerait en moyenne plus de 1 000 calories par jour pour 4 ou 5 personnes, dont plusieurs enfants, soit 200 par personne ; y ajouter 3 œufs donnerait 280 calories supplémentaires.

Même si nous mettons à part des lipides d'origine végétale, telles les huiles, dont nous supposons faibles les quantités consommées, il faudrait encore envisager, au moins pour les adultes, la part considérable d'énergie que peuvent apporter les boissons. Le vin actuel, faible en alcool, fournit 575 calories par litre ; le travailleur qui en boit 3 litres par jour en reçoit donc plus de 1 700 calories. La bière normale est aussi riche : 529 calories ; on peut penser qu'elle était plus légère au Moyen Age, fournissant 200 à 350 calories au litre ; par ailleurs, elle est élaborée à partir de céréales panifiables, qu'elle enlève ainsi à la consommation normale. Mais le cidre, 340 calories au litre, utilise, comme le poiré et autres boissons, des fruits de verger ou de forêt recueillis en dehors de toute terre céréalière.

Bref, un calcul rapide des rations moyennes en période normale nous donnerait des chiffres minimaux guère inférieurs aux rations actuelles des pays développés, soit 3 000 calories. Passons sur le cas de certains nobles dont on a calculé des rations de 6 000 à 7 000 calories ; mais le paysan disposant de 600 à 700 grammes de blé, de 80 à 100 grammes de jambon, viande, volaille, recevrait déjà 2 300 calories ; ajoutons 2 œufs (260 calories), 1 litre de piquette (500 calories), un peu de lard quand les poules ne pondent pas. Le total est acceptable. Notons d'ailleurs que, s'il ne l'était pas, on ne pourrait s'expliquer la vigoureuse expansion démographique de l'Occident, prolongée au moins sur trois siècles.

On peut reprendre quelques cas exemplaires. En France, par exemple, un couple laisse son petit bien aux mains de Beaumont Le Roger, en 1268, moyennant le vivre et le couvert. Outre le bois de chauffage et 30 sous par an pour s'habiller, ces deux personnes reçoivent chaque jour la miche du couvent plus 2 pains : estimation totale guère inférieure à 2 kilos de pain complet, soit 5 000 calories ; 6 œufs, soit 500 calories, ou, trois fois par semaine, un plat de viande, soit 400 à 500 calories, ou, en Carême, 4 harengs (estimés à 400 grammes, soit 400 calories) ; plus 1 gallon de cidre ou bière, ou autre boisson : 4 litres, soit environ 1 300 calories, voire 2 000 si la bière est forte. Au total, 7 000 calories environ, soit 3 500 par personne. Les légumes, fruits de cueillette et autres extras (miel) n'y sont pas compris.

Les travailleurs de l'abbaye de Montebourg, en 1312, reçoivent : 1 pain, soit 2 500 calories ; 6 œufs, soit 500 calories, ou 3 œufs (250 calories) et un quartier de fromage (peu ou prou 100 grammes, soit 300 calories), de la boisson à suffisance : bière légère (minimum 700 calories). En Carême, 3 harengs (300 calories) et des noix (à 400 calories les 100 grammes brut !). Au total, entre 3 500 et 4 000 calories probables. Leur menu quotidien était-il comparable ou l'abbé leur donnait-il exceptionnellement de fortes pitances pour qu'ils aient plus de cœur à l'ouvrage ? Que conclure également des 3 915 calories

fournies au marin vénitien de 1310 à 14,4 % par les protéines,
14,3 % par les lipides et 71,3 % par les glucides?

La situation des campagnes céréalières est *a priori* moins
inquiétante que celle des campagnes spécialisées, grâce au
grand commerce, à partir des XIIe et XIIIe siècles, dans la production de vin, de guède, dans l'élevage des animaux à laine, etc. Et surtout que celle des milieux urbains, où les artisans
et le «secteur secondaire» se développent à la fin du Moyen
Age. Certes, la plupart des paysans intéressés à une autre
production qu'ils peuvent vendre cher, soit cultivent eux-mêmes
le peu de blé qui leur est nécessaire, soit ont suffisamment de
disponibilités pour l'acheter. Beaucoup de petits artisans ont par
ailleurs un jardin qui leur permet de pallier ou d'atténuer les
effets d'une crise brutale. Mais les ouvriers du milieu urbain ou
les pauvres n'ont-ils pas une ration symétrique de celle des
riches et des nobles par rapport à la moyenne qu'atteint peut-être
le paysan? Et si cette moyenne est de 3 000 calories, les 6 000
ou 7 000 que peut prélever le riche n'entraîneraient-elles pas
obligatoirement des bilans énergétiques inférieurs à 2 500 sinon
2 000 chez les pauvres? On estime à Paris, à la fin du XIIIe siècle, le boire et le manger journaliers d'un individu adulte à
4 deniers parisis. Un porc vaut de 12 à 16 sous, 1 quintal de blé
de 7 à 20 sous. Le salaire minimal n'existe pas, mais peu
d'ouvriers touchent moins de 48 sous par mois; ils ont donc
environ 20 deniers par jour pour s'entretenir; si leur femme
ne travaille pas, cas moins fréquent qu'on ne croit, et s'ils ont
plusieurs enfants, ils arrivent à survivre en consacrant 12 à
16 deniers à la nourriture. Mais si une mince fluctuation climatique fait monter le prix des céréales, c'est la faim, la disette, la
misère.

D'une manière générale, la part trop importante des céréales
(blé) dans l'alimentation occidentale, même si la consommation
de viande y est bien plus considérable que dans les mondes
islamique et extrême-oriental, la faible proportion des lipides, le
manque de légumes frais, voire de fruits, donc de certaines
vitamines, déséquilibrent doublement le régime quotidien. Carence de la nutrition, certes, même dans le cas où le bilan
énergétique est acceptable, mais aussi étroite dépendance des
récoltes de blé, donc des conditions climatiques, du pouvoir
prévoyant les stocks ou des transports régionaux voire interna-

tionaux. Nous trouvons là une des composantes essentielles des crises d'ancien régime; le blé est sensible à un certain nombre de facteurs dépendant d'abord de la latitude (froid en Scandinavie, sécheresse en Afrique du Nord) mais aussi du sol ou de conditions locales complexes. En Angleterre, sur les biens de l'abbaye de Winchester que J. Titow a étudiés de 1209 à 1350, grâce à d'exceptionnels comptes manoriaux, c'est l'humidité d'automne ou d'hiver qui est à redouter; un hiver même rude entre un automne et un été sec permet de bonnes récoltes; mais en Scandinavie il faut craindre les été frais (le blé ne mûrit pas); en Italie du Sud, l'été trop sec (qui brûle la moisson). Les crises généralisées en Occident sont assez rares en période de réchauffement climatique, car les types de temps sont alors variables : des régions sinistrées voisinent avec des régions favorisées; s'il existe un commerce de grains, les famines sont réduites ou évitées : les flottes hanséatiques du blé germano-polonais ont pu ainsi sauver, à différentes reprises, la population norvégienne, grâce à un appoint, même faible, fourni en période de soudure. Mais la spéculation sur les blés, les multiples obstacles sur les routes défoncées, les seigneurs pillards, ralentissaient souvent — arrêtaient parfois — ces transports d'intérêt vital. Or, en période de refroidissement — *jet* et front polaire quasi circulaires —, des risques de mauvaise récolte sur un vaste espace étaient beaucoup plus grands.

Dans tous les cas, ce sont les populations urbaines qui sont les premières atteintes, car le blé est trop cher et en quantité insuffisante : en 1315-1317, Ypres et Bruges perdent 10 % de leurs habitants, tous parmi les pauvres ou les artisans. La vie de l'Occident est donc rythmée par ces famines qui, sans toujours provoquer la mort, favorisent au sein de la population sous-alimentée d'épouvantables épidémies qui massacrent d'abord les faibles (femmes, enfants, vieillards, pauvres) avant de s'attaquer aux forts, aux puissants, aux riches.

D'autre part, les risques de famine, donc la crainte perpétuelle du fléau, sont latents dans la mesure où les rations normales, même si elles paraissent à peu près correctes, ne sont guère éloignées de la limite inférieure tolérable et dépendent des seuls blés. Certes, une catastrophique destruction du blé d'hiver, gelé ou pourri, peut être, à partir de l'époque carolingienne, atténuée par une bonne récolte de blé de printemps;

mais que manquent seulement 150 grammes de blé quotidien au travailleur et ces 450 calories perdues, impossibles à remplacer, rendent insuffisant le bilan énergétique, avec toutes les conséquences que l'on sait.

La masse de la population, bien que correctement nourrie en temps normal, connaît donc fréquemment et périodiquement de considérables problèmes de subsistance. Sans être, comme on l'a dit, « hantée par le spectre de la disette », ce qui supposerait des esprits prévoyants, une attente de l'avenir autre que l'au-delà, une vie non axée sur le seul présent, l'Occident a eu souvent faim. Son dynamisme démographique, cause principale de son action sur la nature, donc des défrichements, de l'aménagement de l'espace et de l'augmentation de la production céréalière — qui l'a par ailleurs porté —, a été à son tour influencé par des causes naturelles, tenant non seulement à des particularités physiologiques, mais aussi à la perpétuelle remise en question d'un équilibre instable, à une victoire jamais définitive contre le froid, l'humidité et, par-dessus tout, la faim.

Les hommes au Moyen Age.

Une question préliminaire et primordiale peut se poser très sérieusement : les hommes de l'Occident étaient-ils, physiquement, comparables à leurs descendants actuels ou, du moins, aux paysans occidentaux d'avant la Première Guerre mondiale ? On sait les changements frappants de taille ou de poids, de date d'apparition de la puberté, etc., que des conditions alimentaires, sanitaires, hygiéniques ont amenés en deux ou trois générations au cours du XXe siècle. Qu'ont apporté les 15, 20, 50 générations qui nous séparent des siècles médiévaux ? N'y a-t-il pas eu des modifications beaucoup plus profondes ? Et, par ailleurs, des caractères ethniques, en cours de dilution du fait de l'exogamie actuelle, n'étaient-ils pas beaucoup plus marqués ?

Nous sommes malheureusement assez mal outillés pour le savoir : les études d'hématologie géographique portant, en particulier, sur les données sérologiques actuelles mettent en évidence des mélanges de population remontant souvent à la préhistoire, ce que confirme parfois l'étude détaillée de squelettes à peu près datés ou que vient étayer une hypothèse fondée sur les groupes sanguins actuels et diverses notations culturelles (hommes de Cro-Magnon, Basques...). Parfois, le mélange est plus récent et plus imprévu. Les Islandais actuels sont moins proches, par le sang, des Norvégiens que des populations britanniques du Nord-Ouest, et les Anglais de l'ancien Danelaw (côte Est) sont très apparentés aux Danois, écho remarquable des migrations médiévales au nord de l'Europe.

Les études d'hématologie historique sont difficiles tant que l'on n'aura pas mis au point une méthode incontestable permettant de déterminer les groupes sanguins des restes osseux, mais les premiers résultats obtenus en Hongrie, par exemple, sont déjà beaucoup plus satisfaisants que les hypothèses aventureuses que l'on a pu avancer à partir de l'actuelle géographie des sangs.

D'autres considérations comme la relative faiblesse des sangs A contre la variole, et des sangs O contre la peste, peuvent, avec de nombreuses réserves, suggérer que la population occidentale, dont les A s'étaient raréfiés en raison des varioles du Haut Moyen Age, était en majorité de sang O (comme elle l'est encore dans de nombreuses régions) quand, en 1347-1348, éclata la Grande Peste qui devait la ravager, tandis que les Hongrois, qui ont du sang B dans une assez forte proportion, ont beaucoup mieux résisté à ce type d'épidémie que le reste de l'Europe.

L'étude des caractères récessifs, transmis héréditairement, laisse également supposer des hommes aux yeux et aux cheveux plus clairs.

Diverses autres méthodes permettent de remonter aux ancêtres en partant des descendants : l'étude des conscrits languedociens refusés pour taille insuffisante au XIXᵉ siècle arrondissement par arrondissement permet, statistiquement, de repérer des endroits où prédominaient les petits bruns et les régions voisines où des émigrants élancés, venus d'Auvergne ou à travers l'Auvergne, s'étaient installés au Moyen Age.

L'apparence extérieure est mieux connue, soit par les descriptions (César et Tacite pour les Germains, par exemple), soit par l'iconographie ; dès que celle-ci devient réaliste, elle nous campe des individus que seuls costume ou coiffure semblent différencier de nos contemporains. Il suffit de regarder Uta de Naumbourg ou Saint Louis, Jeanne Cename (Arnolfini) ou Lucrèce Borgia, dont la force, la beauté ou le charme ont gardé à travers les siècles toute leur puissance émotive.

Par ailleurs, pour les caractères somatiques les plus évidents (taille, indice céphalique), nous possédons des documents susceptibles d'être scientifiquement étudiés, car la coutume germanique et chrétienne de l'inhumation, remplaçant ou concurrençant celle de l'incinération, nous a en effet sauvé des millions de squelettes qui fournissent de nombreux renseignements exploitables si, du moins, ils peuvent être datés.

Or c'est là la grande difficulté : malgré diverses survivances ou réapparitions, les coutumes païennes disparaissent à l'époque carolingienne, et aucun objet caractéristique n'est plus enfoui avec les cadavres ; d'autre part, repérer les quantités croissantes de fluor et décroissantes d'azote avec une bonne précision n'est possible que pour les ossements anciens (2 000 ans).

Pour la haute époque du Vᵉ au IXᵉ siècle, on a un certain nombre de renseignements sur le cheminement des brachycéphales ou des dolichocéphales, sur les tailles du grand guerrier germanique et du petit Hun mongoloïde, sur la persistance, dans la Normandie mérovingienne, de populations méditerranéennes installées dès le néolithique, sur la rareté des envahisseurs germaniques dans les cimetières méridionaux, également sur les malnutritions, les nombreuses caries dentaires, l'âge de la mort, le sexe, etc. Pour la suite, des études systématiques n'ont guère été faites : de toute manière, les renseignements anthropologiques, souvent réduits à ceux concernant quelques individus d'une élite très restreinte, princes ou saints, dont les reliques ne sont pas toujours authentiques, ou concernant une petite cellule villageoise, cèdent la place aux renseignements d'ordre démographique que l'on peut obtenir grâce à l'archéologie (surface du village ou de la ville, nombre de maisons, nombre probable d'habitants par maison), grâce à l'étude des églises ou de leurs plans (en supposant que la population totale, moins les petits enfants, les jeunes mères et les très vieux, puisse y prendre place à la fois lors des solennités) et grâce aussi aux textes à préoccupation fiscale et, pour certaines classes (nobles, marchands), aux généalogies.

Des raisons religieuses ou psychologiques, malgré l'exaltation des vierges et la masse considérable des clercs astreints au célibat, favorisaient, nous le verrons, la nuptialité et la procréation. Mais les mariages avaient lieu soit fort tôt : dès 14 ans pour les filles aisées, dont beaucoup mouraient en couches très jeunes, soit plus tard : 20 ans, 24 ans chez les nobles anglaises, par exemple, mais généralement avec un mari nettement plus vieux, qu'elles perdaient à un âge où elles étaient encore susceptibles d'avoir des enfants. Or le remariage des veuves était difficile et peu fréquent ; même si le veuf, lui, se remariait, le « baby-boom » était freiné par le manque relatif de femmes en âge d'être fécondées et, dans les villes, par le nombre de célibataires trop pauvres pour fonder un foyer ; de plus, la procréation en dehors du mariage était punie et les pratiques contraceptives étaient probablement fort répandues. Nous reviendrons sur tous ces problèmes d'ordre psychologique, ressortissant aux structures mentales.

Finalement, la période de fécondité pour une femme est relativement courte : réduite par la mort en couches ou la mort du conjoint, peut-être aussi par le fait que la puberté commençait plus tard. On sait que, au cours du dernier siècle, les jeunes Norvégiennes ont vu s'abaisser de 4 ans (de 17 à 13 ans) l'âge des premières règles. Une étude d'ensemble sur la femme médiévale en général n'est guère possible. Notons cependant que Blanche de Castille, mariée à 12 ans — à un époux de 13 ans, il est vrai —, n'a eu le premier de ses 12 enfants qu'à 18 ans ; mais sa bru Marguerite de Provence, mariée à 13 ans — à un époux de 20 ans —, a le premier de ses 11 enfants à 19 ans.

En revanche, l'intervalle intergénésique, pourtant augmenté par les aménorrhées consécutives à l'allaitement, est assez restreint ; beaucoup de femmes nobles ou de travailleuses, pour des raisons différentes, mettaient leur enfant en nourrice, et il y avait beaucoup de nourrices disponibles, vu l'effroyable mortalité infantile. Les reines précédentes ont eu leurs enfants assez régulièrement espacés de 16 à 19 mois.

D'une manière générale, on peut admettre que la natalité a été très forte : environ 35‰, sans atteindre, de loin, certains taux actuels (56‰ dans les campagnes iraniennes), ceux des pays où la femme épousée (et féconde) très jeune est maintenue en vie (et avec son conjoint) au moins durant toute sa période de fécondité (et dont les nombreux enfants sont sevrés fort jeunes).

Dans la Hongrie du XVᵉ siècle, en milieu aisé, les couples restaient en moyenne unis 15 ans et avaient près de 4 enfants ;

dans le Bassin parisien, au début du IXe siècle, les paysans de l'abbaye de Saint-Germain avaient de 2,5 à 3 enfants vivants et probablement en âge d'aider leurs parents; les bébés n'entraient pas dans le décompte.

De toute manière, une forte natalité ne correspond pas forcément à des familles très nombreuses si elle est presque équilibrée par une mortalité considérable, due aux conditions générales de l'alimentation ou de l'hygiène, et à des conditions particulières favorisant parfois l'éclosion ou la diffusion de maladies redoutables.

Le Moyen Age a connu ainsi des épidémies : la plus terrible est celle de la peste, venue d'Orient. On en connaît deux formes : la bubonique, marquée par l'induration et la suppuration des ganglions, tuant dans 60 à 80 % des cas, et la pneumonique, mortelle à 100 % dans sa forme primitive. Elle est transmise à l'homme par la puce du rat noir puis par contagion directe.

La première épidémie, bubonique, commença en 540 et, avec des poussées tous les 9 à 12 ans, dura jusqu'en 750 dans les pays méditerranéens.

La deuxième, pneumonique et bubonique, commença en 1347, avec des résurgences comme en 1374-1375 et jusqu'au début du XVe siècle, puis jusqu'au XVIIIe siècle; elle disparut aussi curieusement qu'au VIIIe siècle, chassée peut-être par le choléra ou par la pseudo-tuberculose (maladie bénigne, récemment étudiée, qui immunise à 100 %), ou encore par le recul considérable du rat noir devant le terrible rat gris.

La variole est probablement arrivée vers 570 en Occident, causant également d'effroyables ravages. Les croisades la ramenèrent à plusieurs reprises. La dysenterie en 580-582 frappa toutes les Gaules; la grippe était beaucoup plus virulente que de nos jours. La « suette » anglaise sévit surtout entre 1486 et 1551; le typhus exanthématique en 1487 depuis Grenade et la diphtérie (?) en 580 ou en 856... Périodiquement, donc, en liaison avec de mauvaises récoltes, des disettes, des causes fortuites aussi, ou imprévisibles (bateau porteur de pestiférés, présence de rats noirs), l'épidémie détruit une partie de la population occidentale.

Mais les maladies qui marquent le plus profondément la vie quotidienne sont les maladies endémiques dont le microbe, véritable parasite de l'homme, a perdu de sa virulence, « ménage » son porteur ou ne le tue que fort lentement. Le type le plus achevé au Moyen Age en est la lèpre, qui regroupe d'ailleurs sous ce nom beaucoup d'autres maladies de la peau comme le psoriasis. Les malades pourrissent peu à peu dans leur univers fermé, rigoureusement tenus à l'écart de l'humanité normale, sauf s'ils sont nobles : le roi lépreux de Jérusalem, Baudoin, vivait avec tout le monde. De 1 à 5 % des Occidentaux furent frappés aux XIIe et XIIIe siècles de ce mal qui disparut par la suite de façon étonnante, peut-être chassé par la tuberculose, dont on a récemment prouvé que le bacille gênait le vecteur de la lèpre. Il faudrait cependant vérifier si la « ftisie » ou la « languor » dont parlent les textes — et qui paraît fort répandue et meurtrière — n'est pas déjà la tuberculose, et si elle se diffuse surtout dans les régions d'où disparaissaient les lépreux. D'autres maladies comme la scrofule tuberculeuse, connue sous le nom d'écrouelles, ce mal que le roi de France, sacré à Reims, avait le pouvoir de guérir, disparurent peu à peu. Au XIXe siècle, Charles X eut rarement l'occasion d'exercer sur elles ses dons de thaumaturge. Ajoutons les maladies de la malnutrition, le feu Saint-Laurent (eczéma), le feu Saint-Sylvestre (érysipèle) et aussi celles de l'hypernutrition, dans certains milieux (hydropisie, obésité, goutte, comme chez Louis VI, Guillaume le Conquérant, Henri II Plantagenêt, etc.). Le feu Saint-Antoine (mal des Ardents) est signalé dès 590 : grave intoxication, due à la consommation de seigle à ergot, ce mal prend souvent des allures épidémiques, en 945 par exemple, entre Paris et Reims...

La maladie probablement la plus désastreuse pour l'Occident, comme d'ailleurs pour tout l'actuel Tiers Monde, semble avoir été le paludisme, dont les pays industrialisés émergent avec peine, malgré quinine, chloroquine, sulfones, sulfamides, drainage, DDT, HCH, poissons dévorant les larves d'anophèles, oiseaux, libellules, chauves-souris... Le Moyen Age a connu l'affaiblissement durable, le manque de dynamisme et de joie, « le regard triste et le pas traînant » des populations fébriles, frappées en permanence sur les bords méditerranéens ; et aussi les morts rapides des gens du Nord, arrivés sans méfiance dans les régions où tuait le mauvais air. Cardinaux, papes étrangers, empereurs, armées germaniques, pèlerins à Rome ont été moissonnés, parfois par milliers et en quelques jours... Quant à la syphilis, jaillie d'on ne sait où, à la fin du XVe siècle, elle a connu au début de sa carrière une extraordinaire virulence (morts rapides et nombreuses) qu'elle a peu à peu perdue pour devenir le mal endémique et sournois de nos civilisations.

Les soins pratiqués par les médecins, du type cataplasme de cantharides sur les bubons de la peste (!), ne semblent guère efficaces contre les maladies caractérisées. Et le peuple n'aime guère ces « fisiciens », comme en témoigne le riche folklore dont Molière a été l'un des interprètes, après la Bible Guiot. Cependant, ils ont un certain nombre de recettes acceptables pour les cas bénins : la ventouse, la saignée, les pointes de feu, différentes décoctions pour laver l'estomac ou purger la bile, des régimes, des sirops à base d'épices, des bains à l'étuve. Ils ne sont pas impuissants en face des accidents survenant à des sujets sains : fractures dont on repère les guérisons fréquentes sur les squelettes, blessures de guerre avec extraction des pointes de flèches ou poignards, lavage au vin ou à l'huile, parfois abcès de fixation, cautérisations au fer rouge ou trépanations, dont certaines réussissent !

Les diagnostics se font d'après l'analyse (!) des urines et l'aspect du malade, que l'on n'oublie pas de réconforter moralement. Mais dans les recettes, à côté de quelques bonnes prescriptions venant de l'école d'Hippocrate, combien de contre-indications, de superstitions ou de charlataneries ! De plus, les médecins sont peu nombreux dans l'immense monde des campagnes où sévissent les guérisseurs, les sorciers, les faiseurs de miracles. Ne réchappent aux maladies graves que ceux qui ont des constitutions particulièrement robustes. La sélection naturelle et la lutte pour la vie sont une des caractéristiques de base de la société médiévale.

Il faut cependant noter que, dans les villes ou à côté des monastères, se dressent généralement des hospices, hôpitaux, hôtels-Dieu, maisons-Dieu, auxquels s'ajoutent parfois la léproserie, le lazaret. C'est la charité agissante de l'Église ou des fidèles qui les a bâtis, peuplés de religieuses, entretenus — généralement quatre services : une maternité, une section pour les malades, une pour les mourants, une pour les convalescents. On couche à 2 ou 3 par lit, sauf les jeunes mères ou les mourants, mais l'hygiène est assez stricte, les bains fréquents, les draps propres, la nourriture correcte, comme en témoignent les nombreux comptes d'hôpital qui nous sont parvenus : ceux des Innocents de Florence, de Saint-Jean de Bruges, de l'Hôtel-Dieu de Soissons.

Ces établissements, surtout par le confort gratuit qu'ils assuraient à des êtres pauvres, délabrés et atteints de misère physiologique plus que d'affection grave, arrivaient à sauver un certain nombre de malades en dehors des périodes d'épidémies, contre lesquelles ils étaient quasi impuissants.

Mais, malgré médecins et hôpitaux, la mortalité restait considérable. Elle frappait particulièrement à la naissance, pendant la première enfance et l'adolescence. On en a d'innombrables preuves, et d'abord chez les rois : de ses 12 enfants, Blanche de Castille en perd 4 à la naissance ou peu après ; 3 autres n'atteignent pas 13 ans. Des 11 enfants de Marguerite d'Anjou, 5 meurent avant 20 ans ; on peut craindre des proportions bien plus fortes dans des milieux où hygiène et alimentation sont plus déficientes, où la médecine est inconnue et où les femmes enceintes — ou les nourrices — accomplissent un travail harassant.

Les études portant sur la Hongrie médiévale ont établi que la mortalité infantile était restée à peu près constante en pourcentage du Xe au XVe siècle ; de 40 à 46 % des squelettes retrouvés sont ceux d'enfants de moins de 14 ans, et on n'est pas sûr que tous les nouveau-nés morts avant le baptême aient été enterrés dans le cimetière paroissial. Pour tout l'Occident, on a avancé qu'un tiers des enfants nés viables mourait avant d'avoir atteint 5 ans ; l'espérance de vie à la naissance ne dépasse pas 28,7 ans pour la période X^e-XVe siècle chez les paysans hongrois.

Les gens de plus de 35 ans sont donc déjà vieux : le bon roi Dagobert meurt à 36 ans sans que personne y trouve à redire ; aucun roi capétien n'atteint 60 ans. Charlemagne ou Rodolphe de Habsbourg, dépassant de peu 70 ans, provoquent l'étonnement. A noter cependant que les octogénaires ou nonagénaires existent : ayant bravé tous les dangers de la vie, d'une robustesse à toute épreuve, ils demeurent en nombre après 75 ans, par exemple dans la Toscane du début du XVe siècle.

Les conséquences en sont fort importantes : la population occidentale est très jeune ; une majorité, 45 à 55 %, de moins de 20 ans. On entre jeune dans la vie professionnelle, entre 5 et

7 ans; on y a des responsabilités dès 13 ou 15 ans (majorité germanique); on peut alors être roi, seigneur, compagnon, voire maître ou chef d'exploitation paysanne, se marier et procréer; mais il est rare de voir ses petits-enfants, lesquels souffrent cruellement, par rapport aux générations récentes, de ce manque d'aïeuls au foyer.

Par ailleurs, la mort est un phénomène courant, quotidien, bien connu; elle est souvent rapide: l'enfant qui s'alite et meurt en quelques heures; le colosse, comme le Grand Ferré, qui s'échauffe, boit et se couche pour ne plus se relever; la femme en mal d'enfant qu'enlève la fièvre puerpérale. L'avenir terrestre a peu de signification et seul importe l'au-delà. La mort n'épouvante que quand elle est très douloureuse et surtout anormalement fréquente, comme lors des grandes épidémies. C'est à la fin du Moyen Age, après la Grande Peste et ses séquelles, que l'on a conscience de la mort physique et du regret de la vie.

Au total, sur les 1 000 ans d'histoire du Moyen Age, la population occidentale a connu un mouvement très net. C'est dans un Bas-Empire en proie à une déflation démographique caractérisée que sont arrivées des populations germaniques peu nombreuses (5 à 10 % au maximum des romanisés), mais dynamiques et vigoureuses; tandis qu'une terrible peste, au VIᵉ siècle, courait sur les bords de la Méditerranée, affaiblissant encore les pays de l'Antiquité classique, les régions plus germanisées de la Gaule septentrionale, de l'Angleterre, de l'est du Rhin et du nord du Danube connaissaient une très nette reprise, caractérisée par l'essor des défrichements (VIIᵉ-VIIIᵉ siècle), le peuplement de la région entre Rhin et Elbe, et l'Empire carolingien qui en a été l'une des conséquences.

Il n'est pas dit que les Normands, Sarrasins et Hongrois aient « cassé » cette poussée démographique, car si les massacres et les guerres qu'ils ont provoqués — surtout les Hongrois — ont pu la ralentir, l'incorporation dans l'Occident chrétien de centaines de milliers (peut-être 400 000 pour les seuls Hongrois) d'hommes forts, jeunes et robustes, parfaitement assimilables comme les Danois de Normandie ou du Danelaw, puis les Slaves évangélisés de Pologne, l'a sûrement renforcée et a même contribué à la protéger, au XIIIᵉ siècle, quand les Mongols se sont arrêtés en Hongrie et en Silésie. De toute manière,

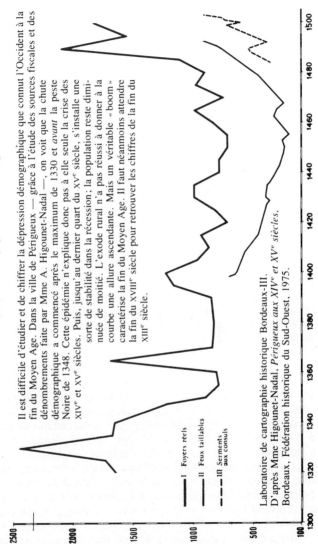

Graphique de la population de Périgueux aux XIVe et XVe siècles

Il est difficile d'étudier et de chiffrer la dépression démographique que connut l'Occident à la fin du Moyen Age. Dans la ville de Périgueux — grâce à l'étude des sources fiscales et des dénombrements faite par Mme A. Higounet-Nadal —, on voit que la chute démographique a commencé après le maximum de 1330 et *avant* la peste Noire de 1348. Cette épidémie n'explique donc pas à elle seule la crise des XIVe et XVe siècles. Puis, jusqu'au dernier quart du XVe siècle, s'installe une sorte de stabilité dans la récession ; la population reste diminuée de moitié. L'exode rural n'a pas réussi à donner à la courbe une allure ascendante. Mais un véritable « boom » caractérise la fin du Moyen Age. Il faut néanmoins attendre la fin du XVIIIe siècle pour retrouver les chiffres de la fin du XIIIe siècle.

Feux

2500

2000

1500

1000

500

100

1300 1320 1340 1360 1380 1400 1420 1440 1460 1480 1500

I   Foyers réels
II Feux taillables
III Serments aux consuls

Laboratoire de cartographie historique Bordeaux-III.
D'après Mme Higounet-Nadal. *Périgueux aux XIVe et XVe siècles*,
Bordeaux, Fédération historique du Sud-Ouest, 1975.

l'essor devient net dès le XIe siècle; nous pouvons admettre les chiffres avancés par K. Benett, très approximatifs mais dont le mouvement est bien conforme à l'extension des défrichements, à la grande poussée de colonisation au-delà de l'Elbe, au sud des Pyrénées, voire au-delà des mers (Péloponnèse, Terre sainte), et au considérable développement des villes; de 46 millions d'habitants en 1050, l'Occident serait passé à 48 millions en 1100, 50 en 1150, 61 en 1200, 73 en 1300. Si nous en croyons les indices d'accroissement établis par Slicher Van Bath, nous aurions de 1000 à 1050 un accroissement de 109,5; de 1050 à 1100, 104,3; de 1100 à 1150, 104,2. De 1150 à 1200, 122; de 1200 à 1250, 113,1; de 1250 à 1300, 105,8. La seule Angleterre aurait eu 800 000 habitants au VIIIe siècle, 1,5 million à la fin du XIe, et 3,5 millions au début du XIVe, d'après J. Russell; la « France », dans ses limites médiévales à peu près stables depuis 843, serait passée de 5 millions au milieu du IXe siècle à 14 ou 15 millions au début du XIVe. Des villes comme Metz septuplent leur population du IXe au XIIIe siècle, passant de 5 000 à 35 000 habitants; d'autres, nées de rien, comme Venise, installée au Rialto en 810 seulement, ou Florence, épanouie au pied de l'antique Fiesole, ont environ 100 000 habitants au début du XIVe siècle. L'essor démographique se ralentit à cette époque, mais ne s'arrête pas; l'Occident, surpeuplé, est en proie à une sous-alimentation chronique; de faibles fluctuations climatiques entraînent la disette, la mort pour les pauvres, la faiblesse pour la plupart, et les organismes débilités ne peuvent résister à un bacille jusque-là inconnu. La Grande Peste de 1348, favorisée par un nouveau substrat murin (le rat noir), moissonne peut-être un tiers de la population occidentale, et ses retours périodiques empêchent un redémarrage très net avant la fin du XVe siècle ailleurs qu'en Espagne ou en certains endroits d'Allemagne ou d'Italie. Le Moyen Age occidental semble s'être épanoui entre deux grandes épidémies de peste.

L'ensemble de ces conditions matérielles, cette nature hostile, durement attaquée par les hommes dont le nombre et la force augmentaient sans trêve, mais dont la victoire était sans cesse remise en question, ont profondément marqué les attitudes premières de l'homme dans son milieu.

Une population très jeune a des réactions que nous ne comprenons plus dans notre civilisation gérontocratique. Des guerriers endurcis se mettent à pleurer : ils ont de 18 à 20 ans, parfois moins ; leur enthousiasme et leur crédulité vont de pair ; l'abattement brusque succède à la témérité, ou, à la violence subite, la résignation ; leur naïveté ou leur vanité nous confondent. Les sentiments sont bien souvent extrêmes ; au premier rang figurent l'amour et la haine ; le jeu, les activités ludiques y sont fort développés. Il est juste, en revanche, de considérer la maturité étonnante de fillettes de 12 ans, de mères de famille nombreuse de 17 ans ou de rois de 14 ans.

Une population dont les faibles sont impitoyablement éliminés par les conditions naturelles, où les forts survivent plus facilement que les avisés, une population formée finalement des plus sains, des plus vigoureux et des plus ardents a tendance à révérer la force, la prouesse, à être prête au combat et à sentir la vie comme un combat. Ce sentiment est particulièrement évident dans la société chevaleresque ou chez les paysans, moins chez les intellectuels ou les clercs. Mais le geste, l'action ont longtemps plus de faveur et de vigueur que l'écrit : adoubement, coup porté sur le col, qui fait chevalier ; fétu brisé, gant jeté pour signifier une rupture, un défi ; signe de croix, mains jointes du chrétien devant Dieu comme du vassal devant son seigneur ; tope-là du marché rural.

Un monde mal alimenté ou sous-alimenté, mal protégé, à la merci d'une nature rebelle, imagine sans peine un pays de rêve où la pléthore est la règle, une Cocagne où la nature est définitivement asservie, où le magique est normal, d'autant que, dans la pratique quotidienne, c'est la restriction fréquente ou l'obtention du seul nécessaire. Et les puissants se distinguent des autres par le superflu : une alimentation surabondante, une habitation plus grande, plus solide, un habit plus voyant, plus luxueux, des ornements éclatants, une largesse qui est autant un gaspillage qu'une vaine ostentation. Les trop nourris ont besoin d'exercice perpétuel, de saignées fréquentes ou de blessures ayant cet effet ; ils ont aussi une vitalité prodigieuse, une force étonnante, un caractère violent, un tempérament « sanguin ». Les mal nourris, affaiblis par les jeûnes ou les privations, absorbant parfois des végétaux toxiques, sont plus facilement hallucinés, accessibles aux émotions, aux terreurs.

Une nature hostile et redoutée, une forêt sombre et noire, courue de loups et de brigands, renforcent le sentiment d'insé-

curité, donc peuvent amener les hommes à ressentir plus fortement les solidarités du groupe, à s'unir au sein d'une communauté, à accepter plus facilement un ordre qui serait garant de la
paix. Mais les cellules familiales ou villageoises et leur château,
entourées de bois ou de marais, sont plus repliées sur elles-mêmes, nouent des liens plus lâches avec leurs voisins, vivent de
manière plus autonome.

Et cependant l'explosion démographique, les famines locales
ou les épidémies chassent également l'excédent de la population
ou les survivants vers d'autres endroits où les bras manquent, et
un courant perpétuel sur les routes, aux champs, dans les villes
ou les cours seigneuriales brasse et unifie ce monde occidental,
soumis au même rythme du climat et du soleil, communiant
dans une même foi et une même vision globale de cette nature
tyrannique, qu'il estime pourtant créée autour de lui et pour lui.

2

Structures mentales et vie sociale

Cette nature médiévale, différente de la nôtre non tellement en elle-même que par ses effets sur l'homme, qu'elle écrase et modèle beaucoup plus profondément, n'a pas été considérée en soi et étudiée systématiquement, sauf de manière très fruste, partielle (paysan cherchant, par exemple, les conditions d'une récolte moins mauvaise) ou spéciale (astronome observant les modalités de tel phénomène).

La sentant inséparablement liée à lui-même, l'homme l'a incorporée dans la vision globale et totale de l'univers dont Dieu était le créateur, l'ordonnateur, et dont il s'estimait le centre.

Quelle que soit la justesse d'observations de détail dont abondent tant de textes ou de documents qui nous sont parvenus, tout doit entrer dans cette explication d'ensemble, tout y a sa place, son sens ; la nature est le masque sensible, reflet ou symbole d'une autre réalité, expliquée grâce à la religion et décrite grâce aux Anciens, dont les œuvres jugées fondamentales ont été triées et transcrites par les Pères de l'Église et les grands auteurs ecclésiastiques du Haut Moyen Age, à travers les traductions et interprétations partielles des Syriens, des Juifs et des Arabes. Les prédicateurs, les confesseurs, les catéchistes, les plus ignorants des clercs répètent, mettent à la portée de tous les fidèles, c'est-à-dire de tous les Occidentaux, des explications élémentaires ou grossièrement simplifiées, dont au demeurant les églises ou les cathédrales donnent aux illettrés une représentation imagée et éclatante.

Les structures mentales qui se dégagent difficilement d'une nature sensible, impérieuse et radicalement incomprise, tombent ainsi sous la dépendance d'une religion qui explique tout et

La vie au Moyen Age

se fonde partiellement sur une science ancienne, parfaite et figée, à laquelle on ne saurait ni ne pourrait rien apporter.

Les attitudes quotidiennes sont donc, dans cet Occident où tout le monde est chrétien, directement interprétées, influencées, voire provoquées par la religion : morale, rencontre avec le péché, vie familiale, rapport des hommes entre eux. Et la société n'est, dans cette perspective, qu'un reflet de la prévoyance divine, qui a mis tout homme à sa place. *hiérarchie.*

Cependant, dans le détail, outre le legs considérable des civilisations antérieures dont a profité et qu'a incorporé le christianisme, on trouve en Occident un certain nombre de comportements, de traditions, de coutumes, de connaissances ou de superstitions qui remontent au passé germanique, gallo-romain ou celtique, et que le Moyen Age a assimilés ou nous a transmis.

D'où l'extraordinaire difficulté que nous avons quand nous essayons de rendre compréhensibles à l'homme du XXe siècle finissant les mentalités d'une période précartésienne, fondamentalement chrétienne mais semée de réminiscences barbares ou classiques, qui ne doutait de rien, qui avec les mêmes yeux voyait ailleurs et qui se nourrissait de certitudes dont beaucoup ne nous semblent plus vraies.

Le sens du temps.

La succession des temps, le devenir, est, au même titre que l'appréhension de l'espace, un problème fondamental dont l'homme a eu le plus tôt conscience et sur lequel les philosophes ou théologiens se sont le plus tôt exercés. Au niveau de la vie quotidienne, il n'est pas utile d'exposer les vues pénétrantes de Thomas d'Aquin ou d'Albert le Grand sur le temps et la divinité ; mieux vaut rappeler que l'immense majorité du peuple occidental a continué à ressentir le temps comme l'avait fait, avant lui, l'Antiquité gréco-romaine et comme l'a fait, jusqu'au milieu du XXe siècle, une bonne partie des campagnes européennes.

En effet, c'est le soleil qui rythme le temps : temps bref avec alternance du jour et de la nuit, temps long avec retour cyclique des saisons et des années. Cette succession immuable et parfaite, fragment d'éternité, appartient à Dieu, donc à son Église.

Les fêtes liturgiques jalonnent les grands événements astronomiques de l'année, les prières suivent le rythme du jour et de la
nuit, et les cloches du dense réseau d'églises couvrant l'Occident signalent aux fidèles les principales divisions de la journée
entre deux angélus. Des connaissances même élémentaires de
métrologie ne sont guère utiles que pour les clercs; tout le
monde est capable de situer approximativement le milieu du
jour, midi, quand le soleil est au plus haut de sa course. On
continue à décompter les heures suivant l'habitude romaine :
12 heures de jour et 12 heures de nuit. Midi couronne donc la
sixième heure (sixte) de jour, dont la première (prime) est
annoncée par le lever du soleil et la douzième (vêpres) accom-
plie par l'arrivée de la nuit. Tierce (troisième heure) et none
(neuvième heure) sont à peu près les milieux des deux demi-
journées.

La troisième heure de nuit est soulignée par l'office de complies, la sixième s'achève à minuit (matines); la neuvième est
célébrée par laudes. Il faut bien voir que ces heures de jour ou
de nuit étaient très approximatives, et en tout cas différentes de
nos heures de 60 minutes, pour l'excellente raison que seuls les
équinoxes comportaient des jours égaux aux nuits, c'est-à-dire
12 heures de jour et 12 heures de nuit valant exactement 24 de
nos heures.

Au solstice d'hiver, le jour durant, selon la latitude, de 6 à 8
de nos heures, soit de 360 à 480 minutes, était toujours divisé
en 12 heures valant donc de 30 à 40 de nos minutes; inversement, au solstice d'été, le jour durant de 16 à 18 de nos heures,
les heures valaient alors de 80 à 90 minutes.

Entre équinoxe et solstice, les heures augmentaient ou dimi-
nuaient; elles n'étaient approximativement égales entre elles
qu'au cours d'un même jour. On constate ce phénomène de
manière très concrète en regardant un des nombreux cadrans
solaires que nous ont légués les siècles écoulés, par exemple le
célèbre ange au cadran de la cathédrale de Chartres (XIIᵉ-
XVIᵉ siècle). Un style perpendiculaire au cadran et généralement dans la direction de l'axe du monde projette son ombre sur
des lignes gravées et établies après observations ou calcul; celle
du centre indique midi : passage du soleil au méridien du lieu; 5
à gauche et 6 à droite, numérotées généralement de 1 à 12,
signalent les autres heures, la première correspondant au lever

du jour ou à la fin de la première heure, la dernière au coucher. Ces lignes sont divergentes et respectent l'inégale durée des heures suivant la longueur du jour.

Pour la nuit ou les jours sans soleil, il fallait adopter un système différent; bien rares étaient ceux qui pouvaient, et très approximativement, supputer l'heure d'après la position des étoiles et des signes du zodiaque, qui changeait non seulement d'heure en heure, mais aussi de nuit en nuit. On employait alors des chandelles brûlant de 3 à 4 heures chacune, la nuit faisant 3 chandelles; ou alors des sabliers: un filet de sable au débit constant passant d'un récipient gradué dans un autre; ou des clepsydres, horloges à eau fondées sur le même principe mais exigeant, pour maintenir constant le débit, une forme évasée vers le haut très difficile à obtenir par des procédés empiriques. Il y avait de plus contradiction entre les heures égales entre elles, obtenues par chandelle, sablier ou clepsydre, et les heures inégales d'un jour sur l'autre des cadrans solaires. Mais l'immense majorité de la population n'en avait cure: elle vivait dans le temps de l'Église, rythmé par les offices et les grandes fêtes liturgiques. Ce temps était également le temps des seigneurs, des puissants, rythmé par les redevances féodales, le départ à l'ost. Ceux qui le subissaient n'avaient aucun souci réel d'exactitude, aucune hâte, aucune inquiétude; on a pu parler de la vaste indifférence au temps des masses rurales qui n'éprouvaient pas le besoin de savoir leur âge, de chiffrer les années écoulées, de déterminer une heure exacte ou de se conformer à un horaire précis. Mais ne nous y trompons pas: cette indifférence au temps n'est pas tout à fait synonyme d'imprécision. J. Le Goff cite l'exemple de ces paysans désorientés, implorant leur évêque de faire un miracle, car les coqs du village avaient pris la terrible habitude de ne plus chanter. Comment dès lors se situer dans le temps? Il existe donc bien, dans cette société rurale, des points de repères, mais ce ne sont plus les nôtres.

Ce n'est que sur la fin du Moyen Age que commença à se produire, dans la ville industrielle et marchande, la grande mutation intellectuelle, l'avènement définitif des heures égales entre elles, déterminées par rapport au temps universel, rythmées par une horloge mécanique qui prend la relève des cloches cléricales. Le temps laïc, urbain, rationnel, en accord avec le mouvement des astres, est né probablement sous l'influence du marchand, qui connaît sa valeur, doit prévoir ses voyages, arrêter ses comptes, calculer les taux de change; le patricien ou le maître qui désire éviter les tricheries possibles de ses ouvriers a certainement agi dans le même sens, et ce n'est pas par hasard que les premières horloges modernes ont orné plus les beffrois des villes que les tours des églises.

Il fallut cependant plusieurs siècles pour que ce nouveau mode de compter le temps, et surtout de le sentir et le mesurer avec précision, triomphât auprès des masses rurales et de la population occidentale; on s'en rend compte en étudiant la manière dont les peuples exprimaient dans leur langue le futur, le passé et les propositions temporelles. Même quand la campagne a adopté l'heure de la ville, le sens du temps n'a que lentement évolué dans un monde si dépendant du soleil et du cycle des saisons.

La journée du paysan occidental, encore au début du XXe siècle, donne une bonne idée de l'emploi du temps médiéval, quel que soit le milieu considéré. En effet, le réveil a lieu au son des cloches ou au cri du coq, un peu avant l'aube; on est ainsi prêt à travailler dès le point du jour. Signes de croix et prières expédiés, on s'habille en commençant par la chemise, les braies, les chausses et les souliers, puis on procède à quelques ablutions, forcément rapides, puisqu'on les exécute tout habillé. Rares sont ceux qui, suivant le *Secret des Secrets,* ont le temps de faire quelque exercice, de se laver en été les extrémités avec de l'eau froide, de se frotter les dents et les gencives en mordillant une feuille d'arbre, de se faire oindre et d'avaler un électuaire à base d'aloès ou de rhubarbe qui purge la bile.

Chez les clercs comme chez les nobles, l'emploi du temps est aussi rigoureux, en raison des devoirs qu'exige leur état. Vers tierce a lieu un nouveau repas, ou du moins un fort casse-croûte pour relayer le petit déjeuner déjà digéré; certains citadins vont se donner du courage en buvant un pot à la taverne. Enfin, vers midi, déjeuner suivi d'une pause plus ou moins longue; paysans ou artisans vont vite reprendre le travail; les seigneurs assistent souvent à des entremets ou vont faire la sieste, jouer, repartir à la chasse; les clercs se reposent ou méditent; des moines, en temps de Carême, attendent si impatiemment none, environ 3 heures de l'après-midi, pour manger — et leur fringale était telle — qu'ils ont réussi à faire avancer none aux environs de

midi, comme le montre bien l'anglais moderne avec ses mots de
noon et *afternoon*. Puis, avec la nuit et l'office de vêpres, toutes
les activités professionnelles s'arrêtent ; le paysan et ses bêtes ne
voient plus rien et rentrent ; les artisans, qui doivent exécuter
leur travail au vu et au su de tout le monde et qui, par ailleurs,
ne peuvent s'éclairer commodément, ferment boutique. On al-
lume quelques torches de résine ou la lampe à huile, la chandelle de suif ; la flamme du foyer suffit à la plupart, et seuls les
riches peuvent employer les coûteuses et odorantes chandelles
de cire. Le manque de luminaire écourte donc beaucoup les
veillées, et le souper est rapide. Avant même complies (vers
9 heures du soir), on a presque partout couvert le feu, en ne
gardant que quelques braises inoffensives pour le lendemain, et
toute la maisonnée a gagné le lit ou la paillasse. On couche à
plusieurs dans le même lit, même chez les gens aisés. Seigneurs, clercs, comme paysans, ignorent la chemise de nuit et
se glissent donc tout nus entre leurs draps ou sous leurs couvertures ; les moines ou les moniales, qui se lèvent toutes les trois
heures pour les offices, peuvent rester habillés, au moins partiellement, et ont droit à une couche individuelle.

L'Église qui souligne les heures du jour organise aussi l'année de l'Occident chrétien. De nombreuses fêtes païennes et
populaires ont été transformées et plus ou moins bien maîtrisées
à son profit. Autour du solstice d'hiver, les grandes réjouissances de la Nativité (25 décembre), de la Circoncision (1er janvier) et de l'Épiphanie (6 janvier), adoration des mages et baptême du Christ. La période précédente, l'Avent, est longtemps
marquée par les jeûnes des lundi, mercredi et vendredi. D'autres
fêtes — célébrées diversement suivant les milieux, mais particulièrement typiques dans le monde rural, où nous les retrou-
verons — animent la période avant le Carême : la Chandeleur,
2 février, avec ses crêpes et la bénédiction des cierges ; les jours
gras précédant le mercredi des Cendres : les fidèles, marqués au
front d'une croix de cendre bénie, évoquant la destinée future de
leur corps, vont alors s'abstenir de viande pendant 40 jours,
excepté les dimanches et la mi-Carême, pour préparer la Semaine sainte. Le 25 mars, on célèbre l'Annonciation ; après
Pâques fleuries (les Rameaux), rappelant l'entrée à Jérusalem,
les Jeudi (réception de 12 pauvres par qui le pouvait) et Vendredi saints (où les cloches s'arrêtent pour 3 jours), c'est Pâques

le grand, la Résurrection du Christ, la fin du jeûne, la distribution des œufs, le sacre du printemps. Puis ce sont les Rogations, l'Ascension, Pentecôte (50 jours après Pâques), rappelant la descente de l'Esprit saint sur les apôtres. La Fête-Dieu a été introduite au XIIIe siècle. C'est l'époque de la bénédiction des récoltes, des pèlerinages, des tournois, des guerres et des grandes foires ; c'est aussi le temps de l'amour. La Saint-Jean, 24 juin, annonce le début de l'été et du grand travail paysan, qui s'étend jusqu'à la Saint-Michel (29 septembre) et qui n'est interrompu que par quelques fêtes, dont celle du 15 août, consacrée à la Vierge. Puis c'est la bénédiction de tous les Saints (1er novembre) et la préparation de la Nativité. Le cours du temps étant ordonné par l'Église, on s'étonne moins des nouveaux systèmes de datation peu à peu introduits en Occident et qui visent, dans ce courant perpétuel, à établir quelques points fixes à partir desquels on pourra situer les événements marquants. En effet, dès le Ve siècle, l'usage s'est rapidement perdu, en Occident, de dater par référence à la fondation de Rome. On en était réduit à dater en fonction des années des papes, des souverains et des évêques ou d'événements repères qui variaient d'un pays à l'autre. Au VIe siècle, Denys le Petit adopta une référence universelle et fixe, l'année de l'incarnation du Christ, méthode vulgarisée au VIIIe siècle par Bède le Vénérable. Restait l'essentiel : dater dans l'absolu les événements du passé qui avaient été jusqu'à présent repérés de façon relative. La tâche fut ardue et occupa des générations de clercs qui avaient vocation d'historiens. Nul doute, comme le pense B. Guenée, que cette conquête du temps fut la grande affaire de l'érudition médiévale.

De même le point de départ de l'année, qui voit donc changer le millésime, n'est plus, comme à Rome, le 1er janvier ou le 1er mars, mais soit le 25 décembre (Noël), soit le 25 mars (Annonciation), soit le jour de la plus grande fête chrétienne, c'est-à-dire Pâques. L'ennui est que cette dernière date, le dimanche après l'équinoxe de printemps et suivant le quatorzième jour de la lune pascale, varie entre le 22 mars et le 25 avril. L'année légale, courant de Pâques à Pâques, peut donc avoir entre 11 et 13 mois. Un certain nombre de jours de la fin mars ou du début avril et distants d'un an peuvent porter le même millésime et sont donc difficiles à distinguer. Ainsi Pâ-

ques tombant le 31 mars 1252 et le 20 avril 1253, l'année 1252
aura 365 + 20 jours, et tous les jours entre le 31 mars et le
20 avril 1253 seront signalés, dans les actes, en 1252, tout
comme ceux entre le 31 mars et le 20 avril 1252.

C'est probablement sous l'influence des marchands que le
début de l'année fut finalement fixé à la Circoncision et reprit
donc l'usage romain, pour l'année civile. Mais il faut bien voir
que divers systèmes ont longtemps coexisté en Occident sans
que ses peuples, extrêmement proches par leurs mentalités et
l'exercice permanent d'une même religion qui leur ordonnait le
temps de la même manière, en aient paru gênés. Venise commençait l'année le 1ᵉʳ mars, Florence et l'Angleterre anglo-
normande le 25 mars, la papauté le 25 décembre, la France, à
partir du XIIᵉ siècle, à Pâques. L'Espagne prenait pour référence
une date antérieure de 38 ans à la naissance du Christ. Il semble
donc bien que ces modes de datation n'aient pas paru fondamentaux ; c'est là sans doute le témoignage d'un reste d'indifférence au temps.

Le nom des jours de la semaine consacrés aux dieux romains
ou germaniques a peu changé, à part le jour du soleil *(Sonntag,
Sunday),* devenu en latin *dies dominica* (dimanche, *domenica,
domingo*) ; et, de même, les noms de mois dérivés des noms
latins et reflets de l'année religieuse romaine (partant du
1ᵉʳ mars et faisant de septembre, octobre, novembre, décembre
d'effectifs septième, huitième, neuvième, dixième mois). En
revanche, le repérage des jours du mois ne se fait plus comme à
Rome par rapport aux Calendes (1ᵉʳ), Nones (5 ou 7) et Ides (13
ou 15) suivantes, mais soit par des numéros (de 1 à 31) annonçant l'usage actuel, soit très souvent par la mention du saint fêté
ce jour-là.

Le 24 juin se dira plutôt le « jour de la Saint-Jean d'été » que
le « vingt-quatrième jour de juing » et, très rarement, sauf durant
le Haut Moyen Age, « le huitième jour des Calendes de juillet ».
Le millésime n'est ajouté que dans les actes officiels, chroniques, ouvrages d'histoire. Il est hors de doute que le vulgaire,
illettré, racontant oralement les événements passés, ne précisait
pas la date autrement que par la référence à une saison, à une
fête, à un événement familial ou à quelque calamité locale. Le
champ de la mémoire individuelle ou collective était donc restreint, entretenu par la tradition orale. Il est probable qu'il

n'excédait pas une centaine d'années. Quant aux prévisions, l'idée claire d'un futur éloigné et terrestre, dans un monde où la mort frappait si vite et si fréquemment, elles n'avaient pas non plus grand sens. C'est dire que la notion d'investissement n'avait pas de support temporel. Le seul investissement valable était celui de l'au-delà, celui du temps absolu, figé, de l'éternité. La grande majorité des Occidentaux vivaient donc partagés entre un présent presque immédiat et un futur a-temporel.

L'appréhension de l'espace.

L'espace non plus n'était pas vu, appréhendé et mesuré comme de nos jours. On en a un exemple élémentaire dans l'extraordinaire fouillis de la métrologie médiévale, à la fois complexe et approximative, dont il est impossible de donner de rigoureux équivalents. Chaque petit pays, chaque microrégion, parfois un seul village en tout, avait son propre système de mesures (capacité, poids, longueur, surface), généralement dérivé de mesures romaines, mais de type et de taille variables et fort différents de celui des plus proches voisins. Même la renaissance du commerce international ne fit pas adopter un système simple, rationnel et généralisé, et, malgré quelques simplifications locales, connues surtout en Languedoc, les marchands se contentèrent tout naturellement d'un système de tables de conversion dont pourtant la lourdeur nous semble aujourd'hui écrasante. On peut en juger d'après l'extrait suivant, datant de la première moitié du XIVe siècle, d'un manuel de marchandises florentin :

100 livres subtiles de Venise en font 96 de Gênes ;
1 marc d'argent, poids de Venise, fait 9 onces 3 deniers de Gênes ;
1 mine, mesure de Gênes, fait 1 1/4 *staia ;*
100 livres grosses de Venise font 147 livres 1 once 20 1/4 carats à Gênes, à 144 carats l'once, ou 1 once 3 deniers 9 grains, ou 24 deniers par once, ou 24 grains par denier poids ;
10 cannes de Gênes font à Venise 35 brasses ;
100 livres subtiles de Venise font à Pise 92 à 93 livres ;
18 brasses de drap, mesure de Venise, font à Pise 17 brasses ;
1 livre d'argent de Venise, soit 1 1/2 marc de Venise, fait à Pise 13 onces…

D'autre part, les mesures-étalons, dont on a conservé en Occident des milliers d'exemplaires lors de leur remplacement par le système métrique, étaient plus ou moins bien imitées dans les limites territoriales de leur application et plus ou moins bien employées par leurs utilisateurs; d'où un manque de précision tout à fait courant dans la mesure de l'espace. On parle de barriques de vin, de sacs de blé ou de laine que l'on additionne, bien que le poids et la contenance de chaque barrique, de chaque sac soient très différents. De plus, la même mesure de capacité, par exemple, peut être utilisée « rase » ou « comble », encore un gros élément d'approximation. Enfin, suivant la matière et la manière dont elle se présente, la même unité peut mesurer des quantités très différentes sans provoquer la moindre gêne apparente de l'utilisateur : le muid d'avoine, à Paris, vaut 240 boisseaux, soit 2 601 litres ; le muid de froment, 144 boisseaux, soit 1 561 litres. Le muid de vin « sur lie » est loin d'être équivalent, dans la même ville, au muid de vin « tiré au clair », et il n'a aucun rapport avec les muids précédents : un muid de vin vaut à peine un dixième du muid d'avoine.

D'une manière générale, le nombre est très mal connu et encore plus mal manié, et pas seulement par l'immense majorité du peuple des campagnes. On doute que le seigneur, même ecclésiastique, ait l'outillage mental nécessaire pour préparer une campagne, compter ses vassaux, recenser leurs valets, réunir armes et approvisionnement nécessaires. Une excellente mémoire individuelle des gens ayant mis leurs mains dans les siennes lui permet, empiriquement et approximativement, de projeter une expédition ou de réunir sa bannière, mais il est bien rare que ses hommes se chiffrent par dizaines, très exceptionnel que leur nombre excède la centaine et aussi exceptionnel que le chef ait, dans ces cas-là, une claire vue d'ensemble de ses troupes et de leurs besoins.

Mais surtout le nombre n'a pas toujours la même signification que de nos jours. Par exemple, les clercs, pourtant exacts dans leurs comptes, denier par denier et sou à sou, de leurs revenus fonciers, peuvent utiliser des chiffres globaux ou avancer des estimations sans aucun rapport avec la réalité et sans souci de se contredire. Ainsi un chroniqueur peut signaler 200 000 ennemis tués ou 50 000 chevaliers sur la ligne de bataille, quand la réunion de quelques milliers de combattants était quasi impossible, même à l'empereur, aux rois de France, d'Angleterre ou de Sicile. Le même chroniqueur, quelques pages plus loin, nous cite, sans la moindre gêne et comme exemple de fortes pertes, 5, 10, voire 15 chevaliers massacrés dans un tel engagement ; il ajoute même le nom des victimes. Simple imprécision ? Certes non. Dans les deux cas les chiffres ne sont pas employés dans le même sens. Seule la seconde estimation correspond à nos normes actuelles : effectivement des pertes d'une quinzaine de chevaliers sont plausibles et lourdes. Mais, dans le premier cas, les chiffres ne décrivent pas la réalité ; ils constituent seulement une figure de rhétorique destinée à impressionner le lecteur. Cette utilisation du nombre, dont le sens nous échappe en partie, n'est pas seulement l'apanage des clercs et des chroniqueurs. Quand les conseillers du roi d'Angleterre, en 1371, déclarent que le nombre des paroisses est de 45 000, ou quand les officiers de la chancellerie du roi de France répètent que le royaume comporte 1 700 000 clochers, s'agit-il d'un maniement extravagant et imprécis des chiffres ? Il s'agit plutôt dans l'un et l'autre cas d'un mythe flatteur pour les souverains et les ressources dont ils disposent et, pour cette raison, transmis de génération en génération. Le même souci de patriotisme animait sans doute les échevins d'Ypres quand ils mettaient en avant les 200 000 habitants de leur ville — chiffre rabattu à 40 000 par Pirenne, à partir de leurs propres archives, ce qui prouve que les échevins pouvaient parfaitement établir le chiffre réel de la population. Il est donc vraisemblable que le goût du mythe a faussé l'utilisation rationnelle des nombres, ce qui ne doit pas conduire les historiens à conclure, avec légèreté, à une imprécision de l'esprit médiéval.

Par ailleurs, il n'est pas possible de nous repérer parfaitement dans des comptabilités médiévales : même chez les marchands des XIVe et XVe siècles, qui furent pourtant les premiers à maîtriser les chiffres, quand on refait soigneusement les calculs des bénéfices, des pertes, des bilans commerciaux, on s'aperçoit d'oublis, de négligences dans l'information que masque l'exactitude formelle des opérations. *A fortiori* quand il s'agit de comptes rédigés par des notaires, des clercs au service de seigneurs ecclésiastiques ou laïcs : on croit pouvoir dresser des bilans à partir des états qu'ils nous ont conservés, divisés entre recettes et dépenses ; mais les seules recettes sont déjà un fourre-tout incroyable. Bien souvent, les sommes qui sont signalées dans cette rubrique ont été immédiatement employées à régler une dette ou un achat, lequel figure dans les recettes et non, comme on l'attendrait, dans les dépenses. La négligence apparaît aussi dans le compte récapitulatif ou dans la tenue même de l'état, commencé avec soin et finissant dans un gribouillis de plus en plus hâtif, avec des notes dans les marges ou au bas des pages, des passages barrés qu'on omet de supprimer dans le résumé final, etc. Comme si les clercs et leurs seigneurs étaient des velléitaires, oubliant au cours de la rédaction le but recherché, se hâtant de bâcler une fin ou laissant carrément le compte en suspens.

Si l'on considère les plus grandes œuvres du Moyen Age, les dizaines de milliers de châteaux ou d'églises encore debout, on ne peut manquer d'être frappé de leur absence d'unité, du peu de rigueur de leur exécution et de leur inachèvement. Bien sûr, nous admirons ces réalisations, comprenons que leur démesure même était un obstacle à leur accomplissement, et nous reviendrons longuement sur les plus parfaites d'entre elles et leur extraordinaire réussite. On peut aussi soutenir que des édifices géométriques plus parfaits ou entièrement achevés auraient moins d'attrait ou de puissance émotive. De toute manière, ce n'est pas en faire la critique que de rappeler le peu de moyens mathématiques ou physiques, la carence radicale d'instruments précis, le manque de machines véritablement efficaces dont disposaient les maîtres d'œuvre. A la fois architectes et chefs de travaux, ceux-ci construisaient bien souvent de manière empirique, peu rigoureuse : combien de voûtes ou de flèches, dont celle de Beauvais, se sont écroulées ou se sont arrêtées à mi-hauteur, et pas toujours par manque de moyens financiers. Celles qui nous sont parvenues le sont très souvent au prix d'un entretien minutieux, de restaurations incessantes durant les siècles postérieurs, ont été « achevées » tant bien que mal au XIXe ou au XXe siècle, ou ne le sont pas encore. Pensons aux catastrophes évitées à Bayeux, à Évreux, à Chartres, à Amiens dès les XIVe et XVe siècles, pensons aussi à Cologne, Ulm ou Milan !

Les études de détail montrent bien les imperfections non seulement des réalisations (chapelles symétriques de taille différente, rosaces légèrement décalées par rapport aux axes des nefs ou des transepts), mais encore des conceptions : les arcs-boutants prévus pour épauler les piliers à l'endroit où ils recevaient la poussée des voûtes tombent souvent entre les points où s'exercent ces poussées. On en prévoit deux ou trois pour pallier les effets de cette ignorance, et l'architecte Villard de Honnecourt nous en donne l'exemple frappant, et à Reims !

Certes, on note, à partir du XIIIᵉ siècle, une amélioration dans le maniement du chiffre, un progrès de l'esprit d'exactitude, au moins au niveau de certains clercs philosophes ou mathématiciens (Roger Bacon, par exemple) et d'un certain nombre de marchands. Mais, en ce qui concerne la grande masse de la population, il n'est pas exagéré de signaler, à côté de la vaste indifférence au temps, une égale indifférence ou une certaine incapacité à saisir l'espace.

Mais, encore une fois, cette façon de raisonner et d'appréhender le temps et l'espace, en contradiction avec ce qui nous semble la logique, n'est pas obligatoirement la marque d'esprits imprécis. Il n'existe pas de carte du royaume de France avant la fin du XVᵉ siècle mais, avant cette date, au moins à partir du XIIIᵉ siècle, le roi, ses officiers et les sujets du royaume sont conscients du tracé et de la signification politique des frontières. Quant aux limites administratives, seigneuries, châtellenies, prévôtés, bailliages, etc., elles sont bien connues des administrés. Le prétendu flou de l'esprit médiéval est sans doute une notion à réviser. Il serait plus juste de conclure que les mentalités véhiculent des données parfois apparemment contradictoires qui font juxtaposer une observation personnelle, un chiffre exact, un détail précis à des on-dit transmis par la tradition orale, à un développement emprunté sans en changer un iota à un maître antique ou à un manuel religieux qui en est la négation même et qui est admis sans discussion comme une vérité aussi vraie que celle qui reflète exactement la réalité.

La connaissance du monde.

Ces difficultés dans l'appréhension et la domination de l'espace et du nombre, ou dans le raisonnement, envisagés d'un point de vue logique et moderne, proviennent en partie seulement des carences de la technique et de la science. L'héritage de l'Antiquité était suffisamment riche pour qu'y fût possible un choix très différent, qui nous paraîtrait de nos jours aller beaucoup plus dans le sens du « progrès ». Il ne s'agit pas ici non plus de méconnaître les grands esprits originaux et profonds, qui honorent l'humanité, du Français Gerbert à l'Italien Thomas d'Aquin en passant par l'Anglais Roger Bacon, le Catalan Ramon Lulle ou l'Allemand Albert le Grand. Mais il faut bien souligner qu'eux-mêmes, dans l'ensemble de leur œuvre, *a fortiori* tous les savants, les philosophes, les hommes de science, les clercs, les laïcs frottés de clergie et, par leur intermédiaire, le peuple entier des Occidentaux, ont accepté sans discussion fondamentale, pendant presque un millénaire, une conception du monde et de la nature choisie à la fin de l'Antiquité et assimilée au cours du Moyen Age d'après une philosophie — celle d'Aristote — elle-même vieille de huit siècles et plus ou moins mal revue ou corrigée par le christianisme.

Tous les détails qui s'y sont incorporés et ont été recopiés sans trêve, sans esprit critique, et sans souci de mise à jour durant toute la période, proviennent eux aussi de l'Antiquité, et il n'est guère exagéré de dire avec C. Langlois que, non le véritable homme de science capable de progrès, mais le « vulgaire a cru ou su la même chose durant 1 000 ans ».

Ainsi il est évident que Dieu a créé le monde. Selon le niveau de la réflexion, la manière dont il l'a créé peut être considérée de différentes façons : en le pensant de toute éternité ; en tirant du néant la matière dont il le façonna durant les six jours bibliques ; en établissant les lois qui régissent le cours des choses. Ces lois peuvent être à tout moment suspendues par le Créateur, qui accomplit ainsi des miracles. On sait, par exemple, que, le jour de la Crucifixion, il y eut une éclipse inexplicable qui convertit le grand astronome Denis l'Aréopagite.

Il y a 4 éléments fondamentaux : terre, eau, air, feu, le tout enserré comme dans une coquille d'œuf par un ciel rond, la forme ronde étant la meilleure, comme le prouvent amplement les voûtes des maisons ou des ponts, les tonneaux, les cuves, les roues, etc., le fait que les objets ronds sont ceux où il y a le moins de place perdue et aussi le fait que le rond n'a ni commencement ni fin comme Dieu. L'image de l'œuf est un lieu commun de la littérature de vulgarisation : Timeo explique à Placides que la coque représente le firmament, la peau blanche est la terre, le blanc l'eau, le jaune le feu. Au-delà du firmament s'étend un ciel où sont les anges et les bienheureux, puis le cercle où furent jetés les mauvais anges, enfin le ciel de pourpre où demeure Dieu. Le ciel visible est un air subtil, très pur et resplendissant, à plusieurs couches, qui tourne en émettant les sons délicieux que l'on entend au paradis ; très loin, les étoiles qui sont au ciel comme les nœuds de bois à l'arbre ; beaucoup sont fort grandes et toutes ont une action directe sur la terre. Il y en a 1 022, selon l'*Almageste* de Ptolémée, qui les a toutes comptées et a reconnu les 47 constellations au sein desquelles elles se groupent ; les 12 plus importantes sont les fameux signes du cercle dit Zodiaque : Bélier, Taureau, Gémeaux, Cancer, Lion, Vierge, etc., où passent les 7 planètes ; le soleil séjourne ainsi un mois dans chacune. Les signes régissent donc directement les saisons et les mois ; les planètes influent sur les jours de la semaine, qui portent leur nom, et sont plus proches de la terre que les étoiles. Plus elles sont proches, plus les cercles qu'elles décrivent sont petits. Saturne met trente ans à courir le sien ; on trouve après lui Jupiter, Mars, le soleil, source de toute chaleur, véritable cœur du monde, Vénus, Mercure, et enfin la plus proche, qui reflète la clarté du soleil comme un miroir bien bruni : la lune. L'*Image du Monde* nous donne de nombreuses précisions chiffrées sur ces astres, malheureusement différentes suivant les manuscrits, et, dans le même manuscrit, suivant les passages : à titre d'exemple, la distance de la terre à la couche stellaire serait de 10 055 diamètres terrestres ; le soleil serait à 585 diamètres et serait 166 3/20 fois plus grand que la terre, elle-même 39 1/4 fois plus grande que la lune, distante de 12 ou 34 1/2 diamètres.

Le ciel est le domaine privilégié des deux éléments légers : l'air et le feu. Le feu est un air très sec et resplendissant, produit parfois par le choc des vents (éclairs), et tombant à terre (foudre). L'air lui-même est plus ou moins épais, suivant sa proximité des éléments lourds. En particulier, il soutient les oiseaux, qui y nagent comme des poissons dans l'eau, il fait plier une verge qu'on y brandit en tous sens, il se met en mouvement sous forme de vent.

L'eau est principalement représentée par la mer profonde, amère parce que dissolvant de grandes montagnes de sel ; les fleuves y vont, mais en sont également issus à travers les veines de la terre qui les filtre et en enlève l'amertume. Ces eaux peuvent sortir salées ou chaudes comme à Aix-en-Gascogne

(Dax) ou Aix-la-Chapelle, si elles ont traversé des cavernes de soufre. Elles sont aussi la cause des tremblements de terre.

L'élément fondamental est la terre, à la fois comme centre du monde, autour duquel tournent le ciel, les étoiles, les planètes, et comme réalité géographique, entourée par la mer circulaire (l'océan), nourrissant et accueillant les hommes et leur entourage. Elle est souvent considérée comme ronde; elle fait, pour les savants, 20 428 milles de tour (à 1 500 mètres environ le mille, on voit que le chiffre, dérivé des calculs d'Ératosthène, n'est pas très loin de la réalité) et 6 500 milles de diamètre; que certains la considèrent comme un disque plat n'a pas tellement d'importance, car c'est bien ainsi qu'il faut la représenter dans un plan à deux dimensions.

L'attention du vulgaire se porte surtout sur l'entourage immédiat que constituent les mondes minéral, végétal et principalement animal. Les « lapidaires » traitent, toujours d'après les auteurs anciens, des pierres qui sont immuables comme les sages; bien souvent, elles sont des auxiliaires précieux ou des remèdes, qu'on les boive, qu'on les regarde, qu'on les touche ou qu'on les porte. Par exemple, Philippe de Thaon décrit ainsi le magnès, couleur de fer et qui attire le fer; on le trouve dans l'eau du Jourdain, ou en Inde, et il permet de vérifier la fidélité des femmes; il suffit de le placer sur la tête de la femme endormie; la chaste se retourne sur le ventre, l'impudique sur le dos. Le magnès guérit l'hydropique mais rend impuissant qui le boit trois fois de suite. Placé sur des charbons ardents, il aide les voleurs car son odeur fait croire que tout va s'écrouler: les habitants s'enfuient des maisons, qu'il est alors très facile de cambrioler durant leur panique.

Parmi les 78 pierres généralement énumérées et commentées, peu de minerais ou de matériaux communs; ce sont les pierres rares ou fabuleuses auxquelles on s'est surtout intéressé. L'agate, l'albâtre, le béryl, le corail, la cornaline, le cristal, l'émeraude, le jais, le jaspe, le lapis-lazuli, l'onyx, le saphir, et des études spéciales sont consacrées aux 12 gemmes du Rational (Exode XXIX, 10-13) que l'on retrouve dans toute symbolique.

Les végétaux n'ont pas été non plus étudiés systématiquement: on évoque l'aloès, la muscade, la myrrhe, l'encens, le poivre, le camphre, le santal, les plantes aromatiques précieuses ou médicinales, mais les représentations figurées en sont fort rares, et leur nom, bien connu, couramment employé, n'évoque probablement rien de précis à l'esprit. Quant aux plantes courantes, elles sont surtout connues empiriquement par le paysan, et de manière si évidente qu'elles alimentent peu les réflexions.

Le monde animal, au contraire, a beaucoup plus marqué les esprits médiévaux, le noble qui chasse le gros gibier et qui élève chien, cheval ou faucon, le paysan avec ses bêtes domestiques et les rapaces nuisibles qui les menacent, le philosophe qui les étudie, le clerc qui suit le fil des comparaisons bibliques. De nombreux « bestiaires » ou des représentations iconographiques nous ont évoqué les principaux animaux, imaginaires ou réels, qui peuplent les œuvres littéraires ou l'immense décor des édifices laïcs et des cathédrales.

Peu d'insectes, à part l'abeille, considérée d'ailleurs comme un oiseau, ou la fourmi, classée parmi les « bestes » (mammifères).

Il semble que l'on appelle poissons les animaux vivant dans l'eau ou qui, sur terre, sont privés de pattes; le Moyen Age les considère comme innombrables, bien qu'Isidore de Séville — son maître — en compte, d'après Pline, 144 espèces. Parmi eux, on remarque la baleine, célèbre grâce à Jonas; son dos, couvert de sable, d'herbes, d'arbrisseaux, abuse le marin qui y aborde pour faire du feu et provoque la plongée; le porc (marsouin), qui fouit le sol de la mer, la murène et l'anguille, bien proches des serpents, le crocodile du Nil, qui a 20 pieds de long et dévore l'homme en pleurant, le cancre, qui assaille les huîtres en bloquant leur charnière par un petit caillou, le dauphin, qui annonce la tempête et sauve les hommes, pour qui il éprouve un étrange amour; jusqu'à l'hippopotame, qui est une sorte de cheval aux dents de sanglier et aux pieds de bœuf. Il y a aussi des sirènes, des basilics, des dragons énormes, qui abattent les éléphants d'un coup de queue, des salamandres vivant dans le feu et des vipères, dont les femelles tuent les mâles durant l'accouplement et sont tuées par les petits à leur naissance.

Mais ce sont surtout les oiseaux et les mammifères terrestres qui règnent dans les bestiaires : le phénix, le griffon, l'oiseau roc perpétuent de vieilles fables, tandis que l'aigle, le vautour et les oiseaux de proie sont correctement décrits. De même l'autruche, capable de digérer le fer et aux œufs couverts de sable,

éclosant tout seuls au soleil. Alcyons, hérons, colombes, cor-
beaux, cygnes, cigognes, ibis, grues, hirondelles, huppes, péli-
cans, perdrix, paons, papegauts, coqs — le plus bel oiseau du
monde, porteur d'éperons et de couronne, généreux combattant —, sont soigneusement individualisés.

Quant aux « bestes », il faut renoncer à les énumérer, tant
elles sont nombreuses. Parmi elles, le lion, dont le nom en grec
veut dire roi : tout le monde le craint et lui-même n'a peur que
des coqs blancs, du feu, des scorpions et du grincement des
roues. Ami des hommes, généreux, compréhensif, il dort les
yeux ouverts et efface ses traces avec sa queue. La belette, qui
conçoit par l'oreille et enfante par la bouche ; caméléon, singe,
éléphant colossal, intelligent et chaste, handicapé par son absence de genou qui lui interdit de se relever s'il tombe, loup,
lynx, cerf, chevreuil et biche, ours, sont connus de tous.

Enfin, la vision des animaux domestiques est fort précise et
très réaliste : bœuf aux membres gros et carrés, aux grandes
oreilles, au front large, aux narines ouvertes, à la gorge pen-
dante jusqu'aux genoux, à la queue grande et bien poilue ;
moutons et brebis, simples, doux, craintifs, riches en lait,
viande, laine et peau ; chameau à une ou deux bosses, vivant
centenaire, pouvant ne pas boire pendant trois jours et épuisé
par l'acte sexuel ; chien et cheval, dont les qualités et les espèces
sont soigneusement cataloguées ; destriers pour combattre, pa-
lefrois pour chevaucher, roncins pour porter des fardeaux.

L'aspect analytique, descriptif, désordonné, souvent crédule
de la connaissance du monde se marque, de la même manière,
dans la géographie et l'étude de la surface terrestre. La partie
habitée de la terre se divise en 3 grandes régions : vers l'Orient,
l'Asie, où se trouve le paradis terrestre, défendu par des bêtes
féroces, puis un rideau de flammes et dont la porte est fermée
depuis la Faute. La fontaine de ce paradis enfante 4 fleuves : le
Nil, qui traverse l'Éthiopie et l'Égypte, le Gange, qui arrose
l'Inde, le Tigre et l'Euphrate. C'est dans cette Asie, aussi
grande que le reste des terres habitées, que se trouve l'Inde aux
24 contrées, la Perse, la Chaldée, les royaumes des rois mages,
l'Arménie, le pays des Amazones, celui de Gog et de Magog,
près du mont Caspien. Plus près, l'Asie Mineure, bien connue
grâce à Byzance et aux pèlerinages en Terre sainte, aux croisades et à leurs conquêtes.

L'Afrique est la région la plus petite : elle part de Gadès et des Colonnes d'Hercule — Cadix et détroit de Gibraltar — et abrite les Maures, noirs comme des mûres, jusqu'en Égypte. Carthage se trouve avant les deux Syrtes, que les navires ignorent, tant la mer y est mauvaise. Plus au sud, les Troglodytes, les Garamantes et les Éthiopiens. Un ouvrage très lu et recopié, l'*Image du Monde*, y incorpore Espagne, Italie, Sicile, Syrie, Palestine et presque toute la Méditerranée.

De toute manière, autant ces continents éloignés sont décrits, commentés, peuplés de choses étonnantes, démesurées, d'après les compilateurs latins les plus crédules et les plus faibles comme Solin, autant l'Europe semble peu intéresser ses habitants. Constantinople, certes, est souvent évoquée avec étonnement et envie ; Rome aussi, mais une Rome de légende, qui correspond peu à la réalité. Le noyau occidental, France, Allemagne, Angleterre, Italie, est généralement à peine cité par les vulgarisateurs, qui l'estiment trop connu, et est ignoré de la masse du peuple, qui ne voit guère, au-delà de sa microrégion, que les pays fabuleux ou bibliques dont on a pu l'entretenir ou dont il voit représentées les merveilles au portail du narthex à Vézelay, à Aulnay ou ailleurs. Le dialogue de Placides et Timeo essaie tout juste de classer les peuples voisins d'après leur tempérament : les Allemands, les Flamands et les Anglais sont décrétés flegmatiques ; les Lombards, Portugais, Espagnols, Catalans, Français et Picards sont sanguins, c'est-à-dire « moites », joyeux et chauds, fort portés à l'amour et fort habiles à le faire ; les Bourguignons, Auvergnats, Provençaux, Gascons sont chauds et secs, et capables de peu ; les Bretons, Écossais, Gallois, Irlandais sont mélancoliques. Des peuples faisant pourtant partie intégrante de l'Occident, mais que les auteurs antiques n'ont pas décrits, et pour cause, comme les Slaves en général, les Scandinaves, les Hongrois, ne sont cités qu'exceptionnellement.

Or, ces peuples étaient connus : d'abord des clercs romains qui les visitaient ou recevaient d'eux des subsides, et des pèlerins qui leur adressaient des demandes de conseil ou d'aide ; également de nombreux seigneurs allemands ou français, par exemple, qui avaient servi avec eux dans des expéditions communes, avant même la grande aventure des pèlerinages organisés et des croisades. Les chemins terrestres de Constantinople et Jérusa-

Les rapports de l'homme avec la création sont suggérés par cette enluminure du *Livre des Œuvres divines* d'Hildegarde de Bingen. Au centre, la terre, puis l'homme créé pour être le seigneur de la terre ; au-delà de l'homme, l'immensité de l'univers et, dominant le tout, le Christ. Celui-ci est le centre, l'axe de tout, du monde, de l'homme, de l'univers, au-delà et au-dessus même de toute la création. (Musée de Lucques, Biblioteca Statale. Photo Guido Sansoni.)

lem passaient par la Hongrie, comme ceux de Saint-Jacques par la France et l'Espagne du Nord-Ouest. Nous avons, de plus, des monographies concernant les peuples ou pays slaves et scandinaves ; par exemple, pour ces derniers, l'histoire de Bède le Vénérable (VIIe siècle) ; la vie d'Anskaire dès le IXe, les admirables descriptions d'Adam de Brême au XIe, sans compter des souvenirs ou traditions encore proches dans le Danelaw ou la Normandie des Xe et XIe siècles. Mais le passé païen de ces peuples était oublié, et leur fusion récente dans la communauté occidentale avait fait disparaître tout intérêt à leur égard. Les romans de chevalerie évoquent sans grand commentaire Ogier « le Danois » (en fait, l'Ardennois), et Sone de Nansai fait un long séjour en Norvège sans beaucoup la décrire.

Quand les Occidentaux découvrent directement l'Asie profonde, les steppes mongoles, l'Extrême-Orient, indien et chinois, les côtes d'Afrique, le Sahara, ou ont des renseignements plus précis sur le royaume chrétien d'Axoum (Éthiopie), à partir des XIIIe ou XIVe siècles, les renseignements rapportés par leurs missionnaires, marchands, explorateurs, ne sont pas assimilés par les vulgarisateurs ou du moins sont incorporés dans les vieux mythes antiques et amplifient le grand *Livre des Merveilles*. Les cartes du monde qui s'élaborent à partir de cette époque enferment dans des contours plus précis des interprétations et localisations assises sur des sources datant de plus d'un millénaire.

Toute la nature s'ordonne finalement autour et en fonction des hommes, du microcosme, suivant l'Écriture. Comme dit si bien le Florentin Brunetto Latini : « Toutes choses dou ciel en aval sont faites por l'ome, maiz li hom est faiz por lui-même. »

Une description de l'homme tel qu'on le voyait au Moyen Age serait aussi fastidieuse qu'inutile. Rappelons simplement que, comme le macrocosme, il est composé de 4 éléments : sang chaud et moite, qui correspond à l'air ; flegme (lymphe) moite et froide, symétrique de l'eau ; rouge cole (bile), chaude et sèche comme le feu ; mélancolie, sèche et froide comme la terre. Santé, maladie, mort proviennent des variations de rapports entre ces éléments.

Le corps a 4 membres principaux : le cœur, dont sortent les artères ; le cerveau, siège de l'âme, qui émet des nerfs, lesquels font mouvoir le corps ; le foie, dont proviennent les veines ; et les parties génitales, qui sont au service de l'espèce. L'âme est la vie de l'homme ; créée par Dieu, elle n'a pas de fin, et sa faculté de distinguer le vrai du faux n'est autre que la raison, qui nous différencie des animaux.

La connaissance du monde que nous venons d'esquisser dans ses très grandes lignes peut paraître purement descriptive et analytique. En fait, ce serait une grosse erreur de le croire. Car le monde étant centré sur l'homme, et, comme le dit Grégoire le Grand, «étant, d'une certaine façon, toutes choses», chacune de ses composantes, tout événement, toute chose ont leur résonance sur le microcosme, ont leur signification, qu'il s'agit de comprendre ; sont des exemples d'une autre réalité, des symboles qui se replacent aisément dans une perspective biblique et évangélique, nourrie d'une certaine culture antique et mise à la disposition de tous.

Signes et symboles.

Ce monde, dont les aspects — tels que nous venons de les voir — nous paraissent souvent absurdes par ignorance des sens ou des symboles qui y étaient attachés, était non seulement compréhensible pour tous, mais aussi le seul concevable. Si nous reprenons rapidement les significations, et parfois les «explications» des objets ou des phénomènes dont les seules descriptions nous ont jusqu'à présent retenus, nous constatons à chaque instant cette intime interdépendance du macrocosme et du microcosme, caractéristique essentielle de la mentalité médiévale, ou, comme le dit dom Sterck, «cette expérience cosmologique qui permet une révélation existentielle de l'homme à lui-même». D'innombrables ouvrages, comme les *Pèlerinages* de Guillaume de Digulleville, sont bâtis sur des forêts de symboles, commentés avec complaisance, et les plus belles réussites objectives de l'art pictural laïc, comme *les Époux Arnolfini*, de Jan Van Eyck, valent encore plus par les profonds symboles qu'elles évoquent que par la prodigieuse maîtrise technique ou la saisissante restitution de la réalité vécue.

Les nombres, que saint Augustin considère comme des pensées de Dieu, donc éternels, sont riches de signification, et en particulier les premiers, de 1 à 12. L'Un, ou la Dualité (chair-esprit, lumière-obscurité, droite-gauche, homme-femme,

moite-sec), se passe de commentaire. Trois évoque la Trinité,
divine ou humaine : corps, âme, esprit. Quatre : 2 × 2, mais
aussi 3 + 1, c'est-à-dire la perfection de la Trinité rompue par
l'adjonction d'une unité, symbolise le monde spatial, les 4 fleuves du paradis ou les 4 évangélistes provenant d'une même
fontaine (le Christ), les 4 vertus, les 4 points cardinaux, les
4 saisons, les 4 membres, les 4 lettres du nom Adam, etc. La
combinaison de 4 et 3, donc du monde spatial et du temps sacré,
donne 12 qui est également une combinaison de 6 × 2, de
8 + 4, symbole du temps achevé : 12 apôtres, 12 signes du
Zodiaque, 12 mois, les 12 tribus d'Israël...

5, nombre de l'homme, est aussi celui de l'univers : il signale
la volonté. 7 est le chiffre sacré par excellence : chandelier à
7 branches, 7 planètes, 7 jours de la semaine, 7 merveilles du
monde, 7 couleurs de blason, 7 sceaux. 8 : 4 × 2 est emblème
de la Résurrection.

Par ailleurs, les figures géométriques simples, en liaison
étroite avec les nombres, ont des significations aussi fondamentales : à Aix, le centre de la chapelle Palatine est un octo-
gone, le trône de l'empereur se place sur la septième marche,
dans un ensemble à 3 élévations.

Quatre figures résument le monde. Le cercle d'abord, parfait,
homogène, sans commencement ni fin, est parcouru par les
planètes ou les étoiles d'un mouvement continu et immuable qui
lui fait donc représenter le ciel et symboliser le temps. Du
cercle, on passe à l'idée de la roue, du cycle, et donc du devenir
et de l'éternel retour, puis à la spirale, qui symbolise une
continuité cyclique mais en progrès continu, comme le tourbil-
lon créateur, et enfin au svastika, qui est une combinaison de
croix centrées et animées de ce mouvement de rotation, si
important dans la symbolique indienne.

Le centre — du cercle, puis de tout espace — autour duquel
tout s'organise, à partir duquel tout se crée, est l'image parfaite
de l'unité, du principe créateur, indivis, informel, incommen-
surable ; c'est l'Être pur, transcendant, absolu. Le carré et la
croix, frappantes figurations du nombre 4 et du monde spatial,
ont, eux aussi, un centre et s'inscrivent parfaitement dans un
cercle, le carré étant une sorte de cercle à 4 coins. Solidement
appuyé sur ses 4 sommets et orienté, ce carré peut représenter
l'arrêt, la stabilité, la partition de l'espace ; si l'on ajoute à ce

carré (4 sommets) son centre, son omphalos, son nombril, nous rejoignons la symbolique du 5 et donc de l'univers unissant ciel et terre, espace, temps et éternité.

Mais c'est la croix qui est l'élément unificateur par excellence, donc médiateur, intermédiaire, puisque joignant des points diamétralement opposés, au sein d'un carré inscrit dans un cercle dont les centres confondus sont le centre de la croix.

Une grande partie de la symbolique médiévale repose sur ces nombres et ces figures : le paradis terrestre est souvent représenté comme un cercle avec, au centre, la fameuse fontaine, carrée ; la Jérusalem céleste est un carré avec 4 groupes de 3 portes, carrées et surmontées de cercles.

Dans un espace tridimensionnel, les significations du cercle et du carré passent aux sphères et aux cubes, éléments de base de l'architecture romane.

Les couleurs fondamentales, au nombre de 7, sont assimilées aux planètes mais portent des significations très générales, largement diffusées. Le noir — « sable » de l'héraldique —, associé à Saturne, évoque la tristesse, la volonté farouche et sans nuances ; le rouge — « gueules », Mars — est couleur de charité ou de victoire ; le blanc — « argent », lune — symbolise la pureté, la droiture, la franchise ; le jaune — « or », soleil —, l'intelligence, le jugement ; le vert — « sinople », Vénus —, l'espérance ; le bleu — « azur », Jupiter — évoque aussi le ciel, comme le violet — « pourpre », Mercure. L'influence de cette symbolique élémentaire se précise à partir des XIIe et XIIIe siècles, en raison de la grande diffusion d'une héraldique dont les règles sont déjà strictes et immuables.

La couronne du Saint-Empire, réalisée entre 953 et 962 pour Othon le Grand, puis légèrement transformée au XIe siècle, montre bien quelle attention était portée à la symbolique des formes, des chiffres, des pierres et des couleurs. Elle est fermée, surmontée d'un arc et d'une croix. Les 8 plaques de son plan octogonal évoquent la combinaison de 2 carrés : celui de la Rome terrestre et celui de la Jérusalem céleste, aux murs et aux portes d'or cloutés de perles et de pierres précieuses. Le nombre de celles-ci, 12×12, est de 144, chiffre de l'Apocalypse ; les plaques antérieures et postérieures portent 3 rangées de grosses pierres, émeraudes vertes, saphirs bleus, etc., qui désignent plus directement les 12 tribus d'Israël, comme sur le pectoral du grand prêtre de l'Ancienne Loi, et les 12 apôtres. Celui qui porte une telle couronne concilie donc à la fois l'Ancien et le Nouveau Testament, il est l'instrument du Christ évangélisateur, justicier, pacificateur, et le Saint-Empire qu'il maintient au-dessus de tous les rois est un des maillons qui relient la Jérusalem de David et de Salomon à la Jérusalem céleste.

Par ailleurs, signe et symbole ne sont pas toujours confondus, et l'on voit combien cette distinction est enrichissante pour la pensée médiévale si l'on considère son interprétation du cours des astres.

L'astrologie moderne, sous sa forme fruste et omniprésente des horoscopes généraux ou personnels, nous explique mille choses que l'on considère avec le plus grand scepticisme, mais que le Moyen Age a acceptées comme le fondement même de la réalité. Il n'est pas d'étoile, si petite soit-elle, qui n'ait son influence sur les hommes ; d'ailleurs, dans l'ignorance où nous sommes de l'action des rayons cosmiques et autres radiations, il nous est difficile de nos jours de contredire absolument cette assertion. Plus les astres sont gros, et plus ils sont proches, plus leur action augmente ; en particulier les planètes, dit Sidrac, « gouvernent par la volonté de Dieu la terre, les eaux, les vents, les gens, les bêtes, les oiseaux, les poissons et toutes les choses qui sont ».

Le destin des individus dépend donc étroitement de la planète et du signe où elle se trouvait le jour de leur naissance. Vénus est ainsi planète « d'amor et d'estrumens et de délit et de joie. Celui, qui en ceste planète naist, de vain cuer sera et de faible. Il sera amez en sa petitesce et de bonne nourricture. En son croissant sera orgueilleux, mendiant et couart. Volentiers fera desloiautez et amera moult instrument. Il sera convoiteux et eschars ». Saturne règne sur les hommes maigres, négligés, noirs, secs, sans barbe, lents, de pauvre volonté ; Jupiter, sur les hommes débonnaires, gracieux, amoureux, barbus, à l'abri de la calvitie ; Mars, sur les irascibles, querelleurs, frénétiques, écervelés, orgueilleux et chauves. A l'influence de la planète s'ajoute celle du signe ; par exemple, « si les Gémeaux sont encontre Vénus », au moment où tel individu est né, « il sera pauvre homme lonctemps » ; si c'est le Cancer, « il ne sera ne riches ne pauvres et vivra lonctemps ». Si c'est la Vierge, « il sera pauvre menestriel et mourra en sa jeunesse » ; si c'est le

Lion, « il sera riche homme et prisiez et vivra lonctemps ». Ces signes du Zodiaque sont eux-mêmes groupés 3 par 3 ; Bélier, Lion, Sagittaire sont de la nature du feu : chauds et secs ; Taureau, Vierge et Capricorne sont froids et secs comme la terre ; Balance, Gémeaux, Verseau sont chauds et humides comme l'air ; Cancer, Scorpion et Poissons sont humides et froids comme l'eau.

Suivant la nature de la planète, ces influences sur les individus se renforcent ou s'amenuisent : la lune, par exemple, est froide et humide. Les planètes ont « maison » dans certains signes : le soleil dans le Lion, la lune dans le Cancer, Saturne dans le Capricorne et le Verseau, etc. Leurs vertus, si elles sont de même nature, peuvent s'additionner si elles sont en conjonction, se paralyser si elles sont en opposition, se mitiger si elles sont en sixte ou en quarte. Enfin, les jours de la semaine sont sous la dépendance particulière des 7 planètes : l'influence de chacune revient toutes les 7 heures ; celle qui commence le jour est celle qui lui donne son nom : Vénus règne le vendredi dès la première heure.

Par ailleurs, dans cette conception, tout phénomène astronomique apparent s'interprète *a fortiori* comme un signe dont les hommes doivent tenir le plus grand compte, car il leur est adressé et les influence directement. Un passage de comète, un chemin de lumière, une aurore boréale, une éclipse annoncent un grand événement, souvent redoutable, et de même un déluge, un nuage de sauterelles, une pluie de cendres, etc. La chronique carolingienne, dite de l' « Astronome », nous décrit l'éclipse du 5 mai 840 et ajoute cette conclusion : « Ce prodige, quoique dans l'ordre de la nature, fut cependant consommé par le lamentable événement qui le suivit, car il prédisait que cette lumière suprême qui, placée sur un chandelier, luit pour tous dans la maison de Dieu, c'est-à-dire l'empereur de très pieuse mémoire, devait être au plus tôt soustraite à l'humanité et que son départ devait laisser le monde dans les ténèbres des tribulations. »

Lapidaires et bestiaires contiennent autant de significations symboliques : toucher ou porter une pierre, voir un animal, se parer de sa dépouille, le représenter, l'évoquer a chaque fois un sens, contient un avertissement. Prenons les 12 gemmes du Rational : jaspe rouge indique amour ; jaspe vert, foi ; jaspe blanc, douceur; saphir promet le ciel; calcédoine, l'approche de Dieu; émeraude annonce confiance chrétienne; sardoine, la chasteté ou l'humilité; sarde, la souffrance des justes; chrysolite, la vie céleste; béryl, la purification; topaze, la couronne de sainte vie; chrysoprase, le loyer de la vertu; hyacinthe, la grâce du Créateur; améthyste, le martyre souffert par Dieu. Les pierres, c'est-à-dire l'élément lourd par excellence (terre), s'assimilent ici par leur transparence et leur éclat, par une sorte de transmutation, à l'élément le plus léger, le plus pur, le feu.

Parmi les plantes et les fleurs, la rose rappelle la Vierge, la pomme, le mal, la mandragore, luxure et démon, et la grappe est le Christ, qui a donné son sang grâce au pressoir mystique.

Citons à nouveau quelques animaux: la tourterelle, par exemple, simple et chaste, veuve inconsolable, évoque la « Sainte Église dont Dieu est le mâle »; l'aigle, qui se désintéresse de ses petits, s'ils ne supportent pas la vue du soleil, nous enseigne à renier nos enfants s'ils ne veulent point servir Dieu. Le lion, c'est le fils de sainte Marie, roi du monde, qui le jour du Jugement sera terrible aux Juifs. Il est carré par-devant, grêle par-derrière. C'est signe de divinité et d'humanité confondues. La queue de «grant manière» veut dire que nous sommes justiciables de Dieu. Le lion en colère qui piétine la terre évoque que nous sommes cette terre que le lion Jésus piétine. Dieu nous frappe pour notre bien et châtie ceux qu'il aime. Le lion pourchassé efface, en fuyant, ses traces avec sa queue: il s'agit de l'Incarnation, car Dieu s'est fait homme en secret pour mieux tromper le diable, qui s'est aperçu trop tard de la ruse. Le lion dort les yeux ouverts (car la mort de Dieu ne fut qu'apparente), tremble quand il voit un homme pour la première fois, car Dieu fait homme s'est humilié; la lionne met bas un lionceau mort (sainte Marie enfantant le Christ), qui ressuscite après 3 jours, grâce aux rugissements du mâle (la vertu de Dieu). Les moindres faits de la science antique sont ainsi restitués mais revus et interprétés par le christianisme.

Tout animal évoque d'ailleurs un aspect de l'homme: le *Roman de Renart* nous présente, simplifiées, la plupart de ces significations. A côté de Noble, le lion, voici Brun, l'ours, fort mais épais et lourd. Couard, le lièvre peureux... L'héraldique, entre autres, tient le plus grand compte de ces interprétations; les animaux humbles ou représentant des vertus frustes ou des

(Venise, Académie, photo Giraudon.)

La Tempéte de Giorgione

L'iconographie médiévale est souvent un extraordinaire concentré de symboles et d'allusions que nos mentalités et notre culture actuelles ne savent plus décrypter. Témoin la fameuse *Tempête* de Giorgione, considérée pourtant, avec *la Joconde*, comme le chef-d'œuvre de la Renaissance et le fondement de toute la peinture moderne, tant par ses extraordinaires qualités picturales que par la représentation prépondérante de la nature. Les meilleurs historiens d'art de ce siècle, après l'échec d'une trentaine d'interprétations, en sont même venus à conclure, avec Lionello Venturi, que cet admirable tableau n'a pas de signification précise et que l'artiste a été ainsi le précurseur de tous ceux qui allaient faire «de l'art pour l'art».

Or, *la Tempête* est au contraire l'un des tableaux les plus denses et les plus émouvants qui existent, si l'on veut bien y voir, entre autres, un aboutissement de l'art médiéval. Comme dans beaucoup d'autres, la clé de l'ensemble est donnée par un détail insolite, à peu près au centre de la partie haute ; c'est là que l'on trouve aussi la chandelle nuptiale côté soleil des *Époux Arnolfini* de Van Eyck, ou l'union de l'arbre sec et de l'arbre vif des *Trois Philosophes*... La foudre, que S. Settis a identifiée sans erreur, en 1978, à la parole de Dieu, tonnant après la faute, entraîne donc une interprétation d'ensemble. La ville, ceinte d'un mur et d'un fleuve, est alors le Paradis terrestre, dont le pont-passage est définitivement interdit. Adam, Ève (et Caïn) sont jetés dans la nature écrasante et promis à la mort (les deux colonnes liées et tronquées, la plus forte côté Adam). Adam (et l'homme en général qu'il incarne par son costume contemporain plus que par les traits de l'artiste qu'on a voulu y voir) doit gagner son pain à la sueur de son front (il s'appuie sur le bâton qui doit fouir le sol); Ève et ses descendantes accoucheront nues et dans la douleur. Les serpents issus du Tentateur (dont on croie voir la queue, semblable à une racine, sous le rocher du bas) s'enfonceront dans les entrailles de la terre, etc. Mais d'autres détails, dont le regard presque serein d'Adam contemplant pourtant Ève et le criminel petit Caïn, nous donnent une deuxième interprétation, encore plus profonde. La même verticale qui porte le héron ou le pélican (?), le talon d'Ève et la queue du serpent peuvent en effet évoquer la nouvelle Ève qui écrasera le serpent sous son talon et, par une nouvelle maternité, sauvera les nouveaux hommes grâce au Christ, nouvel Adam.

Le lien paraît évident avec les théories de la fin du Moyen Age et l'autre chef-d'œuvre de Giorgione (récemment décrypté lui aussi — 1973 — par Mme Klauner), qui représente les trois mages éclairés, devant la grotte d'Adam, par la nouvelle étoile annonçant la naissance du Christ.

A partir d'un passage célèbre de la Bible, *la Tempête* nous évoquerait ainsi toute la destinée des descendants d'Adam, écrasés par la faute, le travail, la douleur, le crime de Caïn... mais un jour, rachetés par la Vierge et le Christ.

défauts vils sont systématiquement écartés des blasons nobles.

Tout est ainsi susceptible d'interprétation symbolique ou allégorique : un oiseau sur un carré (colombe sur l'arche ou phénix sur son bûcher) est symbole d'éternité ; l'armement du chevalier comporte une épée claire (le chevalier est pur) à deux tranchants (l'une et l'autre loi) et pointue (pour tuer les ennemis de Sainte Église) avec le nom gravé à l'intérieur (Jésus doit toujours être présent à sa mémoire), un pommeau gros et rond (comme le monde qui honore le chevalier), etc., jusqu'aux 4 pieds du cheval, qui rappellent les 4 principales vertus : justice, sagesse, force et modération. Même chose pour le costume ecclésiastique : l'amict rappelle qu'il est interdit de médire ou de mentir ; l'aube, qu'il faut garder les mains pures ; la ceinture, qu'il faut éviter la luxure ; le fanon pendant au bras, que le prêtre est le moissonneur des âmes, car cette sorte de serviette servait jadis à essuyer la sueur des moissonneurs. Certains de ces symboles pouvaient être le produit de l'imagination créatrice de tel ou tel auteur et n'étaient donc pas accessibles au plus grand nombre ; mais la plupart étaient commentés, expliqués de manière élémentaire par les soins du clergé, et les fidèles, illettrés, pouvaient décrypter sans beaucoup d'effort le miroir du monde que leur présentait la cathédrale.

Rappelons, après C. Terrasse, E. Mâle ou J. Huizinga, les prescriptions des évêques au Synode d'Arras, en 1025 : « Ce que les âmes simples et les illettrés ne peuvent connaître par l'écriture leur est enseigné dans l'église ; ils le savent par les images », et l'écho que nous en trouvons dans les mots que Villon place dans la bouche de sa pauvre vieille mère, à la fin du XVe siècle :

> Femme je suis, povrette et ancienne,
> Ne rien ne sçait, oncques lettres ne lus.
> Au moustier vois, dont suis paroissienne
> Paradis painct, où sont harpes et luts,
> Et ung enfer où damnés sont bouillus,
> L'ung me fait peur, l'aultre joie et liesse...

Comportements et attitudes dans la vie quotidienne.

La religion, qui modèle aussi étroitement et conditionne même la vision du monde, a une influence aussi fondamentale sur le comportement de chaque individu. Toute étude sérieuse de la vie médiévale devrait commencer par un exposé non seulement du dogme, mais encore de la morale chrétienne.

Le péché est partout ; l'épouvantable enfer proche, puisque la mort rôde. Seules possibilités : soit demander aux saints ou à la Vierge Marie d'intercéder auprès de la Divinité, soit obéir aux ordres du clergé et — pourquoi pas ? — vouloir ou au moins avoir la velléité de repousser les tentations. Les personnes pratiquantes, et vivant leur foi, peuvent comprendre l'extraordinaire contrainte morale que cela peut représenter sur ces dizaines de millions d'êtres frustes, aux désirs élémentaires et violents, qui se heurtent en quasi-permanence aux veto de leur religion, à la peur de la damnation.

Bien sûr, cette contrainte diffère suivant les individus : nombreux sont ceux qui vivent dans le péché ; mais on a aussi d'innombrables preuves que beaucoup hésitent à pécher ou pèchent, mais en en ayant conscience et après un long combat.

Rappelons rapidement que le bagage élémentaire du chrétien médiéval comporte, indéfiniment répétés, commentés et plus ou moins assimilés, les 10 commandements de Dieu, les 12 articles de la foi, éventuellement l'énoncé des dons du Saint-Esprit et les vertus cardinales, comme beauté, sens, prouesse, pouvoir, franchise, noblesse et surtout la mise en garde contre les 7 péchés capitaux, têtes de la Bête de l'Apocalypse : orgueil, envie, ire, paresse, avarice, luxure et «gloutenie». Chacun de ces péchés est racine de 7 branches ; orgueil, par exemple, enfante déloyauté, dépit, présomption, ambition, vaine gloire, hypocrisie, vergogne, lesquels émettent à leur tour des rameaux ; de déloyauté, par exemple, naissent ingrats, forcenés ou renégats. Il serait fastidieux de s'étendre sur la lutte du chrétien, soldat de Dieu, contre le péché, sur les tentations auxquelles il succombe le plus fréquemment ou, au contraire, sur la pratique constante des vertus évangéliques : charité agissante, amour du prochain, etc. Rappelons qu'il s'agit là de la question fondamentale, trame même de l'existence quotidienne.

On peut en prendre pour preuves quelques exemples précis, des thèmes élémentaires qui animent des réflexions ou entraînent des réactions au moins primaires chez tout individu : problème du salut, de l'Apocalypse, du diable, du surnaturel.

La mort en elle-même n'étonne pas : elle vient si souvent

qu'elle est familière. Sans cesse des enfants disparaissent; de temps en temps, nous l'avons vu, une grande disette, une épidémie, une guerre moissonnent des familles entières. Et on sait ce que vaut le corps: le *Besant de Dieu* montre le roi Louis VIII «en peu d'heures devenir charogne». De toute manière, le bonheur n'est pas ici-bas, où l'on est abreuvé de maladies, pauvreté, blâmes, offenses, et où les survivants accèdent, pour finir, à une vieillesse horrible: «Le chef croule, les dents pourrissent, l'haleine pue et tout le corps.» Seules les morts très douloureuses, spectaculaires, comme en ont connu, au XIᵉ siècle, les «ardents», empoisonnés par le champignon-ergot du seigle et en proie à d'atroces convulsions, ou les contemporains de la Grande Peste de 1348, ont pu émouvoir les foules; mais on peut se demander si ce n'était pas le côté inhabituel de ces morts ou surtout la signification diabolique qu'on y pouvait voir qui les frappait le plus.

D'ailleurs, la mort n'est que transitoire, car le postulat de l'immortalité de l'âme est admis sans discussion grave. Le vrai problème était donc de savoir si on aurait accès à la vie éternelle après avoir quitté la vie terrestre, règne de l'imperfection, de l'inégalité, du péché.

L'Église assurait bien que les vertueux iraient au paradis, que les chances étaient égales pour tous et, bien mieux, qu'elles étaient plus fortes pour ceux qui avaient souffert et lutté. Il suffisait d'interpréter à la lettre l'enseignement évangélique: «Les premiers seront les derniers», «Bienheureux ceux qui ont l'esprit de pauvreté», parabole du pharisien et du publicain, etc. Et il semble que ce point capital, en partie responsable du maintien de l'ordre social en Occident, a été admis par tous; mais les pauvres n'en étaient guère soulagés, tandis que l'inquiétude des riches et des grands en était renforcée. Par ailleurs, d'autres exégèses des Livres saints faisaient naître de nouvelles craintes, car si le Dieu omniscient, tel que le décrivait l'Église, savait de toute éternité le nom des élus, on pouvait redouter que l'homme fût prédestiné. Combien de gens déclaraient avec fatalisme: «Quoi que fasse l'homme, mal ou bien, rien ne peut lui profiter»; et l'on trouve l'écho de cette peur dans des ouvrages fort lus comme les adaptations de Boèce ou le *Roman de la Rose*. Les arguments pour sauvegarder le franc vouloir — libre arbitre — sont laborieux; le plus convaincant, destiné aux esprits les plus obtus, prend pour exemple un observateur caché qui voit la circulation sur la route ; il y a des gens qui tournent à droite, d'autres à gauche ; sans exercer la moindre contrainte sur ces voyageurs, Dieu sait et voit où ils vont. Mais, d'une part, une réflexion un peu plus élaborée concilie avec difficulté des attributs divins comme omniscience et omnipotence, justice et bonté, tout en essayant de situer par rapport à eux un éventuel libre arbitre ; d'autre part, comment le pécheur moyen peut-il être sûr qu'il est sur la droite voie ? Suivant les réponses que l'on donne à ces questions, différentes attitudes sont possibles.

En toute logique, le laxisme en est une : si on ne peut rien faire pour changer son sort, scellé de toute éternité, pourquoi ne pas jouir de ce que l'on tient, de la vie terrestre, en bravant tous les censeurs chagrins ? D'ailleurs, des esprits forts sont là pour les soutenir dès le VIᵉ siècle : il en est « dont l'intelligence perverse ne veut point croire à ce qui est écrit et ne veut pas davantage se soumettre à ce qui leur est prouvé, dédaignant comme des fictions des choses qu'ils ont vues et même qui s'en moquent ». Au XIIᵉ siècle, d'autres s'écrient : « Qu'importe la mort ! Prenons le bien qui nous vient à chaque jour. Après, advienne que pourra ! » La mort mettra fin à la bataille et, elle venue, il ne restera plus rien ni du corps ni de l'âme. D'autres disent qu'un Dieu bon ne saurait avoir créé un enfer, ou mis au monde un homme voué à la peine, au travail et au malheur. A la même époque, des clercs pauvres et facétieux, les goliards, courent les routes en chantant le jeu, le vin, l'amour, critiquant la société d'ordre, fondée sur l'argent, parodiant l'Évangile selon le (saint) marc d'argent. D'autres expriment leur insatisfaction en professant ou suivant des hérésies. Beaucoup de Méridionaux, à la fin de ce siècle, adoptent une religion moins contraignante dans son application et plus simple ou édifiante dans son dogme, le catharisme. D'autres, sans aller jusque-là, mais sans non plus cesser de pécher, sans remords ni contrition, se confessent, paient grassement, par d'incessantes aumônes, des vertueux qui prieront, feront pénitence à leur place et obtiendront par l'entremise des saints le pardon du coupable. Cependant, de nombreux autres, et probablement la plupart, semblent, malgré tout, avoir tenté de pratiquer une vie chrétienne et ont vécu quotidiennement à la limite de l'inquiétude, de l'angoisse. La littérature nous en informe dès l'époque méro-

vingienne, où les foules voient s'abattre le glaive de la colère
céleste et s'effraient de la fin prochaine du monde, de la terrible
Apocalypse prédite par saint Jean et du Jugement dernier. On
sait la crainte que suscita l'an mille pour l' «humanité encore
prosternée devant un Dieu terrible, magique et vengeur, qui la
domine et qui l'écrase» (G. Duby). Même si l'Occident passe
peu à peu «d'une religion rituelle et liturgique à un christianisme d'action», il n'en est pas moins vrai que le chemin est
encore long. Les *Jugements derniers* du Dieu juste et terrible
flamboient aux tympans des églises romanes, avant que ne leur
succèdent les beautés et les douceurs du Christ bon du décor
gothique, et le Moyen Age s'achève avec les flagellants ou
Savonarole.

   On remarque que les biens terrestres ne comptent pas quand
la peur de l'enfer tenaille : beaucoup de chrétiens quittent le
siècle pour la solitude, d'autres se dépouillent de toute leur
fortune acquise avec tant de peine ou de cupidité. Le sentiment
qui pousse par milliers ou par centaines de milliers les Occidentaux sur les chemins de pèlerinages locaux (reliques de
saints) ou internationaux (Rome, Constantinople, Saint-Jacques), puis à la croisade révèle ainsi une forte inquiétude, bien
que mêlée déjà d'un grand espoir : pèlerins ou croisés ont
généralement cru obtenir la rémission de leurs péchés et l'assurance du salut en accomplissant ce voyage surhumain, en se
dirigeant vers une Jérusalem céleste qu'on leur avait si souvent
dépeinte. Et si les comportements quotidiens ne changent guère,
l'espérance du ciel remplace peu à peu la peur de l'enfer.

   Le diable est un personnage omniprésent, bien connu et
redouté : ce prince des ténèbres use de tous les artifices pour
faire le mal. On le représente certes horrible, ailé, griffu et
puant, avec son cortège de démons ; mais on sait qu'il est la ruse
même, la tentation, qui peut prendre les aspects les plus divers
— autant celui du beau jeune homme que celui du serpent —,
se servir d'arguments spécieux, distiller sa haine sous des propos honnêtes, capter la confiance de l'innocent et faire trébucher
le saint. Son but unique et évident est de peupler l'enfer, pour
l'éternel tourment des pécheurs. La vie du chrétien, sans cesse
en butte à un tel ennemi, est donc difficile : il a bien besoin du
secours des anges, de miracles répétés, pour le sauver du drame
ou pour lui redonner confiance. Le merveilleux fait donc tout

naturellement partie de la vie quotidienne, avec son cortège de superstitions et de crédulité. Il est fondamentalement chrétien ou christianisé mais présente — comme on peut le supposer — une dualité frappante. Le miracle, qui suspend le cours normal des choses, vient de Dieu, directement ou par l'intercession des anges, des saints du paradis, de leurs reliques, des saints personnages : ermites, reclus, clercs itinérants, prédicateurs enflammés, ascètes, dont on a de nombreux exemples sous les yeux. La *Légende dorée*, du futur archevêque de Gênes, Jacques de Voragine, réunit à la fin du XIIIe siècle de multiples épisodes, généralement connus et répétés depuis fort longtemps, mais restés jusque-là très dispersés. Les chroniques, les romans courtois baignent dans cette atmosphère, sont animés par ces forces pures et bonnes qui se manifestent quotidiennement et finissent par triompher et assurer le salut éternel.

Mais, par ailleurs, la réalité du diable et de son cortège démoniaque donne une efficacité redoutable — dans le monde terrestre — aux pratiques magiques, à la sorcellerie ; souvent, les chrétiens se font abuser par des mages, de faux prophètes qui accomplissent de prétendus miracles, et il n'est pas besoin de remonter aux témoignages de Grégoire de Tours, quand l'histoire la plus contemporaine abonde en exemples de charlatans célèbres. Au Moyen Age, tout ce qui sort de l'ordinaire, qui n'est pas compris, qui étonne, qui effraie, est considéré comme surnaturel ; donc attribuable au diable, si l'intervention divine ne peut être mise en évidence. Cette croyance est universelle et ne concerne pas le seul monde paysan ; la littérature qui nous en parle est éminemment le fait de clercs et de nobles, l'expression convaincue de leur propre expérience.

Les *Grandes Chroniques de France* signalent au XIVe siècle une histoire de chat noir, « mis en terre par sorcerie », dans laquelle sont impliqués des prélats, et le *Manuel de l'Inquisiteur*, de Bernard Guy, qui à la même époque nous a retransmis le questionnaire auquel on doit soumettre les sorciers, les devins, etc., semble prouver que les juges eux-mêmes croyaient à leur pouvoir.

Le texte précise, entre autres, que les sorciers utilisent des images de cire ou de plomb, recueillent des plantes à genoux face à l'Orient, font absorber des poils, des ongles, exécuter des enchantements et conjurations au moyen d'incantations, de fruits, de plantes, de cordes, pour guérir des malades, prédire l'avenir, connaître les choses occultes...

Ce monde des sorciers et des suppôts de Satan était d'ailleurs très peuplé et facile à mettre en évidence : les gens difformes, « clop [boiteux], manches, bornes, louches, bochus, sourt, lourds », évoquaient déjà aux yeux des gens normaux le vice et la malice du démon. *A fortiori* les victimes d'accès de folie, qui passaient rapidement pour être « possédées ». De fait, non seulement les troubles mentaux en liaison avec la sous-alimentation, les jeûnes, l'avitaminose, la consommation de végétaux hallucinogènes, etc., étaient fréquents ; les épidémies de lycanthropie étudiées dans l'espace germanique sont en liaison très nette avec les famines ; les cas d'hystérie ou le chevauchement des balais augmentent dans une société écrasée par les tabous sexuels, etc., mais encore les névroses maladives, renforcées par la crainte de l'enfer, prenaient généralement, dans ces esprits profondément modelés par l'idéologie des clercs, une formulation religieuse. Soit le mysticisme religieux amenait directement à la démonomanie, soit le peuple, par son attitude et sa crédulité, persuadait le névrosé qu'il était possédé, qu'il avait des pouvoirs magiques conférés par les forces infernales. Ce malade, soit guérissait en présence d'un exorciste qui le fouettait ou l'aspergeait d'eau bénite, soit, incurable, finissait par s'adonner à la sorcellerie, vendait son âme à Satan, avouait, sous la torture de l'estrapade, des brodequins, des charbons ardents, avoir commerce avec les démons mâles (incubes) ou femelles (succubes), reconnaissait des accouplements monstrueux tout à fait invraisemblables ou des crimes qu'il n'avait pu commettre. Parfois, il lui arrivait finalement d'en commettre de semblables, dans son délire, seul ou avec d'autres malades : il menait le sabbat, profanait les hosties, s'adonnait au vampirisme, tuait des enfants, défoulait une lubricité perverse.

Quand les inquisiteurs eux-mêmes reconnaissaient leur responsabilité, admettaient leur pouvoir, trouvaient, par la torture, la « marque du diable », le point insensible (anesthésié par l'excès de souffrance), que pouvaient penser le noble borné, crédule et avide, le prêtre inculte et inassouvi, ou l'humble paysan qui désirait se prémunir contre les « voûts », les philtres, utiliser des formules propitiatoires, porter des amulettes ou des talismans, voire acheter, sur cette terre hostile, une parcelle du pouvoir occulte ou la science de son propre destin? L'impossibilité matérielle pour lui de dominer la nature faisait passer l'idée de cette domination sur le plan des rêves, de la magie. Et ces croyances frustes, en renforçant la conviction que les sorciers avaient dans leurs pouvoirs, augmentaient d'autant leur importance dans la société occidentale.

Peut-être faut-il également penser à une sourde hostilité contre l'Église des riches, des puissants, de l'ordre, et contre la société chrétienne dont elle est l'âme : se donner au diable serait une possibilité de briser cette société, de la dominer. Par là on renoue d'ailleurs avec les cultes ancestraux des Celtes, des Germains, des Indo-Européens, avec les coutumes païennes et les anciens dieux que l'Église assimile aux démons. On en a des exemples bien connus dans l'extraordinaire acharnement des Luticiens (983), des Slaves entre Elbe et Oder, ou des peuples prussiens du Xe au XIIIe siècle à garder leurs « faux » dieux, à refuser la conversion et la domination chrétienne, c'est-à-dire germanique ou polonaise. Mais le cas est semblable en Germanie ou en Gaule ; certes, l'Église a pu christianiser un certain nombre de superstitions anciennes, remplacer le culte des dieux par la dévotion confiante envers les saints, diffuser de saintes médailles, introduire la pratique incessante du signe de croix. Mais les souvenirs plongeant dans le passé gallo-romain, celtique ou germanique n'ont jamais disparu. A l'époque mérovingienne, on continuait à rendre un culte à Diane, à Vénus, à Jupiter ou à Mercure — qui avaient eux-mêmes succédé à des divinités gauloises —, ou encore aux sources, aux arbres, aux pierres levées, même surmontées d'une croix. Maintes cérémonies du folklore paysan remontent à de vieux rites solaires ou chthoniens que le christianisme dissimulait fort mal : dans les contes ou les histoires que l'on raconte à la veillée, et dont un certain nombre est arrivé jusqu'à nos grand-mères, dans les grands cycles de romans courtois que l'on récite aux chevaliers et aux dames, et que l'écrit nous a conservés, passe le souffle de ces mythes païens indestructibles. Ainsi la forêt druidique de Brocéliande avec Merlin et Viviane, le grand cheval Bayard des quatre fils Aymon, le symbolisme solaire ou initiatique de Gauvain et Perceval, et jusqu'à la trinité celtique que l'on croit voir derrière le Gargantua rabelaisien, jusqu'au monde enchan-

teur et féerique de la Belle au Bois dormant, ou de Blanche-
Neige et des sept nains.

Le Moyen Age a ainsi charrié un flot hétéroclite de croyances
et de mythes anciens, peu ou mal filtrés par l'Église, qui les a
parfois subis, mais qui leur a souvent ajouté une somme considérable de nouveaux thèmes et de nouvelles préoccupations. De
ce fait, l'Église a pu perpétuer ou introduire dans la vie quotidienne de nombreuses superstitions, mais elle l'a également
animée et munie d'une contrainte morale et d'un désir de per-
fectionnement qui ont fini par marquer durablement, et dans
tous les domaines, la mentalité occidentale.

La famille chrétienne.

La base de la société germanique est la famille, mais une
famille de type particulier, un groupe social fondamental, très
structuré, sorte d'être collectif bien différent de la famille
romaine, malgré une même origine indo-européenne. Dans
celle-ci, le *pater familias* finit par dominer sa seule descen-
dance, qu'il fait vivre et représente ; dans celle-là, tous les mâles
en état de combattre ont voix au chapitre, même si l'ancêtre
commun garde la direction de l'ensemble. L'une jouit de propriétés individuelles, est soumise à la justice publique ; l'autre
exploite un domaine collectif, pratiquement inaliénable, et
exerce sa propre justice. En fait, durant les premiers siècles du
Moyen Age, la fusion a été rapide, et c'est la famille de type
germanique qui s'est imposée. C'est la seule réalité sociale qui
compte, à laquelle se raccrochent les individus, qui, sans l'aide,
sans l'éventuel réconfort moral de ces amis charnels, seraient
broyés. Les nobles ont gardé fort longtemps ce sentiment d'appartenir à un lignage et nous en verrons les causes et les
conséquences.

Dans le monde des travailleurs, d'autres types de groupements, confréries, guildes, communes, communautés rurales
montrent également la persistance de ce besoin médiéval de
s'unir, de s'aider, de donner aux individus le sens de la communauté. Mais il semble bien que, partout, au XIIe et surtout au
XIIIe siècle, le groupe familial large soit en faillite : pour des
raisons démographiques évidentes qui ont entraîné rapidement
le morcellement du patrimoine, tandis que les meilleures façons

culturales, la conquête de nouvelles terres favorisaient des exploitations plus ramassées, plus productrices, réclamant moins
de bras et d'espace ; l'expansion économique des XIe-XIIIe siècles s'est donc réalisée dans le cadre de la famille paysanne
étroite, comme le montre G. Bois en Normandie. Mais aussi
des raisons religieuses ou politiques, en liaison avec l'emprise
de plus en plus étroite du christianisme et le renforcement du
pouvoir central, ont assuré la victoire de la cellule conjugale. Les
violences ont été peu à peu endiguées par la paix de Dieu ou les
efforts des souverains, et la protection qu'apportait le groupe
familial s'est avérée moins indispensable ; par ailleurs, le morcellement du patrimoine a été accéléré par la pratique généralisée des testaments, sous l'influence à la fois du droit romain,
des notaires du monde méditerranéen et de l'Église — qui était
la première bénéficiaire de ce type de donations et la gardienne
intéressée d'actes justiciables du seul for ecclésiastique.

Mais le triomphe de la famille étroite a été souvent progressif,
variable selon les régions, avec des retours en arrière en cas de
difficultés, comme c'est le cas à la fin du Moyen Age. En
Toscane, au début du XVe siècle, 77 % des ménages (groupant
56 % de la population) comprennent moins de 5 personnes ; le
groupe familial de plus de 6 personnes persiste plus longtemps à
la campagne qu'à la ville, élément nouveau et dynamique du
monde occidental.

On peut s'étonner de ce triomphe tardif — vers le XIIe siècle — alors que le sacrement du mariage est au cœur de la
doctrine chrétienne ; mais si, dans les premiers temps du Moyen
Age, l'esclave, le petit tenancier, l'hôte, le déraciné, le forma-
rié, n'ont généralement connu d'autre famille directe que celle
qu'ils ont fondée avec la bénédiction du prêtre, ils ont souvent
été adoptés par la famille de leur conjoint ; de plus, eux-mêmes
et la plupart de leurs enfants sont restés groupés sur une même
terre, en un même lieu, au service d'un même clan.

De leur côté, les grands, non seulement ont toujours considéré
les mariages comme des affaires à traiter entre groupes familiaux ou lignages, mais encore pendant des siècles n'ont tenu
aucun compte des prescriptions canoniques : concubinages no-
toires, mariages multiples sont courants jusqu'à l'époque carolingienne, et subsistent encore au-delà. Charlemagne lui-même
ne maria aucune de ses filles par crainte de multiplier les

prétendants à la couronne, mais il les prêta, et elles engendrèrent quantité de bâtards. Comme l'écrit G. Duby, « la pratique du concubinage tenait bon car elle servait les intérêts familiaux : elle protégeait les héritages sans brider trop ouvertement la jeunesse ». Au contraire, la quête des femmes était, comme la chasse, une aventure. Lorsque le mariage, comme sacrement, commence à triompher, il reste encore fragile ; en témoignent les nombreuses répudiations d'épouses devant lesquelles l'Église dut s'incliner. Une large interprétation des cas (canoniques) de nullité (consanguinité jusqu'au septième degré, parenté spirituelle, impuissance, contrainte morale, etc.) tolérait la séparation de nombreux couples et détruisait une partie des foyers qu'avaient respectés les mortalités. Le délaissé, la répudiée comme de nombreux veufs allaient rejoindre, au sein de leur famille charnelle, les frères ou sœurs non mariés, les neveux ou cousins chargés d'enfants.

Le mariage chrétien a cependant une double caractéristique qui le rend beaucoup plus solide que les engagements germaniques, et surtout romains, et accentue donc la cohésion et la stabilité de la famille étroite qu'il fonde. C'est un sacrement : l'Église veille particulièrement à ce qu'il ne soit pas reçu durant certaines périodes, les environs de Noël, de Pâques et de Pentecôte, ni au-dessous d'un certain âge, 14 ans pour les garçons, 12 pour les filles, ou contre la volonté d'un des partenaires. En revanche, les chrétiens étant tous égaux, la différence de condition n'existe pas, la princesse peut même épouser un berger. L'engagement solennel est précédé d'une promesse très ferme en présence d'un prêtre, au cours de la cérémonie des fiançailles : échange des anneaux — au médius droit, de plus en plus à l'annulaire gauche, d'où l'on pense que part un nerf (veine ?) allant au cœur — et échange du baiser. Quarante jours plus tard, après la période des bans, les fiancés se donnent eux-mêmes le sacrement en échangeant leur consentement, mais un prêtre est là, sous le porche de l'église, pour les assister, bénir l'union, faire entrer les époux et célébrer la messe. Tout un riche folklore, christianisé ou non, sur lequel nous reviendrons, accompagne la cérémonie : habit blanc, cheveux flottants pour la jeune vierge, jet de grains sur les époux, cortège vers l'église, jonchée, banquet, beuveries, cadeaux. L'épousée est souvent prise dans les bras pour passer le seuil de la maison nuptiale ; des

Origines romaines.

amies l'aident à se déshabiller et à la coucher dans le même lit que son mari. Le mariage valablement contracté et consommé est alors indissoluble : les époux doivent vivre ensemble, être fidèles l'un à l'autre, élever leurs enfants ; l'époux a la direction de la famille et dispose de l'autorité maritale. Certains ouvrages du XIIIᵉ siècle, comme *la Lumière aux Lais*, semblent considérer le mariage comme un moyen de prévenir le vice ou de procréer et le dernier en dignité des sacrements, mais ils ne peuvent minimiser son rôle social fondamental.

Le mariage est aussi un contrat dont l'Église, par le for, fait assurer le respect ; de nombreuses clauses visent à protéger la femme, car sa situation — à Rome surtout — était jusque-là fort déprimée.

Le fiancé, lors de la promesse, donne des arrhes ; s'il veut se dédire, il devra en verser le quadruple à titre de dédommagement. Le mari constitue un « douaire » : le tiers, voire la moitié de ses biens en faveur de sa femme, pour assurer sa subsistance au cas où elle deviendrait veuve ; à cela s'ajoute le « don du matin » *(Morgengab)*, compensation à la perte de la virginité ou remerciement. Le droit romain connaissait de son côté la dot, apportée par la femme : avance d'hoirie, généralement, qu'elle reprenait en cas de dissolution du mariage. L'autorité maritale faisait certes que le mari gérait seul les biens du ménage, dont le douaire ou la dot ; mais il ne pouvait disposer sans l'autorisation de sa femme ni des « conquêts », immeubles acquis durant la vie commune, ni même des « propres » (immeubles venus par héritage et jusqu'au XIIᵉ siècle surveillés par la famille large), qu'ils soient venus par sa femme ou par lui-même.

D'autre part, l'incapacité juridique de la femme mariée ne provient pas d'une infériorité foncière ; quand son mari devient incapable de gérer ses biens, c'est elle qui s'en charge. Avec le développement du commerce, on lui reconnaît le droit de mener des affaires, pourvu que son mari l'y autorise.

Au total, la situation de la femme dans la société médiévale s'est nettement améliorée au cours des siècles et surtout entre 1100 et 1300. Certes, l'Église l'écarte toujours de toute participation liturgique, de toute charge publique : la femme a été tirée d'Adam, est responsable de sa chute ; elle doit donc obéir à l'homme et se consacrer surtout à la maison, à la procréation et à l'éducation de ses enfants. Thomas d'Aquin, au XIIIᵉ siècle,

parlant de la femme « indispensable à la conservation de l'espèce, la nourriture et la boisson », déclare qu'elle a été créée
« pour aider l'homme, mais seulement pour la procréation, car,
pour tout autre ouvrage, un autre homme aurait été beaucoup
plus efficace ».

Mais on la reconnaît aisément égale de l'homme sur le plan
spirituel, à l'époque où les femmes nobles se pressent à Fontevrault ou à Sainte-Waudru de Mons, où les grandes saintes,
Madeleine à Vézelay, par exemple, sont révérées partout et où
l'on sait l'importance du culte marial, dont témoignent, outre
les noms des chapelles ou cathédrales « Notre-Dame », l'exceptionnelle diffusion des représentations de la Vierge-mère. Sur le
plan juridique, la femme peut ester en justice ; dès le XIIIe siècle,
on peut la citer comme témoin.

Différents ouvrages, dont les célèbres *Quatre Ages de
l'Homme*, écrits vers 1265 par un auteur de sexe masculin,
P. de Novare, nous dépeignent les femmes sans le moindre
complexe de supériorité, et l'on sait l'importance qu'ont eue
dans l'histoire Geneviève, Brunehaut, Hildegarde de Bingen,
Aliénor d'Aquitaine, Jeanne d'Arc ou Catherine de Sienne,
qu'elles soient reines, nonnes ou bergères. Pour les moralistes,
la femme doit observer quelques principes dans la société chrétienne, mais plutôt moins que l'homme. Elle ne doit être ni
hardie, ni abandonnée en paroles ou en actions, ni vilotière
(coureuse), ni convoiteuse, ni quémandeuse, ni dépensière. En
particulier, la largesse — mis à part les aumônes — est, chez
elle, un défaut, car, pucelle, elle n'a pas besoin de faire des
cadeaux et, mariée, elle doit laisser faire son époux, pour ne pas
le ruiner, si lui est aussi généreux ; lui faire honte, s'il est trop
économe ou donner aux autres l'illusion qu'elle est aussi libé-
rale de son corps que de son bien. Par ailleurs, la femme a un
grand avantage sur les hommes : il suffit qu'elle soit « honnête
de son corps », jeune vierge ou épouse chaste (on reconnaît ici
l'influence de l'Église temporairement au service des hommes),
et tous ses défauts disparaissent, tandis que l'homme doit être à
la fois « large, courtois, hardi et sage ». La femme doit donc
apprendre surtout à avoir « belle contenance et simple » ; de
pauvres pucelles peuvent devenir de riches dames par un mariage qu'elles ont ainsi mérité ; de hautes demoiselles restent
filles ou se mésallient si elles ont mauvaise renommée. Pour

certains, il est peu utile qu'elles apprennent à lire et à écrire,
sauf si elles deviennent nonnes, car la lecture leur donne de
mauvaises idées, et l'écriture les entraîne invinciblement à correspondre avec qui leur adresse des billets doux ; il peut être
intéressant qu'elles sachent jouer d'un instrument, chanter, dan-
ser. Il est quasi obligatoire qu'elles sachent coudre et filer, car la
pauvre en aura besoin et la riche saura diriger et apprécier de tels
travaux. D'une manière générale, il serait très souhaitable
qu'elles sachent tenir une maison, c'est-à-dire tout y faire. Le
Ménagier de Paris, au XIVe siècle, nous montre et tout ce que
l'on exige d'elles et aussi tout ce qu'ignore une jeune épousée.

Durant leur enfance, les filles devraient se garder des vieilles,
souvent lubriques, et aussi des garçons, « car mainte foy est
advenu que les garçons et les garces s'entr'aiment des petitesce
et si tost comme il le pueent faire il s'assemblent, ainz que les
autres genz cuident que nature lor requierent ».

A partir de 14 ans, il est normal que les parents essaient de
caser leurs filles. Une très abondante littérature populaire nous
campe le personnage de la femme mariée, vue par les maris ou
les autres hommes ; on a pu remarquer, au moins dans la littérature des XIIe et XIIIe siècles, que le nombre de maris réprimand-
dés, battus, tyrannisés — et cocufiés — par leur femme-
ogresse, forte en gueule et seule patronne à la maison, portant
les braies, est très supérieur à celui des femmes « corrigées » par
leur mari. Il faut certes interpréter ce fait avec prudence, se
demander s'il ne s'agit pas là d'une caricature aux traits forcés :
femme coquette s'enduisant de fiel de mouton, de graisse de
chien, envoûteuse, empoisonneuse, menteuse et trompeuse ;
femme torturant son mari en lui faisant exprès répéter dix fois la
même chose, l'assourdissant de son caquetage, le contredisant :
veut-il du vin, il a de la cervoise ; du pain, il a du gruau plein de
levain ; il dort, elle le réveille ; il se tait, elle l'attrape ; il parle,
elle lui coupe la parole. La femme est rioteuse, querelleuse,
papelarde (donnant ses rendez-vous à l'église), désobéissante,
envieuse, superstitieuse, cruelle, luxurieuse, exigeante et insa-
tisfaite ; elle réclame le devoir conjugal avec emportement et,
« si le mari est trop fatigué pour s'exécuter, elle lui arrache les
cheveux ou le gifle » ; un autre jour, le mari en a-t-il envie ? Elle
le refuse. Les *Lamentations de Mahieu,* les satires contre les
ivrognesses ou les maquerelles ne doivent pas trop nous retenir,

mais tous ces ouvrages tendent à mettre en évidence la place exceptionnelle que la femme occupe dans la société médiévale et dans tous les milieux.

Il serait faux de croire que seules les femmes du peuple, maîtresses de maison chargées de l'alimentation des maris et de l'éducation des enfants, se voient reconnue ouvertement une situation qu'elles occupent de fait dans la plupart des sociétés. Les femmes nobles, dont certaines épousent d'ailleurs des vilains ou s'éprennent de clercs et de roturiers, sont tout aussi concernées. Et on sait l'importance qu'elles ont eue dans la gestion des fiefs, pour lesquels elle ont pu prêter et recevoir des hommages, dans la direction des familles, en l'absence des pères, époux ou frères partis ou tombés à la croisade, dans le développement du catharisme ou à l'époque des troubadours. A cette époque, Dieu préfère les femmes, car on note avec Robert de Blois qu' « Il a créé la femme dans le paradis, a voulu naître d'une femme et s'est montré d'abord à des femmes lors de la Résurrection ». La « courtoisie », qui se développe d'abord chez les nobles méridionaux, montre bien l'image de cette femme non seulement active et compétente, mais encore précieuse et magnifiée, si différente de la virago ou de la femme soumise des siècles antérieurs. On remarque également que le chevalier de son cœur, dont elle récompense finalement la flamme, n'est pas son mari et que l'adultère — si contraire à la doctrine chrétienne — lui paraît normal; jusqu'à la femme du roi Arthur, la belle Guenièvre, qui finit par coucher avec Lancelot. L'époque courtoise voit également le droit adoucir les peines contre l'adultère de la femme; à l'époque mérovingienne, cette faute entraîne la répudiation, un châtiment exemplaire, parfois la mort; puis le droit canon en vient à envisager des peines peu différentes pour tout individu, homme comme femme, qui commet ce détestable péché.

Mais l'amélioration de la condition féminine aux XIIe et XIIIe siècles n'est pas uniquement due à l'Église, dont la position a peu varié depuis les débuts du christianisme et qui, de plus, ne saurait admettre une femme libérée de la fidélité due à son mari. Comme, d'autre part, on peut difficilement penser que le hasard seul a brusquement accéléré une évolution très ralentie durant un millénaire, les meilleurs médiévistes contemporains, au premier rang desquels Robert Fossier, ont pu avancer une très intéressante hypothèse. La période 1100 à 1300 aurait pu connaître une diminution relative du nombre des femmes par rapport aux hommes, peut-être due à un cycle biologique qui ferait varier, suivant les périodes, les proportions des sexes à la naissance, ou, plus vraisemblablement, due à la mortalité, qui aurait été plus forte chez les femmes — en raison des accouchements — que chez les hommes ; ceux-ci auraient donc bénéficié plus qu'elles de la nette amélioration des conditions matérielles.

L'étude statistique d'un grand nombre d'actes de la période prouve de fait que sur 200 personnes on repère 110 hommes contre 90 femmes au XIIe siècle, et encore 105 contre 95 au XIIIe siècle. A Florence, à Arezzo, en Toscane, au début du XVe siècle, le recensement, en principe complet, signale des taux de masculinité de 110, 118, voire 138 ! Cette rareté relative aurait donc contribué à renforcer le prestige et le prix de la femme. Peu après, en Allemagne, par exemple, on note que les proportions s'inversent : en 1449, à Nuremberg, 121 femmes pour 100 hommes ; à Bâle, en 1454, 124,7 pour 100 hommes ; l'homme aurait repris la position qu'on lui connaît à l'époque moderne et que, bon gré mal gré, il a conservée jusqu'à nos jours.

Cette question est ainsi indissociable des problèmes fondamentaux de la vie quotidienne que posent les rapports des hommes et des femmes. En particulier, l'amour était-il conçu, ressenti et exécuté comme de nos jours ?

A considérer superficiellement les œuvres littéraires, on noterait déjà de sensibles différences. Non tellement dans les comportements préliminaires. Les coups de foudre sont très fréquents, depuis Chilpéric voyant Arnégonde jusqu'à Tristan et Iseut ou Jehan, qui, à la vue de Blonde, reste muet et immobile de saisissement. Les descriptions de l'approche de l'objet aimé, la force et la pureté des amours platoniques ou spirituelles, les attitudes de l'amoureux transi comme du jouvenceau malade d'amour, auquel la pucelle se résout à donner le remède, ne nous amènent qu'à de banales constatations. Mais divers détails déjà nous étonnent : Jehan et Blonde pendant deux ans chaque nuit s'entr'aiment avec fureur, « mox s'entrebaisent, de tous les jeux d'amour s'aaisent... fors un » ! En effet, quand, après une très longue séparation de plusieurs années, ils finissent par se marier, on nous apprend que, lors de la nuit de noces, Blonde au moins, malgré des dons certains, était vierge : « En petit d'eure maistre furent du jeu c'onques mais ne connurent — qu'Amours leur enseigne et Nature », petit jeu qui n'a lieu qu'après la bénédiction du prêtre. On peut donc se demander légitimement si l'influence de l'Église, qui stigmatise avec force la fornication, n'a pas marqué profondément la vie sexuelle de l'Occident médiéval. La peur du péché, dont nous avons vu la réalité au paragraphe précédent — et du péché par excellence qu'est la luxure, au moins en dehors du mariage —, a-t-elle interdit aux hommes de se livrer à leur penchant le plus naturel ? Par ailleurs, l'exaltation de la vierge, qui, avec les confesseurs et les veuves, fait partie de l'élite de la société chrétienne primitive, n'a-t-elle pas encouragé à la continence et au célibat ? Des études très récentes, aux Etats-Unis et en France, fondées en particulier sur les pénitenciels et manuels de confession médiévaux qui concernent tous les milieux, commencent à nous donner des éléments de réponse. Sans entrer dans le détail, forcément très précis, des diverses formes de l'amour physique, on peut rappeler tout d'abord que les actes contre nature — sodomie, bestialité et, à un moindre degré, homosexualité entre femmes — encourent les plus lourdes peines spirituelles, souvent supérieures à celles concernant rapt, viol de religieuse, etc. De tels crimes étaient sûrement perpétrés, puisqu'ils sont prévus et la peine tarifée, mais ils n'étaient pas explicables par les inhibitions sexuelles dérivant des veto religieux, puisque la simple fornication était beaucoup moins punie — en comptant par jour de pénitence, la proportion est d'environ de 1 à 180 au moins pour les hommes ; les satisfactions solitaires étaient également interdites et sanctionnées. Quant à la prostitution, plus ou moins tolérée pour fixer la luxure des adolescents et éviter ou rendre moins fréquents les adultères ou les atteintes aux vierges, elle était organisée surtout en ville ; le personnage de la courtisane, du pauvre comme du riche, prend un relief particulier à Paris, où nous la connaissons bien, grâce aux ordonnances de police, ou à Venise, dont la réputation était solidement établie ; des habits de couleur spéciale aidaient à la distinguer. Mais les femmes faisant commerce de leur corps sont plus difficiles à étudier dans la majorité des campagnes occidentales. Les « fillettes communes » y existent pourtant, servantes, filles déshonorées et parfois même femmes mariées qui ont réputation « de faire pour les compagnons ». Leur présence est indispensable dans une société où l'âge au mariage des hommes était tardif.

Le mariage lui-même était soumis à des contraintes très strictes. L'amour entre conjoints était en effet le seul explicitement permis, malgré certaines conditions dont on ne tenait peut-être pas tellement compte : n'y prendre pas trop de plaisir, utiliser la position naturelle et surtout, obligatoirement, rendre possible la procréation, au point que les rapports avec l'épouse enceinte étaient fortement déconseillés.

Cette dernière obligation posait un très grave problème ; nous verrons dans un instant que la situation des jeunes était difficile au sein de la société occidentale, même chez la plupart des nobles ; qu'en particulier les hommes n'avaient guère la possibilité de se marier dans les dix ans qui suivaient leur puberté — puisque mariage signifiait obligatoirement enfants, donc un minimum de ressources pour les élever. Pour les femmes, les cas varient énormément suivant les lieux et les époques : chez les nobles anglaises, 24 ans à l'époque d'Édouard Ier, mais 20 ans seulement sous les Tudors. En revanche, à Florence et en Toscane au début du XVe siècle, plus des trois quarts des filles de la ville ou de la campagne sont mariées avant 19 ans, et 34 % avant 16 ans. Le mari a en moyenne près de 14 ans de plus que la femme. Et si 90 % des femmes sont mariées, ou veuves, avant 22 ans, nonnes exclues, à peine 75 % des hommes le sont à 42 ans. Au moins 10 % restent célibataires.

De toute manière, on voit que le problème des hommes mariés très tardivement semble la règle ; que faisaient alors ces millions et millions d'adolescents ou hommes faits avant de pouvoir fonder un foyer ? Obéissaient-ils aux prescriptions ecclésiastiques, évitaient-ils de forniquer et attendaient-ils leur mariage pour connaître l'amour ? On a pu, sinon le penser raisonnablement, du moins suggérer qu'il en était souvent ainsi. La situation du bâtard dont la mère au moins est célibataire est beaucoup plus dure que dans le droit germanique, sauf dans certaines grandes familles et surtout à la fin du Moyen Age, et ces bâtards, exclus de la famille civile, sont assez facilement repérés ; il y en a un certain nombre dans les lignages nobles ou puissants ; la fiscalité normande permet d'en cerner d'autres, et de même les « échoites de bâtards » dont hérite le seigneur territorial, en Bourgogne, par exemple. Mais jusqu'à présent il ne semble pas que leur proportion, par rapport aux enfants légitimes, ait été considérable, voire appréciable. Par ailleurs, les manœuvres abortives, impliquant souvent des interventions de sorciers ou des rites magiques, étaient assimilées aux infanticides et cruellement punies. Il semble ainsi que la conception hors mariage, du moins de la femme célibataire, ait été assez rare, et on est amené à penser que les relations amoureuses de ce type étaient soit peu répandues, ce qui surprendrait, soit fondées sur des pratiques contraceptives, onanistes au sens large et contre nature, puisqu'elles amenaient à ne pas prendre fréquemment la position naturelle. Certes, les pénitenciels réprouvent et punissent de telles fautes, mais surtout quand elles ont lieu entre époux, unis, comme Jehan et Blonde, « par amour et par nature ». Ils sont moins clairs pour les autres situations, car la fornication libre étant en elle-même un péché, s'arrêter en cours de route, ne pas l'accomplir jusqu'au bout, emprunter une autre voie, éviter la procréation, en dehors des liens sacrés, d'un être dont la naissance établirait le crime, était peut-être une solution moins inacceptable. Et que faisaient les clercs nicolaïtes, dont on tolérait de moins en moins les femmes et les enfants ? Soulignaient-ils l'énormité de leur péché par le scandale qu'ils provoqueraient si, prenant la position naturelle, ils risquaient de procréer ? Que penser des mille jeux de l'amour de Jehan et Blonde ? Des relations de la Dame des Belles Cousines avec le chevalier qui a la clé de sa chambre dans *le Petit Jehan de Saintré* ? Et de cette dame qui plaide non coupable, tout en reconnaissant qu'un seigneur couchait bien en son lit mais « sans vilenie et sans mal y penser » ?

La stabilité du mariage légitime devait, dans ces conditions, être renforcée par cette pratique prénuptiale d'amours interrompues, fugitives ou incertaines auxquelles s'opposait l'amour conjugal plus satisfaisant, reconnaissant, profond et réciproque, l'amour au plaisir total, toléré par l'Église.

Même les romans courtois, surtout au nord de la Loire, signalent comme le fait banal par excellence des amoureux dont le mariage couronne la flamme. Dans *Cligés* et surtout *Érec et Énide*, Chrétien de Troyes se fait le chantre d'un amour entre époux sans postérité immédiate.

A fortiori, la plupart des œuvres littéraires montrent le mariage récompenser normalement une inclination réciproque, et les moralistes et les satiriques — même Mahieu reconnaît s'être marié par amour — opposent aux femmes qu'ils condamnent celles, beaucoup plus nombreuses, qui sont l'ornement de leur mari, les aiment, les servent, les conseillent, les aident. « Bone femme est moult haute chose », comme dit le *Livre des Manières*. L'iconographie, la statuaire, l'histoire, enfin, nous ont transmis d'innombrables exemples de couples fidèles et confiants dont les amours ont pu amener le mariage, mais aussi dont les amours sont nées de leur mariage, en particulier dans le milieu des grands que connaissent surtout les sources et où, pourtant, le nombre de bâtards montre que les amours libres étaient courantes. Il faudrait citer maintes têtes couronnées, dont Philippe le Bel et Jeanne de Navarre, Maximilien et Marie de Bourgogne ou Charles Quint et Isabelle de Portugal.

Pourrait-on dire d'eux aussi ce que l'auteur de *Sone de Nansai* déclare en conclusion ? Sone est empereur, ses trois fils rois et le quatrième sera pape ; sa femme, Odée de Norvège, adore ses enfants, et pourtant : « Elle aime mieux l'empereur son époux et son seigneur qu'elle ne ferait de vingt enfants. Cet amour qu'elle eut dès le début s'enracina dans son cœur, crut et reverdit et augmenta tous les jours. » Le fait a existé à toutes les époques, mais pourquoi refuser à l'Église, à son rigorisme *a priori* stupéfiant et à son influence considérable sur la société occidentale une certaine part de responsabilité dans le net renforcement des couples, l'amélioration de la situation de la femme, la pratique d'un amour différent dans et hors le mariage ?

La logique de ce mariage chrétien a une conséquence immédiate. Thomas d'Aquin la formule par sa phrase célèbre : « Tout foyer n'est pas parfait, s'il n'y a pullulement d'enfants. » Et ces enfants d'un couple indissoluble — dont la procréation serait la préoccupation essentielle — sont en principe, comme Jésus, les rois. De fait, statistiquement, nous avons vu qu'il y a beaucoup d'enfants, peut-être même trop dans les foyers à la limite de la sous-alimentation où la mère, malgré des aménorrhées temporaires, reste longtemps féconde. Il faut aussi rappeler l'épouvantable mortalité infantile qui moissonne peut-être le tiers des enfants dans les cinq premières années ; des couples féconds ne voient aucun de leurs nombreux rejetons atteindre la puberté. Le

Livre des Manières prend pour exemple la comtesse de Here-
ford, mais l'étude des généalogies ou des familles de rois ou de
marchands que nous possédons — des Capétiens au marchand
de Limoges Étienne Benoist —, l'exploration des cimetières,
nous en a donné la triste certitude.

Le nombre de ces enfants, le fait qu'ils soient souvent des
« morts en sursis » (R. Fossier), ont-ils atténué l'amour paternel
et maternel ?

Philosophes, historiens de l'art ou des idées ont signalé depuis longtemps que le Moyen Age semblait être marqué par une
grande « indifférence à l'enfant » : les très nombreuses représentations de Jésus sont en effet inexpressives, bâclées, symboliques ; les anges avant l'apparition des *putti* de la Renaissance
sont des petits adultes ailés. Bien peu d'artistes ou d'écrivains
ont pensé à observer et à représenter les enfants tels qu'ils
étaient en réalité.

Quant au vocabulaire concernant la prime enfance, il n'est,
en français du moins, guère précis. On parle de « petit enfant » ;
mais l'expression « jeune enfant » désigne l'adolescent non marié ; le mot « enfant » s'applique généralement à celui qui a
moins de 13-15 ans, âge de la majorité dans le droit germanique. Peut-on en déduire pour autant que l'amour paternel et
maternel n'existe pas et qu'il faut attendre les débuts de la
Renaissance pour que l'enfant ait droit de cité dans la société
médiévale ?

Il est probable que le sentiment éprouvé pour les enfants subit
les mêmes contraintes d'expression que l'amour conjugal,
contraintes qui sont autant d'écrans aux investigations de l'historien. Nous sommes dans une société qui, au moins dans sa
partie populaire, essentielle sur le plan quantitatif, est avare
d'expressions écrites. Peu de mots décrivent l'amour, mais il
existe, évoqué au détour de documents dont ce n'était pas le but
premier, tels les documents judiciaires. Ainsi de cet homme qui,
coupable d'infanticide par accident, se répand en pleurs et
s'impose une sévère pénitence, ou de cet autre qui vole pour
obtenir la somme nécessaire à l'enterrement de son enfant en
terre chrétienne. Il faut donc se méfier des moralistes ou des
représentations stéréotypées de l'art : leurs images déforment et
il convient de dire, avec P. Riché, que « l'enfant médiéval est
encore un inconnu dont l'histoire reste à écrire ».

Cependant, il est déjà possible de cerner quelques témoignages du sentiment porté à l'enfance. D'excellents parents déclarent qu'ils attendent beaucoup («bon fruit») de leurs enfants «quand ils seront grands» et probablement considèrent leur enfance comme un mauvais moment à passer. Philippe de Novare, qui montre lui aussi que l'amour de ses enfants croît au fur et à mesure qu'ils grandissent, nous dit crûment que «les petits enfants sont si sales et si ennuyeux durant leur petitesse et si méchants et capricieux quand ils sont un peu grandet, que l'on n'en élèverait pas s'il n'y avait l'amour que Dieu nous en a donné».

Nous avons des preuves que les enfants étaient désirés. Mahieu raille tous ceux — ils sont nombreux — qui se marient pour en avoir et perpétuer leur nom. Le *Livre des Manières* nous dit de façon émouvante: «Bon sont li effant a aveir», et les réserves qu'il fait naïvement à leur égard sont pour nous fort intéressantes, car il montre comment les gens volent, empruntent, ne paient pas la dîme, s'usent de travail jusqu'à la mort pour leurs enfants, «dont les caresses les affolent». Sidrac met en garde les hommes de ne pas trop aimer leurs enfants, car beaucoup les aiment plus qu'eux-mêmes, et Philippe de Novare nous montre comment Dieu a favorisé les petits, qui aiment et reconnaissent celle qui les nourrit de son lait, qui sont l'objet de l'amour et de la pitié de celui qui les élève.

Dans ces conditions, les naissances et les premières semaines de la vie causent de grandes joies. Certes, trop souvent le bébé n'est pas viable, meurt rapidement ou, né difforme, et dans ce cas considéré comme un châtiment du Ciel, risque soit d'être supprimé — pratique courante à l'époque mérovingienne et encore en Norvège au XIIe siècle —, soit d'être déposé la nuit à la porte d'une église, à côté des petits bâtards. Parfois même, le bébé non désiré est, d'après les pénitenciels, écrasé par la jeune mère dans le lit où il repose à côté d'elle; cette «oppression» d'enfant était sévèrement punie, si on arrivait à en faire la preuve.

Mais, dans le cas qu'on espère le plus fréquent, les matrones qui accouchent la mère lavent soigneusement le nouveau-né, l'emmaillotent étroitement et le déposent dans la petite corbeille mobile où il sera fréquemment bercé. On s'occupe immédiatement de le faire baptiser, pour lui assurer le paradis en cas de disparition précoce, et l'Église a peu à peu accepté d'accomplir la cérémonie en dehors des périodes qui lui étaient jadis réservées : Pâques, Noël ou la Saint-Jean ; le baptême peut donc avoir lieu dans les trois jours qui suivent la naissance. Cette fête solennelle, même chez les pauvres, réunit parents et amis autour des parrains et marraines, qui aident à immerger le candidat, vêtu d'une robe blanche, dans la cuve baptismale — le rite actuel de l'infusion n'apparaît qu'à la fin du Moyen Age. C'est à ce moment qu'on donne à l'enfant ses prénoms et qu'on le confie à ses saints éponymes et à son ange gardien. Puis les adultes vont s'attabler à un banquet et déposent les cadeaux qu'ils ont apportés.

L'étude des jeux et des traités de pédagogie témoigne de l'attention portée aux enfants ; on les laisse jouer aux osselets, à la pirouette (toupie), à la poupée, aux cartes, à la petite guerre, comme faisait Duguesclin avec de jeunes garnements de son âge. L'adulte doit les corriger très jeunes, « plier la verge tant qu'elle est grêle et tendre » (car après elle casserait), ne pas hésiter à réprimander, puis à frapper, même s'ils pleurent, car ils sont violents et ont tendance à faire nombre de vilaines choses, à voler, à blasphémer. On leur apprendra d'abord les deux commandements de Dieu : aimer Dieu, aimer son prochain puis, le plus tôt possible, un métier. Les deux plus beaux sont ceux de clerc (car rien ne s'oppose, *a priori,* à ce que l'on devienne prélat, saint ou pape) et de chevalier. Il faut les commencer fort jeunes ; durant le Haut Moyen Age, ce sont des bébés que l'on confie à des monastères qui savent parfaitement les élever ; au XIIe siècle encore, Suger a commencé à 5 ou 6 ans. Les futurs chevaliers s'entraînent dès 7 ans et au plus tard à 10 ans. A Florence, au début du XVe siècle, on place les petites filles dès 8 ans chez un patron, où on les « oublie » ; le garçon en apprentissage au même âge continue à résider fort souvent chez ses parents et y revient quand il se marie ; dès 13 ans, filles et garçons sont considérés comme des adultes et, s'ils sont autonomes, peuvent se marier.

En somme les enfants sont en partie protégés dans la société chrétienne : les avortements, les infanticides, les pratiques contraceptives chez les époux sont péché mortel puni et réprimé, et l'on recommande la continence durant les règles, pour éviter de procréer des enfants monstrueux, durant la grossesse,

pour éviter de léser ou d'écraser l'embryon, et durant l'allaitement, car on pense que le lait maternel est formé du sang
menstruel et qu'une nouvelle fécondation mobiliserait ce sang et
amènerait la mort du nourrisson.

Il existe donc un amour de l'enfant. Mais il est en partie
faussé par la dureté des conditions matérielles : morts nombreuses et précoces, souci d'assurer une production future et rapide.
Du fait de la brièveté de la vie, les activités productives commencent beaucoup plus tôt que de nos jours et finissent plus tôt
encore. Or, à partir du XIIᵉ siècle, devant des jeunes plus nombreux, les anciens, du fait de l'amélioration des conditions
matérielles, sont également plus nombreux. Ce sont eux qui ont
les femmes, les biens, les honneurs, sans avoir toujours la force
ou les capacités ; ce sont eux qui retardent la promotion des
jeunes et cristallisent leur mécontentement. On connaît divers
exemples de bandes de jeunes nobles, de rassemblements de
jeunes clercs en conflit avec leurs aînés. Or les malheurs du
XIVᵉ siècle rendent majoritaires ces classes jeunes ; ce qui peut
expliquer les réactions enthousiastes ou violentes de ces générations et aussi leur méfiance instinctive par rapport aux anciens.
On possède pour la période antérieure des traités émanant de
vieillards, septuagénaires ou octogénaires, qui, de leur côté, les
jugent sans complaisance. Selon eux, ces jeunes ne voient,
n'entendent et ne redoutent rien ; ils ne croient ni à la maladie ni
à la mort ; ils méprisent les vieux, battent, blessent ou tuent, se
révoltent contre les seigneurs, se querellent avec les prélats ; ils
sont luxurieux et il faut les marier rapidement. Mahieu ajoute,
dans ses lamentations, qu'ils souhaitent tous la mort de leurs
parents : s'ils sont pauvres, pour en être débarrassés plus vite ;
s'ils sont riches, pour hériter au plus tôt. De violents conflits
peuvent naître au sein des familles : la mère tente d'écarter la
fille, en qui elle voit une rivale ; père et fils se font la guerre, se
disputent le champ, le fief, se tuent ; les frères félons abondent ;
les oncles maternels aident les neveux contre le père et son
lignage. On reconnaît là la trame de faits historiques (de Fréd-
gonde aux Plantagenêts et Frédéric II) ou semi-romanesques,
Chanson de Roland, Huon de Bordeaux, et également le fait
majeur qui est l'affirmation progressive des individus.

Un dernier coup était ainsi porté aux contraintes familiales
héritées du Haut Moyen Age, que battaient également en brè-

che l'autonomie reconnue du couple ou la nouvelle situation juridique, sociale et morale de la femme.

Les structures juridiques.

Le droit canon lentement élaboré par l'Église et fixé très précisément au XIIe siècle, le même partout, de l'Écosse à Chypre et à la Palestine, du Portugal à la Norvège, la Pologne et la Hongrie, a plus que toute autre chose contribué à unifier l'Occident, à en faire la grande famille séparée du cousin ortho-doxe depuis 1054, imperméable aux communautés juives et radicalement opposée à l'ennemi islamique.

La notion de loi est elle-même à redéfinir ; Rome, comme notre époque, connaît surtout sa territorialité. Or le Haut Moyen Age connaît surtout sa personnalité ; dans tout acte juridique, on commence par demander aux gens en cause : *« Sub qua lege vivis ? »* (sous quelle loi vis-tu ?) ; chaque peuple germanique (Burgondes, Wisigoths, Francs saliens ou ripuaires, si les lois que nous avons conservées sous ce dernier nom sont bien authentiques) a sa loi, qui diffère de celle du voisin, en particu-lier pour le droit privé et le droit criminel, car les droits public et administratif sont un peu mieux réglés. Un procès entre, par exemple, un Salien et un Burgonde posait de graves problèmes, quasi inextricables. Mais la territorialité des lois qui reparaît à l'époque féodale se marque par une complexité aussi fâcheuse, car tout seigneur justicier applique sa loi dans sa seigneurie et il y a autant de lois que de seigneuries ! Il est d'ailleurs impropre de parler de « loi », terme qui évoque des prescriptions écrites, codifiées, harmonisées, générales ; l'Occident, longtemps très morcelé économiquement, et dont l'organisation s'est faite par le bas, connaît surtout des coutumes qui sont nées localement d'une suite d'initiatives de personnes ou de groupes, créant une situation juridique. Cette situation, qui tient compte souvent d'influences ethniques ou d'usages anciens, a été maintenue longtemps par le consentement du groupe, en paix et sans contradiction : la coutume exprime donc une sorte de droit, mais, étant non écrite et transmise par la seule tradition, elle est peu rigoureuse, incertaine, ne prévoit, le plus souvent, que des cas de détail, dans lesquels elle se perd. Elle ne s'élève que rarement à des principes généraux : elle est donc, en un sens, bien caractéristique de certaines mentalités médiévales que nous avons évoquées. Telle quelle, elle est appliquée avec respect, et chaque petite région s'accroche avec passion à ses usages : la France coutumière, en gros au nord de la Loire, ne vit ses coutumes couchées par écrit que fort tard. Des particuliers, à partir du XIIIe siècle, en firent des recueils, mais la royauté n'ordonna leur transcription intégrale qu'à la fin du XVe siècle.

Ces coutumes ou les « lois » qui en sont des recueils font appel à des notions elles aussi étrangères à l'esprit romain ou au nôtre : le concept capital de justice, l'organisation, la procédure des tribunaux, leur hiérarchie, les appels, le règlement du moindre petit conflit, qui animent la vie quotidienne des campagnes ou des villes, autant de problèmes qui ont été interprétés ou résolus de façon originale, souvent primitive et primordiale.

Par exemple, ce ne sont plus des juges professionnels qui composent les tribunaux : ce sont, comme dans l'ancienne Germanie, les hommes libres de la région, centaine ou comté, conseillés par quelques personnes sachant le droit (vieillards puis notables, « rachimbourgs » et échevins) et présidés par un représentant du roi (comte) ou un de ses adjoints, centenier ou viguier, qui, après les avoir consultés, dit la sentence et en assure l'exécution. A partir du IXe siècle, non seulement les libres diminuent en nombre, mais encore ils sont refoulés dans les tribunaux inférieurs (centaine), voire n'y participent plus, et le comte ou un seigneur important usurpe la justice publique à un ou deux niveaux : basse justice pour les petits délits, haute justice pour les causes de sang. Le principe du jugement par les pairs ne disparaît pas totalement parmi les non-nobles : dans le nord de la France, il en reste de nombreux vestiges ; dans l'Empire, certaines régions (Frise) restent aux mains de libres non nobles, et partout la distinction tribunal et droit public (*Landrecht*), tribunal et droit féodal (*Lehnrecht*), est parfaitement respectée. L'Angleterre connaît durablement les centaines (*hundred*) et les jurys, où la place des hommes libres est encore prévue en 1194. Mais c'est la société chevaleresque qui maintient surtout le vieux principe germanique du tribunal non professionnel, composé de pairs.

Le droit, principalement le droit criminel que connaissent de tels tribunaux, a été lui aussi très modifié par les grandes invasions : la conception romaine ne survit qu'à l'occasion de

crimes très graves, comme fausse monnaie, désertion ou trahison, qui passent pour porter atteinte à la société entière, au roi, à
l'intérêt public, mais les simples assassinats, *a fortiori* les coups
et blessures, sont une affaire privée, du strict ressort de l'individu lésé et de sa famille, cellule de base de la société germanique.

De plus, tout crime, si épouvantable qu'il nous apparaisse,
n'entraîne aucune punition si le coupable peut se racheter; il lui
suffit de payer une composition, soigneusement tarifée suivant
le rang de la victime et suivant la gravité du dommage causé. Le
tiers de la composition, *fredum,* est en principe versé au roi; en
cas de meurtre, la famille se partage, suivant le degré de parenté, le fameux prix du sang : *wergeld.* Si ce prix n'est pas
versé par le coupable ou par sa famille, la famille lésée exerce
son droit de vengeance privée : la *faida.* On comprend pourquoi
le meurtre d'un Gallo-Romain coûte deux fois moins cher que
celui d'un Germain : non parce que l'homme en lui-même est
estimé valoir moins; le prix du crime est le même, disons
100 sous; mais dans le deuxième cas il convient de verser
100 autres sous pour dédommager la famille, tandis que la
famille romaine, n'exerçant pas la *faida,* n'a pas à percevoir
cette composition. Ajoutons le tiers dû au roi et nous obtenons,
pour le Romain : 150 sous (100 sous pour le crime, 50 pour le
fredum); pour le Germain : 300 sous (100 sous pour le crime,
100 pour la famille et 100 pour le *fredum*).

La procédure est tout aussi primitive : longtemps, tout homme
accusé est supposé coupable; ce n'est donc pas à l'accusation à
fournir des preuves mais au défendeur à prouver son innocence.
Il n'y a ni enquête ni témoin. L'accusé soit se disculpe par
serment purgatoire, soit amène devant le tribunal un nombre de
cojureurs variable suivant la gravité du crime qu'il passe pour
avoir commis. Plus il a de parents ou d'amis venant jurer, plus il
a de chances d'être absous. On pense en effet que cette masse
d'individus connus et intègres ne soutiendrait pas un criminel et
atteste donc, par sa présence et son serment, sa parfaite innocence.

Si le défendeur ne peut mobiliser suffisamment de garants
— ou s'il n'est pas libre —, il peut avoir recours au système des
ordalies : témoin le sénéchal impérial dans Guillaume de Dôle.
Main plongée dans l'eau bouillante ou saisissant un fer rouge,

qui doit guérir dans un laps de temps déterminé ; individu lié et jeté à l'eau, au sein de laquelle il doit couler « comme une cognée », l'eau, liquide pur et de plus béni, le rejetant s'il est coupable, etc. L'ordalie est parfois bilatérale : l'accusé provoque son accusateur dans le fameux duel judiciaire. La preuve, dans tous ces cas, est fournie par Dieu, qui fait triompher l'innocent ; en réalité, il est difficile de n'y pas voir intervenir la force, la ruse ou la richesse, par achat d'un champion. Mais la procédure par preuves rationnelles et témoins, fournis cette fois par le demandeur, à l'époque féodale, est incapable de remplacer l'épreuve de force que constitue dans la société chevaleresque ce jugement de Dieu.

La vengeance privée, de toute manière, n'est pas endiguée pour autant ; l'individu déclaré coupable, soutenu par sa famille, refusait ou était incapable d'acquitter la composition : la guerre s'étendait alors entre les deux lignages.

Cette coutume fut combattue avec plus ou moins de succès par l'Église (paix de Dieu) et les souverains (« quarantaine le roi », « asseurement »), dont Saint Louis qui l'interdit ; mais elle n'était pas oubliée sous Louis XIV et se survécut jusqu'à nos jours, au moins sous la forme du duel.

Parfois, à l'époque féodale, c'était le tribunal en la personne de son chef (seigneur) ou d'un de ses membres qui était accusé de « faussement de jugement » et donc provoqué à la bataille devant le seigneur supérieur. Chacun combattant avec ses armes, on conçoit que le vilain n'ayant droit qu'à un bâton ferré et à l'écu hésitât longuement avant d'utiliser ce recours, sauf s'il s'agissait de provoquer un seigneur ecclésiastique qui se faisait représenter par un champion porteur d'armes vilaines. Mais, d'une manière générale, il était tout naturel que le perdant dans un procès estimât la sentence injuste et désirât remettre en cause le jugement que, d'ailleurs, l'opinion ne considérait comme définitif qu'une fois accepté par les deux parties et l'ensemble de leur famille.

Le droit romain connaissait et organisait parfaitement la procédure de l'appel, d'un tribunal inférieur à celui du gouverneur de province, du préfet du prétoire, voire de l'empereur, et il semble que le roi mérovingien puis l'empereur carolingien aient admis, sinon toujours appliqué, ce principe ; mais les juges inférieurs paraissent être à cette époque tenus pour responsables

de leur jugement. Des rachimbourgs dont la sentence est modifiée doivent payer l'amende; le plaideur débouté, lui, reçoit la
bastonnade ou doit verser une forte composition. Il y a donc
autant accusation de faux jugement qu'application de la tradition romaine qui ne connaît pas la culpabilité du juge et donc ne
saurait le punir.

Par ailleurs, la décomposition de l'Empire carolingien et le
morcellement des justices arrêtaient les appels — quand ils
avaient lieu — au niveau du comte ou à celui du haut justicier,
et il fallut attendre en France le XIIIᵉ siècle, Philippe Auguste et
surtout Saint Louis, pour que le roi ne se donnât plus pour
arbitre des différends mais pût reconstituer une hiérarchie des
appels aboutissant à sa justice, à sa cour de Parlement. Jusque-là, pour les humbles, tout jugement était pratiquement définitif; pour les puissants, il était perpétuellement remis en question par la force : duel et guerre privée.

Dans ces conditions, la prison était rare, une sorte de luxe
inutile; on était soit déclaré innocent, soit accusé et racheté, soit
condamné à être pendu au gibet. Entre ces extrêmes, point de
milieu. Les oubliettes des châteaux sont une invention des
romantiques du XIXᵉ siècle ou des guides du XXᵉ siècle avides
de sensationnel! D'ailleurs, quand une peine de prison était
prononcée, elle avait peu de chance d'être purgée car les bâtiments étaient légers et les geôliers peu nombreux; le prisonnier
s'évadait avec une facilité déconcertante. Quant à la torture, il
semble qu'elle n'apparaisse pas, au moins en France, avant
le XIIIᵉ siècle. Elle est conçue comme un moyen d'activer
une justice par ailleurs fort longue, en particulier quand il s'agit
de la justice royale. Son application n'est pas systématique et
il ne faut pas généraliser les procédés employés lors de grands
procès comme ceux des Templiers au temps de Philippe le
Bel.

On voit donc au niveau des structures juridiques, ou du moins
des quelques cas que nous avons brièvement évoqués, combien
nos ancêtres avaient, dans la vie courante, des conceptions ou
des coutumes différentes des nôtres : rapports ou liens personnels remplaçant le sens de l'État, un pouvoir ramassé et proche
mais géographiquement limité, la propriété (éminente) distincte
de la possession (utile), une coutume prisonnière du détail,
concurrençant et remplaçant souvent la loi, elle-même, un

temps, personnelle avant de redevenir territoriale ; une justice peu compétente, fondée sur la composition, procédant tardivement par preuves autres que serment, ordalie ou duel et peu susceptible de révision autrement que par la force.

La société occidentale.

La société chrétienne dont nous venons de voir quelques-unes des composantes s'ordonnait parfaitement dans la vision providentielle du monde qu'avaient les Occidentaux, et il est très difficile de la caractériser à partir de critères modernes.

On sait que le mot « liberté », au plein sens du terme, ne veut rien dire dans une société où, d'une part, la liberté juridique n'est pas obligatoirement associée à la liberté économique ou à la liberté politique et où, d'autre part, les libertés ne sont que relatives : le pape lui-même est « serf des serfs de Dieu », et le chrétien, même s'il dispose d'un certain libre arbitre, est tenu de respecter des lois divines extraordinairement contraignantes.

La fraternité n'existe qu'au plan théorique : tous les hommes sont certes frères, mais il y a tellement de frères ennemis, même dans la grande famille occidentale, ou tout simplement inférieurs et non fréquentables, que la vie courante les ignore pour la plupart.

On pourrait continuer la quête en abordant les notions d' « égalité » et d' « unité » au Moyen Age.

Les chrétiens, hommes et femmes, sont égaux devant les sacrements, devant la mort, devant le tribunal de Dieu et, de même, tout chrétien peut se mettre au service de la Divinité, même les femmes (nonnes) et accéder aux plus hautes responsabilités : Suger, abbé de Saint-Denis, régent de France, Hildebrand ou Gerbert, tous deux papes illustres, sont d'humble origine. Mais par-dessus tout règne l'idée d'unité, remarquable dans une société dont les cellules de base (châtellenies, seigneuries, paroisses) sont souvent très individualisées. L'Occident, quelles que soient les différences de peuples, de langues, de statut juridique, de niveau socioprofessionnel ou économique, est la grande famille chrétienne, ou même, pour reprendre l'expression courante au Moyen Age, fondée sur la première épître aux Corinthiens de Paul et la parabole des talents de saint Matthieu, un seul corps, dont tous les membres sont solidaires et concourent également à la vie du tout. Seulement, il est bien évident que chaque membre a sa fonction propre, comme au temps du Bas-Empire, comme au temps de la République et de Menenius Agrippa. Honorius dit d' « Autun » (?) *(Augustodunensis)*, au XIIᵉ siècle, signale que les prélats forment la tête, les docteurs les yeux, les maîtres la bouche ; les combattants sont les mains, les époux le ventre, et les paysans, supportant l'ensemble, sont donc les pieds. La volonté divine a prévu les rôles et donne sa garantie au fonctionnement harmonieux de l'ensemble.

Ainsi se trouve précisée et concrétisée une notion élaborée dès la fin du VIIIᵉ et le début du IXᵉ siècle : tout homme est à sa place, prévue par Dieu, et doit accomplir, en accord avec l'autorité canonique, la fonction qui lui a été confiée.

Et cette idée fondamentale semble solidement ancrée dans les esprits, car toute atteinte à l'ordre voulu par Dieu, toute tentative pour changer de place paraît un crime passible des pires sanctions temporelles, sans compter le péché qu'elle représente. Elle est symbolisée par la roue de la fortune, fort répandue au Moyen Age, qui montre, tournant sur la même roue, le roi et le mendiant ; qui est roi aujourd'hui peut être mendiant demain, mais gare aussi au mendiant qui veut devenir roi ! Dans cette société d'ordre l'idée d'ascension se trouve donc bloquée. Il faut attendre le XIVᵉ siècle pour que des esprits éclairés comme Pétrarque ou Guillaume de Machaut assurent à l'homme qu'il est capable de prendre en main son destin. Mais déjà, l'humanisme est né.

Reste à définir les places que la société médiévale a attribuées à chacun et les critères qu'elle a retenus pour ce faire. En principe, en prenant le seul critère religieux, il pouvait y avoir deux sortes de fonctions, définissant deux ordres : celui des clercs au service de Dieu et celui des laïcs *(clerus et populus)* ou, à la rigueur, vu l'importance considérable des laïcs aspirant à la sainteté, l'ordre des moines, l'ordre des clercs et l'ordre des laïcs. Telle était la conception carolingienne, dictée par les clercs, formulée par leur élève et protecteur, l'empereur Louis le Pieux, répétée par les papes.

Mais le Bas-Empire avait pris des critères juridiques et socio-professionnels, et certains prélats, encore au Xᵉ siècle, continuaient à les employer, distinguant dans la société de nombreuses « catégories » ; d'autres encore prenaient pour critère la force, le pouvoir ou les richesses.

Le grand changement des Xe et XIe siècles fut l'union du critère religieux et du critère économique pour retrouver et sacraliser la classique distinction de la société indo-européenne et peut-être de toute société primitive à un moment de son développement. Déjà Alfred le Grand, en Angleterre, parle des hommes de prière *(jebed)*, des hommes de cheval *(fyrd)* et des hommes de travail *(weorc) ;* vers 1020, l'évêque Adalbéron de Laon explique au roi de France Robert II le Pieux que « la Maison de Dieu, que l'on croit une, est divisée en trois : les uns prient, les autres combattent, les autres, enfin, travaillent ». Adalbéron souligne que ceux qui travaillent sont les « serfs », c'est-à-dire — bien qu'un certain nombre, juridiquement, soient libres — ceux qui exploitent la terre, seule source de richesse, la font produire ; ils sont soumis à des « maîtres », qu'ils nourrissent mais qui, en contrepartie, les protègent, les défendent.

La définition d'Adalbéron a donc un deuxième intérêt : il y a dans l'état laïc une bien claire hiérarchisation : guerriers dominant les paysans. De plus, il est hors de doute que, selon lui, les guerriers doivent céder le pas aux clercs, absolument indispensables comme intermédiaires, comme seuls capables de racheter par leurs prières, par les reliques de saints, par les saints et les anges eux-mêmes, les âmes de leurs farouches protecteurs. Cette division tripartite dont on sait la résonance jusqu'en 1789 correspond à un état de la société au moment où se constitue la classe chevaleresque, où le clergé tend à se transformer en caste et où la seule activité économique se concentre sur la terre. En se faisant avaliser par Dieu, lui-même Trinité, elle créait des cadres qu'il était sacrilège de toucher, mais, de ce fait, si elle était certes garante de la paix sociale, elle empêchait toute évolution. Or elle allait être mise rapidement en contradiction avec la situation économique ; dès le XIIe et surtout le XIIIe siècle apparaissent des gens, fort dynamiques, qui ne sont ni paysans, ni guerriers, ni clercs et qui pourtant sont d'excellents chrétiens : les marchands, par exemple ; devait-on les laisser dans l'ordre de ceux qui travaillent ? Pour certains théologiens, oui ; pour d'autres, il fallait revenir à une division socioprofessionnelle mais toujours sacralisée. Les catégories, les « conditions » et bientôt les « états » augmentent considérablement en nombre, tout en étant explicitement ou implicitement reclassés en deux groupes : le spirituel, qui va des moniales au pape ou des étudiants aux prêtres ; le temporel, des femmes à l'empereur ou des paysans au prince. Le pèlerin de Guillaume de Digulleville nous décrit ainsi la statue dont rêve Nabuchodonosor comme personnifiant le monde laïc, de sa tête d'or (roi) jusqu'à la plante des pieds mi-partie fer et terre (ouvriers et paysans).

Il s'agit donc de la vision d'une société dualiste hiérarchisée — et à l'intérieur des groupes et d'un groupe à l'autre — mais où seuls le groupe des clercs et la tête du groupe des laïcs (les nobles), restent à peu près clairement délimités. Cependant, les conditions nouvelles qui tendent à ajouter au monde des campagnes le dynamique monde des villes et des routes ne sont pas sans apporter des nuances, même au sein du clergé ; les moines, une partie du bas clergé restent dans les campagnes, tandis que les nouveaux religieux, franciscains ou dominicains, vont sur les routes ou rejoignent à la ville le clergé séculier et les prélats. Même dans la noblesse (noblesse rurale, noblesse urbaine, noblesse de cour), le critère sournois et indéfectible de la richesse et le nouvel esprit de profit contribuent à accélérer ces distinctions aux XIVe et XVe siècles, donc chez les laïcs à faire monter les uns (gros marchands, laboureurs, favoris des princes, hommes de guerre, accapareurs) et descendre les autres (petits nobles et nouveaux serfs) dans une hiérarchie de fait ; ou à nuancer la hiérarchie de droit (noblesse la première chez les laïcs) en ajoutant des « moyens » plus ou moins aisés entre les nobles et les serfs (paysans) ; et chez les clercs sont soulignés les contours d'une classe (bas clergé) dont le niveau de vie et la misère morale sont assez comparables à ceux des laïcs les moins favorisés.

Enfin, il faut bien souligner que la société chrétienne exclut ou met à l'écart un certain nombre d'individus : les hérétiques, les plus dangereux puisqu'ils risquent de la rompre, et les Juifs, inassimilables et difficilement tolérés, sont pourchassés ou tracassés, souvent expulsés, parfois massacrés ; les infirmes, les malades, surtout les lépreux, les déracinés, les errants, les étrangers — que le malheur des temps transforme parfois en bandits —, sont considérés avec suspicion. Et, de même, ceux qui ne peuvent se nourrir en permanence, ces pauvres, de plus en plus nombreux, sont un danger pour l'ordre social. Ils peuvent voler, se rebeller ; de plus, si Dieu les a ainsi punis, c'est qu'ils sont coupables et paresseux. Au pauvre qu'il était louable de secourir succède, aux XIVᵉ et XVᵉ siècles, le pauvre dont on se méfie et que l'on chasse. Une étude précise de la vie quotidienne dans l'Occident médiéval ne doit donc pas s'attacher aux seules catégories socioprofessionnelles entre lesquelles se divisait traditionnellement la société chrétienne, mais doit évoquer aussi la vie de ces exclus et, d'une manière générale, le fait que cette société a été un cadre en principe strict qui a connu en fait un certain nombre de fissures.

Par-dessus tout, une telle étude ne doit jamais perdre de vue deux considérations essentielles pour qui veut tenter de comprendre ce qui — *a priori* — l'étonne si grandement. D'une part, les populations occidentales, dans leur ensemble, quel que soit leur niveau matériel ou spirituel, pensaient le temps ou appréhendaient l'espace d'une manière différente de la nôtre ; voyaient le monde avec les yeux d'une certaine Antiquité, profondément reprise et filtrée par le symbolisme chrétien ; vivaient dans la crainte du péché et de la damnation au sein d'un monde miraculeux et diabolique ; accordaient à la famille large, au couple, à la femme, à l'amour, aux enfants ou aux jeunes une place qui nous surprend et ne concevaient pas du tout comme nous les notions de propriété, d'État, de loi, de justice. D'autre part, cette société participe d'un ordre divin et se divise en catégories fonctionnelles ou socioprofessionnelles dont les comportements quotidiens sont, à l'intérieur d'une même catégorie, très comparables, tout en étant fondamentalement distincts de ceux adoptés à l'intérieur de la catégorie voisine. Et même s'ils vivent dans un même univers mental, habitent au même endroit et jouissent des mêmes revenus, un paysan à la campagne, un noble rural, le curé du village ou le citadin qui a acheté la terre contiguë ont un mode de vie différent. L'ordre de Dieu entérine, couronne et tend à figer ce que des motivations économiques, sociales ou fonctionnelles rendraient infiniment plus variable, ondoyant et divers.

3

Ceux qui travaillent :
les paysans

L'Occident, nous l'avons dit, peut se présenter schématiquement comme une grande forêt dévorée peu à peu, au cours des siècles, par des champs labourés et ensemencés. Le poids, au moins démographique, du monde rural est énorme : 90, voire 95 % de la population vit à la campagne ; et, même à la fin du Moyen Age, dans un pays aussi urbanisé que l'Italie, le monde des villes ne concentre, au maximum, que 40 % de la population totale.

Par ailleurs, une fois écartée la mince couche des seigneurs, laïcs ou ecclésiastiques, plus un certain nombre de clercs séculiers ou réguliers vivant à la campagne, nous constatons qu'au moins 90 % des Occidentaux sont des paysans. La proportion a pu en diminuer par la suite, mais, jusqu'au XIXe siècle et, pour certains pays, jusqu'à l'heure actuelle, la majorité de la population est restée paysanne. C'est là un élément d'importance capitale, et par rapport au monde gréco-romain de la cité antique, qui avait vu les masses paysannes majoritaires se cristalliser peu à peu autour des noyaux urbains, et par rapport au monde islamique, steppe semée de villes à l'influence desquelles les campagnes avaient été directement soumises.

Le dur travail des champs, la vie directement réglée par le rythme du soleil, des saisons, du climat, le contact permanent avec le sol, le relief, la végétation ont donc façonné, pendant des siècles et des siècles, l'essentiel de la population occidentale, comme l'avaient été, avant la superficielle urbanisation romaine, les populations indo-européennes ou néolithiques dont elle était issue.

De plus, l'expérience quotidienne de cette vie paysanne n'a pas eu uniquement une influence matérielle sur le corps de ces populations. Nombre de modes de pensée, de traditions, d'expressions du langage actuel plongent leurs racines dans ce passé rural, base et condition de tout le devenir occidental.

Le verbe latin qui veut dire travailler *(laborare)* a donné notre français « labourer » : le paysan est le travailleur par excellence dont toute l'existence est vouée au travail de la terre. E. Faral le représente en train de « retourner la terre, charrier la marne, herser, semer, faucher, soigner le bétail, tondre les brebis, vaquer aux corvées » et le dépeint, d'après les sources littéraires françaises du XIIIe siècle, comme « un robuste gaillard, une brute noire comme charbon, à la hure hirsute, dont les yeux s'écartent comme ceux d'une bête, dont le nez aplati, avec des narines retroussées jusqu'aux oreilles, tombe sur une épaisse lippe rouge, hersée de dents jaunes ».

Il est difficile de considérer tous les paysans d'Occident d'après un modèle unique, valable pour des dizaines de régions et sur une dizaine de siècles. Mais on peut envisager leur vie quotidienne comme étant soumise à un certain nombre de conditions, égales pour tous, toutes nées de leur fonction, le travail de la terre.

Les conditions de la vie paysanne.

Ce travail dépend en effet des moyens dont ils disposent pour agir sur le milieu naturel. Les conditions climatiques et le rythme des saisons demandent des plantes et des animaux domestiques à peu près adaptés à la latitude et au cycle végétatif normal ; il faut choisir le sol en fonction de sa fécondité ou essayer d'améliorer cette fécondité. Par-dessus tout se pose le problème des labours, des semences, des récoltes, donc des techniques agraires et des façons culturales.

Les fouilles archéologiques ne nous permettent guère de connaître les outils du paysan avant le milieu ou la fin du Moyen Age. La plupart, avant ces époques, sont en bois et ils ont naturellement disparu au cours des siècles.

A l'époque carolingienne, un domaine pourtant royal, dans la riche région de Lille, comporte deux faux, deux faucilles, quelques pelles ferrées ; les « charrues » ont un soc de bois dont seule la pointe est en fer, car le métal est réservé d'abord au guerrier. L'installation progressive du forgeron dans les campagnes — en relation avec les progrès de la métallurgie et avec la diffusion d'instruments plus lourds, plus robustes et plus efficaces — est, entre le IXe et le XIIIe siècle, un événement considérable, fondamental; pour la société paysanne, certes, au sein de laquelle ce riche « maréchal », le fèvre, maître du feu, occupe une place de choix; mais beaucoup plus pour le progrès technique qu'il représente. Imagine-t-on le bœuf ou le cheval, non ferrés, tirant un araire de bois tandis que le paysan taille ses arbres avec un morceau de bois, retourne son champ avec une bêche en bois, écrase son grain entre deux meules de pierre actionnées à bras et que sa femme fait la cuisine sans couteau, dans des pots dont la plupart ne peuvent aller sur le feu?

La lourde charrue de fer — ou, du moins, dont les pièces majeures (soc, versoir, coutre) sont en fer — a amené une révolution sur de nombreux points: chère, elle est la propriété de quelques-uns ou d'une communauté dont la solidarité est ainsi renforcée; lourde, elle doit être tirée par plusieurs bêtes (bœufs ou surtout chevaux) et pose donc les problèmes de l'attelage, du gros bétail et de la main-d'œuvre paysanne: un bouvier pour exciter les bêtes, un laboureur aux mancherons. Forte et robuste, elle peut labourer des sols profonds et lourds, donc mettre en culture des terres fécondes, jusque-là négligées, et travailler sur un terrain encombré de souches résiduelles sans se casser fréquemment. Le labour dissymétrique et le retournement des mottes (versoir) permettent l'aération de la terre et une meilleure fixation de l'azote atmosphérique, régénérant plus vite la fertilité. La forme des champs peut même en être affectée: le lourd et encombrant train d'attelage, difficile à retourner, trace le sillon le plus long possible; il s'accommode au mieux du champ en lanières, dont il parfait la forme, s'il ne la crée pas à partir de champs moins étirés. Cette lourde charrue, dotée souvent d'un avant-train mobile sur des roues, est surtout utilisée au nord de la Loire, sur les terres argilo-glaciaires de l'Europe du Nord et du Nord-Est (Angleterre, Allemagne, plaine germano-polonaise). Le mince sol méditerranéen, en culture depuis longtemps, reste plus fidèle au léger araire, à son sillon droit et peu profond, au bœuf ou à l'âne qui le tire.

L'apparition ou la diffusion d'autres instruments coûteux mais efficaces a également facilité la vie quotidienne du paysan. Un type plus élaboré de pressoir, par exemple, alliant pression par torsion et pression par arbre lesté, dont le fonctionnement est amélioré par l'usage d'un cabestan, voire d'une vis centrale, permet de traiter plus rapidement et plus complètement de plus grandes quantités d'olives ou de raisins, tout en libérant un plus grand nombre de bras pour les activités agricoles.

L'utilisation de la force motrice considérable de l'eau puis du vent est encore plus riche d'avenir; à la fin du XIᵉ siècle, la petite Angleterre possédait 5 624 moulins à eau pour 3 000 localités environ. La France de l'époque pouvait en compter aisément dix fois plus; deux siècles plus tard, c'est par centaines de milliers qu'il faut évoquer les moulins à grain ou à huile peuplant les campagnes, installés au fil de l'eau ou sur des barrages dont les étangs de retenue modifient le paysage et l'hydrographie. Par ailleurs, la force du vent fut utilisée en Castille dès le Xᵉ siècle, mais le reste de l'Occident ne s'en préoccupe guère avant la fin du XIIᵉ siècle. De toute manière, les conséquences sur la vie des campagnes en sont considérables; d'une part, ces moulins libéraient une grande partie de la main-d'œuvre nécessaire, jadis, à mouvoir les primitives meules de pierre héritées des périodes précédentes; de plus, la construction d'un tel bâtiment — parfois en bois, de plus en plus en pierre et souvent fortifié —, de sa digue, de son appareil moteur, dont les pièces principales étaient en fer ou armées de fer, nécessitait un gros investissement que le seigneur seul pouvait faire. Pour rentrer dans ses fonds, le seigneur devait alors exiger, lorsque les paysans amenaient leur grain, des taxes qui paraissaient si lourdes que ces derniers étaient tentés de continuer à se servir de leur vieille meule gratuite.

D'où des conflits, le seigneur exigeant l'utilisation de son seul moulin et confisquant les meules à bras; une communauté monastique pava ainsi le sol de son cloître avec les meules arrachées à ses paysans. Et le meunier, agent du seigneur, âpre au gain et riche du blé extorqué, la belle meunière aux mœurs légères, disponible tandis que le mari surveille les meules et que le paysan attend la farine, sont des personnages bien connus du monde rural.

L'usage de la force motrice traditionnelle, fournie par les animaux de trait, a été à son tour grandement facilité par la diffusion de nouvelles techniques. La lourde charrue posait par exemple le problème de l'attelage : bêtes plus nombreuses, plus fortes, plus rapides, plus vigoureuses. On ferre les bœufs, on emploie, si on le peut, des chevaux, jusque-là réservés à la guerre encore plus qu'aux charrois. L'extension de cet élevage spécialisé est freiné par la routine, par la fragilité de ces bêtes, donc leur prix, mais la diffusion de la culture de l'avoine à cette époque (milieu et fin du XIIᵉ siècle en Picardie, par exemple) est sûrement en relation avec leur utilisation plus fréquente. De son côté, le bœuf, plus lent mais plus fruste et très robuste, disparaît de quelques régions à l'agriculture très avancée. Mais au XIIIᵉ siècle le cheval ne l'a nullement éliminé du Bassin parisien, *a fortiori* des pays méridionaux.

Quelles que soient la ou les bêtes qui tirent, le mode de traction même est à améliorer ; le paysan n'attelle plus guère le bœuf au garrot, mais fixe le joug sur son front ou, mieux, sur ses cornes, ce qui lui permet d'utiliser sa force plus efficacement. Quant au cheval, c'est sur le poitrail et les côtes que repose maintenant le célèbre collier d'attelage, alors que l'Antiquité gréco-romaine et le Haut Moyen Age n'avaient guère employé que l'attelage au cou, qui faisait perdre le souffle à l'animal et l'étranglait à moitié dès la première traction.

Enfin, pour employer efficacement un nombre plus grand d'animaux tirant la même charrue (8 bœufs, par exemple, en Angleterre à la fin du XIᵉ siècle), il fallait utiliser l'attelage en file et non en ligne ; là encore, l'Antiquité avait surtout connu des bêtes attelées de front ; ainsi dans le quadrige, dont les chevaux extérieurs, tirant de biais, perdaient la plus grande partie de leur force.

Le paysan occidental dispose donc d'outils et d'aides efficaces. Parallèlement, les façons culturales se sont également améliorées, entraînant une augmentation considérable de la production, en quantité comme en valeur.

La terre a besoin de se reposer pour récupérer sa fertilité ; le système de la jachère est donc universellement adopté en Occident — jusqu'au XVIIIᵉ siècle et à l'introduction des pommes de terre et plantes fourragères. Cependant, pour que ce repos soit plus court et plus fructueux, le paysan essaie d'aider la nature. Déjà, en quelques endroits choisis, par adjonction de fumier ou enfouissement de feuilles, il arrive à obtenir des récoltes chaque année ; il peut aussi amender certains sols, en y incorporant de la marne ou de la terre calcaire, modifier leur acidité par addition de terre à bruyère. La jachère elle-même est activement surveillée, voire travaillée ; les troupeaux y vont paître, en y laissant leurs déjections enrichissantes ; un labour, parfois plusieurs, aère la terre, y enfouit les mauvaises herbes. D'autre part, les meilleures terres ne se reposent plus un an sur deux mais un an sur trois, et cela probablement dès l'époque carolingienne ; en effet, grâce à la culture systématique des blés de printemps, avoine par exemple, le paysan a pu, peu à peu, assurer une satisfaisante rotation des cultures. Sur certaines terres il sème la première année du blé d'hiver : seigle, froment, épeautre, après les labours de novembre ; la deuxième année du blé de printemps, en mars ; la troisième année est consacrée à la jachère, et ainsi de suite, année après année.

Ces pratiques prennent toute leur valeur quand cette rotation se fait au niveau d'un grand domaine ou d'un terroir villageois ; tout l'espace cultivable est alors divisé en 3 soles, chaque paysan ayant des parcelles dans chacune des soles ; toutes les parcelles de chaque sole, la même année, sont, soit laissées en jachère, soit ensemencées du même blé, d'hiver ou de printemps. Les avantages sont considérables : les deux tiers et non plus la moitié du terroir sont en culture. Il y a une moindre déperdition d'efforts ; le troupeau communal peut paître sur les jachères sans clôture ; les soles ensemencées sont efficacement protégées et les contraintes collectives renforcent la cohésion de la communauté villageoise. Par ailleurs, un mauvais hiver et une mauvaise récolte peuvent être corrigés par un bon printemps, faisant lever beaucoup d'avoine. Cet assolement triennal se répand à partir du milieu du XIIIe siècle. Il coïncide avec l'agrandissement des terroirs cultivés — la troisième sole est souvent gagnée sur les friches — mais aussi avec l'arrêt des défrichements qui pousse à la pratique d'une culture intensive. Cette agriculture de pointe ne concerne cependant que des régions favorisées, tels les plateaux limoneux du nord-ouest de l'Europe.

Pour toutes ces raisons, les rendements augmentent ; à l'époque carolingienne, il était rare d'obtenir 3 ou 4 fois la semence. Certains calculs portant, on l'espère, sur de mauvaises années, semblent même montrer des semences à peine récupérées, ou avec un très faible excédent. Il semble que, aux XIIe et XIIIe siècles, les paysans aient récolté plus fréquemment 5 ou 6, parfois 8 fois la semence.

Des céréales, l'orge, par exemple, rendent plus que d'autres (avoine), ce qui explique que l'avoine, bien que préférée par le cheval et utilisée en bouillie par l'homme, n'évinça pas l'orge, nécessaire d'ailleurs pour la bière ou le pain grossier. D'autres cultures se développent, en particulier des légumes comme les pois, les haricots, les lentilles, le chou, riches en protéines, augmentant la valeur calorique et équilibrant les rations du travailleur. Enfin, le chanvre, le lin, la guède fournissent la matière aux industries textiles et favorisent quelques heureuses spéculations, tandis que ces cultures diversifiées atténuent les disettes et les ruines.

Ajoutons des vignes partout où elles sont possibles et tant que le grand commerce ne peut assurer l'approvisionnement en vin des pays où le raisin mûrit mal ; des oliviers dans l'espace méditerranéen ; divers arbres fruitiers, tous connus de l'Antiquité, sauf l'abricotier, arrivé à l'époque des croisades. Mais le paysan médiéval n'a pas à sa disposition un assortiment de produits aussi variés que son descendant du XVIIIe siècle. Passons sur la canne à sucre, qui n'existe qu'en Sicile et en Espagne et ne gagne les îles vénitiennes de Méditerranée (Crète, Chypre) qu'à la fin du Moyen Age. Pomme de terre, tomate, tabac, maïs, nouvelles espèces de haricots ne sont introduits, et avec lenteur, qu'à l'époque moderne, de même que la betterave.

Le troupeau élevé par les paysans est quelque peu différent du troupeau actuel : les proportions entre les espèces et les dimensions relatives ont changé. La volaille comporte surtout d'innombrables sortes de poules, sans ignorer cependant le paon ou le cygne ; seul le dindon est inconnu. Le gros bétail est rare ; peu de chevaux avant le XIIIe siècle, sauf chez les grands propriétaires ; peu de bœufs, sinon ceux nécessaires pour tirer l'araire ou la charrue ; quelques vaches çà et là, pour assurer la reproduction, mais dont le lait est peu utilisé, ou donne plus de fromage que de beurre, sauf en certaines régions, comme Norvège ou Danemark. Ce gros bétail demandait d'ailleurs une nourriture rare ou chère : avoine pour le cheval, fourrage et foin pour les bovins. La stabulation hivernale était souvent difficile, car il y avait peu de prairies naturelles pour fournir le foin, d'où le sacrifice d'un certain nombre de ces bêtes avant l'hiver, par exemple au mois de novembre qui était le « mois sanglant ».

Beaucoup plus communs et appréciés étaient les moutons, surtout à partir du XIIe siècle, où ils devinrent le grand élément de prospérité pour les campagnes anglaises comme pour la montagne ibérique. Presque tout en eux est utilisable : leur laine, parfois de qualité excellente, à la base des industries textiles ; leur lait, pour le fromage ; leur peau : cuir ou toison des adultes, fourrure des agneaux ; leur chair, salée et conservée ; jusqu'à leurs cornes et leurs boyaux, pouvant se transformer en instruments de musique. Leur nourriture pose généralement peu de problèmes dans les clairières du bois communal ou sur les jachères, qu'ils fécondent de leur fumier. Le porc est l'autre animal fondamental de l'élevage paysan, et dès l'époque barbare, où il apparaît comme la source quasi exclusive — avec les poules et les œufs — de la nourriture carnée d'origine domestique. La loi salique lui consacre 16 de ses articles. Au temps des Carolingiens, le paysan entasse dans sa modeste maison, au début de l'hiver, jambons, bacons, boudins, rillettes, bandes de lard, etc., qui permettront, avant le Carême, de mieux équilibrer son régime alimentaire. Le porc est facile à élever ; il vit, à demi sauvage, noir, avec des soies longues et hérissées, la dent proéminente comme un boutoir de sanglier, dans le bois communal, où il dévore faînes, glands, châtaignes, sous la lointaine surveillance d'un porcher.

Ajoutons autour de la famille du paysan un certain nombre de chiens dont on connaît mal les races, comparativement aux chiens des seigneurs ; pratiquement pas de chats, introduits certes depuis l'Égypte à l'époque romaine, mais concentrés dans certaines maisons riches et concurrencés par des belettes ou hermines apprivoisées dans la chasse d'un rat moins redoutable que l'actuel surmulot.

La vie au village et à la maison.

Pendant tout le Haut Moyen Age les centres de peuplement sont clairsemés, de petite taille et en partie instables. Ce ne sont pas à proprement parler des villages, même s'il existe de vastes domaines capables de regrouper plusieurs exploitations paysannes. Puis, à la jointure des IXe-Xe siècles, un lent mouvement,

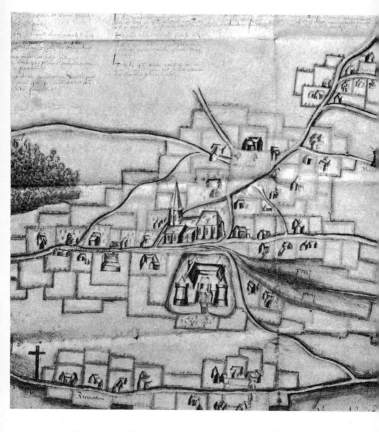

Plan du village de Wismes à la fin du Moyen Age

Dans le village, la vie s'organise autour de trois pôles vers lesquels les routes convergent : l'église, le château, la maison. L'église est la maison de Dieu, souverain maître et souverain juge; elle rassemble à ses pieds les morts de la communauté. Le château, au centre, le moulin, en haut, à droite, et le gibet, en bas, à gauche, rappellent à chacun que le seigneur a le droit de «ban». A côté des prairies communes, de petits clos entourent les maisons et marquent les limites des courtils et vergers. (Coll. du baron de Wismes, photo Robin.)

encore mal connu, faute de sources, conduit au regroupement des hommes et à la constitution des terroirs villageois.

Cette transformation s'est opérée autour de trois pôles : le château, l'enceinte villageoise et l'église paroissiale. Le château — qu'il soit l'héritier d'une implantation proto-historique ou une création récente due aux impératifs de la défense et à la désagrégation des pouvoirs politiques — protège les habitations rassemblées autour de sa motte et les enserre dans son réseau de pouvoirs seigneuriaux plus ou moins contraignants. La construction d'une enceinte, mur de pierre ou simple palissade, peut aussi marquer la volonté des villageois de se regrouper dans un site défini. Tardif dans l'Europe du Nord où la construction des murailles définit le village plutôt qu'elle ne le stimule, ce mouvement est précoce dans le Sud. Dès le VIIe siècle, et surtout au Xe siècle, des paysans se rassemblent sur les hauteurs : dans un même mouvement structuré et volontaire, le village se crée, se clôt et s'organise. Cet *incastellamento* décrit par P. Toubert pour le Latium, contraignant pour les hommes, va de pair avec l'établissement de la seigneurie mais ne comporte pas toujours la construction d'une maison forte. Enfin, le réseau des églises paroissiales est, à partir du Xe siècle, solidement établi. Cimetières et prières contribuent à rassembler les fidèles. Tout est donc en place pour que rayonne la paix dans le village ainsi protégé.

Alors se sont construites les maisons et s'est dessiné le parcellaire sur les débris des *villae* du Haut Moyen Age, qu'il s'agisse de la constitution de petites propriétés comme en Catalogne ou de tenures concédées par le seigneur foncier. Alors les zones de friches (le *saltus*) nécessaires à l'agriculture extensive qui prévalait auparavant ont commencé à reculer pour être intégrées aux labours d'une agriculture totalement sédentaire et à vocation intensive.

Il est probable que, dans l'obscurité du Xe siècle, au cours d'une révolution qui a affecté les paysages, la production et les mœurs, le village est né. Sous quelles contraintes ? Une lente poussée démographique et une maîtrise de plus en plus assurée des techniques agraires ont sans doute permis et poussé à une consommation accrue et concertée. Les répercussions en sont fondamentales : jusqu'alors enserrés par les seuls liens du sang, les hommes ont dû apprendre à vivre ensemble, à se comporter en voisins ; la communauté villageoise a pu se constituer. Un nouveau réseau d'obligations s'est créé, étayé par un nouvel idéal propice au travail de la collectivité : la paix.

Une fois le village fixé, la population sédentarisée, il a été possible de pousser encore plus loin l'exploitation des terroirs. Les progrès techniques ont été, nous l'avons vu, foudroyants. A partir du XIe siècle et du grand essor démographique jusqu'au milieu du XIIIe siècle, ont lieu les grands défrichements qui ont donné naissance à notre paysage actuel.

Partout, chaque année, les paysans ont poussé plus loin leurs charrues. Ils ont grignoté de manière anarchique et sournoise les terres contiguës à leurs exploitations, jusque-là occupées par des marais, des friches ou des bois. Outre le paysage, on en a des traces dans l'ancien parcellaire, dans la toponymie et dans la description des redevances. Pour ces terres nouvellement conquises, le paysan ne paie aucune des taxes anciennes ; mais il paie la dîme qualifiée de « novale » et, quand le seigneur est au courant, le « terrage » appelé aussi « champart », c'est-à-dire un partage (de un sixième à un quatorzième) de la récolte. Quoique difficile à cerner, ce type de défrichement est celui qui, en Europe occidentale, a permis de gagner au total les plus grandes superficies.

Parfois, entre deux terroirs, les friches intercalaires sont occupées par un nombre restreint de personnes qui s'installent individuellement au milieu de leurs nouvelles terres ; ces exploitations, assez étendues et d'un seul tenant, sont souvent clôturées et ont pu donner naissance au paysage « bocager » actuel.

Parfois aussi, des villages entiers se créent sous la direction d'un seigneur laïc ou ecclésiastique ou d'une association de seigneurs. Ce sont les défrichements les plus spectaculaires et les mieux connus car ils ont laissé de nombreuses traces écrites. Que les raisons en soient économiques, militaires ou politiques, le résultat est le même ; des paysans appelés de partout, ou fournis par les villages surpeuplés des environs, attirés par les conditions avantageuses qu'on leur propose, créent un village et son terroir. Chacun de ces « hôtes » reçoit une maison avec son jardin, quelques prés et quelques terres — pour lesquelles il versera le champart —, ses bêtes pouvant aller dans la forêt voisine moyennant le droit de paisson ; les droits de justice, tarifés, sont au seigneur qui l'installe et le protège. Ce mouvement très général peut s'observer aussi bien en France (Lorris, en Gâtinais, et les 80 villages qui l'ont imité) et dans les vieux pays d'Occident (Beaumont, en Argonne, et ses 500 « filles » françaises ou impériales) que dans l'Espagne reconquise sur les musulmans ou dans l'Allemagne de l'Est colonisée sur ses marges slaves. Au total, les défrichements, dont l'apogée se situe au XIIe siècle, ont permis de gagner à la culture des dizaines de millions d'hectares, de fonder des dizaines de milliers de villages nouveaux. Même si le retournement de la conjoncture, dont nous avons parlé, fait abandonner, à partir du XIVe siècle, des parcelles déficientes ou des villages mal situés, il ne doit pas faire oublier la formidable expansion qui l'a précédé.

La grande majorité des terroirs occidentaux, anciens ou modernes, se présente, schématiquement, de la même manière : 3 auréoles allant de la forêt au village ; en bordure du bois, les pâtures, les prés, les terres défrichées ou les landes non encore cultivées où paissent les troupeaux communaux ; plus près, les terres céréalières, cultivées ou en jachère et, souvent, les vignes et les vergers sur les collines bien exposées ; enfin le village, entouré des courtils, des clos, des jardins ou vergers, travaillés en permanence, bêchés, aérés, fumés par les déchets domestiques. Ces terrains, produits d'années et d'années de soins, ont contribué à fixer le village, au point que certains archéologues désirant retrouver les restes d'un village aujourd'hui enfoui font des analyses précises du sol ; la haute teneur en anhydride phosphorique et en sels de potasse signale les courtils, donc la proximité immédiate de l'agglomération.

Cette agglomération elle-même peut être de type régulier si, prévue à l'avance dans les défrichements organisés, elle s'est vu imposer son plan : en damier, pour les bastides du Sud-Ouest français, ou en arête de poisson ou en rue, pour des villages de Normandie ou ceux de la colonisation allemande. Les maisons sont souvent groupées en ordre anarchique autour d'une place dominée par l'église ; parfois, elles sont serrées entre des remparts. Mais leur nombre n'est jamais très élevé, quelques dizaines au plus, dont beaucoup du même type, fort simple.

Nous avons la chance de connaître quelques villages, récemment fouillés, surtout en Angleterre et en Allemagne, qui nous

Auxonne. Détail du plan-relief (1677) :
le vieux centre médiéval

Les matériaux de construction varient selon les régions et selon les ressources du propriétaire. Mais il est rare que le bois n'entre pas pour une très large part dans toute construction comme le montre ce détail du plan-relief d'Auxonne (1677). Au centre de la ville, se trouvent des maisons à pans de bois. Le mur est formé d'une armature de pièces de bois assemblées ordinairement par des mortaises et garni de pisé ou de torchis sur clayonnage. A la base, un petit mur tient le tout. Cette technique des pans de bois est très perfectionnée ; elle a souvent été préférée à celle du mur de pierre qu'elle a même pu remplacer. (Photo A. Oguse, Paris.)

ont permis de faire la synthèse entre des éléments épars, provenant jusqu'ici d'une iconographie suspecte (enluminures destinées aux nobles), de l'interprétation de divers textes (inventaires après décès, descriptions d'immeubles), voire de quelques témoins pieusement conservés (maison de Jeanne d'Arc à Domrémy) mais d'une authenticité douteuse. Des études archéologiques à Wharram Percy dans le Yorkshire ont permis d'évaluer pour la période du XIIe au XVe siècle la vie moyenne des habitations rurales anglaises, généralement construites en bois : 40 ans.

En fait, la construction — qualité des matériaux et techniques — dépendait étroitement des ressources locales : bois, pierre, glaise. Partout le bois restait fondamental, utilisé pour la charpente du toit et des murs et parfois même pour les parois. Les pays où la maison était surtout en bois avec torchis ou pisé n'ont laissé que peu de traces : des fonds de cabane d'interprétation difficile, comme à Montaigut, en Albigeois. Quant à la pierre, elle a effectivement tendance à être substituée au bois à partir du XIIe siècle. Mais l'évolution n'est pas systématique et il existait des maisons en pierre sèche dès avant cette date, même dans les pays nordiques, comme la Scandinavie, l'Irlande, la Cornouaille ou le Pays de Galles. Les fouilles de tels villages qui ont employé la pierre révèlent des maisons assez inconfortables. Ainsi, à Rougiers, dans le Var, des murs du XIIe siècle assez hauts et peu épais reposaient directement sur le rocher qui, mis à nu, servait de sol aux annexes et à la cuisine tandis qu'il était agrémenté de terre battue dans les salles. A l'extérieur se trouvaient les foyers et les puits.

Mais ce type de construction ne peut pas être généralisé. On constate plutôt des différences régionales précoces et une évolution chronologique qui sont autant de variantes autour du schéma classique de la «maison élémentaire» définie par J. Chapelot et R. Fossier : deux pièces d'habitation, l'une comportant le foyer, l'autre servant de chambre. L'adjonction de bâtiments pour le bétail a aussi donné lieu à de nombreuses transformations dont la ferme est le point d'aboutissement. Enfin, malgré les progrès de l'archéologie, il reste bien des points à élucider : place et quantité des fenêtres, existence et fonction des étages, etc.

L'ameublement intérieur n'est pas non plus connu avec précision, sauf si on l'infère du mobilier paysan des XVIIe et XVIIIe siècles que l'on a réuni dans divers musées, par exemple à Brou pour le pays bressan, ou des descriptions que fournissent textes, testaments ou iconographies.

En effet, les pièces des XIVe et XVe siècles que nous avons conservées, au musée des Arts décoratifs, par exemple, étaient la possession d'une minorité de riches, et seuls huches, coffres et lits semblent avoir été universellement répandus.

Le lit pouvait être très large (songeons aux sept filles de l'ogre, dans le conte du *Petit Poucet*); seuls les montants étaient en bois; on y couchait sur de la paille ou un matelas, avec ou sans drap. Souvent une couverture de drap ou de fourrure (de chevrotin, de mouton) permettait de se protéger contre le froid, car la chemise de nuit n'existait pas et on couchait tout nu. Parfois, des rideaux autour du lit dessinaient une alcôve.

La table est souvent sur tréteaux, parfois munie de nappe, longère et touaille; on « met » la table pour manger, on l'ôte après le repas et on s'assied sur des bancs, car la chaise est un luxe. Les fouilles de Dracy ont mis en évidence partout, et souvent dans une même pièce, un nombre invraisemblable de clés dont on admire la belle facture. Il semble donc et que les huches étaient pourvues de serrures et qu'elles existaient en plusieurs exemplaires, même chez d'humbles paysans (ce que confirment les textes). On y serrait quelques aliments, du sel, du pain et des vêtements; les inventaires postérieurs au XIIIe siècle nous signalent une garde-robe généralement peu fournie, de tissu médiocre; il n'y a pas de mode paysanne, nous l'avons déjà dit, et l'usage de superposer les différentes pièces d'habillement est universel. Seul diffère le matériau du costume, non la forme : vêtement long jusqu'au XIVe siècle, que l'on doit trousser pour les travaux des champs; chausses de toile, souliers à lien, chainse, chemise et bliaud, robe ou cotte; par-dessus, un sayon avec capuchon. Des différences régionales apparaissent dès la fin du XIVe siècle dans les coiffes et l'aspect général. On reconnaît que quelqu'un n'est pas du pays quand il n'en porte pas l'habit.

Il existe souvent une pièce de vêtement plus riche que paysan ou paysanne gardent pour les jours de fête — et que peut-être on se passe de père en fils et de mère en fille —, il s'agit toujours d'un vêtement extérieur, autant que possible de beau drap, doublé de fourrure ; les plus pauvres le mettent en gage, ou il est saisi en priorité par les créanciers, ce qui souligne bien son prix relatif.

Les principaux témoins archéologiques que l'on trouve dans les maisons paysannes évoquent le matériel de cuisine : peu de landiers, de chenets, de broches, d'ustensiles d'étain ou de métal ; quelques chaudrons ou marmites de bronze ; énormément de tessons, attestant l'usage de cruches pansues, de vases à boire, à cuire, servant à préparer les aliments et à les conserver. Le profil en est souvent élégant, la terre vernissée, colorée ou ornée, la pâte fine et la texture diverse, suivant les genres. Cette poterie évoque un important contexte industriel et commercial. Si on ajoute qu'un certain nombre de monnaies et de parures (métalliques) ont été retrouvées dans les ruines des modestes maisons du petit village de Dracy, mêlées à cette céramique fine, à des fibres de drap carbonisées, à de nombreuses clés, on peut penser que le paysan pauvre jouissait quand même d'une modeste aisance.

Sans revenir sur les problèmes de la nourriture et de la boisson, rappelons simplement la place considérable que tenaient dans l'alimentation paysanne les céréales, et le peu de protides, fournis soit par des poissons, de rivière ou de vivier, soit par du petit gibier (lapins, oiseaux), soit par des plantes du type lentilles, pois, soit enfin par le bétail domestique : poulets, œufs, porc, bœuf.

Un porc donnait de 80 à 100 kilos de viande plus ou moins grasse ; un bœuf, de 150 à 200. Nous avons vu qu'une famille de cinq ou six personnes, se contentant d'un porc et de quelques chapons par an, mangeait autant de viande qu'un paysan provençal au XIX⁰ siècle ; incommensurablement plus que les civilisations des autres continents, de l'Afrique à l'Extrême-Orient. Il semble qu'à Saint-Jean-le-Froid, au XIV⁰ siècle, bien que le mouton fût omniprésent dans les environs et que sa laine fût traitée dans toutes les maisons — on a retrouvé de nombreux fusaïoles qui permettaient de la filer —, c'est le bœuf qui fournissait 41 % de la viande de boucherie (d'après le matériel osseux retrouvé), contre 34 % pour le porc et 18 % pour la chèvre et le mouton.

Bière (cervoise) et vin étaient fort bus dans les campagnes, d'autant que la mauvaise conservation de ces boissons préparées

Les travaux des mois à la cathédrale d'Amiens
XIIIe siècle

juin - juillet - août
septembre - octobre - novembre

sur place empêchait leur transport et leur vente au loin ; teneur
en alcool et mode de préparation les différenciaient fortement
des vins (malvoisie, beaune, saint-pourçain) ou bières (de Hambourg) diffusés par le grand commerce. Peu ou pas d'eau-de-
vie : la distillation se répand au XVIe siècle.

La vie quotidienne du paysan se déroule ainsi, dans ce cadre
matériel chiche et austère, au rythme du soleil et des saisons ; la
journée de travail dure du lever au coucher du soleil, donc est
beaucoup plus courte l'hiver, saison où par ailleurs les champs
demandent moins de soins ; la « veillée » qui lui succède n'existe
guère qu'à cette époque pour cette même raison ; mais il ne faut
pas s'en exagérer la durée, sauf quand les hommes teillent le
chanvre que leurs femmes filent, car elle exige un feu prolongé,
dispensant à la fois chaleur et lumière. La tentation d'aller au lit,
où paille et couverture isolent mieux du froid, l'écourte sensi-
blement. Les veillées collectives peuvent durer toute la nuit,
mais l'Église les regarde d'un mauvais œil et prétend qu'elles
incitent à la licence.

Nous avons de nombreuses représentations figurées, retraçant
la vie du paysan au fil des mois, grâce aux calendriers qui nous
sont parvenus ; sous forme de miniatures, par exemple le *Re-
cueil* (carolingien) *d'astronomie et de computation,* de Vienne,
ou les *Très Riches Heures du duc de Berry ;* sous forme de
nombreux médaillons sculptés (Amiens, Saint-Denis, Chartres),
de fresques (Laval), de vitrail (le *Zodiaque* de Chartres). On
peut très rapidement, en commentant l'une d'elles et en lisant le
Chant des vilains de Verson, se faire une idée des activités
paysannes essentielles au cours de l'année.

Ainsi à Amiens, où les médaillons, groupés trois par trois,
nous rappellent les quatre saisons. Décembre est le mois où l'on
tue le porc. Presque tous les calendriers connus représentent une
scène comparable, consacrée à ce spectacle ; ici, le paysan, plus
ou moins arc-bouté, égorge le pourceau entre ses genoux ; à
côté, une autre bête déjà tuée pend, la tête en bas, tandis que son
sang qui servira au boudin est recueilli dans une cuve. Janvier,
symbolisé par le Janus à double visage, assis à une table bien
garnie, se fait servir par deux valets (l'année qui finit et l'année
qui commence ?). Cette représentation des festivités groupées
autour de l'année nouvelle est souvent juxtaposée ou remplacée
par celle — attribuée ici à février — de l'homme encapu-

chonné, assis et tisonnant son feu, auquel il tente de réchauffer ses mains et ses pieds nus. L'hiver est manifestement la morte-saison où le paysan liquide les séquelles de l'année précédente, sans préparer encore celle qui vient.

En revanche, mars voit bêcher le sol : labour profond, grosses mottes retournées et aérées, plus spécialement autour des ceps de vigne ; les calendriers copient certes des modèles antiques, nés dans le monde méditerranéen, où la vigne était reine, mais la diffusion de la religion chrétienne a amené celle de la vigne dans tout l'Occident, y compris en Angleterre sinon en Norvège.

Avril évoque, un faucon sur le poing, les débuts de la chasse et les occupations nobles, parfois signalées en mars, avril rappelant alors la taille des arbres (vigne), la sortie du bétail né de l'hiver ou l'utilisation du lait pour beurre ou fromage. C'est le moment des premières redevances, depuis Noël, en faveur du seigneur partant en campagne.

Mai représente un vieillard assis dans un verger en fleurs, rappelant la douceur de la saison et le dernier répit avant les gros travaux ; les loisirs ou les plaisirs du noble ce mois-là peuvent être évoqués sur d'autres calendriers.

Juin brandit la faux à long manche et lame à peine courbe sur un pré semé de fleurs ; un bonnet lui couvre la tête (ailleurs, il tond les moutons ou laboure la jachère).

Juillet, avec sa petite faucille, coupe les épis à mi-hauteur, laissant le chaume haut, qui servira à la pâture du troupeau ; les gerbes s'accumulent derrière lui ; un chapeau le protège du soleil.

Août bat le grain au fléau sur l'aire, parfois vanne, éparpillant au vent la balle, tandis que le grain plus lourd tombe dans un cuveau.

Septembre voit la récolte des fruits : des pommes que l'on gaule, des grappes que l'on cueille sur le cep ou la treille, bien que ce soit plutôt octobre qui, avec ses hottes, son tonneau, le raisin qu'il foule aux pieds, soit traditionnellement consacré au vin.

Novembre est le mois des labours et des semailles du blé d'hiver ; le grain tiré d'une besace est lancé à la volée, sur les mottes fraîchement remuées.

Cette année paysanne, consacrée au travail, connaît heureusement quelques répits et un certain nombre de festivités viennent interrompre l'austère labeur quotidien. Ces fêtes constituent ce que les folkloristes et les ethnologues appellent la culture populaire. Le rituel et les mythes transmis par la tradition orale sont encore d'une interprétation délicate. Coutumes et textes oraux forment-ils une liturgie qui doit être étudiée en soi ou bien sont-ils les révélateurs des malaises de la société à un moment donné de son histoire ? Les interprétations oscillent entre ces deux directions qui parfois réussissent à se combiner. En tout cas sont abandonnées aujourd'hui les affirmations des moralistes qui voyaient dans ces fêtes un débordement malsain ou la simple soupape de sécurité d'une société par ailleurs trop solidement encadrée.

Des fêtes scandent le calendrier de l'année chrétienne et coïncident, nous l'avons vu, avec les grandes dates astronomiques dont les incidences agissent directement sur l'activité paysanne : Noël et le solstice d'hiver, Pâques et l'équinoxe de printemps, la Saint-Jean-Baptiste et le solstice d'été.

Les réjouissances cristallisées autour de la Noël et issues d'un rite solaire bien antérieur au christianisme terminent une année paysanne et en commencent une autre. C'est le moment où l'on sacrifie les porcs, où l'on finit de battre le grain rentré en gerbe, pour préparer les copieux dîners et soupers entourant les messes de la nuit. S'y ajoutaient divers jeux ou représentations dont on a peu à peu perdu le souvenir : jeux de hasard ou d'adresse comme le tir à l'arc, souvent recommandé par le seigneur ou le roi, car il entraîne et fortifie les paysans ; chants et danses, avec travesti et inversion des rôles, comme ce paysan de Melun « qui avait vestu un peliçon à femme le poil par-dessus et son visage couvert d'une coiffe à femme ». Parfois, des jeux par personnages, c'est-à-dire des sortes de pièces de théâtre, exécutées surtout en milieu urbain. Le 28 décembre se célébrait la fête des innocents, et celle des fous le 1er janvier : dans l'église même étaient inversés la hiérarchie et le cérémonial. Entre-temps, le 31 décembre, avaient eu lieu les réjouissances de la Saint-Sylvestre *(Polterabend)*, à la charnière des deux années.

Bien que le millésime ne changeât point à cette date, comme à l'heure actuelle — puisqu'il changeait généralement à Noël, au jour de l'Annonciation de la Vierge ou à Pâques —, le 1er janvier était cependant considéré comme le début de l'an neuf et le jour où les enfants et jeunes gens allaient de porte en porte chanter, en échange de cadeaux divers, «l'au guy l'an neuf», qui a probablement peu de rapports avec le gui des druides.

La «vigile de la Typhaine» (veille de l'Épiphanie), le Jour des rois, où se tire la galette avec la fève, parmi force réjouissances et ripailles, voyaient se terminer ce cycle de 12 jours si riches en festivités.

Après la Chandeleur, 2 février, sa procession aux chandelles et la confection de crêpes (symboles de la lune?), le dimanche de la Quadragésime, premier dimanche de Carême, avec ces «feux auxquels les bonnes gens ont acoustumé d'eulz assembler dancier et les jeunes vallés et enfans à sauter par dezzuz y ceulx feux quant ils sont appetissiez» ou avec ces torches de paille qui parcouraient la campagne au poing de jeunes paysans.

Le Mardi gras, jour de Carême-prenant, voit, outre les déguisements et beuveries prévisibles, de véritables matches, disputés entre villages voisins, au fameux jeu dit de «soule», ancêtre du football, en beaucoup plus violent.

Ces distractions hivernales — et le long jeûne qui correspondait à la période creuse de l'année où l'on a moins de provisions et moins faim, car moins de travail — se terminaient avec le cycle de Pâques et les différentes réjouissances utilisant les fameux œufs, redécouverts après le jeûne, le pain bénit, les Rameaux, etc.

La plantation du Mai coïncide avec les premières floraisons; la veille du 1er mai, les garçons du village vont cueillir dans la forêt ou les jardins des branches, pour les mettre devant les portes ou les fenêtres des filles à marier; les étrangers sont priés de s'abstenir.

A Pentecôte, les craintes des paysans de voir geler les moissons naissantes commencent à s'apaiser et le travail de la terre à s'intensifier; les prêtres qui ne se sont pas levés assez tôt pour dire leurs prières ou les paresseux restés au lit sont éveillés, à la joie générale, par des aspersions d'eau froide; le soir, les jeunes dansent dans les prés en fleurs.

La Saint-Jean et ses feux soulignent la naissance de l'été, la longueur des jours et le début des grands travaux; une «feuillée», reposoir des fées ou abri de la châsse de Notre-Dame, est dressée avant que la nuit ne tombe.

La fin de la moisson, l' « aoûstée », la danse sur l'aire nouvelle (qui sert par ailleurs à l'aplanir), les cérémonies profanes
se cristallisant autour du 15 août (Assomption), mêlent étroitement des coutumes agraires, païennes et sexuelles, curieusement placées sous le manteau de la Vierge et parfois dans les
églises mêmes. Les fêtes de la vendange, le jour de la Saint-Michel (29 septembre) ou de la Saint-Rémy (1er octobre), terminaient le temps des récoltes et des redevances, des baux, tandis
que la Toussaint et le Jour des morts annonçaient le sommeil de
la nature ; ces jours-là, de pieuses manifestations visaient à faire
sonner les cloches pour le repos des trépassés, alors que des
coutumes païennes et cruelles organisaient en jeu le massacre de
divers animaux : oisons, pourceaux. Puis l'approche de la fête
majeure de la Nativité et sa préparation faisaient passer au
second plan divers anniversaires de saints qui ont leur place
dans le calendrier rural.

A côté de ces fêtes calendaires, diverses autres occasions
permettaient aux paysans de se réunir, de se réjouir et de voir
passer plus vite les mauvais jours. Il s'agissait surtout d'événements familiaux bénis par l'Église : un baptême, par exemple,
précédant de peu les relevailles de la jeune mère, obligatoirement purifiée par son curé, sous peine d'amende, au cours d'une
cérémonie spéciale, l' « amessement ». Un festin rassemblait
alors les amis et parents, tandis que père et mari de la relevée
essayaient de l'entourer d'un peu de confort : coussin, fauteuil,
manteau, etc. On a conservé des textes à ce sujet ; témoin ce
paysan « qui avoit entencion de tuer ung pourceau et certains
chevreaux qu'il voulait abiller pour faire le festiage de l'amessement d'une sienne fille qui estoit accouchée d'enfant, laquelle
devoit aller le lendemain à messe ».

Fiançailles et mariage sont de grands événements dans la vie
d'un village ; si l'époux est « étranger » au village, il paie généralement une tournée de vin aux jeunes gens, qu'il prive d'une
femme possible, tandis que son épouse, également coupable,
leur offre parfois du pain ; les jeunes gens du village où le couple
s'unit, après le banquet et les beuveries d'usage, vont souvent
entendre le « contènement » des époux durant la nuit de noces et,
en cas de remariage, organisent le charivari. Le ban de la
mariée, souligné par une chanson des garçons du lieu, était payé
par le père de l'épousée, avec pain, vin et « char », c'est-à-dire

viande; le droit, aux noms peu équivoques, de «culage», de «congnage» ou de «couillage», d'abord dû au seigneur et, de plus en plus, aux jeunes gens du village où le mariage était consommé, se payait en argent plus qu'en nourriture. Un très riche folklore accompagne d'ailleurs les mariages dans tout l'Occident rural.

De la même manière, la tradition arrivée jusqu'à nous veut qu'un banquet offert par la famille réunisse tous ceux qui viennent à un enterrement.

Fêtes calendaires et fêtes familiales scandent donc la vie du village. Elles sont, le plus souvent, soumises à un rituel dont l'accomplissement est soigneusement vérifié par les jeunes. Ceux-ci constituent une classe d'âge aux fonctions bien définies. Regroupés en bachelleries à la fin du Moyen Age, ils se sont approprié le quasi-monopole des fêtes et sont devenus les régulateurs, par excellence, de la vie collective.

Les rapports sociaux.

La société paysanne a ainsi un certain nombre de caractères généraux, d'ordre surtout économique et matériel, qui permettent de l'envisager dans son ensemble : vie modeste, familiale ou villageoise en rapport étroit avec le travail des champs; il serait cependant abusif de la considérer comme monolithique, de parler de la vie quotidienne de paysans types, alors qu'il en existe différentes catégories. Les nuances qu'ont pu apporter à ce schéma les époques ou les pays, le statut ou la richesse de tel ou tel groupe social ont été très importantes.

Il existe ainsi des paysans qui sont «esclaves», d'autres qui sont «serfs»; parmi ceux que l'on peut considérer comme libres, certains sont aisés, voire riches, et économiquement indépendants; on les appelle, à partir du XIIIe siècle, des «laboureurs»; d'autres n'ont pratiquement pas de terre, sont obligés de louer le travail de leurs bras; on les appellera des «brassiers» ou des «manouvriers». Beaucoup, sans être misérables, sont économiquement très dépendants de leur seigneur, de leur propriétaire, de leur créancier. Tous ont certes, ou peuvent avoir, une maison, une famille; tous vivent — chichement — du travail de la terre, mais la vie de chaque jour n'est pas identique pour tous.

Jusqu'à l'époque carolingienne, où on les repère sans ambi-
guïté dans divers documents, il y a eu des esclaves ruraux dans
le sens antique du terme, c'est-à-dire privés de toute liberté par
rapport au maître de leur corps, ne possédant rien, vivant en
troupes près du centre d'exploitation où réside l'intendant, voire
le maître ; ils peuvent habiter des cabanes distinctes, avec leur
compagne et leurs enfants, qui eux aussi appartiennent au
maître.

Le plus fréquemment, ces esclaves sont « casés » sur des
tenures, c'est-à-dire qu'ils ont la jouissance d'une petite exploitation — suivant le vocabulaire de l'époque, d'un « manse »
auquel on a ajouté l'épithète « servile » — moyennant des redevances souvent lourdes envers leur maître, propriétaire à la fois
de la terre et de leur corps. Ce « casement » ou « chasement » est
souvent ancien. Il provient de ce que le troupeau d'esclaves se
renouvelle mal : du Bas-Empire à Charlemagne, il y a peu de
guerres victorieuses amenant l'asservissement de nombreux
vaincus. L'Église interdit peu à peu de réduire en esclavage des
peuples déjà chrétiens ; le commerce peu actif fait d'un esclave
une denrée fort chère ; en revanche les esclaves, surtout les « casés »,
peuvent se multiplier. P. Bonnassie a bien montré, pour l'époque
carolingienne, leur vigoureuse expansion démographique, favorisée par les propriétaires, souvent petits alleutiers indépendants.

Ajoutons, avec A. Verhulst, que cette poussée démographique a
lieu également dans le cadre du grand domaine, d'ailleurs mal
exploité par des esclaves domestiques travaillant en groupes. Il
y a donc intérêt à diviser en tenures l'excédent des terres
domaniales et à y installer des esclaves ; ces derniers s'entretiennent alors par eux-mêmes, peuvent élever leur famille — ce
qui fournit donc gratuitement des petits esclaves au maître —,
cultivent mieux une terre dont ils profitent partiellement ; enfin,
la tenure étant petite, l'esclave a du temps disponible qu'il peut
consacrer au travail de la terre exploitée directement pour le
maître, qu'on appelle la « réserve ». Quand la nécessité se fait
sentir, aux labours, aux récoltes, il aide donc les quelques
camarades non chasés restés sur la réserve ; durant les temps
morts, il n'est plus à la charge du maître et se nourrit seul. On
voit que ces esclaves chasés, cas fréquent à l'époque carolingienne, ont une petite indépendance, une très relative autonomie
économique. Ajoutons qu'ils sont généralement chrétiens bapti-

sés, qu'ils peuvent donc se marier au lieu de concubiner suivant
le mode antique ; le maître ne peut plus les tuer ni même les
frapper trop violemment. Il y a donc un adoucissement général
de leur sort.

Mais il s'agit bien d'esclaves, car, chasés ou domestiques,
tous sont esclaves à titre héréditaire : ils peuvent être vendus ; ils
n'ont aucune personnalité juridique, ni civile, ni pénale ; c'est
leur maître qui en est responsable vis-à-vis des autres et qui les
juge à son gré. Ils ne peuvent, bien entendu, prêter serment, car
en cas de parjure ils risqueraient l'ablation de la main, ce qui
léserait leur maître, à qui appartient tout leur corps. Ils ne
peuvent devenir prêtres, ni prendre femme en dehors du domaine sans la permission de leur maître, ni prêter le service
militaire, ni participer aux tribunaux.

Peu à peu, à partir du IX⁰ siècle, ces paysans-esclaves voient
leur nombre diminuer ; au XI⁰ siècle, ils se sont fondus parmi les
serfs, dont pratiquement plus rien ne les distinguait. La raison
fondamentale de cette lente extinction réside dans la nouvelle
structure de la seigneurie et dans l'impossibilité définitive de
renouveler les troupeaux d'esclaves : les Slaves razziés par les
Lombards jusqu'au VIII⁰ siècle, les peuples vaincus par les Wisigoths jusqu'à la fin du VII⁰, asservis par les Francs jusqu'au
début du IX⁰ ou vendus par les Normands jusqu'au début du
X⁰ siècle, par les Hongrois jusqu'au milieu du X⁰ siècle avaient
permis à la traite de continuer. Mais à la fin du X⁰ siècle, d'une
part, l'Occident est constitué (christianisation en cours de la
Pologne, de la Bohême, des pays scandinaves) ; d'autre part, les
quelques esclaves qu'il peut trafiquer (le nom d'esclaves vient
du mot désignant les peuples « slaves ») sont vendus aux mondes
esclavagistes de la Méditerranée, Byzance ou l'Islam, qui peuvent en offrir un prix très élevé.

Dès lors, on ne trouve plus de paysans-esclaves que dans les
pays scandinaves et en Allemagne orientale — sur les voies de
passage des troupeaux que l'on acheminait vers la Russie,
Byzance ou l'Islam — jusqu'au XIII⁰ siècle. Ou alors dans les
franges méditerranéennes de l'Occident : en Espagne et au Portugal, où les razzias de la Reconquête chrétienne fournissent un
grand nombre d'esclaves musulmans, auxquels s'ajoutent des
Noirs livrés par le grand commerce, voire des Sardes chrétiens
enlevés par des coreligionnaires peu scrupuleux ou des pirates.

Même chose en Provence, en Italie, en Sicile, dans les îles vénitiennes, dans les États latins d'Orient; l'utilisation de ces esclaves est souvent urbaine; ils servent, les hommes, comme domestiques d'artisans, les femmes, comme aides ménagères; mais beaucoup, en Sicile, en Ligurie, en Crète, sont cependant consacrés au travail de la terre, en raison peut-être de la déflation démographique, mais plus probablement en raison de la difficulté d'utilisation des bêtes de somme sur des pentes accusées ou pour mieux cultiver des plantes nouvelles, ou pour exploiter de très petites parcelles.

Un certain nombre de Grecs, de Bulgares ou de Russes orthodoxes, de Tartares que leurs maîtres se hâtent de baptiser, peuplent ainsi les campagnes proches de Gênes, de Barcelone, de Palerme, de Candie. La conquête de nouvelles îles (Madère, Açores, Canaries) et de nouvelles terres (Antilles, Amérique ibérique) par des Occidentaux habitués à employer des esclaves au travail de la terre explique la persistance de la traite organisée jusqu'au XIXe siècle et ses conséquences fondamentales pour le peuplement des Amériques actuelles.

On voit d'ailleurs que, même parmi ces esclaves ruraux, les conditions de vie sont différentes : esclaves en troupe des temps mérovingiens ou carolingiens, concentrés autour de la maison seigneuriale, travaillant sous la direction de l'intendant, tandis que leurs femmes filent ou tissent dans le gynécée; esclaves chasés qui, deux ou trois jours par semaine, mènent une existence autonome sur la parcelle qu'ils cultivent, dans la cabane où ils élèvent leur famille; esclave des pays méditerranéens, à la fin du Moyen Age, dont le prix est si élevé que le maître l'emploie isolément, ne l'accable pas d'un travail qui l'userait prématurément et le considère finalement comme une sorte de domestique agricole.

Au demeurant, tous ces esclaves peuvent disposer d'un pécule que rarement le maître réquisitionne, et ce pécule sert à acheter leur affranchissement.

A la fin du Moyen Age, l'esclave âgé est presque systématiquement affranchi, quand le travail qu'il peut fournir ne compense plus les frais occasionnés par son entretien; dès l'époque mérovingienne, nombre d'esclaves sont affranchis par testament. Il est probable que la catégorie, peu nombreuse, des «lides» que l'on trouve dans les campagnes carolingiennes correspond à ces affranchis dont la situation économique et la vie quotidienne ne sont guère différentes de celles des vrais esclaves.

On pourrait en dire autant des « serfs », typiques des campagnes médiévales, dont le nom provient du mot latin désignant l'esclave *(servus)*; mais il faut souligner que, à part cette filiation linguistique, et le sentiment très fort dans la mentalité de l'époque qu'il s'agit là de la catégorie la plus déprimée de la société, les serfs sont tout à fait différents de la classe résiduelle des esclaves.

Les anciens esclaves ruraux ne sont que partiellement ancêtres des serfs ; en effet, l'époque carolingienne connaissait de nombreux petits tenanciers, formant la grosse majorité de la population paysanne, qui sur le plan juridique étaient considérés comme libres ; certes, ils étaient établis sur des tenures de faible étendue dont ils n'étaient pas propriétaires, pour lesquelles ils payaient des redevances et fournissaient des corvées. Ils ne pouvaient quitter le domaine, ni aliéner leur terre, ni se marier sans la permission du propriétaire terrien ; mais ces « colons », en principe, ne pouvaient être évincés et avaient des droits. Dépendants économiquement de leur propriétaire, ils étaient considérés comme libres par l'État ; sous Charlemagne, ils devaient le service militaire, ou du moins une taxe de remplacement en argent ou en nature, ils pouvaient prêter serment, ils étaient responsables devant les tribunaux publics. On peut simplement remarquer qu'ils y participaient de moins en moins (le libre, en droit germanique, fait partie du tribunal de sa circonscription) et s'adressaient pour divers délits non plus au tribunal du comte, peu à peu monopolisé par les grands propriétaires, mais au tribunal inférieur de la « centaine », dont le président, viguier ou centenier, était subordonné au comte.

Certains historiens ont proposé d'appeler ces paysans des demi-libres. Il existe en effet des paysans entièrement libres, sur des terres n'appartenant qu'à eux (alleux), en dehors du système domanial. Il est malheureusement difficile de les étudier, car leurs biens n'apparaissent dans les documents qu'au moment où ils sont donnés, légués ou vendus à un seigneur ecclésiastique ou laïc, donc au moment où ils sont incorporés dans un domaine ; ces libres eux-mêmes, au cours des Xe et XIe siècles, sont souvent entrés dans la dépendance d'un puissant voisin

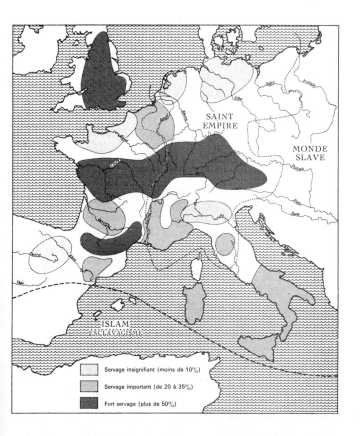

Servage insignifiant (moins de 10%)

Servage important (de 20 à 35%)

Fort servage (plus de 50%)

Dresser une carte du servage, vers le début du XIIe siècle, équivaut à réduire les formes du servage à un dénominateur commun, ce qui est très difficile. Il semble plus judicieux d'indiquer sa répartition géographique d'après les données de Robert Fossier. Dès le XIIIe siècle, seuls l'Angleterre, le Languedoc, les Pyrénées, l'Empire et la France, du Poitou à l'Autriche, les connaissent encore; partout ailleurs, les paysans sont libres en majorité. (Reproduit avec l'autorisation d'Edita SA.)

auquel, en échange d'une protection utile, ils ont fait don de leur terre et de leur liberté; certains se sont donnés à un saint (« sainteurs ») et aux clercs le représentant sur terre; d'autres ont accepté en échange d'une tenure stable de lourdes charges; bien que libres, ils reçoivent une tenure servile. Le mouvement très général du glissement des charges de l'homme à la terre, pour des raisons complexes mais nettes, explique que beaucoup de libres ou de demi-libres ou d'affranchis se soient trouvés au niveau économique d'esclaves chasés. Ils en ont les charges agraires, tout en payant des taxes que leurs ancêtres avaient jadis acceptées librement comme dépendants volontaires. Ayant par ailleurs perdu le droit de porter des armes puis la possibilité d'aller devant les tribunaux publics, qu'ont usurpés les descendants du comte ou le maître de leur terre, ils ne sont plus considérés comme libres, ne peuvent témoigner, disposer de leurs biens. Ajoutons que parfois des paysans libres ont été asservis de force; certains, suspects d'hérésie cathare par les barons de Simon de Montfort (XIIIe), d'autres, musulmans rebelles, par les seigneurs de la *Reconquista*, d'autres encore, Anglo-Saxons, que la conquête normande a tellement tenus en lisière qu'ils ont fini par être considérés comme des serfs (XIIe).

La diversité d'origine de ces « serfs » explique d'abord leur très inégale répartition géographique. Robert Fossier a esquissé la carte probable du servage : entre 0 et 10 % de serfs : Normandie, Picardie, Saxe, Lombardie, Vieille-Castille, plus la majorité des pays scandinaves, où l'esclave n'est pas devenu serf; entre 12 et 25 %, ou en noyaux isolés mais compacts : Piémont, Aquitaine, Ile-de-France, vallée du Rhône, Toscane, Flandre, Bourgogne; 50 % et plus : Basse-Loire, Poitou, Berry, Champagne, Haute-Lorraine, Franconie, Bavière, Bohême.

D'autre part, comment préciser la notion de « serf », quand elle est, par essence, fluctuante, que les textes dont on dispose sont souvent contradictoires et qu'il y a divers degrés dans la dépendance. Il semble, en reprenant le résumé qu'en a fait R. Fossier, que les médiévistes actuels en soulignent trois aspects essentiels : d'ordre moral, d'abord, en rapport avec l'esclavage antique : fustigation publique, entraves pour le serf échappé, restrictions concernant le mariage, interdiction d'entrer dans les ordres, etc.; ensuite, d'ordre personnel : taxe par tête ou chevage; appartenance totale à un maître pour les serfs de « corps » ; emplois quotidiens, perpétuels, très lourds, à son service.

Mais, en ce qui concerne les charges au titre de la terre, elles ne semblent guère différentes de celles dues par les tenanciers considérés comme libres : corvée, cens, part des récoltes fixe ou proportionnelle, etc. C'est au seul niveau de l'héritage que les serfs sont plus défavorisés, non que le seigneur prenne tout à leur mort (mainmorte), ce qui leur enlèverait tout goût d'épargner et de travailler plus que le minimum ; mais une partie de ce qu'ils laissent (la moitié, le meilleur meuble ou animal, « meilleur catel ») va au seigneur. En cas de déshérence ou de succession en ligne indirecte, parfois, le seigneur est habilité à tout reprendre.

Des historiens marxistes ont tenté de transcender toutes les différences de détail entre les paysans dépendants et considèrent comme serfs ceux des travailleurs « qui ne jouissent pas d'une entière liberté personnelle : il n'y a pas esclavage propre de la personne mais servage, attachement du paysan à son maître *(homo proprius)*, plus tard à son exploitation *(adscriptus glebe)*. Le statut du paysan libre tendit ainsi vers un statut de servage où tout paysan, bien que disposant d'instruments de travail et de l'usufruit d'une exploitation, est cependant lié à un propriétaire éminent, le seigneur, par toutes sortes d'engagements personnels et de redevances ».

Une partie des paysans que leurs contemporains considéraient comme libres sont donc des serfs dans cette perspective ; et à certaines époques ils auraient donc constitué la majorité de la population.

Quoi qu'il en soit, le servage, apparu aux IXe et Xe siècles, établi au XIe, recule, voire disparaît au XIIIe siècle ; des serfs fugitifs acquièrent la liberté dans les villes où ils sont fixés ; des serfs appelés à défricher sur des terres voisines sont devenus des hôtes libres ; beaucoup, ayant acquis quelque argent dans la vente de leurs maigres surplus, désirent voir supprimer l'arbitraire et disparaître la macule infamante. Ils rachètent donc fort cher au seigneur cette liberté, soit individuellement, soit collectivement, tandis que les corvées, du fait du grand nombre de bras disponibles et de la moins grande superficie de la réserve, se sont réduites à peu de chose. Mais ces serfs affranchis n'ont pas toujours une situation économique très enviable ; ils ont souvent dû emprunter pour se libérer, mettre leur terre en gage. Ceux qui sont malchanceux n'ont plus que leurs bras à louer pour gagner leur vie; beaucoup sont tombés sous la dépendance de leurs créanciers.

Aussi, dès la fin du XIIIe et le début du XIVe siècle, le retournement de la conjoncture aidant, il semble que beaucoup de ces anciens serfs sont tombés dans la pauvreté, certains dans la mendicité; la plupart, soit louent leur travail, entrent dans la domesticité des riches, soit sont victimes d'un nouveau servage. Ils rejoignent des paysans ruinés trop pauvres pour se défendre ou pour payer la taille abonnée. En Allemagne orientale, où les paysans, venus volontairement pour coloniser des terres vierges, étaient libres, le contrôle des seigneurs (Junkers) s'appesantit au XVe siècle; sans parler de la Russie, où le servage apparut très tard (au moment où le pays s'occidentalisa) et ne disparut qu'à la fin du XIXe siècle, l'Occident vit ainsi se reconstituer une classe de dépendants, souvent attachés au sol et dont les charges étaient aussi lourdes que celles de leurs prédécesseurs.

En revanche, dans la société paysanne, s'accrurent les écarts entre les niveaux de vie par l'apparition d'une couche mince mais solide de laboureurs aisés, voire riches. Jusqu'à l'époque carolingienne existaient, certes, dans les campagnes, à côté du grand propriétaire foncier, de petits libres, tous mobilisables pour l'armée, dont l'activité majeure était cependant l'agriculture; mais cette classe a été laminée, aux VIIIe et IXe siècles, et par le haut: libres entrés dans la vassalité, dans la classe chevaleresque, et par le bas: libres entrés en dépendance, asservis. Ceux qui ont survécu ont rejoint les affranchis ou colons non asservis et ont formé cette paysannerie moyenne, très nombreuse, dont on ne sait pas grand-chose, sinon qu'elle dépendait étroitement des seigneurs, propriétaires de la terre, possesseurs du château protecteur ou investis des droits de justice et de ban. Les plus riches ou les plus favorisés d'entre eux pouvaient entrer dans la petite noblesse, se faire armer chevalier, etc.

Au XIIIe siècle, cependant, on voit s'étoffer, au sein des communautés villageoises dans lesquelles se regroupent les paysans, une minorité aisée possédant, outre des trains de culture, charrues, bétail, des exploitations plus vastes et plus fécondes; certains de ces laboureurs avaient pour ancêtres des petits nobles qui n'avaient pu tenir leur rang et s'étaient mis à exploiter directement les restes de leur patrimoine. La plupart étaient des paysans qui avaient réussi soit au service d'un seigneur (cela parmi les serfs domestiques), soit sur une tenure moins morcelée, plus fertile, parce qu'ils étaient plus aisés, plus forts ou plus chanceux ; dominant les communautés, ils avaient pu remembrer un certain nombre de parcelles en prêtant de l'argent (sur gage terrien), en achetant des terres ou des alleux tombés en déshérence et dont le prix s'était abaissé en fonction de la déflation démographique ou du départ des pauvres.

A la limite, cette paysannerie aisée a pris à ferme des droits seigneuriaux, a pu acheter des terres nobles et entrer dans la noblesse, sans jouir de la faveur royale ou de l'exercice de charges prestigieuses.

La vie quotidienne de ces laboureurs a été infiniment plus facile que celle des autres paysans, des serfs, des esclaves ruraux ; il ne faut pas l'oublier, même si tous les problèmes naturels ou techniques auxquels est confronté ce monde des campagnes permettent de l'envisager d'une manière globale.

Par ailleurs, il ne faut pas non plus insister longuement sur ces différences ; dans le grand domaine, dès l'époque mérovingienne, un ensemble de solidarités agraires et économiques unissaient fortement esclaves chasés ou colons ; il en était *a fortiori* de même des petits libres, dont la tradition franque (terrains de parcours, usages communautaires, tribunaux de centaine ou de viguerie, départ en groupe à l'ost) renforçait encore la vieille cohésion née (dans l'Europe romaine) de la responsabilité collective devant l'impôt constantinien et nourrie de contraintes économiques (en raison des rotations de culture, de l'imbrication des parcelles, du passage des troupeaux nécessitant la clôture des champs ensemencés). Cette communauté villageoise se groupait autour de son église comme la communauté domaniale vivait à l'ombre du manoir ; si nous savons l'importance de ces groupements surtout en Frise, en Suède, en Angleterre, jusqu'à la fin du XIe siècle, il est indiscutable qu'ils ont également survécu dans l'Occident carolingien et postcarolingien.

D'autres facteurs de cohésion interviennent, en effet. Pour les vieilles communautés d'abord, sur lesquelles s'étend le pouvoir au moins de commandement du seigneur banal, avec ses impli-

cations économiques et fiscales; elles fusionnent parfois avec
d'anciens groupes domaniaux et, surtout, elles se soudent plus
étroitement pour se défendre, non tellement contre le seigneur,
que contre de nouveaux arrivés (hôtes) ou des membres dissi-
dents qui voudraient échapper à leur contrôle. Pour les nouvelles communautés, ensuite, fondées généralement sous l'autorité
d'un seigneur: en vue d'un effort commun prolongé (colonisation, défrichement), exigeant souvent des pratiques collectives
(assolement, entretien de digues, garde des communaux); autour d'une église et d'un saint patron; sur la base de coutumes
ou de franchises déterminées, rédigées, appliquées sous la surveillance d'un responsable, avec une justice partiellement autonome et une ou deux assemblées délibérantes groupant les
libres, puis tous les hommes du village.

Les assemblées sont un trait typique de ces communautés:
leurs réunions sont fréquentes, donnent lieu à des rencontres
permettant une meilleure connaissance des paysans entre eux, la
liquidation des petits litiges, renforçant les solidarités de tout
genre; on y discute et on y obtient l'abonnement ou le rachat de
la taille, l'extension des franchises. Parfois, on s'y substitue
collectivement au seigneur défaillant pour organiser la police,
préparer la défense.

Le seigneur est un autre facteur fondamental de cette cohésion; et par-dessus tout le seigneur qui détient le ban, c'est-à-
dire le droit de commander, de contraindre et de punir. Ce droit,
d'origine publique, avait été usurpé lors de la décomposition de
l'Empire carolingien par les fonctionnaires qui en avaient délégation, en particulier les comtes; les pouvoirs judiciaires ont pu
se morceler — « basse » et « haute » justice, auxquelles s'ajou-
tera beaucoup plus tard la « moyenne » justice —, le puissant
seigneur, haut justicier, profite de son pouvoir pour imposer à
tous les paysans des paroisses environnantes, qu'ils soient alleutiers, dépendants de petits seigneurs fonciers ou établis sur
ses propres terres, de lourdes charges en contrepartie de la paix
qu'il passe pour faire régner. Ces « coutumes » ou « exactions »
s'installent au cours du XIe siècle, et les plus connues, dès la fin
du XIe siècle, sont les monopoles économiques appelés « banalités ». Le seigneur, probablement comme héritier du pouvoir
public, peut-être en tant que très gros propriétaire foncier, a fait
construire un moulin, un pressoir, un four à pain, nourrit un

taureau ou un verrat sélectionné ; moyennant redevances, les outils ou animaux sont mis à la disposition des paysans voisins, et interdiction leur est faite de s'en passer. De la même manière, le seigneur, par le banvin, peut interdire qu'on lui fasse concurrence quand il écoule ses fonds de tonneaux ; il exige la taille — une forte somme d'argent — quand il en sent le besoin, fait entretenir ses serviteurs (droit de gîte), réquisitionne diverses denrées. Il est parfois possesseur d'un château (c'est le fameux seigneur châtelain, fondamental dans l'ordre des gens qui combattent), et en profite pour exiger des nouvelles redevances : entretenir le château, les routes qui y mènent, nourrir la garnison, les chevaux, payer le droit éventuel de se réfugier dans l'enceinte. Des milices de piétons peuvent être levées, des guetteurs recrutés, des gardes installés dans la forteresse. Les paysans sont mobilisés ou paient une taxe pour se faire remplacer.

On voit toutes les occasions que le seigneur donne à ces hommes de se rencontrer, de discuter, de se sentir solidaires devant les devoirs qui leur incombent. Ajoutons que les petits seigneurs fonciers, c'est-à-dire propriétaires de domaines sans être assez riches pour avoir un château — et passés pour cela dans la vassalité du seigneur châtelain — donnent à leurs tenanciers, serfs ou non, l'occasion de se réunir et de travailler ensemble ; ils font souvent partie de la communauté rurale et exercent en son sein une puissante influence.

Parfois encore, les seigneurs cristallisent le mécontentement des communautés rurales ou des paysans de la région ; ces derniers s'unissent alors contre les nobles pour imposer les trêves de Dieu — avec l'accord des clercs — comme en Angoumois au début du XIᵉ siècle, ou pour réduire localement, comme dans le nord de la France, les activités pillardes de seigneurs brigands ; ou encore pour faire abolir des corvées anachroniques et lourdes, des tailles excessives, au long du XIIIᵉ siècle. Les véritables jacqueries, révoltes ou terreurs antinobiliaires datent surtout des XIVᵉ et XVᵉ siècles, c'est-à-dire de l'époque des difficultés généralisées, de la crise de la noblesse et de l'Église, et du renforcement de la fiscalité royale. Mais les raisons en sont complexes. En Flandre avant 1328, en Ile-de-France en 1358 (au temps d'Étienne Marcel), en Aragon et Catalogne à partir de 1350 et surtout de 1388, en Languedoc, en

Normandie (Tuchins ou Maillotins) et en Angleterre de 1381 à
1383, ce sont les paysans aisés ou les gens de métiers qui,
touchés dans leurs privilèges, ont mené la lutte pour leur sauve-
garde ; comme l'a montré l'historien polonais Br. Geremek, les
humbles et les marginaux les ont rejoints ensuite, sans modifier
profondément le caractère conservateur de ces révoltes.

Le mouvement n'est révolutionnaire que si une idéologie
nouvelle, contre l'ordre traditionnel, se substitue à la doctrine
chrétienne classique ; ainsi chez les Lollards anglais (1408-
1420), disciples de Wycliffe, ou chez les Taborites et les Adamites tchèques, issus de l'hérésie hussite, qui prônent un com-
munisme élémentaire et s'opposent aux nobles, non seulement
par haine de classe, mais aussi par nationalisme antiallemand.
La grande révolte du *Bund ob dem See*, qui à la fin du XIVᵉ et au
début du XVᵉ siècle s'étend en Souabe, dans l'Allemagne du
Sud-Ouest, autour du lac de Constance et de Saint-Gall, malgré
son ampleur, les 60 villes et places fortes qu'elle contrôle un
moment, les 30 châteaux détruits et la soumission temporaire de
nombreux seigneurs, n'aboutit qu'à un pénible compromis, et il
faut attendre l'épouvantable guerre des Paysans de 1525 pour
voir une radicalisation de la lutte anti-nobles.

Les « fureurs paysannes » ont donc été, au cours du Moyen
Age, très localisées et dans le temps et dans l'espace ; elles ne
font pas partie de la vie quotidienne, qui se passe à l'ombre du
château et autour de l'église. D'ailleurs, c'est probablement
cette église — et son recteur — qui, plus que le château — et
son seigneur —, marque la vie vie rurale et cimente la communauté des paysans ; c'est à l'église qu'ils vont assister à la messe
dominicale, ouïr les sermons, apprendre les nouvelles, voire se
réunir pour mener une action contre le seigneur. Ils y commu-
nient dans le culte d'un saint patron vénéré, y reçoivent les
sacrements, y font baptiser leurs enfants, enterrer leurs parents.
Ils entretiennent le bâtiment, voire le fortifient pour s'y réfugier
au besoin ; ils paient la dîme sur son seuil, organisent le marché
ou la foire sur la place qu'il domine, y accueillent les pèlerins,
les étrangers. Les pauvres y reçoivent un complément de nourriture. La cloche de l'église anime les différentes heures du jour,
et l'angélus du soir rappelle les travailleurs.

On ne peut méconnaître les difficultés de la vie paysanne,
surtout pour les pauvres ; mais il faut aussi insister sur le récon-

fort, même fruste, que pouvait apporter le sentiment d'appartenir à une communauté, les avantages réels qu'on pouvait en
espérer ou en recevoir. Le château, rarement, l'église, pratiquement jamais, n'ont cristallisé la haine de ceux qui vivaient
dans leur ombre, sous leur loi. Le plus souvent, ils leur sont
apparus comme des témoins, des garants, des responsables d'un
ordre et d'une paix austères mais en définitive profitables et
pour cela acceptés.

4

*Ceux qui combattent :
les chevaliers*

D'après le médiocre dialogue de Placides et Timeo, écrit par un clerc français sous le règne de Philippe le Bel, l'origine de la classe chevaleresque remonterait au moins à la Grèce antique ; les hommes qui avaient les plus gros membres et qui étaient plus hardis que les autres se chargèrent de la défense commune. Mais ces « chevaliers » imitèrent leur collègue hébreu, Nemrod, lequel après avoir bâti la première des maisons fortes attaquait et rançonnait tous ceux qui passaient près de chez lui, les libérant contre la promesse de redevances qui furent les premiers impôts. Brigandage et tyrannie ont donc triomphé contre « bonne raison ». « Car, par droite nature, tous biens quelconques qui viennent de terre sont communs aux hommes. Mais par manière de force et convoitise désordonnée et fausse ont été et sont aujourd'hui les terres et provinces diversement appropriées et partagées par empires, par royaumes, par duchés, par comtés, par baronnies et autrement ; et le petit peuple taillé, pillé et mangé. » Ces idées, probablement assez courantes au XIVe siècle, dataient du siècle précédent ; elles n'étaient pas originales et se bornaient à refléter la mentalité de certains groupes sociaux à un moment où l'ordre des guerriers était en crise. On peut se demander si elles correspondaient à une réalité et si les problèmes qu'elles posaient étaient des problèmes fondamentaux de la société féodale. Les plus forts peu à peu groupés au sein d'une classe hiérarchisée ont-ils imposé, sous la menace et moyennant de lourdes taxes et extorsions, leur protection aux travailleurs ?

Formation et évolution de la classe chevaleresque.

Un schéma classique, concernant tout l'Occident et valable pour près d'un millénaire (du VIIIe au XVIIIe siècle), nous montre un homme dit « vassal » se donner par l' « hommage », prêter un serment de fidélité et promettre aide et service à un homme dit « seigneur » qui, en retour, lui promet protection et lui confère une source de revenus, généralement d'origine terrienne, le « fief ».

L'engagement de fidélité et de dévouement, d'une part, entre deux hommes libres, généralement guerriers, les liens personnels les unissant sont caractéristiques de toute société primitive. Le rituel de l'hommage et de la foi — fixé entre la fin du VIIIe siècle et le Xe siècle —, dont le déroulement est parfaitement défini et dont tous les éléments sont indispensables à la réussite de l'ensemble, permet à J. Le Goff de comparer cette cérémonie à celles qui ont encore lieu chez certaines peuplades africaines. Le futur vassal, à genoux, place ses mains jointes dans celles de son seigneur, pour déclarer sa volonté de devenir l'homme d'un autre homme. Le seigneur relève ensuite le vassal et lui donne parfois un baiser. Puis le vassal prête serment de fidélité en posant la main droite sur un objet sacré (début au XIe siècle). Ce symbolisme correspondant à l'hommage et à la fidélité est suivi de l'investiture : le seigneur, par le don d'un sceptre, d'une bannière, d'un bâton, d'une motte de gazon ou d'un autre objet, rappelle la contrepartie matérielle, l'attribution du bénéfice que, à partir du Xe siècle, on appelle de plus en plus le « fief ». Toute la scène se passe devant des témoins qui sont les garants du contrat. Il s'agit bien là du don et du contre-don propres aux civilisations primitives, de symboles qui font en fait entrer le vassal, qui est en même temps « fidèle », dans la parenté du seigneur, si on prend ce terme de parenté au sens ethnologique.

Il est probable que de telles coutumes se sont développées avec d'autant plus de facilité que la notion romaine d'État s'est trouvée oblitérée à la suite des invasions germaniques et que les difficultés des humbles ont mis en évidence deux exigences primordiales : besoin de protection, besoin de subsistance.

Des libres sans ressource ont cherché un chef, un patron qui les protège et les nourrisse ; les chefs, de leur côté, ont cherché des combattants pour sauvegarder ou augmenter leur puissance. De là ce contrat, cet engagement réciproque entre des gens juridiquement égaux, le « senior », le plus vieux, avec seule supériorité morale, et le « junior », le jeune, le disciple. L'un

promet de protéger et d'entretenir; l'autre se «recommande»,
promet d'obéir, d'aider militairement, aliène son indépendance
à vie sans sacrifier sa liberté.

Les premiers Carolingiens, encore maires du palais, se sont
entourés de nombreux «recommandés», «dévoués», qui les ont
aidés à s'emparer du trône. Devenus rois ou empereurs, ils ont
réclamé, outre le serment de fidélité de tous les libres de l'Empire, un engagement personnel et beaucoup plus contraignant
d'une partie de leurs guerriers. Ces dévoués, ces *vassi dominici,*
vassaux royaux, se sont vu confier des fonctions publiques, ont
formé les cadres permanents de l'armée. Eux-mêmes, devenus
puissants, ont eu à leur tour des vassaux qu'ils ont menés à l'ost
ou au tribunal du roi.

Le souverain a engagé les hommes libres à entrer dans la
dépendance des grands, et les grands à entrer dans sa vassalité,
en espérant renforcer l'État renaissant par un réseau de subordi-
nations dont il tiendrait les fils. En fait, la vassalité étant
beaucoup plus contraignante que la fidélité au roi, le seigneur
intermédiaire a fait écran entre roi et arrière-vassal. Sa puissance a augmenté; du fait de nouvelles invasions (Normands,
Sarrasins, Hongrois) contre lesquelles les populations locales le
voient lutter seul; du fait des querelles successorales carolingiennes qui ont mis son hommage à l'encan, ne l'ont guère
distingué d'une simple fidélité et ont ruiné les souverains successifs qui ont tenté de l'acheter. Le grand seigneur, qui s'est vu
déléguer une partie des pouvoirs régaliens, qui a de nombreux
vassaux, jouit d'une indépendance de fait que d'ailleurs limi-
taient seuls en droit quelques engagements qu'il avait pu prendre envers le roi. Mais il faut bien voir aussi que certains de ses
vassaux commençaient à choisir plusieurs seigneurs (cela dès
895; au XIIIᵉ siècle, on connaît des vassaux qui ont 20 et même
43 seigneurs) et que les liens vassaliques se distendent à plusieurs échelons; au Xᵉ siècle, seuls les petits arrière-vassaux qui
ont un besoin effectif de protection sont encore étroitement
dépendants du seigneur moyen, qui les surveille et les entretient.

On a une idée des engagements vassaliques et de leur faiblesse relative grâce à un texte célèbre: la lettre de l'évêque
Fulbert de Chartres au duc Guillaume d'Aquitaine — vers
1020 — dont les prescriptions sont applicables à des vassaux de

puissance moyenne. Bien sûr, ils ne doivent pas nuire à leur seigneur; ils lui doivent de plus le *conseil* (participer à sa cour, l'aider à rendre la justice, en particulier lors du jugement des pairs, manifester leur solidarité en toute occasion) et l'*aide* : aide militaire au premier chef, charge très lourde exigeant, à partir du VIIIe siècle et du déclassement du piéton, le cheval de bataille (destrier), la forte épée, la lance, des armes défensives fort soignées (casque, cuirasse, bouclier), amenant un exercice de tous les instants et un service en théorie limité ni dans le temps ni dans l'espace. Aide pécuniaire également, mais peu développée avant la diffusion de la monnaie et réduite à 3, 4 ou 6 cas exceptionnels : armement du fils aîné, mariage de la fille aînée, rançon à payer, départ pour la croisade, double obligation envers le nouvel empereur. De toute manière, l'évolution va dans le sens d'une limitation stricte des différentes formes d'aide que les vassalités multiples, les interventions des rois, le recours au salariat rendaient moins efficaces et moins utiles. Ces obligations du vassal sont en principe équilibrées par les obligations seigneuriales : protection générale, quasi familiale ; envoi de cadeaux, de nourriture, d'habillement et attribution d'une source de revenus permettant d'accomplir les services.

Dès le Haut Moyen Age l'homme, le combattant entré dans la dépendance d'un autre, devait, ne fût-ce que pour accomplir son service, avoir de quoi acheter et entretenir son armement, son cheval de bataille ; de quoi se nourrir lui et sa famille éventuelle. Le seigneur pouvait le garder à ses côtés, dans sa maison, le défrayant de tout ; mais la difficulté de réunir de gros approvisionnements, de nourrir et de loger une maisonnée indéfiniment étendue amenait à donner à de nombreux fidèles une rémunération ou, plus exactement, la monnaie étant fort rare, une source de revenus d'origine foncière, un bienfait. Seulement, un seigneur, si riche soit-il, ne peut donner sans cesse en toute propriété des terres à ses fidèles ; les souverains mérovingiens, malgré les conquêtes, confiscations, héritages qui ont renouvelé plusieurs fois leur fortune, ont fini par s'y ruiner. Par ailleurs, était-il normal qu'un fidèle cessant ses services gardât son bienfait, qui pouvait être considéré comme la contrepartie effective de ces services ? Enfin, le droit romain connaissait le contrat, dit de «précaire», qui, fortement modifié, avait, à l'époque mérovingienne, montré que certains biens fonciers pouvaient être donnés en usufruit, à temps ou à vie, à un bénéficiaire sans que son propriétaire perdît pour cela ses droits éminents.

Les premiers Carolingiens ont appuyé sur le caractère militaire des services rendus par les vassaux auxquels étaient confiés de tels « bénéfices », terres données momentanément en jouissance ; quand cesse le service cesse la jouissance, et le bénéfice revient au seigneur, qui le redonne à un nouveau vassal fournissant le même service. Par ailleurs, les hauts fonctionnaires (comtes, évêques) qui prêtent un serment de fidélité au roi reçoivent une dotation spéciale pour exercer leur charge, également sous forme de biens fonciers (ce qu'on appelle l'honneur). Là encore, quand cesse la charge, l'honneur revient au souverain. Un vassal du roi peut ainsi cumuler, outre ses biens propres (alleux), un bénéfice, contrepartie de sa vassalité, et un honneur, s'il est comte. Il lui est personnellement difficile de distinguer ces trois sortes de biens ; et que se détendent les liens avec le souverain, honneur et bénéfice confondus avec les alleux risquent non seulement d'être considérés comme viagers, mais encore comme héréditaires, inclus dans le patrimoine familial.

Le bénéfice héréditaire, très généralement foncier, n'est autre que le fief. Le capitulaire de Quierzy (877) envisage nettement cette hérédité et assimile partiellement honneurs et bénéfices ; la constitution de 1037 établit formellement en Italie la transmission héréditaire des fiefs chez les arrière-vassaux de l'empereur. Ajoutons que dans de nombreux cas l'hérédité était difficilement évitable ; où trouver facilement un nouveau vassal, sinon dans la famille de l'ancien, qu'il serait, de plus, impossible d'expulser du fief sur lequel elle s'est installée ? De même quand un petit propriétaire, désirant être efficacement protégé, vient offrir son alleu à un seigneur qui le lui redonne sous forme de fief, comment priver son héritier légitime de ce bien qui de tout temps a été en possession de sa famille ? Et, en revanche, tout vassal déjà pourvu d'un fief pour lequel il a prêté hommage à un seigneur doit prêter à nouveau hommage, et à un autre seigneur, s'il désire conserver le fief qui lui échoit par héritage. L'hérédité a été ainsi l'une des causes de la pluralité des hommages, autant que l'insistance du seigneur pour obtenir des assurances ou l'avidité du vassal pour recevoir de nombreux fiefs ; mais aussi le fief, élément réel du contrat vassalique, en devient l'élément primordial.

Le fief est ainsi un bénéfice héréditaire dont le titulaire prête hommage et fidélité et fournit des services principalement militaires au seigneur, qui en reste le propriétaire éminent. Du bénéfice, le fief a conservé la plupart des caractères ; donné en usufruit, il doit être maintenu en état et valeur ; toute diminution (abrègement) ou aliénation (vente, don, transmission à l'Église) exige l'autorisation — monnayée — du seigneur : quint (1/5) du prix de vente, amortissement, cadeaux, lods. A la mort du vassal, le fief tombe à terre : le seigneur, propriétaire éminent, autorise l'héritier à le « relever » moyennant un lourd droit de « relief » ; le vassal doit accueillir le seigneur sur sa terre (droit de gîte). Certes les sources de contradictions entre hérédité et prestation du service militaire par le détenteur du fief vont bientôt surgir : héritier mineur, héritiers multiples, héritière non mariée, mais diverses coutumes tendirent à les atténuer, voire à les surmonter.

Parfois, également, le fief, source de revenus, peut ne pas être directement assis sur la terre ; ensemble de droits (péages, justice, tonlieux), comme ceux accordés par l'empereur à la comtesse de Hainaut : groupes de travailleurs (serfs), rente en argent (fief de bourse, fief de chambre, de soudée), dans des pays et à des époques où la monnaie se diffuse et où de grands seigneurs ou souverains ont des revenus considérables (Jérusalem, Angleterre, Sicile, France).

Mais le fief reste, par excellence, un bien foncier, une seigneurie groupant un certain nombre de paysans dont le travail permet au vassal féodal, considéré comme seigneur rural, de s'entretenir et de fournir ses services. Ce dernier perçoit en effet cens, champart ou dîmes novales (part de fruits sur les terroirs récemment défrichés), redevances du type formariage, chevage, mainmorte, corvées sur la réserve, tant que celle-ci est étendue et que les bras sont rares. Un groupe de seigneuries rurales, dont certaines peuvent être des alleux, est souvent réuni autour d'un château dont le seigneur, à partir de la fin du XIe siècle, exerce le droit de commander, contraindre et punir : droit de « ban ».

Tous les paysans de ces diverses seigneuries, nous l'avons vu, doivent, entre autres, respecter les monopoles économiques appelés « banalités », payer des tailles, obéir aux réquisitions en tout genre, venir devant le tribunal, verser les amendes de justice.

Le premier âge féodal est essentiellement caractérisé par ces cellules de base que sont les seigneuries châtelaines, groupant 10 à 30 paroisses rurales, parfois plus, à l'ombre du château. Celui qui a été assez fort, assez riche, assez puissant par son lignage pour le construire ou l'usurper n'a au-dessus de lui qu'un seigneur éloigné, comte, prince territorial, parfois souverain, dont la surveillance est très lâche, souvent nulle ; en revanche, il commande, juge, punit les paysans ; il est de plus entouré de combattants à cheval qui l'aident à faire régner la paix ; soit guerriers domestiques qui lui prêtent l'hommage mais qu'il nourrit, ou qu'il installe éventuellement dans des seigneuries rurales qu'ils reçoivent en fief ; soit vassaux déjà chasés, soit petits seigneurs fonciers pas assez puissants pour avoir un château et qui sont entrés dans sa vassalité en reprenant de lui en fief leurs anciens alleux. La subordination de ces petits féodaux est réelle, contrôlée, mais elle est honorable ; ils sont par ailleurs groupés dans des lignages, des familles très cohérentes, enracinés sur leurs terres, réunis solidement en raison de l'insécurité et de la contraction économique. Une sorte de caste tend à se constituer ; menant le même genre de vie, renforçant les liens du sang par des mariages entre lignages, les chevaliers ne peuvent imaginer qu'un des leurs, même appauvri, puisse retomber au niveau du paysan ; leur condition devient héréditaire, comme le fief qu'ils reçoivent ; un rituel initiatique et magique (adoubement), que peuvent accomplir certes des gens braves et riches, mais qui est de plus en plus réservé aux fils des chevaliers, permet d'accéder à ce groupe de combattants spécialisés.

Peu à peu, à partir du XIe siècle, ces chevaliers fusionnent avec l'ancienne noblesse carolingienne car ils partagent les mêmes privilèges : guerre, loisirs, pouvoirs de commandement sur les paysans, et surtout la conscience de se rattacher, par la généalogie, à un ancêtre divin ou héroïque, fondateur par excellence de la maison noble. Ainsi s'est constituée ce que l'on appelle la noblesse médiévale qui transmet sa condition par le sang. Mais, quelle que soit leur origine, les « nobles » sont les seuls à manger à satiété, à jouir pleinement de leur liberté, à disposer du temps nécessaire pour s'exercer et des ressources indispensables pour combattre à cheval ; la société d'ordre du

XIᵉ siècle est représentée de manière frappante par le non-noble, paysan à pied avec sa houe, dominé par le seigneur à cheval et en armes. Un même état d'esprit se forme peu à peu chez ces « nobles », modelé par une même éducation, la communion dans un même idéal héroïque et guerrier, la défense contre les mêmes difficultés quand la croissance démographique met en péril les patrimoines fonciers des lignages. Sa cohésion est renforcée sur le plan horizontal par la pratique en commun d'exercices guerriers au sein des « bannières », des « conrois », à la bataille ou au tournoi, malgré la hiérarchie de fait fondée sur la richesse, la puissance, la détention du ban. Mais, au début du XIIIᵉ siècle, se développe une double crise au sein de la classe chevaleresque ; outre le manque de revenus, qui amène depuis longtemps à restreindre les mariages, à affirmer le droit d'aînesse ou à maintenir par tous les moyens le lignage sur la terre patrimoniale, on note la perte du monopole militaire devant les fantassins ou milices des communes, devant les mercenaires du grand seigneur, soldés souvent grâce aux taxes de remplacement payées par le vassal (écuage anglais), devant certains ministériaux, d'origine servile, que la confiance de leur maître et seigneur a initiés au service à cheval dès les XIᵉ ou XIIᵉ siècles.

Les pouvoirs de ban, dans le domaine militaire et surtout judiciaire, sont amoindris par le renforcement des souverains et des princes.

Les revenus ne cessent de diminuer, en raison de la baisse des profits de justice, de la gestion archaïque des biens fonciers et de leur non-rentabilité ; les corvées ont été rachetées, les salaires à payer sont élevés, certaines rentes fixes, en argent, se dévaluent sans cesse et la réserve domaniale a été en grande partie lotie. Or les charges de ces « nobles » augmentent s'ils désirent conserver leur rang, garder leur prestige, s'équiper, donner « généreusement », tandis que les privilèges dont ils jouissent (exemption de taille, justice féodale, port d'armes, etc.) les font jalouser. Aux XIVᵉ et XVᵉ siècles, la crise économique et la guerre accentuent le phénomène. Les nobles voient leurs revenus fonciers dévalués ; et leur échec militaire, leur mode de vie (gaspillage, oisiveté, luxe de la nourriture ou du vêtement) les déconsidèrent aux yeux des non-nobles. Certains — peu nombreux — arrivent à redresser la situation soit en améliorant l'exploitation de leur domaine (production de laine par les barons anglais, organisation de l'élevage transhumant en Castille, commercialisation du blé par les *Ritter* d'Allemagne orientale), soit en s'adonnant à de nouvelles activités (commerce des magnats italiens, mines des seigneurs allemands), soit en percevant leurs droits de manière plus rigoureuse, en augmentant les péages, en exigeant des rentes en nature. D'autres marient leur fille ou leur fils à de riches bourgeois. Mais la plupart, pour éviter une vie difficile, offrent leurs services aux princes et aux souverains. En échange de pensions ou de dons, ils acceptent d'entrer dans la maison des magnats dont ils portent la livrée et défendent les intérêts. De véritables clans se forment ainsi qui peuvent se dissoudre au gré des circonstances car ces liens contractuels restent souvent temporaires. Enfin, la crise des XIVᵉ et XVᵉ siècles en France et en Angleterre a certes provoqué la ruine d'une partie de la noblesse foncière, mais les lignages ruinés, sans enfants qu'ils ne pouvaient nourrir, ont disparu, remplacés par de nouveaux venus, anoblis par les rois, par l'exercice de fonctions échevinales (cloche) ou judiciaires (robe). On ne peut donc pas réellement parler d'une crise de la noblesse à la fin du Moyen Age. Le pouvoir nobiliaire reste fort, surtout en ce qui concerne les grandes familles, dont au premier chef, la famille royale.

Au total, de nombreuses nuances sont apportées suivant les pays et les époques à ce schéma très général. En France, après les Xᵉ, XIᵉ, XIIᵉ siècles, qui avaient vu une large autonomie des vassaux à tous les échelons, du châtelain au prince territorial, la monarchie capétienne renforce son emprise dès Philippe Auguste et Saint Louis (XIIIᵉ siècle) ; Louis XI et Anne de Beaujeu commencent à « domestiquer » beaucoup de nobles. En Angleterre, la féodalité normande importée par Guillaume le Conquérant a été fort rigoureuse et centralisée sous les Plantagenêts, et, malgré la Grande Charte (1215) et les pouvoirs du Parlement, les Tudors ne sont guère moins puissants que leurs prédécesseurs, face à une noblesse décimée par la guerre de Cent ans et la guerre des Deux Roses. Dans l'Empire, les Othoniens (fin Xᵉ, début XIᵉ) ont repris en main les grands vassaux, contrôlé les seigneurs moyens et fondé leur pouvoir sur la féodalité ecclésiastique ; mais après les Staufen (mi-XIIᵉ, mi-XIIIᵉ), le roi de Germanie n'a pu que consolider ou établir une puissante assise territoriale à sa famille *(Hausmacht)*, tandis que la petite noblesse se faisait domestiquer et enrégimenter par les princes, au sein d'États plus ou moins étendus mais centralisés et autonomes. On distingue bien nettement l'état des princes *(Fürstenstand)* de celui des comtes *(Grafen),* des seigneurs *(Herren)* et des chevaliers *(Ritter),* où se pressent nobles appauvris et anciens ministériaux royaux ou seigneuriaux ; ces derniers, souvent d'origine servile, mais de ce fait investis de la confiance du seigneur, dont ils dépendaient entièrement, avaient occupé des offices importants, prêté le service militaire à cheval ; l'entrée, à la fin du Moyen Age, de ces chevaliers-serfs dans la noblesse allemande est significative.

La vie noble.

Quel que soit leur niveau de fortune, les nobles se distinguent des autres par un mode de vie et un état d'esprit particuliers : par leur habitat (château, maison forte, hôtel urbain) ; par leur costume luxueux, leur alimentation abondante et chère ; par leurs rapports entre eux, la vie de cour (réceptions, jeux, danses), les sentiments qu'ils expriment (courtoisie), la force des liens familiaux (lignage) ; par leurs occupations, peu productives et généralement violentes (chasse, exercices, tournois, guerres...).

Il est pratiquement impossible de décrire avec certitude l'habitation des seigneurs, des puissants avant l'époque carolingienne ; les quelques textes qui en parlent manquent de précision ; très peu de fouilles ont eu la chance de découvrir autre chose que des villas du Bas-Empire, tant bien que mal entretenues et habitées durant les temps mérovingiens. Certaines sont fortifiées, hâtivement et grossièrement. Aucune n'est repensée entièrement en fonction d'une défense éventuelle ; on n'est même pas assuré qu'elles s'entouraient d'une haie ou d'une palissade.

De ce point de vue, les villas royales carolingiennes (un bâtiment central entouré de bâtiments d'exploitation et de cabanes des esclaves domestiques ou des paysans dépendants) n'en différaient pas fondamentalement. Par ailleurs, les fouilles n'ont guère permis d'atteindre, pour la période qui va de Charlemagne à Othon le Grand, que des édifices religieux ou princiers, sans nous donner l'assurance que les seigneurs moins importants vivaient dans des maisons de plan ou d'apparence semblables.

Il est quand même intéressant de comparer le palais d'Aix-la-Chapelle, terminé au début du IXᵉ siècle, et le « palais » de Werla, construit au temps d'Henri l'Oiseleur et de son fils Othon (début et milieu du Xᵉ siècle). Le premier est encore d'inspiration romaine, quelle que soit son originalité ; le second est déjà un château fort.

On a longtemps répété que l'Occident, aux Xᵉ et XIᵉ siècles, s'était « hérissé » de châteaux en fonction des invasions ou de l'anarchie locale ; en fait, ni les textes ni les vestiges arrivés jusqu'à nos jours ne permettent de l'affirmer ; en bien des cas, au contraire, les châteaux, apparus tardivement (XIIᵉ siècle) groupent 10, 20, voire 30 paroisses ou plus et « parsèment » mieux que « peuplent » l'Occident. A ces milliers de châteaux tardifs, dont certains, entièrement reconstruits ou remplacés par la suite, n'ont pas laissé de traces, il convient cependant d'ajouter les innombrables « mottes » que nous révèlent les différents repérages archéologiques, en particulier la photo aérienne, et qui datent précisément des Xᵉ et XIᵉ siècles.

Or la motte signale dans l'immense majorité des cas un habitat seigneurial fortifié et permanent ; les fouilles exécutées en Angleterre, aux Pays-Bas, au Danemark, en Allemagne, en Bohême, en Pologne et, très récemment, en France ne laissent guère de doute à ce sujet. De médiocres seigneurs ont fait rehausser une éminence naturelle, ou créer de toutes pièces une petite hauteur, grâce à la terre apportée et amassée par les corvées paysannes ; ils y ont fait construire une tour de bois (matériau très courant, peu cher, facile à travailler par des non-spécialistes), un fruste château protégé par un fossé, une palissade et le talus ; une basse-cour adjacente, la trace de bâtiments d'exploitation et, fréquemment, une chapelle attestent clairement qu'il s'agit d'un habitat permanent. Les similitudes avec le « château féodal » sont donc frappantes, et on conçoit que, tandis que le château de pierre, très cher à construire, est relativement rare, la motte couronnée d'une tour de bois et cernée de pieux est très fréquente.

Il n'y a d'ailleurs pas de château féodal type ; la plus grande diversité règne suivant les lieux, les époques, le rang ou la fortune du constructeur, etc. A la fin du Moyen Age, le héros du Jouvencel peut contempler, en un pays désolé et désert, des « lieux habités de pauvres gentilshommes, c'est à savoir châteaux et forteresses qui n'étaient pas de grands édifices, mais de pauvres clôtures et de vieille façon. ... La loge de l'échauguette était découverte et moult ventileuse, par quoi celui qui faisait le guet n'était pas bien garanti de tous côtés contre le vent. Et semblablement le portier était fort sujet au chaud et au hâle l'été, et l'hiver au froid et à la gelée...» Beaucoup de maisons fortes aux mains de nobles besogneux devaient être dans un état aussi lamentable. Par ailleurs, la densité, la répartition, la forme même des châteaux varient non seulement selon l'époque, mais aussi suivant la région considérée. Évoquons à côté de l'Angleterre, la France du Nord, la Rhénanie, les pays frontières comme les deux Castilles, au nom et au blason évocateurs, l'Italie du Sud, le Pays de Galles, les marches slaves de l'espace germanique, la Terre sainte...

Ces châteaux si divers présentent au moins deux caractères communs : ce sont des résidences permanentes conçues pour être rationnellement défendues. La fonction défensive semble, au premier abord, primordiale ; sur une éminence, près d'une rivière, dominant des marais, l'ensemble présente — de l'extérieur vers l'intérieur et de bas en haut — une première enceinte (palissade, pierres sèches, précédée ou non de fossés) puis une barbacane, ouvrage autonome protégeant le point faible qu'est la porte d'entrée ; une deuxième enceinte, haute parfois de 60 mètres, entourée de douves profondes, que l'on franchit par un pont-levis et précédée de barres (pieux) qui, entre douves et mur, délimitent les lices ; diverses tours carrées ou rondes, percées de meurtrières ou d'archères permettant le tir dissimulé, flanquent cette grande muraille (courtine) sur laquelle court un chemin de ronde, lui-même surmonté d'un crénelage ; des hourds en bois, à la fin du XIIe siècle, puis en pierre protègent ce chemin de ronde et ménagent au-dessus du vide des trous (mâchicoulis) par lesquels on peut lancer divers matériaux lourds ou bouillants sur les adversaires. Autour de la porte, double, à gonds inversés, précédée d'une herse et surmontée d'un local d'où l'on peut accabler les agresseurs, est construit un épais bastion dont l'étroite ouverture est souvent en chicane ; à l'intérieur de l'enceinte, une cour, généralement semée de bâtiments fonctionnels, magasins, écuries, chenil, cuisines, chapelle, four, puits ou citerne, logements de forgerons, de charrons, etc., et, au point le plus haut, souvent contre la courtine, une tour massive et dominatrice (66 mètres de haut à Vincennes), parfois un ensemble de constructions épaisses et compactes : le donjon, réduit ultime de la défense. Une ville fortifiée se présente de la même manière, avec ses enceintes circulaires, sa citadelle ou son château à l'intérieur, pourvu lui aussi de donjon ou de tours : Carcassonne en est l'exemple le plus parfait.

Cependant, le château n'est pas uniquement construit pour assurer une défense éventuelle contre un ennemi permanent ou pour dominer de son haut le plat pays ; il est également conçu pour servir d'habitation au seigneur, à sa famille, à ses serviteurs, voire ses vassaux et à son entourage. Il comporte essentiellement une salle et une ou plusieurs chambres. La salle — tellement caractéristique qu'elle a donné son nom à de nombreux villages nés autour du château — est généralement dans le donjon et, si possible, de grandes dimensions, car c'est là que siège le seigneur pour rendre justice, pour recevoir hôtes ou dépendants, pour traiter ses convives ou, tout simplement, pour y manger, deviser, voire dormir avec ses hommes.

Le mobilier consiste le plus souvent en bancs, couverts de tissus ou de tapisserie (banquiers), en sièges pliants (fauteuils), en coussins rembourrés, en bancs mobiles (les « dois »), en coffres, parfois en armoires ou bahuts aménagés dans l'épaisseur du mur. Le sol est « jonché » d'herbes odorantes, de fleurs, de jonc pour chasser les odeurs fortes exhalées par les mets plus que par une foule qui avait souvent la possibilité de se laver ou de se baigner ; les tapis sont rares ; les murs sont parfois tendus de drap, de tapisseries de haute lice (Arras), parfois emmitouflés de fourrures ou enduits et peints ; on y distingue des trophées de chasse, des blasons, parfois des arbres généalogiques qui rappellent les origines et les armes du seigneur, donc les lignages sur lesquels il peut compter. Une cheminée monumentale, devant laquelle on « dresse » la table sur des tréteaux, permet de réchauffer l'atmosphère et constitue, plus que les chandelles de suif ou torches de cire, plantées dans des candélabres ou couronnant des lustres, la principale source de lumière pour la veillée qui, l'hiver, se prolonge fort tard.

A côté de la salle non spécialisée, où certains même dorment la nuit, les autres pièces, plus petites, ont des fonctions plus précises : chambres, par exemple, dans les tours surtout, sans cheminée ni moyen de chauffage ni fenêtre, avec un grand lit à courtines, une paillasse et des draps ou couvertures plus ou moins somptueux ; salles de garde, casernement, oratoire, latrines ; au rez-de-chaussée, cuisines, écuries ; au sous-sol, des silos, des réserves, parfois le cachot, voire le fameux souterrain gagnant les environs. En dehors de l'enceinte se trouvait le verger, bien clos, où le seigneur aimait à se promener et où les dames retrouvaient parfois leurs amoureux. Les châteaux princiers, ou royaux, dont certains restaurés avec sérieux sinon toujours avec goût, comme Pierrefonds ou le Haut-Kœnigsbourg, les villas peuplant les campagnes italiennes aux XIVe et XVe siècles sont conçus pour un confort accru qui, dans le dernier cas, fait disparaître pratiquement tout souci de défense et renoue avec la tradition romaine. De toute manière, le luxe est nécessaire même au moyen seigneur, pour asseoir son prestige, son autorité morale, pour se distinguer des autres couches sociales ; et de même la profusion et le gaspillage, quelles que soient les ressources de l'hôte.

Il faut avoir, par exemple, table ouverte et bien garnie ; ne parlons pas de la horde de domestiques et de sergents ; il y avait aussi les hôtes de passage, les invités, les vassaux ou arrière-vassaux besogneux, venus accomplir leur garde, participer à un jugement, fournir leur «conseil» ; ils étaient eux-mêmes accompagnés de serviteurs, parfois de leur famille, tous ravis de quitter la méchante maison forte où ils se morfondaient en permanence. Le repas de midi, fort copieux, s'étendait sur une partie de la journée ; il était précédé et terminé par des ablutions, car on mangeait avec les doigts. De jeunes pucelles présentaient les mets, apportés «couverts» pour qu'ils restent chauds. Cavaliers et dames étaient souvent placés en alternance, mangeaient deux à deux dans la même écuelle et buvaient dans le même gobelet. Quelques belles pièces de vaisselle (aiguières, salières) ornaient la table, couverte d'une simple nappe à laquelle tout le monde s'essuyait. Entre les mets se déroulaient parfois diverses attractions : jongleurs, montreurs d'ours, ménestrels, récitants, joueurs de harpe et de luth, etc., charmaient l'assistance et animaient les conversations ; les convives eux-mêmes chantaient ou reprenaient en chœur chants de guerre, chansons d'amour, chansons à boire, sur des thèmes provenant d'un très riche folklore.

« Après la panse, la danse. » Au son de l'orchestre, voire de leurs propres chants, les danseurs, généralement par couples, comme de nos jours, parfois en groupes, « carolaient » pendant des heures. D'autres préféraient passer la journée à jouer aux dés, au trictrac, aux boules, aux échecs, jeu connu dès le IXe siècle mais diffusé surtout au temps des croisades, aux cartes même, arrivées des Indes, *via* l'Allemagne, au XIVe siècle, dont les figures évoquent encore Ogier le Danois, La Hire, le compagnon de Jeanne d'Arc, Lancelot du Lac, Hector de Troie et l'entourage de Charles VII.

Un certain nombre de dames et les pucelles entourant généralement la châtelaine se réunissaient à part pour coudre, broder, filer, tout en conversant, en chantant des « chansons de toile » ou en racontant des histoires et des contes de fées ; parfois, elles visitaient les cuisines, soignaient les blessés ou les malades, baignaient chasseurs ou chevaliers au retour de leurs tournois, battues ou chevauchées.

La venue d'un hôte de marque, une circonstance exceptionnelle comme la chevalerie du fils, le mariage de la fille, un heureux événement familial faisaient organiser des fêtes brillantes et somptueuses dont les chroniques nous ont laissé le souvenir — et les livres de comptes des seigneurs le prix exorbitant.

La noblesse ne se signalait pas uniquement par le luxe de la table ou de la fête ; le costume, le vêtement, la parure, le bijou sont des critères de distinction sociale. Jusqu'au milieu du XIVe siècle, les nobles employaient de préférence les étoffes rares et chères, les lourds draps de laine élaborés en « Flandre » (écarlate de Bruxelles, rayé de Gand) ou affinés à Florence par l'art de Calimala, les soieries provenant de Chypre, de Damas ou de Lucques, la toile fine de Reims, le tout rehaussé de couleurs vives que les progrès de l'art tinctorial permettaient d'obtenir avec d'infinies nuances comme vert gai, vert naïf, vert de bois clair... Ils consommaient également les fourrures fines et chères qu'on ne trouvait plus beaucoup en Occident et qu'ils tentaient de se réserver : l'écureuil changeant (petit-gris), dont l'alternance des dos gris et des ventres blancs constituait le vair ; l'hermine, dont la blancheur était soulignée par les mouchetures noires que constituaient les bouts de sa propre queue ; le très jeune agneau au poil fin comme de l'astrakan ; la martre-zibeline, très foncée, la plus chère et la plus prestigieuse, celle qui sous son nom médiéval de sable indique, en héraldique, le plus noir des émaux.

A partir du milieu du XIVᵉ siècle, la mode, nous l'avons vu, différencie les milieux, les sexes, les nations, et ses variations devinrent rapides. Le noble, tout en restant fidèle à quelques matériaux « nobles » comme le vair et l'hermine, que le commerce fournissait maintenant à bas prix, faisait ou suivait la mode ; au premier coup d'œil, on pouvait distinguer le besogneux, le noble rural ou campagnard, dans son costume démodé, et le noble « dans le vent », fortuné, avec des relations.

Le seigneur se devait de vêtir son entourage ; plus il avait de vêtements à délivrer, plus il passait pour puissant et fastueux. On a conservé, pour les XIVᵉ et XVᵉ siècles, les comptes de ces livrées pour un certain nombre de grands d'Empire (comte de Hainaut, duc de Brabant, comte de Savoie), de France (comtesse d'Artois, comte de Flandres, duc de Bourgogne), d'Italie (Mantoue), sans compter ceux des souverains comme le pape, les rois de France, d'Aragon, d'Angleterre, de Sicile… Le pape seul, vers 1345, habillait, deux fois par an, plus de 1 500 personnes ; la comtesse d'Artois ou le comte de Savoie près de 200 ! De tout petits seigneurs profitant de la livrée de ces princes devaient à leur tour habiller leurs vassaux ou leurs serviteurs.

Par le système des milieux de cours, on comprend mieux comment se diffusaient dans toute la noblesse occidentale les mêmes modes, les mêmes jeux, les mêmes courants artistiques, spirituels, musicaux, les mêmes façons de vivre et de penser. A la cour de France, par exemple, venaient divers souverains d'Europe — autour de Philippe le Bel ou de ses fils, les rois de Navarre, de Sicile, d'Écosse, de Majorque, de Bohême — accompagnés de leurs seigneurs. Ces seigneurs comme les grands seigneurs français étaient entourés d'un certain nombre de vassaux et ainsi de suite. Les réunions relativement fréquentes à chaque échelon, les visites, les mariages entre des familles princières des différents pays chrétiens et les fêtes qui s'ensuivaient contribuaient à faire de la noblesse occidentale une sorte de grande famille, même si les frères ennemis y étaient nombreux. C'est au sein de cette famille — et d'elle seule — que se développent, par exemple, le célèbre amour courtois ou le rituel de la chevalerie, qui à partir des XIᵉ et XIIᵉ siècles prennent tant

d'importance dans la vie quotidienne ou les rêves de cette caste
désœuvrée.

Le mariage est souvent le résultat d'une entente entre lignages; le seigneur peut marier les héritières mineures avec le
candidat de son choix, donner son avis sur le mariage d'une ou
d'un vassal; il y a probablement moins de mariages d'inclination chez les nobles que chez les autres, ce qui ne veut pas dire
que ces liens sacrés sont moins solides. Or la vague démographique — qui atteint également la noblesse — augmente le
nombre de jeunes non casés, mécontents de voir aux mains des
plus anciens le pouvoir, les femmes, la richesse. Par ailleurs, les
croisades ont mis les guerriers occidentaux en rapport avec les
civilisations du gynécée ou du harem, en contact avec des
femmes expertes, tout entières au service de l'homme; de retour
dans leur pays d'origine, ces chevaliers, aux cours de leurs
seigneurs ou dans les châteaux où ils s'arrêtent, font connaissance de dames au mari vieux, peu compétent ou absent; or les
repas, les danses, la chasse au faucon, etc., multiplient les
occasions de telles rencontres. Peut-être faut-il évoquer aussi la
rareté relative des femmes — biologique ou locale, dans le
château encombré de soudards — les influences complexes de
la religion cathare ou vaudoise en pays d'oc, la proximité d'une
Espagne imbue de culture islamique, où le duc d'Aquitaine
allait aider la *Reconquista* et pouvait être en contact avec les
poésies andalouses; également la tradition celtique des femmes-
fées qui choisissent et enchaînent les hommes et même l'en-
chanteur Merlin, telle Viviane ou encore Morgane.

Quoi qu'il en soit, il semble bien que, à partir du XIIe siècle,
rayonne depuis le pays de langue d'oc, dans toute la noblesse
occidentale, une nouvelle conception de l'amour, d'un amour à
la fois chaste et ardent, en conflit avec les tabous religieux et
correspondant d'ailleurs à la très grande jeunesse (15 ou 16 ans)
de ceux qui l'éprouvent; n'épiloguons pas sur le dénouement
d'un tel type d'amour, probablement la possession charnelle,
accordée comme récompense dans la plupart des cas, voire
précédée d'une longue période d'attouchements ou de jeux
amoureux sans «l'ultime soulas»; la grande originalité de ces
sentiments est que la chair n'y a pas un rôle prépondérant, que la
femme y est considérée comme une maîtresse, un seigneur,
sinon comme une déesse, voire comme la Vierge, placée à un

rang supérieur et exigeant l'hommage, la fidélité absolue, le
« dévouement », voire la dévotion, des épreuves de type initiatique, un stage à sa cour... La femme élève ainsi jusqu'à elle son
chevalier, grâce à cet amour qui accroît ou améliore ses qualités
de courage, d'endurance. Cette conception de l'amour courtois,
chantée par les troubadours, dont beaucoup sont d'origine noble, gagna rapidement la noblesse aragonaise et castillane, la
cour de Montferrat puis la Sicile, l'Angleterre et surtout l'Allemagne, où elle s'épanouit dans le *Minnesang* à la fin du XIIe siècle avec Walther von der Vogelweide (1170-1228). Conception
aristocratique, raffinée, exigeant des loisirs et donc impossible à
adopter dans le monde du travail, conception très intellectuelle,
où la longue insatisfaction est en elle-même source de joie, cet
amour courtois, religieux, pur et fidèle, semble ignorer le mariage ; certes, la femme aimée est parfois une pucelle que l'on
finit par épouser. Mais elle est beaucoup plus fréquemment une
dame de rang supérieur, mariée avec un puissant mais vieux
seigneur pour qui elle peut avoir une certaine tendresse et à qui
elle appartient charnellement sans discussion possible ; elle ne
doit — et ne peut — accorder que son cœur et ses pensées à son
chevalier longtemps avant de lui abandonner partiellement ou
totalement son corps.

Sans doute faut-il voir dans ce code rigoureux la transposition
des nombreux obstacles que rencontraient les jeunes nobles pour
accéder au mariage ; particulièrement quand, simples chevaliers, ils fréquentaient le château où, au seul châtelain, était réservé
le privilège de l'amour charnel, procréateur.

L'influence de la courtoisie fut considérable dans toutes les
cours d'Occident jusqu'à la fin du XVe siècle ; on ne sait si ceux
qui écoutaient ou lisaient les aventures du petit Jehan de Saintré
suivaient exactement les mêmes règles de vie que leur héros ; on
peut au moins évoquer grâce à de telles œuvres un certain type
de culture littéraire, musicale et philosophique animant ces
milieux nobles. La grande diffusion des romans de chevalerie,
axés plus particulièrement sur de merveilleuses vaillance et
vertu, en est une autre preuve.

Or ici le rituel et l'idéal de la chevalerie, qui se sont institués
et perfectionnés dès les XIe et XIIe siècles, sont en principe l'un
des fondements de la vie quotidienne. On commence à parler de
la « bénédiction » du chevalier ou de l'épée « nouvellement

ceinte » à la fin du Xe siècle. Par la suite, on signale de plus en plus des cérémonies de ce type ; des descriptions du XIIe siècle nous montrent certains apprentis chevaliers, après un long temps de « formation » comme page puis écuyer, prendre un bain purificateur, se vêtir de blanc puis passer en prières la veillée, dans la chapelle du château ou au lieu de culte le plus proche. Tous, après la messe et le festin, se font ceindre l'épée, bénie, par le parrain, qui du plat de la main leur assène un coup formidable sur la nuque ou sur la joue (parfois trois coups du plat de l'épée). C'est la « paumée » ou la « colée », moment final de la cérémonie dite de l'adoubement, à laquelle elle donne son nom (« adouber » vient du verbe germanique signifiant « frapper ») ; le tour à cheval, la quintaine et les fêtes qui suivent sont en effet facultatives. Ce coup est peut-être assimilable au soufflet que l'on donne aux jeunes témoins d'un acte important pour qu'ils en gardent plus facilement et plus nettement le souvenir ; peut-être aussi ce rude contact signifie-t-il la transmission de la force guerrière du parrain ; probablement est-il comparable aux cérémonies du bizutage actuel demandant au néophyte un certain nombre d'épreuves avant l'admission dans un milieu fermé : ici le petit groupe des guerriers à cheval.

On voit donc comment de vieux usages germaniques et profanes ont pu être christianisés, sacralisés par l'Église. La bénédiction de l'arme était souvent suivie d'un serment spécifiant que le jeune chevalier devait vivre conformément à la loi de l'Église et à l'honneur de la chevalerie. Un véritable code de cet honneur, sans cesse interprété en nouveaux symboles, souligne les prescriptions à observer. Protéger les faibles, les veuves, les orphelins ; servir les bonnes causes, poursuivre les malfaiteurs ; aider son prochain, ne pas trahir, ne pas tuer qui ne peut se défendre. Mais cette teinture chrétienne édulcore peu la principale vertu du chevalier : la « vaillance », c'est-à-dire la vertu guerrière. L'Église a ainsi pérennisé cette spécialisation dans le combat ; bien mieux, elle l'a justifiée, ainsi que la domination sociale qui en résultait ; le peuple nourrissant le chevalier qui le défend est semblable au cheval qui le porte et qu'il faut poindre et éperonner pour le mener là où l'on veut.

Le noble, même si ses moyens ne lui permettent pas toujours de se faire armer chevalier, a donc pour principale occupation de ne pas travailler et de se préparer à la guerre par des sports violents.

La chasse est à la fois un excellent entraînement, un jeu passionnant et un sport utile, détruisant des fauves ou des nuisibles et fournissant à la table seigneuriale une nourriture riche et carnée qui maintient ou augmente la vigueur des commensaux. Elle exige un équipement coûteux et un personnel nombreux. La plus belle et captivante, très accessible aux dames, est la chasse par oiseau interposé ; des rapaces de haut vol (gerfaut, faucon) ou de bas vol (autour), minutieusement dressés, interceptent des rongeurs type lapin ou lièvre et surtout de grands oiseaux : hérons, grues, canards ; et des chiens particulièrement entraînés, après avoir levé ce gibier, se précipitent au secours du faucon dès qu'il est à terre, pour achever sa victime en évitant de le blesser. L'art de fauconnerie était l'un des plus délicats qui soient ; l'empereur Frédéric II lui a consacré un célèbre manuel parfaitement documenté, et la plupart des seigneurs se font représenter au revers de leur sceau allant à la chasse, le faucon au poing.

Ours, cerfs, sangliers, lièvres étaient traqués par des chiens de taille et de race sélectionnées. La meute est un des éléments caractéristiques de la maison seigneuriale, avec ses dresseurs, ses chenils. Le comte de Foix Gaston Phébus nous en a donné à la fin du XIVe siècle d'irremplaçables descriptions dans des manuscrits richement illustrés ; il y évoque également la joie de ces courses violentes dans les forêts, les guérets ou les montagnes, la brutalité de la lutte contre l'ours, le sanglier ou les loups, les mille astuces pour piéger un animal retors et le prestige que l'on en retire auprès des dames ou des preux.

La pêche en rivière ou en étang était souvent aussi sportive, ainsi la véritable chasse à la loutre, voire au saumon, avec tridents, chiens et filets « emplommés » (lestés de plombs). Ajoutons que les jeunes nobles ne chassaient pas en permanence ; bien souvent, ils suivaient des cours d'équitation dans la forêt ou en terrain inégal, ou alors ils faisaient d'immenses promenades à cheval pour le seul plaisir de chevaucher — et peut-être d'admirer ou de communier avec la nature.

Enfin, bien sûr, de nombreux exercices militaires venaient meubler et animer la vie quotidienne un peu terne du château ou de la maison forte. A deux on pouvait déjà s'entraîner, sur un

champ ou dans les lices du château dont on avait la garde, au
« béhourd », en s'élançant l'un contre l'autre, rompant des lan-
ces et tâchant de se désarçonner mutuellement. Parfois, on
dressait une quintaine, gros mannequin avec haubert et écu soit
fixé sur un pieu fortement enfoncé dans le sol, soit pivotant
autour de ce pieu ; les chevaliers tentaient au grand galop de
renverser le mannequin en le frappant de leur lance (pas plus de
cinq fois, d'où ce nom) au milieu de l'écu ; si le coup était dévié,
l'épouvantail pivotait, et un de ses bras, muni d'une forte lance
de bois ou d'un fléau, frappait par-derrière le maladroit et
l'envoyait mordre la poussière. Les jeunes s'entraînaient également à l'escrime : au bâton, à l'épée, à la lance.

   Mais l'entraînement majeur au combat se faisait dans les
tournois et dans les joutes. La différence entre ces deux faits
d'armes reste difficile à cerner. Les tournois rassemblaient peut-
être des équipes plus fournies que les joutes et les faisaient
s'affronter en rase campagne. Ils étaient aussi, incontestablement, plus prestigieux. A la fin du Moyen Age, les tournois
tombent en désuétude, au profit des joutes. Ces spectacles,
d'origine indéniablement païenne, rameutaient la fleur de la
chevalerie : une foire permettait à tous les nobles présents de
faire montre de leur générosité. Les spectateurs s'entassaient
dans des hourds, sortes de tribunes, d'échafauds dominant l'enceinte entourée de lices de bois ou de champs clos où s'affron-
taient les champions, par équipes régionales ou nationales ou
individuellement. Tournois et joutes étaient ordonnés selon des
règles très strictes : présentation des champions et des bannières,
armement du chevalier par les soins de l'écuyer, choix de la
dame. Des hérauts d'armes donnaient le signal des combats,
qui, malgré l'épaisseur des cuirasses, causaient fréquemment
des blessés, parfois des morts ; les vaincus devaient abandonner
leurs chevaux, leur harnachement, payer rançon. Les vain-
queurs, outre le prix accordé au plus vaillant (faucon dressé,
couronne, mouton doré) et le prestige dont ils jouissaient auprès
des belles spectatrices, dont leur dame, pouvaient faire de fructueuses affaires. Rien d'étonnant à ce que les jeunes en mal de
fortune et d'aventure, voire de véritables professionnels, fissent
la tournée des lices : on connaît l'exemple de Guillaume le
Maréchal, vaillant baron anglais qui en quelques mois triompha,
avec un associé, de 203 chevaliers ; deux clercs avaient été

engagés pour tenir le compte des sommes encaissées. Parfois, le combat était fort rude ; le Maréchal, ne pouvant plus retirer son casque faussé, dut aller le faire décabosser, à grands coups de marteau, la tête sur l'enclume d'un forgeron. A côté de ces guerriers éprouvés, toute une jeunesse dorée et batailleuse, de sang princier ou royal, allait s'entraîner au jeu dangereux de la guerre ; comme le disait Roger of Hoveden : « Un chevalier ne peut y briller s'il n'y est préparé par les tournois. Il faut qu'il ait vu son sang couler, que ses dents aient craqué sous les coups de poing, que, jeté à terre, il y ait senti le poids du corps de son adversaire et, vingt fois désarçonné, que vingt fois il se soit relevé de sa chute, plus ardent que jamais au combat. »

La guerre elle-même était encore le meilleur exercice ; Bertrand de Born nous a chanté sa joie, au printemps, quand commencent les opérations ; le Jouvencel nous déclare que « c'est joyeuse chose que la guerre », et Froissart nous a maintes fois retracé les campagnes ou les regrets des vieux routiers évoquant le beau temps des combats. C'était en effet l'activité par excellence du chevalier, celle qui lui permettait de se réaliser, de montrer sa vaillance, sa force physique et son expérience, sa fidélité à son chef ou à sa foi ; il y resserrait les solidarités du lignage, du compagnonnage sous la même bannière ; il pouvait quitter sa méchante maison forte où ses revenus déclinants ne lui permettaient qu'une vie rétrécie pour profiter des largesses du chef, des profits du butin, des rançons, des réquisitions sur les paysans ou du brigandage pur et simple sur les routes ou dans les fermes. Et l'homme de guerre d'origine modeste sait que « depuis qu'il a le bassinet sur la tête il est noble ».

Les causes de telles guerres qui comblent les vœux de maint écuyer ou chevalier sont de tous ordres : vengeances privées, bien évidemment, qui sont un des privilèges de la noblesse et qui sont soutenues par les lignages et les vassaux ; luttes entre seigneurs, contre des villes, pour écraser des révoltes, pour acquérir de nouveaux territoires. Enfin, guerres généralisées entre souverains, tendant vers la fin du Moyen Age à devenir des guerres nationales : anglo-française, germano-bohémienne, etc. L'Église tenta avec plus ou moins de succès de faire régner la paix en Occident, par le système des trêves de Dieu ou paix de Dieu au XIe siècle, par la sanctification de la chevalerie, par la mobilisation contre les païens du Sud (*Reconquista* ibérique), du Nord-Est (Balto-Prussiens) et de la Méditerranée orientale (Terre sainte) ou par des arbitrages entre belligérants ; elle n'arriva jamais à arrêter les violences et, parfois, au service de l'ambition pontificale et théocratique, elle fut même la première à commencer le combat fratricide contre un adversaire excommunié.

Ces guerres innombrables sont cependant d'ampleur restreinte ; il est même exceptionnel qu'elles s'étendent dans le temps et sur un grand espace. De plus, les effectifs ne sont jamais très élevés ; la première croisade a mobilisé peut-être de 10 000 à 12 000 chevaliers, soit une cinquantaine de milliers d'hommes : c'est un record. L'empereur Othon de Brunswick à Bouvines (1214) est accompagné de 1 500 chevaliers et 7 500 fantassins, dont beaucoup sont au comte de Flandres ou à Renaud de Boulogne ; l'ost de Philippe Auguste, en face de lui, est encore moins riche. La plus grande armée de la guerre de Cent ans, celle d'Édouard III devant Calais, rassemble 32 000 hommes, dont beaucoup ne sont pas anglais ; la terrible chevauchée du duc de Lancastre, en 1373, est effectuée avec 4 000 combattants. Le roi de France lève péniblement un ost de 15 000 hommes, et la Diète d'Empire, en 1467, met sur pied 20 000 hommes pour lutter contre les Turcs. Par ailleurs, les châteaux, les villes fortifiées, quasi imprenables, sont défendus par une poignée de guerriers ; en 1436, Rouen a 2 hommes d'armes à cheval, 12 piétons, 38 archers. Orléans se défend 7 mois avec moins de 700 hommes d'armes.

Le chevalier est une sorte de char d'assaut, de plus en plus lourdement armé, sur un énorme cheval, lui aussi plus ou moins protégé ; il est généralement assisté d'un écuyer ou de valets d'armes, à cheval mais plus légèrement armés. A cela il convient d'ajouter les piétons, qui savent, le cas échéant, monter à cheval, qu'ils soient arbalétriers ou archers. Armes offensives et défensives deviennent de plus en plus importantes ; broigne (cotte de mailles), heaume (casque) et bouclier (écu) sont peu à peu remplacés par la lourde cuirasse, 25 kilos pour l'armure, 5 pour le bassinet à visière ; pour briser une telle armure, il faut une hache ou une masse d'armes qui s'ajoute à la longue lance (3 ou 4 mètres), à l'épée trempée et à la dague. Le chevalier peut également être désarçonné et tiré à terre (d'où il ne pourra plus bouger) par des sortes de crocs ou des piques courtes à fer large ; le piéton est défendu par une salade, casque de 3 ou 4 kilos, et une brigandine d'environ 10 kilos. Pour mettre un chevalier hors combat, le mieux est de tuer le cheval, voire de trouer l'armure. L'arc d'if, de 1,5 mètre de haut, tirant 6 ou 7 flèches à la minute (portée 250 mètres, efficace jusqu'à 150 mètres), convient à la première tâche ; la lourde arbalète : 7 ou 8 kilos, arme de spécialiste, au tir lent (2 coups par minute) mais à la puissance redoutable (elle tire des « carreaux » perforant jusqu'à 300 mètres), le concurrence au XVe siècle. Les armes à feu, connues dès le XIVe, ne s'imposent guère qu'à cette époque, et sans modifier profondément la poliorcétique ni la tactique, mais en aidant parfois la victoire à changer de camp, comme le fit l'artillerie de Charles VII sous l'impulsion des frères Bureau.

La bataille rangée, bannières déployées, est rare, voire exceptionnelle ; on en connaît certains cas : Arsuf (1191), où Richard Cœur de Lion, surpris avec son armée en ordre de marche, se met immédiatement en bataille et écrase ses agresseurs ; Bouvines (1214), où l'évêque Guérin fait faire un tête-à-queue à l'armée française et bat les coalisés ; Poitiers (1356) et Azincourt (1415). Les chevaliers les plus disciplinés, manœuvrant en groupes et laissant leur chef utiliser pleinement les armes de jet, ont généralement eu la victoire, dans la mesure où ils combattaient contre des adversaires suivant les mêmes règles de jeu, ayant le même armement, etc. (batailles entre nobles occidentaux) ; la lutte contre les fantassins et milices flamands (Courtrai, 1302), les armées turques (Nicopolis, 1396), les forteresses mobiles des hussites, n'eut pas toujours la même issue. Le bilan de ces batailles était toujours très lourd pour le vaincu, qui, ne pouvant ou ne sachant « décrocher », était massacré dans la proportion de 50 à 80 %, ainsi les Français à Azincourt (1415) ou les Anglais à Formigny (1450) ; les riches seigneurs étaient souvent respectés, car on en tirait bonne rançon, mais pour un roi de France ou un duc d'Orléans prisonniers, combien d'Ottokar de Bohême ou de Charles le Téméraire tués obscurément sur la fin d'un combat perdu...

Les armées en campagne se heurtaient plus souvent à des places fortes qu'à d'autres armées ; c'était alors le début d'un long siège, que seuls la ruse, la trahison, la faim, la maladie,

Ci-dessus: Aux XIVe et XVe siècles, ce sont les charges de cavalerie qui décident du sort de la bataille. La mise en place des cavaliers, pour un choc généralement frontal, s'opère sous la protection des archers. Ceux-ci s'acharnent à abattre les montures ou les cavaliers adverses, afin d'en briser l'attaque, comme ce fut le cas à Azincourt le 25 octobre 1415 où les archers anglais furent victorieux des chevaliers français. (*Chronique d'E. de Monstrelet*, XVe siècle. Photo BN.)

Ci-contre: L'ordre de bataille idéal prescrit par Charles le Téméraire en mai 1476, quelques jours avant Morat, et étudié par P. Contamine, montre bien le degré de complexité atteint par l'art militaire médiéval. Le duc dispose, au total, d'environ 15 000 à 20 000 hommes. L'infanterie, au centre, est encadrée par les gens de trait et les chevaliers. La liaison des armes (cavalerie, artillerie, infanterie à l'arme blanche, archers) est considérée comme l'un des fondements de la tactique, ainsi qu'il est apparu à Morat. Les deux premières lignes sont les plus fournies et les plus prestigieuses; en leur sein flottent les étendards ducaux. Jusqu'à la fin du Moyen Age la bataille est donc bien l'affrontement de groupes compacts; les exploits individuels sont rares. Mais cette cohésion souffre de l'indiscipline des combattants désireux de s'emparer des profits de guerre.

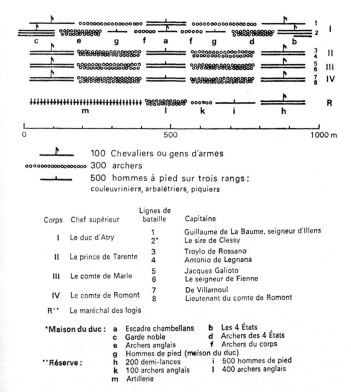

D'après G. Grosjean, *La Bataille de Morat, un événement suisse d'histoire européenne entre le Moyen Age et les Temps modernes, 1476-1976*, Actes du Colloque international du 5ᵉ centenaire de la bataille de Morat, 1976, reproduit dans P. Contamine, *la Guerre au Moyen Age*, Paris, PUF, « Nouvelle Clio », 1980.

voire un accord politique, pouvaient faire cesser. Parfois, rarement, le siège était poussé activement, et le château, exceptionnellement la ville, était pris d'assaut. Pour cela, il fallait d'énormes moyens : mines et sapes pour faire écrouler un pan de muraille, machines protégées par des pavois pour battre les murs, béliers, tours à ponts pour livrer passage aux assaillants directement sur la courtine, nombreuses échelles à quatre rangs. On conçoit que la surprise, de nuit, d'une forteresse mal gardée ait été plus payante.

La guerre est plutôt menée sous forme de chevauchée ; de petites troupes, incapables de prendre villes ou châteaux, livrant quelques modestes batailles à d'autres troupes ennemies, parcourent le pays en ravageant, pillant, rançonnant, brûlant, ou partent en expédition à partir d'un château qu'elles occupent. Il ne faut peut-être pas exagérer l'ampleur des dégâts ; même la grande chevauchée du duc de Lancastre en 1373, lancée sur 1 000 kilomètres, ne dévasta guère plus de 10 000 km². Mais des bandes armées menées par de petits nobles qui n'ont pas toujours de lien direct avec les antagonistes profitent du malheur des temps et étendent les ravages des routiers ou des chevaliers pillards.

Le manque de combativité des bourgeois, maîtres de villes italiennes ou allemandes, leur fait rétribuer des petits nobles besogneux pour se battre à leur place ; les grands seigneurs d'Occident, devant la carence, la faiblesse, l'indiscipline ou le trop haut prix des nobles, ont également eu recours à des compagnies soldées pour la durée d'une campagne. Mais, outre les irrégularités commises en dépit du contrat, ces troupes, ménagées par leurs chefs (condottieri) qui les risquent peu dans de grands combats, et mal rémunérées par l'employeur, deviennent le fléau des paysans et des villes ; en temps de trêve, elles œuvrent pour leur propre compte. Seule la constitution d'armées de métier régulièrement soldées permit de contrôler ces gens de guerre, mais cela n'arriva pas avant le milieu du XVe siècle et dans des États ayant de très gros revenus. Cela permit aux nobles — parfois de fortune modeste et de familles assez obscures — d'entrer au service de l'État et de compléter leurs revenus seigneuriaux. Au total, quoique en partie renouvelée, la noblesse reste encore, à la fin du Moyen Age, le fer de lance de « ceux qui combattent ».

5

Ceux qui prient :
les clercs

Le monde des gens qui prient semble un des mieux définis, au sein de la société occidentale qui pendant longtemps ne connut que deux ordres : les laïcs et les clercs. Dans une vie quotidiennement hantée par la peur du péché, par l'obligation de prier, de communier, de se confesser, l'intermédiaire imposé entre Dieu et les hommes a tout normalement le premier rang en dignité ; ajoutons l'extraordinaire influence unitaire que put avoir sur l'ensemble des chrétiens reconnaissant le pape de Rome la foule des clercs investis et inspirés, directement ou indirectement, par le pontife.

Cependant, tous ces clercs n'ont pas le même rôle, la même importance, le même rang ; leur action peut s'exercer dans tous les domaines : intellectuel, spirituel, voire matériel ; mais parfois elle se heurte à des obstacles, suscite des révoltes. Ce monde, auquel on s'agrège par la seule cérémonie de la tonsure, n'est qu'apparemment homogène ; il est, en fait, divers, contrasté, enfoui dans le monde laïc et connaît lui aussi ses pauvres, ses faibles, ses bons, ses méchants, ses riches et ses puissants.

Les aspirants à la perfection.

Un premier groupe, considérable par le nombre et l'influence, mélange clercs et laïcs jusqu'à l'époque moderne, même si la proportion des clercs y est de plus en plus forte ; il rassemble tous ceux qui renoncent au monde pour le service de Dieu. Certains mènent une vie solitaire (c'est le sens primitif du mot *moine*), et les ermites chastes, pauvres et humbles qui peuplent les déserts *(erm)* steppiques ou forestiers sont des personnages bien connus des paysans, qui les nourrissent souvent, vont leur demander des conseils, des bénédictions, voire des interventions miraculeuses (ce que leur curé voit d'un assez mauvais œil); les ermites sont également bien connus des voyageurs égarés, qu'ils accueillent et remettent dans le droit chemin, des chasseurs qui passent non loin de leur hutte, des bigres, des gruyers qui recherchent le miel ou le bois d'œuvre, des vagabonds, des brigands, voire des amoureux qui renoncent temporairement au monde extérieur.

La plupart des aspirants à la perfection vivent cependant en groupe (cénobites) dans une maison commune (couvent, monastère), suivant les prescriptions d'une règle et sous la direction d'un chef (abbé, prieur). Parmi eux, une minorité seulement a fait profession, a embrassé la condition parfaite définie par la règle, ce sont les profès, chanoines, moines, etc.; quelques-uns ont reçu la prêtrise (ce sont les pères), mais aucune règle ne stipule que les profès soient obligatoirement ordonnés; pendant des siècles, ils sont toujours considérés comme des laïcs. De la même manière, les frères «convers», qui apparaissent dès le XIe siècle, prononcent des vœux de conversion, stabilité et obéissance, vivent dans le silence, l'austérité, le jeûne, la prière et s'occupent du service intérieur, du travail des champs, sans être obligatoirement clercs (frères «lais»); comme encore les «novices», pendant leur stage éducatif, et les «oblats» ou «donats», qui s'associent aux prières, vivent dans la maison commune, y reçoivent le vivre et le couvert, moyennant cession d'une partie ou de la totalité de leurs biens, et peuvent, dans certains cas, s'en aller librement. Enfin, il faut évoquer la foule des laïcs, prébendiers, valets, sergents, artisans, etc., qui se groupent autour du monastère et en font souvent un centre actif et fort peuplé.

Le chef de la communauté est l'abbé, désigné ou élu par les pères; il dispose d'une juridiction étendue sur les profès comme sur les autres; il gère le temporel, souvent considérable, et à ce titre jouit, à l'époque féodale, d'une position de choix, comme seigneur de nombreux vassaux et paysans; il se fait aider par tout un état-major de familiers: prieur, lui-même flanqué parfois d'un sous-prieur; prévôt, camérier, trésorier, infirmier, aumônier, cellérier, chantre. Parfois, une abbaye très importante crée des maisons filles sur des fragments de son immense temporel; l'abbé en reste le chef, mais, pour régler les problèmes quotidiens, il nomme à leur tête un prieur spécial, qui réside à demeure dans cette maison, laquelle prend le nom de «prieuré». Quand plusieurs maisons nouvellement créées ou «réformées» sont soumises à la même règle, pour maintenir l'esprit du saint fondateur, pour s'aider les uns les autres à éduquer les novices, régler les querelles, maintenir leur dotation, promouvoir leur «ordre», ont lieu des réunions périodiques groupant des délégués de chaque maison autour d'un chef unique : ce sont les chapitres généraux.

La vie quotidienne de ces religieux dépend donc, d'une part, de la règle adoptée, de son application plus ou moins stricte, et, d'autre part, de la situation locale du monastère : nombre des moines, richesses foncières, etc. On peut prendre quelques exemples précis dans la grande famille bénédictine, parmi les ordres de mendiants ou de moines-soldats.

Sans méconnaître l'importance considérable des disciples de saint Augustin, de Jean Cassien († 434) ou de Césaire d'Arles, ni, *a fortiori,* celle de l'Irlandais saint Colomban (540-615), il faut bien souligner que la règle de saint Benoît de Nursie (480-547), reprise par saint Benoît d'Aniane (750-821) puis par les fondateurs de Cluny (909) comme de Cîteaux (1098), a animé tout le monachisme médiéval, en a été sa plus parfaite expression.

En 529, Benoît et quelques disciples construisent au sommet du mont Cassin deux oratoires et un monastère pour lequel, après 534, le saint rédige un certain nombre de conseils et de prescriptions; il opte pour la vie en communauté, où tout le monde se surveille et s'entraide, vie plus simple, bien que moins riche et édifiante, que l'érémitisme. Les membres, groupés autour de l'abbé, ont abandonné tout bien propre et prononcé le vœu de stabilité (rester dans le même monastère jusqu'à la mort), de conversion des mœurs (pauvreté, chasteté, renoncement au monde) et d'obéissance à l'abbé et à la règle, principe fondamental, constitutif de la communauté. Pauvreté, humilité, obéissance et piété sans exagération déraisonnable caractérisent donc la vie bénédictine, qui se partage heureusement entre lecture des choses divines, travail manuel et sommeil. Un emploi du temps différent est prévu selon les époques : de Pâques au 1er octobre (en gros, printemps et été); du 1er oc-

tobre au Carême; pendant le Carême. Il est directement en
accord avec le mouvement du soleil. Le moine se lève avant le
point du jour, récite l'office de matines (ou vigiles) et laudes,
puis vaque aux divers travaux jusqu'à la quatrième heure et à la
lecture jusqu'à midi (de Pâques à octobre) ou bien, l'hiver,
récite les psaumes, lit la Bible ou des textes pieux jusqu'à laudes
(tierce) et travaille jusqu'à none, ou, en Carême, jusqu'à la
dixième heure. Le repas (midi en été, none en hiver) est suivi de
repos ou de lecture; en hiver, *a fortiori* en Carême, il clôt la
période de travail manuel, car il a lieu sur la fin du jour; en été,
après none (légèrement avancée), le travail reprend jusqu'à
vêpres et est suivi d'un second repas; passé complies, tout le
monde va dormir. Le dimanche, lecture générale sauf pour ceux
qui ont des offices à accomplir.

On voit que ces prescriptions conviennent parfaitement au
milieu rural; les travaux demandés sont, outre la cuisine (à tour
de rôle), l'entretien et la fabrication des vêtements et de certains
outils, l'exploitation des champs, sous la surveillance du cellérier. La nourriture est correcte puisque — si la viande est en
tout temps interdite — chaque repas (il y en a deux de Pâques à
octobre) comporte deux plats, plus fruits à la saison, et que
chacun a en plus environ 300 grammes de pain et un demi-litre
de vin pour se sustenter. L'habit est simple mais fonctionnel:
chaussures et bas, 2 coules et 2 tuniques légères pour l'été; la
même chose, en gros tissu, pour la saison froide.

La vie bénédictine fut modifiée, aux VIIe et VIIIe siècles, par
l'extroversion des monastères, qui s'occupèrent, en Germanie
par exemple, de christianisation des indigènes et de diffusion de
la culture, en créant en leur sein des écoles et des ateliers de
copie de manuscrits.

D'autre part, sous l'influence du saint prélat de Metz, Chro-
degang, les prêtres des principales églises, en particulier des
cathédrales, commencèrent à se grouper en « chapitres » ou en
« collèges », eurent le même réfectoire, le même dortoir, célé-
brèrent en commun les offices divins. Ils adoptèrent une règle
inspirée moins de saint Benoît que de saint Augustin; forcément plus souple, pour permettre à ces « chanoines » de vaquer à
leurs diverses activités, elle tolérait l'usage de tissus moins
grossiers (lin), la consommation de viande, la possession en
propre de certains biens, et fut de ce fait choisie par de nom-

breuses « chanoinesses » qui redoutaient la vie inconfortable des moniales bénédictines. Même si les vœux de chasteté et d'obéissance étaient exigés et respectés, l'annulation pratique du vœu de pauvreté devait avoir par la suite d'importantes conséquences.

Cependant, parallèlement à cette vie cénobitique moins rude, de nombreux monastères, sous l'influence de saint Benoît d'Aniane et de Louis le Pieux (817), se remirent à observer les prescriptions strictes du mont Cassin ; bien mieux, la règle fut étendue à tous les moutiers d'Occident qui n'étaient pas maisons canoniales. La réforme fut en principe appliquée, mais toléra quelques aménagements. Des abbayes qui avaient crû démesurément à la fin du VIII⁰ siècle essayèrent, sans y réussir totalement, de séparer à nouveau vie religieuse et travail manuel de vie culturelle et relations extérieures. Telles ont été les préoccupations de la célèbre abbaye de Saint-Gall.

A côté des abbayes bénédictines de ce type qui peuplèrent l'Occident et dont certaines sont arrivées jusqu'à nos jours, le Moyen Age a connu, à partir de 909, le mouvement clunisien, qui groupait à la fin du XI⁰ siècle plus de 1 100 maisons, nouvelles ou réformées, avec des dizaines de milliers de moines et de moniales ; Cluny même abritait plus de 400 religieux. Aux énormes bâtiments nécessaires à une telle foule s'ajoutaient les maisons des serviteurs ou des serfs et, semant la campagne, des prieurés ruraux d'où quelques moines, à la saison, pouvaient surveiller les travaux des champs. Mais la journée du clunisien n'est pas exactement telle que l'avait voulue saint Benoît ; tout d'abord, beaucoup de moines sont prêtres, doivent dire leur messe quotidienne, accumulent prières liturgiques, oraisons, chants, consacrent beaucoup moins de temps au travail manuel ; le travail intellectuel a la place de choix, ainsi que la copie de manuscrits ; d'autre part, l'ouverture sur le monde est beaucoup plus grande : non seulement par l'ampleur des biens, qui donne aux moines une grande importance dans la société féodale, par l'utilisation massive de la main-d'œuvre servile, contrepartie de l'abandon du travail manuel ; par la stricte hiérarchie, quasi féodale, qui lie étroitement les maisons filles (prieurés) à l'abbé de Cluny ; mais encore par la charité agissante, la fraternité envers les pauvres et les malades, l'œuvre éducative envers les laïcs, le sacerdoce des pères ou des moines diacres. Par ailleurs, la règle s'adoucit également sur le plan matériel : au dortoir commun succèdent les cellules individuelles ; à la nourriture saine et fruste, les mets préparés, les poissons de tout genre, les œufs, les laitages — remplaçant la viande interdite —, le vin, amélioré par l'adjonction d'épices ou de miel ; à la coule noire s'adjoint fréquemment une douillette pelisse.

Le moine noir, souvent d'origine noble, au milieu de vastes terres exploitées par paysans ou serfs, non loin de bourgades ou de petites villes, a une influence considérable ; à son église, sous sa chaire, à son confessionnal se presse le peuple des campagnes, voire le seigneur rural. Son action en faveur d'une amélioration des mœurs du clergé et du laïc en général s'exerce tout aussi bien par l'exemple que par la puissance, la force, la persuasion (paix de Dieu) ou la peur de l'enfer, la crainte d'un Dieu juste et terrible. Le moutier est au même titre que l'église (dont le desservant est souvent nommé par les moines) un élément essentiel de la vie des campagnes occidentales. Par ailleurs, peu intéressés et peu compétents dans une gestion du temporel que, par leur origine et leurs préoccupations liturgiques ou intellectuelles, ils ne considèrent pas comme fondamentale, les clunisiens ne font guère d'efforts pour améliorer les systèmes d'exploitation ; l'idée de profit ou de rentabilité leur est étrangère. La construction de magnifiques et gigantesques églises (Cluny III ne fut dépassée en Occident que par Saint-Pierre de Rome !), le souci d'organiser des pèlerinages, de faciliter la *Reconquista* ou le départ à la croisade par des prêts, interdisent tout investissement et pratiquement tout progrès dans les techniques agricoles et l'amélioration du niveau de vie des campagnes. Enfin, s'ils ont contribué à un meilleur recrutement de l'épiscopat, s'ils ont soutenu le pape contre l'empereur et aidé à sa victoire, ils ont en revanche paru trahir l'esprit de saint Benoît, et, sans démériter, ne semblaient plus répondre, à la fin du XIe siècle, aux aspirations des plus purs, parmi le monde traditionnel des travailleurs et des combattants.

De nombreux ordres apparaissent à cette époque, parmi lesquels celui de la Chartreuse (1084), avec ses ermites vivant en communauté mais voués au silence, à l'abstinence et à la contemplation, ou celui de Fontevrault (1100-1101), qui associait, sous la direction d'une abbesse, une maison de moniales à un couvent de moines, ou encore celui de Prémontré (1120), qui essaime surtout en Allemagne ; mais les principaux sont Cîteaux (1098) et les ordres militaires (1050-1168).

Les campagnes occidentales, sans éliminer les moines noirs, se peuplent alors de moines blancs, d'abord concentrés dans des endroits sauvages et retirés ; ils répudient toute entorse à la règle bénédictine, refusent les redevances seigneuriales, le travail servile, l'aisance, le confort ; une seule tunique, une coule, une paillasse dans le dortoir commun, un crucifix en fer, une alimentation chiche, une église nue, austère, sans clocher, ni peinture, ni vitrail, ni sculpture. Retour au travail manuel avec l'aide des frères convers et à une vie spirituelle, épurée et chaste, que n'écrase plus une liturgie trop fastueuse ; retour aussi à une vie totalement communautaire et à une décentralisation complète à l'intérieur d'un ordre qui, sous l'impulsion de saint Bernard, compte à la fin du XIIᵉ siècle plus de 500 maisons. Pratiquant le faire-valoir direct, les cisterciens (moines et convers) installent diverses granges autour de leur maison ; ils défrichent le sol et, manquant de bras, améliorent considérablement les techniques agricoles ou se consacrent surtout à l'élevage, auquel leurs terrains humides se prêtent d'ailleurs fort bien (moutons cisterciens d'Angleterre). Le monastère est généralement aménagé en fonction d'une bonne utilisation de la force hydraulique. Bref, les biens, sagement administrés, rendirent riches en peu de décennies ces aspirants à une stricte pauvreté ; d'autre part, leur vie contemplative fut troublée par les actions diverses que leur demandèrent les papes ou les évêques qui sortaient de leurs rangs : organisation d'ordres militaires dans la péninsule Ibérique, lutte contre les hérésies dans le Languedoc.

Sur ce terrain, ils se rencontrèrent avec des ordres plus spécialisés. Cîteaux ne disparut pas, loin de là, car sa famille passe de 525 à 694 maisons de la fin du XIIᵉ à la fin du XIIIᵉ siècle ; mais elle perdit la position en flèche qu'elle avait monopolisée pendant près d'un siècle ; la prépondérance des villes sur les campagnes commence par ailleurs à favoriser les ordres urbains par rapport à l'ensemble des bénédictins, demeurés surtout ruraux.

Le premier et le plus célèbre des ordres militaires est né auprès d'une fondation charitable amalfitaine, au milieu du XIᵉ siècle, dans la Jérusalem occupée par les Égyptiens ; son idéal de charité hospitalière, auquel il est resté constamment fidèle, l'a amené à escorter et à défendre les pèlerins sur la route du Saint-Sépulcre et à former ainsi le premier ordre, en Occident, dont la vocation (le combat) était aux antipodes de l'idéal chrétien de paix et de charité ; monastère-caserne, chevaliers lourdement armés, recrutés dans la seule classe chevaleresque et flanqués de frères-sergents comparables à des valets d'armes, exercices en groupes, combats fréquents, discipline très stricte, garde de châteaux puissamment fortifiés : telles sont les principales caractéristiques de la vie non seulement des hospitaliers, mais aussi des templiers, des Chevaliers teutoniques et des ordres nés aux franges orientale et méridionale de l'Occident, Porte-Glaive de Livonie, Saint-Jacques-de-l'Épée, Tomar dans la péninsule Ibérique.

Ajoutons que, au cœur de l'Occident, en Angleterre, en Germanie, en France, ces ordres possédaient de nombreuses commanderies, recrutant les effectifs, centralisant les revenus de possessions foncières remarquablement gérées et sans cesse augmentées par les donations ou les legs pieux : les excédents de recette provenant de la vente de la laine par les templiers d'Angleterre, de la vente du blé, des fourrures, de la cire, de l'ambre par les teutoniques, étaient consacrés à la croisade permanente contre les infidèles ou les païens. De plus, l'important courant monétaire d'Occident vers l'Orient, qui s'étoffa à l'époque des croisades, développa la banque et le système des compensations dans lesquels se spécialisèrent les templiers.

En fait, la vie de ces moines-soldats n'était exactement comparable ni à celle d'un noble, ni à celle d'un clerc, ni, *a fortiori,* à celle d'un banquier. Saint Bernard, qui a beaucoup admiré les templiers et a contribué à leur foudroyant essor, nous dit que : « Les paroles insolentes, les actes inutiles, les rires immodérés, les plaintes et les murmures, s'ils sont remarqués, ne restent pas impunis. Ils détestent les échecs et les dés ; ils ont la chasse en horreur ; ils ne trouvent pas dans la poursuite ridicule des oiseaux le plaisir accoutumé... Ils évitent et abominent les mimes, les magiciens et les jongleurs, les chansons lestes et les soties. Ils se coupent les cheveux ras. On ne les voit jamais peignés, rarement lavés, la barbe hirsute, puants de poussière, maculés par leur harnais et par la chaleur. Ils se méfient de tout excès en vivres ou en vêtements, ne désirant que le nécessaire. Ils vivent tous ensemble, sans femmes ni enfants. »

Les chevaliers dormaient en cellules donnant sur le même couloir ; les frères-sergents en dortoir ; malgré leur vie active et leurs deux repas par jour, ils devaient s'abstenir de viande trois fois par semaine et observaient deux Carêmes : de la Saint-Martin à Noël et des Cendres à Pâques. Levés dès matines (minuit), ils récitaient 86 prières : 13 pour Notre-Dame, 13 pour la journée, 30 pour les vivants et 30 pour les morts. A tierce, 14 prières ; de même à sixte ; à vêpres, 18 prières, sans oublier les messes que doivent célébrer les pères. La discipline est très stricte ; la moindre faute punie d'une flagellation avec la courroie des étriers ; des peines plus graves (exclusion) frappent larcin, hérésie, mensonge, simonie, sodomie ou révélation de choses dites en chapitre. On a prétendu, sans tellement de preuves, que les templiers avaient une doctrine ésotérique (et hérétique) ; il semble, certes, qu'ils reniaient Dieu trois fois en crachant sur la Croix ; mais n'est-ce pas en souvenir de Pierre et pour preuve d'humilité et d'obéissance totales ? La sodomie obligatoire pour les initiés n'est qu'une légende, tenace dès le XIVe siècle, puisque dans Fauvel on répète que les templiers qui,

> A cracher dessus [la Croix] commandoient,
> L'un l'autre derrière baisoient...
> Que c'est grande hideur à le dire.

Peut-être existait-il parfois un baiser au bas de la colonne vertébrale, par « bizutage » initiatique, ou tout simplement l'homosexualité s'était-elle développée au sein de l'ordre quand celui-ci connut sa grande crise, au XIIIe siècle. Quant à l'adoration du Baphomet, idole hermaphrodite ou non, elle ne repose que sur un témoignage tardif et très discutable.

Reste que la force, la discipline, la richesse et l'éloignement des templiers, au seuil de l'Orient fabuleux, ont pu accréditer de nombreuses légendes à leur sujet, puis cristalliser diverses haines. Pensons à Wolfram von Eschenbach chantant ces « vaillants chevaliers [qui] ont leur demeure au château de Montsalvage, où l'on garde le Graal ; ce sont les templiers qui vont souvent chevaucher au loin, en quête d'aventures ; quelle que soit l'issue de leurs combats, gloire ou humiliation, ils l'acceptent d'un cœur serein, en expiation de leurs péchés ». Rappelons aussi que ces gardiens du Graal ont connu une crise profonde, comme les autres ordres, au XIIIe siècle, crise accentuée par la perte de la Terre sainte et la très difficile « reconversion » dans une société où les activités financières suscitaient envie et haine. Au XIVe siècle, la puissance et la richesse des templiers inquiètent certains rois ; le pape supprime l'ordre en 1312, les biens des templiers sont dévolus aux hospitaliers ; en France, Philippe Le Bel ne cède ces biens qu'après en avoir tiré le plus d'argent possible.

Les ordres ibériques ou teutoniques ont eu une survie beaucoup plus brillante, et les hospitaliers se sont perpétués jusqu'à nos jours par l'intermédiaire des Chevaliers de Malte.

La crise des ordres ruraux et seigneuriaux s'est marquée au XIIIe siècle par l'apparition d'une nouvelle et considérable floraison d'ordres, réclamant la pauvreté absolue, courant les routes ou s'installant dans les villes, devenues les centres nerveux, les cœurs et les artères de l'Occident. Parmi ces ordres « mendiants », les carmes, les augustins, les sachets (vêtus d'une sorte de sac), les pie (vêtus en noir et blanc) et surtout les mineurs (franciscains) et les prêcheurs (dominicains) concilient action et contemplation dans une règle stricte sur les questions de morale, plus souple sur les questions de stabilité, voire de hiérarchie ; aux « moines » se juxtaposent ainsi, peu à peu, les « religieux ».

Dominique (1170-1221) avait prêché avec les cisterciens en pays cathare et avait pu constater la nécessité de proposer des modèles spirituels en accord avec les nouveaux problèmes de la société, et fondés sur un strict retour à la pauvreté et à la prédication évangélique. C'est ainsi que, après avoir créé à Prouille le premier couvent de femmes pour cathares repenties et converties (1207-1211), il établit au cœur du pays albigeois reconquis, à Toulouse, sur la base de la règle augustinienne et des coutumes de Prémontré, la première maison de frères prêcheurs (1215). En moins de cinq ans, un ordre est constitué, déjà divisé en 8 provinces (1221) : France, Allemagne, Angleterre, Espagne, Hongrie, Rome, Provence, Lombardie, auxquelles s'ajoutent, en 1228, Terre sainte, Grèce, Pologne et Dacie (pays scandinaves) ; chaque couvent désigne chaque année des religieux qui se réunissent en chapitre général et élisent le maître général.

Le futur dominicain fait un long noviciat, durant lequel il reste cloîtré et se livre à de sérieuses études théologiques ; après ses vœux (obéissance, pauvreté, chasteté), il entre dans un couvent où il continue ses études et reçoit les ordres majeurs (diaconat et prêtrise) ; dès lors, il partage sa vie entre l'étude, la méditation, l'enseignement, l'administration et l'action, la cure d'âme, la prédication le long des routes ou sur les places des villes ; tout cela en pratiquant l'absolue pauvreté et de nombreux jeûnes ou mortifications matérialisant pénitence et renoncement. Drapés dans la robe blanche de Prémontré, recouverte de la chape noire des chanoines espagnols, ces prêcheurs incomparables et impeccables, du fait de leur formation intellectuelle, ont animé les universités et fourni les plus grands savants du Moyen Age : Albert le Grand et Thomas d'Aquin.

Au lieu de s'adresser à l'intelligence et à la raison, de parler du dogme, les disciples de saint François d'Assise (1181-1226) dans leur robe brune à capuchon, ceinte d'une simple corde comme en avaient les pauvres d'Ombrie, touchent le cœur, traitent des sujets de morale pratique ; ce sont eux les pauvres entre les pauvres, répudiant souvent le couvent, qui leur offrirait une sécurité matérielle, mendiant chaque jour leur pain, allant prêcher jusqu'en Égypte, en Mongolie, en Chine, la simplicité, l'humilité, la charité et l'amour évangéliques. Une admiratrice de François, Claire de Favorino, fonda l'ordre féminin correspondant (clarisses), et à la fin du XIIIe siècle existaient déjà, suivant la règle franciscaine, plus de 1 500 maisons réparties en 34 provinces. Par-dessus tout, le monde des laïcs avait été fortement pénétré par la prédication et l'exemple ; nombreux furent ceux qui, sans abandonner l'état laïc et l'usage du mariage, se réunirent en fraternités pour pratiquer la pénitence et constituèrent ainsi le « tiers ordre » franciscain qui, vers le milieu du XIVe siècle, groupait, dans la seule Italie, près de 600 000 personnes : plus de 5 % de la population totale ! D'autres laïcs, également, s'associèrent à l'ordre dominicain.

L'influence de ces ordres mendiants, tournés vers l'action, vivant dans le siècle au sein des villes ou prêchant et confessant au long des routes, dans tous les milieux, a donc été énorme. Il est impossible d'évoquer la vie médiévale sans faire une place considérable à ces religieux et, d'une manière générale, à tous les moines et aspirants à la perfection. Rares sont les ordres qui ont disparu au Moyen Age ; aucun n'a exactement remplacé ses prédécesseurs ; tous se sont juxtaposés au cours des siècles. Le voyageur, le pèlerin sait qu'il trouve dans la campagne les granges et prieurés cisterciens, les abbayes bénédictines, les fondations clunisiennes, les filles de Prémontré, les commanderies de l'Hôpital, du Temple, des teutoniques ; sur la route même, il voyagera en compagnie du dominicain qui prêche d'église en église, étudie ou enseigne à l'université lointaine ; en compagnie du franciscain fidèle à l'esprit du saint (spirituel) qui a délaissé ses frères « conventuels » et, à la limite de l'hérésie et de la désobéissance, harangue et émeut le peuple. A côté d'un clergé séculier plus hiérarchisé et traditionnel, le clergé régulier, se renouvelant ou se transformant constamment, en accord avec les conditions économiques, sociales ou spirituelles, a été l'aile marchante de l'Église occidentale.

L'Église et le siècle.

Tandis que les aspirants à la perfection, séparés et du siècle par les murs de leur couvent et de la diversité des vies et conditions par la stricte observance de leur règle, pendant longtemps ne se sont pas autrement distingués de la foule des laïcs, le personnel au service de la Divinité vivant dans le siècle se constitue rapidement en ordre doublement hiérarchisé, d'après les capacités ou d'après les pouvoirs.

Pour être clerc, il suffit d'avoir reçu la tonsure ; la cérémonie, répétée des millions et des millions de fois, se fait en présence de l'évêque, qui, après un introït ou un kyrie, tond la barbe et les cheveux de l'impétrant pour symboliser aux yeux de tous son renoncement (très partiel) au monde et l'attente du Royaume éternel ; ce que confirment d'ailleurs les paroles de dédition récitées en même temps par le nouveau clerc et l'évêque. Le tonsuré qui désire accéder aux mystères divins et au sacerdoce doit s'élever par degrés, recevoir une série d'ordres — avec un intervalle de temps obligatoire entre chacun d'eux — qui ne lui permettent guère d'exercer avant 30 ans (exceptionnellement 25) la plénitude du pouvoir sacerdotal. Les ordres dits « mineurs » sont : portier ou sacristain (qui a la clé de l'église, surveille les ornements liturgiques et peut sonner la cloche), lecteur (qui instruit le peuple en lisant des textes religieux, peut bénir le pain ou les fruits) exorciste (qui a pouvoir sur les démons), enfin acolyte, qui porte chandelier et burettes, et participe matériellement au saint sacrifice. Le sous-diacre, qui est déjà astreint à la continence et aide à célébrer les mystères, est de plus en plus considéré comme ayant reçu un ordre majeur. Au-dessus de lui, le diacre peut prêcher, administrer certains sacrements comme le baptême, voire la communion ; il porte l'étole et la dalmatique. Enfin, le prêtre célèbre les mystères, le sacrifice de l'Eucharistie, bénit, administre la plupart des sacrements. L'épiscopat est la perfection du sacerdoce mais n'est pas un ordre spécial.

La stricte hiérarchie qui régit le clergé occidental provient en grande partie des structures administratives du Bas-Empire, c'est-à-dire de celles qu'a connues le christianisme au moment où il s'est implanté dans le monde romain ; la cellule fondamentale en était la fameuse cité antique (ville entourée de sa campagne) ; un certain nombre de cités se regroupaient en provinces, qui avaient pour capitale (métropole) l'une d'entre elles. Le prêtre de la cité (en grec, « celui qui surveille », *episcopos,* évêque) dépendait dans une certaine mesure de celui qui veillait sur la métropole (métropolitain, à qui, à l'époque de Charlemagne, s'associe le nom très évocateur d'archevêque). Mais, avec les progrès de la christianisation et la conversion des éléments ruraux (ces *pagani* (paysans), sur le nom desquels on a formé le mot « païens ») l'évêque n'a plus été le seul prêtre de la cité. Non seulement il a été entouré, aidé, conseillé par un certain nombre de clercs résidant autour de lui, ceux qui, adoptant au IXe siècle la règle canoniale, constitueront le chapitre cathédral ; mais surtout se sont formées autour de la cité épiscopale les nouvelles cellules élémentaires de la chrétienté occidentale, les paroisses, animées par de nombreux clercs. La paroisse a une forte cohésion économique, car elle est, nous l'avons vu, née en même temps que se constituait le village. Mais sa cohésion est encore plus d'ordre spirituel, autour du prêtre — curé, recteur — qui confesse, baptise, marie, enterre, célèbre la messe dominicale obligatoire, y prie, y prêche, y divulgue les nouvelles ; l'église en est le centre ; la place qui l'entoure, le cimetière *(campo santo)* sont les endroits où les villageois vont se rencontrer, se divertir, payer la dîme ou pleurer leurs morts. Le curé a de ce fait une grande autorité morale, mais sa situation économique n'est pas toujours excellente ; il dispose généralement d'une dotation foncière, qu'il exploite souvent en personne, de la même manière que ses ouailles paysannes dont il peut parfaitement comprendre les problèmes. Il a également un quart de la dîme, si elle n'est pas entièrement inféodée, les trois autres quarts allant à l'entretien de l'église, des pauvres, des orphelins et à l'évêque ; il dispose aussi des revenus assurés par le droit d'étole, c'est-à-dire une rémunération pour les mariages, les enterrements, etc. ; enfin, il peut espérer des dons, des legs pieux. Dans des conditions normales, il a donc de quoi vivre, voire de quoi élever la famille que, trop souvent, il entretient (« la femme le prêtre, les enfants le prêtre »). Sa situation se détériore s'il dépend d'un monastère, d'un chapitre ou d'un patron laïc qui le nomment, voire qui le rémunèrent en lui attribuant une portion « congrue » (au dire de ses supérieurs), en fait bien insuffisante. La misère économique et morale de l'humble desservant rural est difficile à préciser ; elle ne contribue pas à l'élever bien au-dessus de ses fidèles.

Parfois, avec les progrès des défrichements et la montée de la population, une paroisse trop grande se scinde, se divise en de nouvelles paroisses ; le curé primitif devient alors un « doyen », a un certain droit de regard sur les nouveaux desservants, dont les paroisses restent groupées dans le « doyenné ». Plusieurs doyennés se réunissent en un archidiaconé, et plusieurs archidiaconés forment un diocèse, qui bien souvent correspond, en pays romanisé, à l'ancienne cité et dépend au spirituel de l'évêque, personnage fondamental de la hiérarchie ecclésiastique. Outre la dotation foncière considérable qui en fait un grand seigneur au temporel et lui assure une place de premier plan dans la société féodale, l'évêque dispose de nombreux pouvoirs sur tous les chrétiens de son diocèse. Autorité, c'est-à-dire consécration des églises, bénédictions, collations des sacrements comme la confirmation ou l'ordination des prêtres. Juridiction, au nom de laquelle il a seul connaissance et de certaines causes touchant la religion (blasphème, mariage, testament) et de tous les délits commis par les clercs ; il en tient également le droit de lancer une excommunication. Magistère, car il doit former les clercs et instruire les laïcs. Administration enfin, car c'est lui qui autorise les constructions religieuses, divise les paroisses. Ses revenus sont considérables ; à ceux de ses seigneuries, fiefs, alleux, droits de ban, foires, marchés, etc., s'ajoutent le quart des dîmes, les successions des clercs. A côté du personnel laïc, chevaliers, nobles dames, sergents, etc., qui l'entoure en tant que seigneur, l'évêque dispose directement d'un grand nombre de clercs qui l'aident dans ses fonctions ; depuis les coadjuteurs, qui le suppléent en cas de maladie, l'archiprêtre, pour la liturgie, le vicaire général, le chancelier qui détient son sceau et garde un peuple de notaires, jusqu'à l'official (qui a délégation — entre des bornes précises — du droit de juridiction, contentieuse ou gracieuse) et l'archidiacre, sorte de premier ministre qui a lui-même sa petite cour, sa police et qui surveille attentivement les paroisses. L'évêque n'est cependant pas tout-puissant. D'une part, il est entouré de son chapitre cathédral, composé de riches chanoines qui l'élisent, puis le conseillent et généralement l'hébergent dans la belle cathédrale qu'ils font construire et administrent. Parfois, ces chanoines, disposant de revenus particulièrement copieux (mense capitulaire) sont plus riches que l'évêque : leur chef (le doyen ou le prévôt) hausse le ton, réclame ou exige.

Par ailleurs, un certain nombre de communautés, dans le diocèse, redressent également la tête ; ainsi des collèges de chanoines, eux aussi richement dotés par les princes ou les évêques qui les ont créés, ou enrichis par les pèlerinages, les droits de toute sorte qu'on leur a légués ou qu'ils se sont arrogés ; des monastères, surtout, dont le chef peut être mitré et crossé, et dispose de richesses considérables ; parfois même, abbayes ou prieurés sont « exempts », entièrement soustraits à l'autorité de l'évêque voisin et dépendent directement de l'abbé général ou du grand maître de leur ordre, lui-même rattaché au pape.

Enfin, non loin de l'évêque se trouve, limitant ses attributions, l'archevêque métropolitain, qui le sacre après avoir confirmé son élection, qui reçoit le serment d'obédience, qui juge en appel des décisions de l'official ; et, encore au-dessus, en négligeant le primat « national » (Tolède, Lyon, Cantorbéry, etc.), qui n'a qu'une vague prééminence sur ses collègues, le pape, évêque de Rome, entouré lui-même de son collège de cardinaux, ayant sa « dotation » foncière (le patrimoine de Saint-Pierre) et disposant de la juridiction universelle. C'est au cours du Moyen Age que le pape est devenu le souverain autocrate qui règne à Avignon au XIVe et à Rome à partir du XVe siècle, entouré d'une cour brillante et nombreuse qu'entretiennent plus

La messe est l'office religieux le plus important; il se déroule selon un cérémonial précis. Cette messe, dite des saintes reliques, montre un faste qui fait de l'office divin une représentation somptueuse et propre à impressionner les âmes. Rien n'était assez beau pour le service du Seigneur, et une grande partie des richesses laïques a été utilisée pour la construction des églises et leur ornementation. L'importance de la liturgie n'exclut pas, surtout à partir du XIIIᵉ siècle, la place accordée à la prédication. Les sermons sont un moyen efficace d'enseigner et de diriger, de blâmer, mais aussi de transformer le peuple des chrétiens. (Création de la messe, XVᵉ siècle. *Breviarium sacrum.* Jour des reliques saintes. Photo BN.)

les revenus savamment et minutieusement collectés dans tout l'Occident que ceux en provenance de l'État pontifical. Couronné depuis Nicolas Ier au milieu du IXe siècle, libéré de la tutelle des empereurs depuis Grégoire VII (fin du XIe siècle), chef incontesté de la chrétienté sous Innocent III (début du XIIIe siècle), le pape est source du droit canon, exige le serment de fidélité des évêques qu'il nomme, qu'il peut transférer d'un siège dans un autre et dont il surveille l'autorité spirituelle en évoquant de nombreux cas devant sa Pénitencerie, en envoyant des légats dans tout l'Occident. Lui seul peut canoniser les saints ou autoriser la création d'une université ; lui seul coiffe et le clergé séculier et la plupart des ordres monastiques et religieux ; enfin, par la collation de nombreux bénéfices, il a, dans ce clergé, une foule de clients fidèles et reconnaissants.

A côté de lui, les cardinaux sont de vrais princes de l'Église, entourés d'une maison civile ou militaire (la « livrée ») et d'une petite cour. Depuis 1059, ils élisent le pape, le conseillent dans tous les domaines, même quand il s'agit de créer de nouveaux cardinaux ; ils sont souvent investis de la charge de légat, qui leur permet de mieux connaître l'Occident ; peu nombreux, généralement une vingtaine, ils désireraient être encore plus étroitement associés à la direction de l'Église et leur influence peut être considérable sur un pape « de transition ».

La solidarité et l'homogénéité du clergé sont renforcées par les visites fréquentes des légats aux métropolitains, des métropolitains dans leur province, des évêques dans leur diocèse, des archidiacres et des doyens dans leur archidiaconé ou doyenné. Également par les assemblées qui se réunissent à différents niveaux : concile général, assemblée de toute l'Église occidentale, qui se tient assez rarement, car le pape s'en méfie, mais qui devient fondamentale au XVe siècle, lors des schismes ; synodes nationaux, provinciaux ou diocésains, dont la périodicité, de plus en plus courte, permet d'aborder régulièrement les principaux problèmes tout en resserrant les liens entre prélats, bas clergé, religieux et moines.

L'insertion du clergé dans la vie quotidienne des laïcs pose différents problèmes au niveau général comme au niveau individuel et contribue à en renforcer, sinon l'homogénéité, du moins la position privilégiée et singulière. Ses énormes propriétés foncières, qui dès l'époque mérovingienne et en tout cas à l'époque carolingienne et postcarolingienne occupent de 30 à 40 % des terres occidentales, sont pourvues du privilège de l'immunité : elles sont dispensées d'impôt, les représentants du roi (comme le comte) n'y peuvent plus pénétrer et le chef de l'immunité (abbé, évêque) y perçoit les droits de justice ou de gîte.

Il est à noter que le roi-empereur carolingien a favorisé les immunistes, en qui il voyait le contrepoids local du comte ; il leur réclamait d'ailleurs, en contrepartie de l' « honneur », de la dotation foncière qu'il leur assurait et dont il soulignait le caractère immune, un serment de fidélité. Lors de la désagrégation de l'Empire carolingien, ce lien de fidélité s'est fortement relâché, et l'immuniste est devenu pratiquement indépendant ; il a souvent un peuple de vassaux, a pu vassaliser des comtes, voire exercer le pouvoir comtal ou constituer des principautés territoriales. L'évolution de ces immunités est frappante dans l'Empire germanique, car, favorisées par Othon le Grand, elles ont pu former le noyau de véritables États : les archevêques de Trèves, de Cologne ou de Mayence, l'abbé de Fulda ne sont que les plus célèbres de ces puissants prélats immunistes.

Il est cependant un caractère fondamental qu'ont seules les fonctions et charges ecclésiastiques : elles ne sont pas héréditaires. D'où une seconde différence entre les immunités et les fiefs qui apparaissent à cette époque (fin du IXe, début du Xe siècle) en Occident. Leur titulaire est désigné par élection.

La question ne se pose guère au niveau du petit desservant, du curé de paroisse, car très souvent l'église n'est que l'ancien oratoire privé du seigneur, qui le considère, puisqu'il a été bâti par lui ou ses ancêtres, comme sa possession ; il en garde donc les dîmes, taxes et casuel y afférents et en nomme le desservant, que, pour plus de sûreté, il tire de son entourage domestique et qu'il rétribue par un faible lopin de terre. Mais, au moins au niveau de l'évêque, il est bien prévu que les clercs et le peuple concourent à l'élection de leur pasteur. Tout dépend alors de l'interprétation que l'on donne de cette tradition de l'Église primitive ; les papes Léon le Grand et Étienne V (888) proclamèrent que « l'élection appartient aux prêtres ; le consentement du peuple doit simplement s'y ajouter, car le peuple doit être enseigné et non obéi ». En fait, les prêtres, ici, ne désignent pas le menu clergé, peu à peu écarté et remplacé par les clercs sur place, autour de l'évêque défunt, c'est-à-dire les chanoines cathédraux, qui, les premiers avertis de la vacance, peuvent s'entendre sur un nom et le faire triompher; ce sont parfois les grands abbés du diocèse qui interviennent avec privilège de «première voix», c'est-à-dire que, les premiers, ils disent un nom, sur lequel se rallient alors bien des hésitants. L'élu devra ensuite être confirmé, passera un examen canonique public sur sa vie et son savoir, lors d'un synode provincial qui groupe en théorie la plupart des clercs et, du moins, tous les évêques de la province ecclésiastique sous la présidence de l'archevêque métropolitain. L'élu sera alors sacré par le métropolitain assisté de deux de ses évêques qui imposent leurs mains en disant : « *Accipe spiritum sanctum* » (reçois l'Esprit saint) et l'oignent du Saint-Chrême sur le front et les mains; enfin, ils lui transmettent la crosse, le bâton, symbolisant le droit de gouverner le diocèse, en récitant la formule : « Reçois le bâton, signe de gouvernement sacré, qui t'impose le devoir d'affermir les faibles, d'assurer les chancelants, de corriger les méchants, de diriger les bons dans la voie du salut éternel. » La transmission de l'anneau rappelle le mariage mystique de l'évêque avec son Église, dont il ne se séparera jamais jusqu'à la mort — seul le pape peut transférer un évêque sur un autre siège. Si l'élu ne réussit pas son examen canonique, le métropolitain et ses évêques suffragants se hâtent d'en consacrer un autre, ce qui suscite de fortes controverses, souvent des luttes effectives. En principe, on devrait recourir au pape; en fait, c'est généralement le rapport des forces en présence (donc les laïcs) qui en décide. Certains laïcs ont d'ailleurs une influence directe dès l'élection; non le peuple, qui se borne à confirmer par acclamations le nouvel élu, mais les vassaux de l'évêque, par exemple, et surtout ceux qui ne sont pas chasés et demeurent sur place, ont les armes à la main et peuvent facilement convaincre les chanoines électeurs; et de même les seigneurs proches, surtout le comte ou le vicomte qui se sont installés à proximité directe de la cité. Par-dessus tout intervient le prince territorial, l'usurpateur des droits régaliens.

A partir de Charlemagne au moins, le souverain a pris ou récupéré le droit de permettre une élection ou de choisir un candidat. Les papes reconnaissent plus ou moins explicitement ce droit, puisque l'un d'eux, en 921, déclare que « nul évêque ne peut être consacré dans son diocèse sans la volonté royale ».

Othon le Grand nomme tous ses évêques; le roi de France, à la fin du Xe siècle, dispose de 19 évêchés et de 4 métropoles (Reims, Sens, Tours et Bourges) dont il tire l'essentiel de ses revenus; mais divers autres princes ont largement usurpé ce droit régalien : le duc de Normandie nomme à 7 évêchés, le comte du Roussillon choisit l'évêque d'Elne, le vicomte de Bigorre celui de Tarbes, etc. La raison majeure de cette intervention des laïcs est de toute manière parfaitement fondée dans la société féodale; en effet, le temporel de l'évêque (et de l'abbé) est une dotation terrienne qui permet au prélat d'exercer sa charge et qu'il reçoit moyennant un serment de fidélité à qui le lui donne. Cet « honneur » ou ce temporel en général est assimilé à un fief, le serment à un serment de vassalité, et la cérémonie essentielle devient donc celle de l'investiture de ces biens à l'élu non encore sacré : tradition des mains, hommage, serment « comme un homme à son seigneur » ; puis on revêt l'élu de son « fief » non par le fétu, la motte de gazon ou la bannière, mais par le symbole de sa charge, la crosse et l'anneau. Il y a donc confusion totale à ce niveau, car on considère que le seigneur qui investit l'élu est propriétaire éminent de ces biens et les concède à titre viager à l'évêque; il peut donc les reprendre (et déposer l'évêque, ce qui est contraire aux canons), les léguer, les vendre, les donner en dot, etc. L'évêque passe également pour être un vassal, devant l'aide et le conseil; enfin, cette investiture laïque précédant le sacre et ayant lieu par la crosse et l'anneau, elle rend secondaires (au propre et au figuré) et la tradition de la crosse spirituelle par le métropolitain et l'ensemble du sacre. On peut même en déduire que l'empereur donne au pape le patrimoine de Saint-Pierre, le nomme et exige de lui un serment de fidélité.

Il s'ensuit que, de même que le clergé rural, les prélats sont profondément engagés dans la société laïque : ils vivent dans un palais, voire un château, entourés de leurs chevaliers, de leurs vassaux, versent le sang à la chasse ou à la guerre, se complaisent dans la débauche (nicolaïsme), achètent leur élection, vendent les choses sacrées (simonie). Leur recrutement tend à se faire dans la seule classe chevaleresque : cadets de bonne famille, amis que l'on désire obliger, filles que l'on n'a pas pu marier deviennent évêques, abbés, chanoinesses; encore heureux s'il en est de clercs, ordonnés et sacrés. Parfois, c'est un laïc qui devient abbé, s'installant au monastère avec sa famille, ses chevaliers, concentrant les revenus et ne laissant aux moines et à celui qui remplit ses fonctions spirituelles qu'une maigre dotation, les «menses» abbatiale et conventuelle. De toute manière, même si le laïc élu évêque se fait consacrer, même s'il est de moralité irréprochable et de grande culture, il n'empêche qu'il est devenu clerc sans vocation, sans préparation, et que sa mentalité, comme sa vie quotidienne, est très proche de celle de ses frères ou cousins, les seigneurs ses voisins. Au XI⁰ siècle, le monde des clercs, y compris nombre de couvents bénédictins et clunisiens, est entièrement noyauté, pénétré, modelé dans son corps comme dans son esprit par celui des laïcs.

On comprend l'importance des réformes dites grégoriennes, promues par Grégoire VII, Urbain II et parachevées par Calixte II (1122), qui arrivèrent à arracher partiellement les grands prélats à la féodalité en leur interdisant de prêter hommage à des laïcs, en veillant à leur recrutement grâce à la libre élection par les chanoines ou la nomination directe par le pontife, en les choisissant souvent parmi les moines ou les religieux. Au milieu du XII⁰ siècle, il y a moins de prélats scandaleux ; malheureusement, le bas clergé reste enfoui dans le monde rural ou bien proche de la plèbe urbaine dans laquelle il vit.

Et la littérature populaire, la satire, les romans de chevalerie n'épargnent guère ce clergé séculier, les hauts prélats, le monde des chanoinesses et des moniales. Leur vie aurait un certain nombre de pôles, bien éloignés de ceux que nous avons vus : gloutonnerie et plaisirs de la table, ils «surmangent» et ils «surboivent», même chez les moines blancs, où le vin de qualité est fort estimé ; et chez les noirs, quelle débauche de costumes ! Cupidité profonde, appât du gain et fourberie, depuis le petit desservant qui se fait payer régulièrement des trentaines de messes qu'il ne dira pas, jusqu'aux cardinaux qui volent et dérobent tout pour l'amener outre-monts ; les clercs achètent, vendent, spéculent sur le prix du blé, prêtent même aux Juifs ; les moines blancs font argent de tout, installent leurs granges dans des églises, des porcheries sur les cimetières, etc. Et les évêques, qui ont beaucoup dépensé pour acheter leur siège, par simonie, ne songent plus qu'à rentrer dans leurs frais et à amasser. Règnent orgueil, dureté, fainéantise et paresse pour exercer les offices ou mener la vie monastique, par-dessus tout la luxure, moins évidente que l'on ne le dit pour les nonnes ou les bénédictins.

L'ordre des clercs, par ses privilèges, sa richesse et sa puissance, temporelle ou spirituelle, éveille certes bien des envies tant dans la classe chevaleresque qu'au sein des villes ou des campagnes; on s'en venge comme on peut, par des satires, des médisances, des calomnies. Mais beaucoup de ces critiques sont largement commentées par des prédicateurs, clercs eux-mêmes, précisées par des mandements ecclésiastiques, et leur véracité est prouvée par de nombreux procès que nous ont conservés tant les archives pontificales que les dossiers de princes souverains. Malgré les devoirs de leur ordre, nombre de clercs mènent une vie bien proche de celle des laïcs.

L'Église, tutrice de l'Occident.

Les clercs apparemment si influencés par les laïcs, au point de perdre à leur contact une grande partie des vertus qu'ils devraient manifester au service de la Divinité, ont en fait enserré toute la société occidentale dans les mailles de leur stricte hiérarchie, dans l'observance obligatoire d'un certain nombre de rites et prescriptions. Ils ont également surveillé et dirigé les efforts, dosé et vérifié l'acquisition des connaissances, maintenu autant que possible le partage de la société en ordres voulus par Dieu et combattu âprement ceux qui contestaient ce monopole éducatif ou cette vision du monde.

L'un des aspects de cette surveillance constante de la société qui, par ailleurs, souligne la différence d'état entre clerc et laïc, est bien évoqué par l'étude du for ecclésiastique.

L'Église a le droit de juger, dans de nombreux cas, tous les chrétiens et, dans tous les cas, les clercs ou personnes qui leur sont assimilées; ce tribunal est bien entendu différent des justices laïques dont peuvent disposer évêques, abbés, chapitres, en tant que seigneurs haut ou bas justiciers, en tant que détenteurs du ban. Tout d'abord, l'Église juge au for « intérieur » : elle est censeur impitoyable de tous les péchés commis et, par le tribunal de la pénitence, remet ces péchés moyennant une peine proportionnée à leur gravité, non confondue avec la peine temporelle qu'ils ont pu mériter; un crime puni matériellement d'emprisonnement ou d'amende peut, au spirituel, exiger un pèlerinage ou une pénitence publique. Dans certains cas, l'évêque ou le légat ou le pape peuvent lancer une excommunication contre le coupable, qui est alors exclu de l'Église, donc, pratiquement, de la société, puisqu'il est privé de tous les sacrements qui en sont le fondement et de tout contact avec les autres chrétiens.

Parfois, à l'excommunication nominale, individuelle ou collective, s'ajoute l'interdit, très grave punition spirituelle frappant une ville, une région, un pays et suspendant dans son ressort les fonctions ecclésiastiques et le culte public ; pas de messe, pas de mariage, de confession, de communion et, en toute rigueur, ni baptême ni extrême-onction. De nombreux innocents, simplement parce qu'ils étaient sujets d'un prince ou habitants d'une ville ainsi punis, risquaient alors la damnation éternelle ; mais, pour que l'interdit ait toute son efficacité, il fallait que tous les clercs obéissent et, surtout, que cette peine terrible soit exceptionnelle ; faute de quoi on s'installait dans l'interdit et le souverain responsable pouvait contraindre par la force certains ecclésiastiques, voire faire élire un antipape qui le relèverait de la sentence. Dans la plupart des cas, heureusement, après confession soit publique, soit, de plus en plus, auriculaire, le coupable rachetait sa pénitence par aumônes, jeûnes, prières, pèlerinages, ou obtenait par ses mérites (lutte contre l'infidèle, aide à la construction d'une église) une indulgence, c'est-à-dire une remise d'une partie ou de la totalité de la peine encourue sur terre ou au purgatoire.

Le for « extérieur » est saisi pour cause personnelle *(ratione personae)* ou pour cause réelle *(ratione materiae)*. Sont réputées causes *réelles* toutes celles concernant les sacrements, les crimes touchant au spirituel, les testaments, nombre de serments ou d'engagements, les biens d'Église, les bénéfices ; causes *personnelles*, toutes celles qui se rapportent à un clerc ou assimilé. On conçoit le nombre incroyable de procès enlevés ainsi à la justice civile et portés directement devant l'évêque ou son official ; le mariage étant un sacrement, toutes les questions matrimoniales étaient de leur compétence (et en particulier la dévolution des biens matrimoniaux) ; de même la plupart des cas d'adultère ou d'infanticide ; également l'immense majorité des testaments, tous ceux comportant des legs pieux. Par crimes contre la foi chrétienne, il fallait entendre la simonie (le bien-

connu trafic des choses saintes), la magie et la sorcellerie, et
par-dessus tout l'hérésie. Nous verrons comment se constitua au
XIIIᵉ siècle, en Languedoc, le redoutable tribunal de l'Inquisition pour restaurer la foi chrétienne et rétablir l'empire de
l'Église en pays jadis cathare. Il y avait également les crimes
commis dans les lieux saints et la violation du droit d'asile ; en
effet, n'importe quel coupable pouvait se réfugier dans un
bâtiment ecclésiastique ; il était de ce fait soustrait à toute
juridiction séculière. L'Église fut assez forte et pour faire respecter cet asile sacré (trop souvent violé à l'époque mérovingienne) et pour étendre le droit d'asile non seulement autour des
églises (anneau extérieur dit « de salut », espace de 30 à 60 pas),
mais encore au sein des cimetières, voire sur de vastes espaces,
notamment lors des défrichements ; la limite de ces villages était
signalée par des croix, encore nombreuses dans le paysage
actuel. Inutile de dire que cet ancêtre de l'immunité moderne
provoquait un certain nombre d'abus : malandrins poursuivis par
la maréchaussée à proximité d'églises, à qui il suffisait d'agrip-
per un anneau de salut pour s'assurer l'impunité au moins
immédiate ; cimetières urbains transformés en quartiers généraux de brigands qui s'y retirent à la tombée du jour ; peuplement mêlé des *nouveaux villages immunes*.

Les biens d'Église n'étaient pas tous décrétés lieux d'asile ;
d'ailleurs, certains étaient des fiefs dont le possesseur était
certes l'Église, mais dont le propriétaire éminent, seigneur laïc,
était justiciable du tribunal public ; il fallait donc que ce dernier
statuât d'abord sur la qualité du bien avant que l'on sût si le for
pouvait s'en saisir. Même chose pour les dîmes, dont certaines
étaient inféodées, ou pour les serments, car, si prendre Dieu et
les saints à témoin aurait dû normalement entraîner la compétence du for, le fait qu'un tel serment était à la base des liens
vassaliques et de la féodalité aurait entraîné la mainmise de
l'Église sur l'immense majorité des causes civiles ou publiques.
En revanche, beaucoup de contrats, surtout à partir de la renaissance des échanges et du besoin de preuve écrite, étaient passés,
par la volonté des deux contractants, devant l'official ; l'Église
en était donc le garant, et toute contestation éventuelle devait
être portée devant celui qui avait apposé son sceau sur l'écrit. La
diffusion de cette juridiction gracieuse est particulièrement remarquable aux XIIᵉ et XIIIᵉ siècles.

A côté de ces causes réelles, le for connaissait des causes personnelles ; le moindre tonsuré devait décliner la compétence de tout tribunal laïc, exiger que ses meubles ne soient pas saisis. S'il était appréhendé en flagrant délit de crime, la justice publique pouvait l'arrêter mais devait le déférer immédiatement devant un tribunal ecclésiastique ; les officiers qui ne l'auraient pas fait auraient été sur-le-champ frappés d'excommunication. Or il y a de très nombreux clercs ; songeons à tous ces tonsurés qui sont mariés, vivent dans le siècle mais jouissent du privilège de clergie ; songeons à tous ces prêtres qui peuvent former jusqu'à 5 ou 6 % de la population majeure mâle de l'Occident. Ajoutons-y les « assimilés » du point de vue juridique que sont les croisés, les étudiants, les *miserabiles personae* comme les veuves ou orphelins que l'Église doit protéger ; ajoutons-y enfin tous les faux tonsurés qui, pour attirer la confiance ou écarter la maréchaussée, se font tondre le sommet du crâne ; il était bien difficile à la justice publique de s'en saisir sans scandale.

De la sorte, non seulement l'ordre des clercs était parfaitement distingué par privilèges du restant de la société chrétienne, mais encore il contrôlait efficacement, par les fors extérieur et intérieur, l'essentiel de ses activités.

Une autre preuve de ce contrôle ou de l'asservissement des forces vives de l'Occident est fournie par l'exemple de la cathédrale, l'abbaye, la construction religieuse sous toutes ses formes ; édifiés par centaines, par milliers et par dizaines de milliers, ces bâtiments ont mobilisé les efforts, les revenus ou les capitaux de dizaines de millions d'hommes et les ont peut-être épuisés par leur démesure.

Le bilan est difficile à dresser ; d'une part, ces édifices souvent admirables, qui nous restent comme les témoins d'une civilisation originale à son apogée, et les progrès techniques qui en ont été à la fois cause et conséquence ; d'autre part, ces centaines de milliards d'heures de travail, ces sommes colossales englouties dans un labeur dont *matériellement* la communauté profitait si peu. Rappelons que l'Occident possédait une église pour moins de 200 habitants ; en certains endroits de Hongrie ou d'Italie, pour moins de 100 habitants ; de vieilles cités épiscopales comme York, Lincoln et Norwich ont 140 églises pour un total, à elles trois, de 20 000 habitants. Pour les 70 millions d'Occidentaux de la fin du XIIIe siècle, il y aurait

eu donc près de 350 000 édifices de culte ; évoquons les milliers
de maisons monastiques, près de 1 000 cathédrales, plusieurs
fois autant de grandes abbayes ou collégiales. Or les proportions
en sont souvent considérables ; les surfaces au sol permettent
généralement de réunir l'ensemble de la population du village
ou de la ville dans les grandes cérémonies, moins les jeunes
mères, les nourrissons et les vieillards ; ainsi, à Amiens :
7 700 m² pour une dizaine de milliers d'habitants, dont 7 000
disponibles. Des villes comme Toulouse ou Cologne gardent
encore dans leur noyau historique une profusion d'églises datant
du Moyen Age ; *a fortiori* Venise, Florence, Rome... Les hauteurs atteintes sont incroyables : les clés de voûte sous les tours
de Séville sont à 56 mètres du sol, celles du chœur de Beauvais
à 48 mètres ; la tour de Strasbourg est à 142 mètres de hauteur,
celle de Beauvais dépassait 153 mètres avant sa chute.

Pourquoi et comment l'Église a-t-elle pu animer d'aussi gigantesques efforts ? Quelles en ont été les conséquences immé-
diates pour la vie courante ?

Que le temple consacré à la Divinité ait utilisé les matériaux
rares, promu les techniques de pointe et que sa réalisation
accomplisse ce qu'une civilisation a de plus beau ou de plus
noble est un fait courant ; Abou-Simbel, le Parthénon, Chichen-
Itza, Angkor en sont autant d'exemples. Mais l'église ou la
cathédrale occidentales ne sont pas réservées aux seuls serviteurs de Dieu, aux prêtres ; le fidèle est admis à pénétrer dans le
bâtiment, à approcher de près le saint des saints ; la foule des
bâtisseurs ne travaille pas pour que ses frères et ses fils n'aient
qu'une vue extérieure du temple ; la maison de Dieu est aussi la
maison du peuple. Tout le monde y a accès, pour y prier, certes,
mais aussi pour y circuler, y manger, y coucher ; on s'y faisait
suivre par ses chiens ; on y discutait à voix haute de sujets
matériels et profanes ; dans les villes, on s'y réunissait souvent
entre corporations ou membres de la commune. Enfin, les
cérémonies les plus belles, les plus prestigieuses, spectacle
pieux, sanctifiant et gratuit, appelaient, les dimanches ou jours
anniversaires de saints révérés (obligatoirement chômés), l'immense majorité de la population voisine ; ajoutons-y le théâtre
religieux, les cycles paraliturgiques qui aboutissent à ces célèbres « Mystères », étendus sur plusieurs jours et attirant des
foules immenses, principalement autour de Noël et de la Pas-

sion. Les reliques qui consacraient les autels étaient visitées en permanence par des pèlerins du diocèse, voire d'ailleurs, selon leur réputation et leur sainteté. Si l'église était sur l'un des grands chemins de pèlerinage de la chrétienté (Saint-Jacques-de-Compostelle, Rome, le Saint-Sépulcre), elle était animée par la foule des pèlerins de passage ; si elle était en dehors de ce chemin, elle essayait encore plus d'attirer, de faire faire le détour (touristique ou non) ; Florence parvint ainsi à accueillir une bonne part des Occidentaux sur la route de Rome.

A côté du grand élan spirituel indéniable qui, lors de l'essor démographique et économique de l'Occident, a permis la réalisation des cathédrales, il ne faut donc pas oublier la multiplicité de leurs usages et l'ampleur des ressources mobilisées. Les riches donnent libéralement pour le repos de leur âme, parce que l'argent qu'ils ont gagné l'a souvent été en marge des prescriptions canoniques ; mais aussi par esprit de concurrence qui les incite à faire plus beau et plus grand que la ville voisine ; peut-être aussi parce que la foule des visiteurs ainsi attirés permettra d'augmenter le chiffre d'affaires ; les corps de métier de Chartres font bien une habile réclame en plaçant les magnifiques vitraux qu'ils ont offerts dans le déambulatoire, avec leur signature et leur représentation le plus bas possible, directement sous le nez du visiteur et client éventuel. Quant aux pauvres ou aux moins riches, ils donnaient aussi, par émulation autant que par intérêt. Les chanoines de la cathédrale ou de la collégiale en construction, qui dirigeaient l'œuvre et s'employaient à trouver des capitaux, savaient accorder des indulgences, faire des quêtes, solliciter des dons même faibles, multiplier les troncs dont le produit irait à leurs églises ; ils monnayaient l'autorisation, très enviée, de se faire enterrer sous le dallage, près des reliques ; ils touchaient les cœurs par des prêches convaincants ou organisaient de fructueuses tournées de reliques dans le diocèse ou même dans tout l'Occident ; par ailleurs, ils taxaient eux-mêmes lourdement leurs prébendes ou leurs revenus et demandaient aux autres prélats et à l'évêque une série ininterrompue de dons gracieux.

Les problèmes posés par ce financement colossal ne furent jamais parfaitement résolus ; la plupart des cathédrales restèrent en chantier pendant des générations ; bien peu furent terminées telles qu'on les avait conçues, et celles que surprit la réces-

sion du XIVe siècle restèrent généralement inachevées, comme
Sienne, Beauvais, Toulouse, Cologne...

Les problèmes techniques, sinon scientifiques, furent mieux
dominés ; de toute manière, les églises mérovingiennes et carolingiennes avaient été construites selon des techniques romaines
éprouvées, et de même en Espagne wisigothique ou en Italie
byzantine. C'est avec l'art othonien (en Allemagne occidentale
et plus particulièrement rhénane), les arts roman puis gothique
qu'apparurent, pour des bâtiments différents, moins en plan
qu'en élévation, un certain nombre de procédés nouveaux. A
côté de la masse des manœuvres non spécialisés qui creusent les
fondations, évacuent la terre, apportent les pierres, existent des
ouvriers plus relevés, qui fabriquent le mortier (mortelliers),
gâchent le plâtre (plâtriers), taillent la pierre (tailleurs) ou la
posent (maçons) ; les instruments les plus couramment employés
sont truelle, niveau, fil à plomb, scie et ciseaux en métal très
résistant. Même dans les églises en brique, il faut des pierres
bien taillées pour les ogives, par exemple, *a fortiori* pour les
sculptures. Les techniques améliorées du forgeron de fer permettent aussi d'utiliser des tirants, pour éviter l'écartement des
murs, voire des chaînages à l'intérieur des murs pour les renforcer, comme à la Sainte-Chapelle de Paris. C'est au niveau du
mur, ou plus précisément des piliers soutenant la voûte, que
s'est réalisée la grande découverte du XIIe siècle : l'arc-boutant à
une ou plusieurs volées, qui permet d'élever la voûte d'un seul
jet vers le ciel, à plusieurs dizaines de mètres du sol, et de
supprimer une grande partie du mur entre les piliers, donc de le
remplacer par de grandes ouvertures ou d'immenses verrières.
La voûte elle-même n'a pas connu une telle révolution ; coupo-
les sur trompes ou pendentifs sont bien connues à Byzance, de
même que la voûte en berceau, l'arc brisé et la voûte d'arête
(produite par la rencontre de deux berceaux perpendiculaires).
Le fait de souligner et de renforcer par des croisées d'ogives,
entre des formerets et des doubleaux, les voûtes d'arêtes est
certes un progrès, mais pas une révolution. Il faut simplement
rappeler que ces voûtes gothiques ont eu plus d'ampleur, grâce
en particulier à la perfection des ogives, et que, étant d'un
matériau non inflammable, elles ont été plus durables que les
charpentes qui les avaient précédées. En fait, ces voûtes étaient
surmontées d'un toit beaucoup plus élaboré, en raison de la

pluie ou de la neige, que ceux connus de l'Antiquité, et la base
des murs était même protégée du ruissellement grâce à l'invention des célèbres gargouilles.

La tuile romaine, trop lourde, aurait glissé le long des toits
pointus qui se couvrent d'ardoises, de petites tuiles ou de
plomb, le tout supporté par un admirable squelette de bois.
D'autres innovations ont eu lieu, au niveau du décor et des
conceptions architecturales. Le décor n'a que partiellement utilisé les procédés antiques ; la mosaïque a été d'usage courant
jusqu'au Xe siècle dans tout l'Occident ; par la suite, seuls les
pays italiens, en contact avec Byzance, ont continué à y avoir
recours. Les murs et les voûtes se sont plus souvent couverts de
peintures, de fresques en particulier, à l'époque romane, tandis
que nombre des parties extérieures étaient badigeonnées de
teintes vives. Mais dès cette époque la sculpture monumentale
prend le pas sur toutes les autres formes de décor ; on sait certes
fondre le bronze, en Italie comme en Allemagne, et en témoignent autant les portes de Saint-Zénon de Vérone que celles de
Mayence, de Saint-Michel d'Hildesheim ou de Novgorod, en
provenance de Magdebourg. Mais c'est la pierre qui est le
matériau de choix, une pierre choisie et taillée avec amour,
souvent même dès la carrière, car, d'une part, le port en est très
coûteux et mieux vaut charger la charrette de matériaux déjà
élaborés ; d'autre part, le bloc sculpté dans une pierre comparable à celle qui l'entoure prend exactement sa place dans un
ensemble. Les prieurés clunisiens comme Moissac, La Daurade
à Toulouse, Autun, Vézelay ou Conques, Beaulieu, Carennac
présentent d'admirables porches avec tympan, linteau et souvent trumeau, voussures et piédroits sculptés ; dans leurs cloî-
tres, chaque chapiteau représente une scène grouillante de vie.
L'architecture gothique englobe de puissantes statues-colonnes
et une foule de motifs qui gagnent toute la façade, puis les
porches latéraux ; les sculptures se multiplient dans le gothique
flamboyant mais sont de plus en plus « rajoutées » à l'édifice au
lieu de faire corps avec lui.

Le deuxième trait puissamment original de l'architecture
gothique est l'emploi systématique des grandes verrières entre
les piliers soutenus par les arcs-boutants ; le vitrail n'est pas
inconnu à l'époque carolingienne, mais les ouvertures sont
beaucoup trop étroites pour qu'il soit un élément essentiel du

décor. Au XIIe siècle, le moine allemand Théophile nous signale les techniques déjà minutieuses et très élaborées qui permettent d'obtenir le verre, de le colorer; les verrières sont d'abord dessinées sur carton, un cadre robuste en fer forgé est mis en place, les motifs sont alors portés sur les verres de diverses couleurs par de la grisaille et fixés lors d'une nouvelle cuisson, puis les morceaux sont sertis avec du plomb à l'intérieur des cadres de fer. Le verre, fort épais, semé de bulles et coloré dans la masse — mais inégalement et par un colorant minéral mal concentré —, est extraordinairement chatoyant par la diffraction des rayons lumineux et les contrastes de couleurs.

Autant et plus que les techniques importent les conceptions d'ensemble qui ont présidé à l'organisation de la cathédrale et de son décor. Le ou les architectes avaient-ils une formation suffisante pour prévoir dans le détail la réalisation de l'ouvrage qu'on leur confiait? Leurs intentions étaient-elles sans cesse contrôlées et rectifiées sous l'influence des chanoines bâtisseurs? On ne peut répondre avec certitude sur le premier point; nous ne connaissons guère que deux architectes du Moyen Age, Villard de Honnecourt, au XIIIe siècle, dont nous avons le carnet de notes, et Roriczer de Ratisbonne, à la fin du XVe siècle, qui a publié une sorte de manuel (nous mettons à part, bien sûr, Léon Battista Alberti, P. Della Francesca, etc., qui ont des points de vue réputés «modernes»). Villard note pêle-mêle tout ce qui l'intéresse et peut lui servir; il dessine ainsi de nombreux animaux ou personnages, croqués sur le vif, voire des scènes religieuses; de nombreux objets mécaniques, observés ou imaginés, susceptibles de meubler une église aussi bien que d'en permettre la construction; enfin, il note les solutions de divers problèmes de mécanique, de trigonométrie et de géométrie pratiques. Si l'on ajoute les plans, coupe ou élévation de différentes églises qu'il a étudiées ou construites, il faut bien admettre que l'architecte veillait effectivement à tout. On a d'ailleurs retrouvé certains plans du XIIIe siècle, concernant la cathédrale de Strasbourg, qui montrent la minutie du projet; et l'étude des réalisations prouve à suffisance, aussi bien pour la chapelle Palatine d'Aix que pour Saint-Denis, Maria-Laach ou Cantorbéry, que l'empirisme n'intervenait qu'à l'intérieur d'un schéma géométrique très strict.

Quant au décor, et particulièrement sculptures et vitraux, il était aussi rigoureusement prévu et ordonné ; ce ne sont pas la fantaisie du sculpteur ni l'intérêt des donateurs de la verrière qui décidaient des thèmes à représenter à telle ou telle place, mais l'architecte, d'après les directives du chapitre, de l'abbé ou de l'évêque ; ces directives sont souvent très précises. Émile Mâle a bien montré comment seuls des clercs et théologiens ont pu ordonner la plupart des compositions qui nous sont parvenues. Suger a choisi tous les thèmes des vitraux de Saint-Denis, a voulu composer lui-même les inscriptions qui permettraient de mieux éclairer certains symboles ; les tapisseries de Troyes, de très nombreuses fresques italiennes étaient décrites en détail dans le contrat signé avec les artistes, avant le début de l'exécution. Le Concile de Nicée en 787 avait d'ailleurs signalé que « la composition des images religieuses n'est pas laissée à l'inspiration des artistes ; elle relève des principes posés par l'Église catholique et la tradition religieuse. L'art seul appartient au peintre et la composition aux pères ». La cathédrale gothique est ainsi un reflet de la vision du monde telle qu'elle est conçue par l'orthodoxie romaine, le livre ouvert où peuvent lire les illettrés, où peuvent apprendre ceux qui ne savent pas.

La cathédrale est un tout au service du Dieu des chrétiens, au service de la liturgie, comme l'a prouvé C. Heitz, sous la dépendance de la pensée scolastique, comme le suggère E. Panofsky, et par-dessus tout elle matérialise par son décor la foi et les connaissances que devaient avoir les fidèles.

C'est au livre toujours actuel d'Émile Mâle que nous devons emprunter les quelques phrases qui évoquent cette importance fondamentale de la cathédrale dans la vie occidentale : « De loin, avec ses transepts, ses flèches et ses tours, elle nous apparaît comme une puissante nef en partance pour un long voyage. Toute la cité peut s'embarquer sans crainte dans ses robustes flancs. Approchons-nous. Au porche, nous rencontrons d'abord Jésus-Christ, comme le rencontre tout homme qui vient en ce monde. Il est la clé de l'énigme de la vie. Autour de lui, une réponse à toutes nos questions est écrite, notre histoire à nous-mêmes [figure] à côté de celle de ce vaste univers. Pénétrons dans la cathédrale. La sublimité des grandes lignes verticales agit d'abord sur l'âme comme un sacrement. Là encore, nous retrouvons une image du monde. La cathédrale, comme la plaine, comme la forêt, a son atmosphère, son parfum, sa

lumière, son clair-obscur, ses ombres. Sa grande rose semble
être le soleil lui-même. Déjà nous nous sentons au sein de la
Jérusalem céleste, de la cité future. Nous en goûtons la paix
profonde. La cathédrale fut [pour les hommes du Moyen Age]
la révélation totale. Parole, musique, drame vivant des Mystères, drame immobile des statues, tous les arts s'y combinaient.
L'homme, enfermé dans une classe sociale, dans un métier,
dispersé, émietté par le travail de tous les jours et par la vie, y
reprenait le sentiment de l'unité de sa nature; il y retrouvait
l'équilibre et l'harmonie. La foule assemblée pour les grandes
fêtes sentait qu'elle était elle-même l'unité vivante. Les fidèles
étaient l'humanité, la cathédrale était le monde, et l'esprit de
Dieu emplissait à la fois l'homme et la création. »

La cathédrale, le monastère ou, dans une moindre mesure,
l'église paroissiale n'enseignaient pas seulement par l'image le
peuple des illettrés. L'Église avait — et garda plus de 8 siècles — le monopole de la culture et de l'éducation active,
puissant moyen de conserver la direction intellectuelle comme
spirituelle de la société occidentale.

Au Bas-Empire, quand l'Église chrétienne s'est constituée,
elle a tenté d'utiliser les arts libéraux, le *trivium* (grammaire,
rhétorique, dialectique) et le *quadrivium* (arithmétique, géométrie, musique, astronomie), plus les sciences naturelles
comme géographie, zoologie, médecine, botanique, minéralo-
gie et également l'histoire pour expliquer la Bible et pour
apprendre à s'exprimer; c'est l'opinion de saint Augustin dans
le *De Doctrina christiana*, charte fondamentale de la culture
chrétienne, l'un des ouvrages les plus lus au Moyen Age.

Cependant, la victoire des Germains amenait dans la *Roma-
nia* une aristocratie de guerriers et de paysans incultes dont la
seule tradition « culturelle » consistait en chants ou poèmes épi-
ques, vantant force, gloire, succès; les jeunes Germains christianisés reçurent alors une éducation à la fois physique (course,
natation, chasse, sports guerriers) et morale fondée sur les
principes stoïciens : prudence, justice, courage et maîtrise de
soi. Quant à l'école antique, encore vivante et à laquelle avaient
été formés aussi bien Cassiodore (début du VIe siècle) que Grégoire le Grand (fin du VIe siècle), elle ne cessait de décliner. De
toute manière, elle ne convenait pas à un certain type d'auditoire, les aspirants à la sainteté, les futurs moines, recrutés dès

l'âge de 6 ou 7 ans, à qui l'on apprenait par cœur des histoires extraites de la Bible, des maximes du Livre des Proverbes, puis la lecture, voire l'écriture. Parallèlement à ces écoles monastiques s'organisèrent des écoles paroissiales où, sous la direction du prêtre, de jeunes laïcs venaient s'instruire ; en principe, ils devaient devenir prêtres à leur tour ; mais à leur majorité beaucoup se mariaient et quittaient l'Église ; des écoles épiscopales se créèrent également autour de Césaire d'Arles ou en Espagne wisigothique, sorte d'internats où les jeunes clercs s'instruisaient jusqu'à 18 ans ; à cet âge, ils décidaient ou non de continuer pour accéder à la prêtrise. Enfin, la prédication devait viser à instruire le peuple, en mettant à sa portée les principaux articles du dogme.

Un certain nombre de textes (règle de saint Basile ou de saint Benoît, lettres de saint Jérôme) nous permettent d'évoquer la vie studieuse de ces enfants, pour lesquels on prévoit un régime particulier leur permettant de mieux manger, de mieux dormir, d'être mieux chauffés ; les réprimandes doivent être modérées et l'usage du fouet peu fréquent ; des récompenses sont là pour provoquer l'émulation. On reconnaît d'ailleurs des qualités aux enfants : ils ne sont pas rancuniers, sont sincères et « ne se délectent pas de la beauté des femmes ». Les adolescents sont plus surveillés, car on craint l'incontinence autant naturelle qu'homosexuelle. Tous apprennent par cœur le psautier (comme dans les écoles coraniques actuelles, où l'on récite le Coran sourate par sourate), puis s'entraînent à la lecture à voix basse ou sans remuer les lèvres, ce qui permet de mieux comprendre les textes.

Au demeurant, si l'on se place à l'époque carolingienne, on constate que, d'une part, l'école antique a définitivement disparu, sans que le contenu de son enseignement soit entièrement perdu. Que, d'autre part, les seuls laïcs recevant une certaine éducation, morale plus que religieuse, sont les jeunes aristocrates ; enfin, que ce sont les clercs qui ont le quasi-monopole de la culture latine et de l'enseignement. Charlemagne et Louis le Pieux insistent pour que les écoles paroissiales reçoivent gratuitement les petits laïcs, et certains monastères bénédictins, comme Saint-Gall, maintinrent une école extérieure au moins pour les jeunes aristocrates. On leur apprenait à lire, écrire, chanter et si possible le *trivium* et le *quadrivium* romains : le couronnement en était non plus la philosophie, mais la théologie. Diverses œuvres antiques sauvées par les copistes irlandais ou italiens figurent dans les bibliothèques des monastères, où elles sont recopiées, ou prêtées pour être recopiées, et quelques grands esprits, tels Alcuin, Raban Maur ou Éginhard, font preuve d'une réelle culture. Malheureusement, cette « Renaissance carolingienne » est brisée par les invasions du Xe siècle, car Normands, Sarrasins, Hongrois visent particulièrement les riches monastères pour les piller (de leurs richesses) puis les brûler (avec leurs manuscrits); par ailleurs, le repli sur soi du monastère bénédictin à partir de 817 supprime pratiquement l'école monastique à la disposition des non-puissants.

Seuls quelques centres comme Cantorbéry, York ou Winchester, en Angleterre, Reims où exerce Gerbert, futur pape Sylvestre II, Chartres avec Fulbert, Fleury avec Abbon, en France, et par-dessus tout Ratisbonne et Saint-Gall, en Germanie, continuent à assurer à une petite élite un enseignement de plus en plus à base de grammaire (latine), ici reflet de la « Renaissance othonienne », qui se poursuit jusqu'au milieu du XIe siècle. C'est au sein de ces écoles monastiques et épiscopales que sont formés puis enseignent la plupart des maîtres et des intellectuels du XIIe siècle. Paris a déjà une réputation internationale avec le cloître Notre-Dame, Saint-Victor, Saint-Germain-des-Prés, Saint-Maur, la colline Sainte-Geneviève. A la fin du XIIe siècle, maîtres et élèves, jusque-là dispersés, se groupent et constituent de grands centres d'enseignement; tous sont clercs, et donc soumis à l'Église, mais ils n'ont plus d'autre fonction que celle d'enseigner ou d'écouter, ce sont des professionnels, ayant un traitement (bénéfice), des droits et des franchises, et qui s'associent dans ce que l'on appelle une « université ». Bologne, Salerne, Paris, Oxford, Cambridge, Naples, Toulouse, Salamanque, Rome naissent en quelques décennies. Prague, Heidelberg, Vienne n'apparaissent et ne se fortifient que dans la deuxième moitié du XIVe siècle. Mais toutes ces universités, fondées par le pape ou avec l'accord du pape par des princes souverains, ont en commun trois privilèges essentiels : elles se libèrent de la juridiction épiscopale ou abbatiale, et peuvent en appeler au pape; elles sont également exemptes de l'autorité temporelle, ont leur police propre et leurs règlements; enfin, elles se gèrent elles-mêmes, choisissent les enseignants,

ont le monopole de la collation des grades, font grève, etc.
L'influence de la papauté y est très profonde, et le corps profes-
soral est vite composé des religieux les plus fidèles au Saint-
Siège, c'est-à-dire des dominicains et des franciscains.

Ainsi naissent, dans différentes villes d'Occident, de petites
enclaves autonomes, parfois divisées en plusieurs facultés
(théologie, décret, médecine, arts) avec des étudiants souvent
regroupés par affinité de langue ou d'origine géographique
(«nation»), dont la masse peut être considérable. Où les loger? Quelques-uns sont riches, ont des parents fortunés qui
leur permettent d'avoir chambre, appartement ou maison et
même des valets pour porter leurs livres. Mais la plupart des
étudiants sont pauvres et besogneux ; ils essaient de se grouper,
pour diminuer les frais, dans de grands hôtels loués que gouverne un «principal». Des collèges sont fondés par des gens
charitables et aisés ; celui de Robert de Sorbon est destiné aux
maîtres ès arts pauvres qui voudraient obtenir le doctorat de
théologie ; plus tard naissent à Paris ceux d'Harcourt et de
Navarre. Cambridge est une ville encore semée de collèges, où
l'on trouve le gîte, la nourriture, de magnifiques bibliothèques
et des répétiteurs. L'enseignement magistral était souvent
donné chez le professeur, dans un local étroit et mal éclairé ;
mais, quand l'auditoire était nombreux — et les maîtres faisaient tout ce qu'ils pouvaient pour rassembler des étudiants —, le cours avait lieu dehors ; le grand dominicain allemand Albert, futur évêque de Ratisbonne, aurait ainsi donné
son nom à la place Maubert, quand il enseignait à Paris *(ma-
gister Albertus* ou *magnus Albertus)*. L'hiver, quand il faisait
trop froid pour s'asseoir par terre, on jonchait le sol de paille ;
d'où le nom de la rue du Fouarre, à Paris (fouarre, feurre =
paille), que Dante traduit exactement par *vico degli strami*
dans son évocation de Siger de Brabant.

Le maître est généralement sur une estrade, avec un pupitre
supportant le texte qu'il lit et qu'il commente devant les étudiants assis et prenant des notes. L'assemblée générale des
facultés a lieu dans la salle capitulaire de grands couvents,
comme les cisterciens à Paris ; chaque faculté est une association
à part ; celle des arts, qui permet d'accéder aux autres et qui
dispense un enseignement «classique», est la plus peuplée. En
1245, à Paris, les 4 «nations» : Français, Picards, Normands et

Anglais, se donnent un chef, le recteur, qui peu après administre
également les intérêts des 3 autres facultés.

Les grades universitaires sont peu différents de ceux décernés
actuellement : bachelier, maître, docteur ; pour enseigner, il
fallait, bien entendu, la *licencia docendi*. Les étudiants formés
par la faculté des arts essayaient souvent de poursuivre des
études déjà signalées comme « lucratives » grâce aux débouchés
qu'elles assuraient ; le droit et la médecine étaient ainsi plus
courus que la discipline noble entre toutes, la théologie. Beaucoup d'étudiants passaient pour sérieux, studieux et rangés ;
ceux qui étaient pauvres recopiaient leurs notes pour les vendre
à des camarades plus fortunés, portaient de l'eau à domicile,
exerçaient diverses activités parallèles ; les plus méritants recevaient des bourses. Le travail, en principe restreint au jour, vu le
manque de luminaire, pouvait mordre sur la nuit ; Saint Louis se
promenant dans les rues de Paris fut ainsi coiffé du contenu d'un
« orinal » versé de sa fenêtre par un étudiant qui avait devancé
l'aube ; le saint roi, loin de le punir, lui attribua une subvention
pour le récompenser de son ardeur à l'étude. Bien entendu, on
connaît encore mieux le monde gai et turbulent qui court se
délasser au Pré-aux-Clercs, chahutant les camarades qui s'y
récitent sagement leurs leçons, connaissant « mieux les règles du
jeu de dés que celles de la logique », comme dit Robert de
Sorbon, hantant le Palais de justice, la « basoche » (du mot latin
basilica) se heurtant aussi bien aux paysans de Saint-Germain-
des-Prés qu'aux sergents et profitant amplement du statut spécial d'exemption qui les couvre par rapport à la puissance
publique. Philippe Auguste les dépeint plus hardis que les chevaliers, car « ces clercs qui n'ont ni haubert ni heaume, avec leur
tête tonsurée, se jettent dans la mêlée en jouant du couteau ».
Inutile d'ajouter qu'ils n'ont pas prononcé le vœu de chasteté et
qu'ils ne connaissent aucune forme de continence ; banquets et
beuveries perpétuels (chaque individu reçu à la licence était tenu
d'offrir un festin à ses maîtres et à ses collègues), fréquentation
assidue des tavernes, collusion plus ou moins avouable avec des
ribauds ou des ribaudes, etc. On note dès le XIIe siècle, dans
tout l'Occident, la présence turbulente des « goliards » (« goin-
fres » ou forts en « gueule »), étudiants non conformistes, vagabonds et pauvres, sans domicile ni ressources fixes, qui vont
d'école en université suivant le maître qui leur plaît, vantant le

jeu, le vin, l'amour et dénonçant avec acharnement la société
d'ordre dans laquelle ils circulent : critique acerbe du paysan, du
rustre grossier, voleur, menteur, ignare ; du noble dont la naissance ne remplace pas le manque de vertus ; du soudard brutal,
inapte au doux amour que savent si bien faire les clercs et que
les dames apprécient tant ; par-dessus tout, critique de l'Église,
simoniaque et rapace, du moine paillard, paresseux et gour-
mand, aussi bien que du religieux sincère refusant les plaisirs
naturels ; du pape, des évêques, de la hiérarchie ecclésiastique ;
à côté du pape-lion, dévorant tout, voilà l'évêque-veau, tondant
l'herbe avant ses ouailles, son archidiacre-lynx, qui de son œil
perçant repère toutes les proies que le doyen-chien rabat vers les
filets tendus par l'official-chasseur. La fixation des universités
au XIIIe siècle amène la progressive disparition des goliards
mais non de leurs idées, qui annoncent les attitudes libertines ou
rebelles des siècles postérieurs.

D'une manière générale, l'organisation des universités va de
pair non seulement avec l'épanouissement de la scolastique et
du nouvel aristotélisme, interprété chrétiennement par Albert le
Grand et Thomas d'Aquin, mais aussi avec une plus stricte
unification de la chrétienté occidentale sous le contrôle de
l'Église. Les courants intellectuels animant le monde des seigneurs sont mis en veilleuse, et l'école bourgeoise et laïque est
encore loin d'être en place. Les universités sont donc à replacer
au sein de l'ample mouvement visant à assurer la direction de
toute la société occidentale par l'Église.

On peut cependant se demander si le contrôle a été total et si
une partie plus ou moins importante de cette société n'a pas mis
en question son unité dans le giron de « Sainte Église ». Or tous
ceux qui se dressent contre l'ordre se dressent contre son garant,
l'Église catholique romaine, et *vice versa ;* ils sont excommu-
niés certes, mais de leur côté agissent soit en créant un schisme
qui respecte le dogme mais non la hiérarchie traditionnelle, soit
surtout en adoptant une hérésie, une religion sinon nouvelle, du
moins nettement distincte au niveau du dogme. L'Occident a
connu, outre les schismes qui ont précédé la rupture définitive
(1054) avec Byzance et la chrétienté orientale, un grand schisme
(1378-1417) qui le partagea en deux puis en trois, mais qui
cessa au Concile de Constance pour ne réapparaître — fugiti-
vement et localement — que vers le milieu du XVe siècle (1439-

1449), et deux flambées d'hérésies, après celles du très Haut
Moyen Age : une à l'époque des patarins, puis des vaudois et
des cathares (XIe au XIIIe siècle) et une au XVe siècle, celle des
lollards et des hussites annonçant de loin celles de Luther et
Calvin. L'hérésie ne fait donc pas partie de la vie quotidienne ;
cependant, les crises ont été si fortes que l'Église s'employa à
lutter en permanence contre leur possible renaissance ; par ailleurs, il n'est pas inintéressant d'évoquer rapidement la vie de
quelques-uns de ces hérétiques. Les cathares, par exemple —
dont la doctrine reposait sur un manichéisme élémentaire d'origine orientale, rapporté par les croisés et les marchands en
contact avec les bogomiles de Bulgarie —, peuplèrent une partie des pays germaniques, l'Italie du Nord, la Provence et la
France du Sud, du Rhône à Albi, Toulouse et Foix ; leur doctrine et leurs coutumes — malgré des sources parfois discuta-
bles — nous sont à peu près connues. A la base, la constatation
que l'univers est en proie à la lutte entre deux principes : le Bien
et le Mal. Les hommes, dans un monde où règne le mal, ne
peuvent lui résister ; donc leur responsabilité ne saurait être mise
en cause ; les cathares, dans leur immense majorité, peuvent
ainsi vivre sans aucune des lourdes contraintes ou des tabous
que fait peser sur les chrétiens l'Église romaine. D'où leur
mépris de la Croix, des sacrements, du culte, des églises, de
l'Ancien Testament, mais non de Jésus ou de l'Évangile. De
toute manière, ils menaient une existence « libérée », affranchie
et probablement savoureuse.

Cela ne veut pas dire que le mariage, par exemple, ou du
moins l'union durable de deux individus de sexe différent,
élevant ensemble leurs enfants, n'existait pas ou qu'il n'y avait
pas, de temps en temps, des confessions publiques. Mais seul
un très petit nombre de croyants essayait de lutter contre Satan,
de se mettre au service du Dieu bon, de la Lumière et de l'Esprit
contre la matière et les ténèbres ; ces « parfaits », vêtus de noir
puis, avec la persécution, obligés de se vêtir comme les autres,
pouvaient être des femmes comme des hommes (autre trait
caractéristique) ; ils vivaient dans la chasteté, la pauvreté, l'abstinence ; ils refusaient toute nourriture animale, à cause de leur
croyance en des vies successives, et auraient donc été des
végétariens stricts si, curieusement, ils n'avaient mangé du
poisson ; ils ne mentaient ni ne juraient par serment, promet-

taient de ne pas abandonner la communauté cathare ni de craindre la mort par l'eau, le feu ou toute autre manière. On devenait parfait lors du célèbre *consolamentum*, après imposition des mains des parfaits présents et réception du Livre, probablement le Nouveau Testament. Le croyant non parfait ne recevait le *consolamentum* qu'à l'article de la mort, ce qui confirmait la victoire du Bien sur le Mal, et assurait en outre le salut de l'âme. Le catharisme, qui gagna tous les milieux, ne peut guère être considéré comme socialement révolutionnaire, mais il tendait à faire éclater la société occidentale et fut pour cela sauvagement combattu.

Les hérésies du XVe, développées chez les disciples anglais de Wycliffe ou tchèques de Jean Hus, sont beaucoup plus proches de la doctrine catholique ; seuls parmi les derniers, les taborites, qui rejetaient le purgatoire et la présence réelle du Christ dans l'Eucharistie, et surtout les adamites, qui voulaient préparer la fin du monde et le règne de l'Esprit saint en détruisant les cadres sociaux, églises, villages, livres, etc., sont d'authentiques révolutionnaires.

Pour lutter contre les hérétiques, l'Église employa divers moyens. De véritables expéditions militaires furent organisées, menées par les princes. Les papes, tel Innocent III au début du XIIIe siècle, tentèrent aussi de mieux former le clergé, de mieux encadrer les fidèles. Du point de vue pontifical, les universités furent créées pour permettre au clergé d'acquérir de solides connaissances théologiques ; les ordres mendiants furent stimulés pour répandre, par la prédication, la vraie foi. Ainsi devait naître une nouvelle milice du Christ, pacifique et zélée, qui devait prendre le relais des chevaliers et opérer un changement en profondeur. Travail de longue haleine dont la réussite ne fut ni immédiate, ni totale. On continua donc d'employer les méthodes fortes : la fameuse Inquisition gagna rapidement l'Occident au début du XIIIe siècle et intervint directement dans la vie quotidienne. Il importait grandement que les hérétiques et leurs complices, véritables traîtres et ferments de destruction pour la société chrétienne, fussent repérés, convaincus de leur crime par l'évêque et livrés au feu par le prince ; leurs biens étaient confisqués, de même que ceux de leurs amis déclarés ; les hérétiques qui se rétractaient au dernier moment étaient emprisonnés à vie. Les évêques hésitant à appliquer ces prescriptions, le pape chargea de l'enquête (1232) les dominicains, qui établirent donc l'Inquisition pratiquement en dehors de l'ordinaire et eurent (dès 1252) le droit de torturer les suspects pour leur arracher les aveux. L'Inquisition, terrible gardienne de la foi, s'en prit également à la sorcellerie et la magie, et, principalement en Espagne, surveilla impitoyablement les communautés non chrétiennes enclavées dans l'Occident chrétien : les morisques (mudéjars) et les Juifs et même les marranes, récemment convertis.

Les Juifs ne vivent pratiquement pas à la campagne mais en communautés, longtemps riches et prospères, à l'intérieur des villes. Depuis le XIe siècle, les chrétiens se méfient particulièrement d'eux parce que leurs confrères orientaux passent pour aider les Turcs à persécuter les pèlerins, parce qu'ils ne participent pas au grand mouvement de pureté que connaît l'Occident à cette époque et parce qu'ils nient la divinité du Christ rédempteur ; le dynamisme chrétien a moins besoin de leurs services, et la jalousie première tourne à la haine puis à la persécution. Les premiers pogroms ont lieu en Rhénanie (1096), à l'aube de la première croisade, et un antisémitisme virulent accentue rapidement le fossé qui existait depuis le Haut Moyen Age et que, de son côté, le renouveau de piété des sépharades d'Espagne ou des ashkenaz d'Allemagne avait commencé à creuser. Les souverains occidentaux parquent alors les Juifs méprisés dans certaines parties de la ville (les futurs ghettos), les astreignent à porter la petite roue (rouelle) et le chapeau pointu. B. Blumenkranz a montré comment l'iconographie chrétienne précisait peu à peu et les caractères extérieurs des Juifs, petits, noirauds, barbus, etc., et leur rôle de déicides, haïssables et haïs dans les représentations de la passion du Christ. La situation devint de moins en moins tenable pour ces communautés, tracassées (ou expulsées) en Angleterre, en France (1182, fin du XIIIe siècle et XIVe siècle jusqu'à l'expulsion de 1394), dans les villes rhénanes, sauf Worms et Francfort, au début du XVe siècle ; très rigoureusement surveillées par l'Inquisition et la royauté castillane à partir de 1380, elles sont persécutées en Catalogne dès 1390... Peu à peu, la plupart des activités leur furent interdites, jusqu'à la médecine ou la pharmacie ; seuls leur restèrent le prêt sur gage et le commerce de l'argent (tant que leur concurrence ne fut pas à craindre), ce qui contribuait à cristalliser les haines et les envies. Peu à peu, les Juifs de l'Ouest s'enfuirent vers les pays slaves ou se concentrèrent dans quelques villes allemandes, et ceux du Sud gagnèrent l'Espagne, où leur situation, bien que rude, était encore acceptable et où ils pouvaient, sans trop de difficulté, rester marchands, soldats ou paysans. Malgré quelques tardifs repentirs et sa remarquable attitude dans le Comtat Venaissin, l'Église porte une lourde responsabilité dans cette intolérance d'ensemble, muée en persécutions sporadiques, qui constitue l'une des bases de l'antisémitisme moderne.

La société chrétienne voyait ainsi maintenir sa pureté de l'intérieur, par les interventions diverses de l'Église, dont on n'a examiné que quelques exemples particulièrement typiques.

On comprend mieux, dans ce contexte, l'une des composantes de ce phénomène si complexe qu'est la croisade, qui unifie et pacifie partiellement la chrétienté dans une lutte extérieure commune, sous la direction du Saint-Siège, contre le non-chrétien, l'infidèle. Pendant plusieurs siècles, et pas seulement de la prise de Jérusalem (1099) à la perte de Saint-Jean-d'Acre (1291), l'Église a rappelé aux fidèles et aux princes, par ses prédications, ses exhortations, les privilèges octroyés, aux uns les taxes à payer, aux autres les aides à percevoir, qu'il existait une guerre juste et sainte, entreprise sous son contrôle et avec sa participation, dont le but était la conquête ou la défense du Saint-Sépulcre et dont le symbole était la Croix. Cette idée de croisade était encore vivante au début des Temps modernes, sous Charles Quint et à la bataille de Lépante, et encore lors du siège de Vienne en 1683. A côté d'une propagande ou d'une mobilisation quasi permanente des ressources et des volontaires, au moins jusqu'au début du XIVe siècle, l'Église organisait de temps en temps, par la voix du pape et de ses meilleurs prédicateurs, une campagne générale dans tout l'Occident, comme lors de la première croisade (Urbain II à Clermont en 1095) ou de la deuxième (saint Bernard à Vézelay, 1147). C'est lors de ces appels officiels ou, moins souvent, à l'appel de quelque prédicateur populaire que s'effectue la mobilisation de l'Occident et que la croisade mord plus précisément sur la vie quotidienne. On évoque immédiatement, à la suite du Concile de Clermont (1095), la longue marche de Pierre l'Ermite à travers la France puis l'Allemagne, en compagnie de Gautier sans Avoir. Les

chroniqueurs ont complaisamment répandu l'image de cette
« levée en masse », le départ des artisans, marchands, laboureurs, seigneurs, barons, abandonnant tous leurs biens, emme-
nant avec eux femmes et enfants, ceux-là mêmes qui, chaque
fois qu'ils approchaient d'une ville ou d'un château, demandaient « si c'était là Jérusalem ». On a conservé les formules de
prières et de bénédiction, diffusées par les prêtres, conjurant le
Seigneur de bénir la croix des pèlerins comme il avait béni la
verge d'Aaron et de ne pas abandonner dans les périls (en leur
envoyant l'ange Gabriel) ceux qui allaient combattre pour le
Christ. La cérémonie se terminait par la remise de la Croix et
son commentaire : « Reçois ce signe, image de la Passion et de
la mort du Sauveur du monde, afin que dans ton voyage le
malheur ni le péché ne puissent t'atteindre et que tu reviennes
plus heureux et surtout meilleur parmi les tiens. »

Nous avons d'autres documents nous décrivant la prédication de saint Bernard, au moment même où l'abbé de Clair-
vaux passait pour le véritable arbitre de la chrétienté ; la
première assemblée eut lieu sur la colline proche de Vézelay,
au milieu d'un immense concours de peuple, en présence du roi
Louis VII. Le discours inaugural nous a été conservé : il rappelle l'offensive récente des Turcs contre la Terre sainte, les
épouvantables péchés des chrétiens, « le bruit des armes, les
dangers, les travaux, les fatigues de la guerre, qui sont la
pénitence que Dieu impose » ; les chevaliers et seigneurs se
croisèrent en masse. Puis Bernard continua sa prédication dans
les villes, les villages de France et d'Allemagne, de Constance à
Maëstricht, envoya des lettres enflammées et pathétiques à lire
dans toutes les églises italiennes ; la multitude allemande qui
l'entourait — bien que ne comprenant pas très bien ses sermons
en latin — était si nombreuse qu'elle l'aurait un jour étouffé si
l'empereur Conrad ne l'avait dégagé. Les résultats étaient à
l'avenant, car Bernard écrivit au pape Eugène : « Les villes et les
châteaux sont déserts ; on ne voit que des veuves et des orphelins
dont les maris et les pères sont vivants. » Si les faits, exagérés,
sont réels, leur interprétation n'en est pas toujours aisée. On
peut certes mettre en évidence certains faits politiques qui ont
facilité les premiers succès de la croisade, mais aussi les rendaient précaires et exigeaient pour la suite l'envoi obligatoire de
secours permanents. Les chrétiens avaient repris aux musul-

mans l'Italie du Sud, la Sicile, une partie de l'Espagne et étaient habitués à se battre contre les infidèles avec la bénédiction de l'Église. Par ailleurs, les Turcs seldjoukides menaçaient, en Méditerranée orientale, l'Empire byzantin, qui pour se défendre avait recours à des mercenaires « francs » et pouvait espérer obtenir une aide gratuite de l'Occident en faisant appel à la solidarité chrétienne. Enfin, après 1092, les musulmans du Proche-Orient, Turcs, Arabes, Égyptiens, sont en lutte les uns contre les autres et cette anarchie favorise incontestablement les premières expéditions occidentales, tandis que le front uni de l'Islam rend par la suite la conquête très précaire. Mais ce sont des raisons plus purement pontificales ou religieuses qui se sont ajoutées aux raisons démographiques (début de l'essor de la population occidentale) et sociales (morcellement des exploitations agricoles, difficile division des patrimoines chevaleresques, du droit d'aînesse) pour organiser une telle entreprise.

Le pape pouvait penser que la croisade, mobilisant contre les infidèles les forces guerrières d'une chrétienté dont il était le père spirituel, contribuerait encore mieux que les trêves de Dieu ou paix de Dieu à pacifier les campagnes occidentales. Le schisme avec Byzance pourrait être supprimé grâce à ce front commun avec l'Islam (et peut-être l'empereur d'Orient aiderait le pape contre l'empereur excommunié d'Occident, Henri IV). C'est dans ces conditions que se formule peu à peu la notion de guerre « sainte », de guerrier béni par le clergé, soldat du Christ, qui est sauvé s'il tombe au champ d'honneur, du croisé protégé de l'Église, justiciable du for ecclésiastique, dont les biens sont surveillés par les clercs. Quant à la cristallisation sur Jérusalem, elle est le fait moins des commentaires de l'Apocalypse et de la Jérusalem céleste que des pèlerinages et des mouvements millénaristes qui drainaient les foules vers le tombeau du Christ, *via* Constantinople, où se trouvaient les reliques de la Passion. Espérant ainsi gagner leur salut, ces pèlerins portant avec eux nombre de richesses en vue des offrandes constituaient une proie tentante pour les Bédouins pillards ; d'où l'idée ou l'obligation de s'armer pour défendre ses biens, sa vie ou sa liberté. Ajoutons que l'occupation rapide par les Turcs des territoires byzantins d'Anatolie rendait plus difficile la progression de tels pèlerinages que les marines occidentales ne pouvaient encore acheminer ; peut-être les droits d'accès à la Cité sainte auraient-

ils été également majorés. La croisade a donc des causes particulièrement complexes. Sa permanence sur plus de deux siècles
est également étonnante ; l'enthousiasme des chrétiens en général, des chevaliers qui y allaient chercher richesse ou prouesse,
des marchands qui y accomplissaient de fructueuses affaires, la
crainte du Turc n'expliquent pas tout. Mais cette permanence
suggère au moins combien sa marque sur l'Occident a été
profonde ; en partie par les quelques modifications qu'elle a
apportées dans la vie quotidienne : la mode des soieries, la
diffusion des armoiries (?) et la fixation de l'héraldique ; un plus
grand usage des épices dans l'alimentation chevaleresque, l'introduction de nouvelles cultures (abricotiers), de nouvelles
techniques (barbacane, arc brisé) ou de nouveaux traits de
mentalité (catharisme, conception de l'amour, rôle de la
femme). Par-dessus tout, les modifications de la société traditionnelle : paix relative des campagnes, centralisation monar-
chique favorisée par l'absence de turbulents vassaux, successions plus faciles et mobilité des terres, lourd endettement des
guerriers et gros profits pour les marins et les marchands, enfin,
malaise des seigneurs et principalement des clercs, de la papauté
qui a vu, par la prise de Constantinople (1204) et la difficile
cohabitation avec les orthodoxes, s'accentuer le schisme, dé-
croître son crédit et son prestige par ses incessants appels de
fonds et aussi par les abusives croisades qu'elle lance contre les
hérétiques ou les païens d'Occident, voire contre ses ennemis
politiques et l'empereur au premier chef.

La croisade a coïncidé avec le grand essor occidental des
XIe-XIIIe siècles ; elle est un des événements les plus remarquables qu'a connus l'Occident ; menée ou soutenue peu ou prou
par l'Église, tutrice de la chrétienté, son déclin a suivi autant la
baisse de l'emprise ecclésiastique sur la société que l'essouffle-
ment progressif de ces efforts démesurés. Elle a également
fortifié et établi l'exceptionnel dynamisme du monde des villes
et principalement des marins et des marchands méditerranéens,
qui, en dernier ressort, en ont été les principaux bénéficiaires.

6

Le monde des villes : marchands, artisans et bourgeois

Dans la société d'ordre telle qu'elle est définie au XIe siècle, il n'y a pas de place pour l'homme des villes ou pour celui qui erre sur les routes. Il y a certes des villes, ne fût-ce que les cités du Bas-Empire, qui ont gardé leur évêque, sa petite cour, ses ministériaux ; il y a également des routes, les anciennes voies romaines, autour desquelles divaguent, en fuseau, différents chemins que suivent quelques charrois, des colporteurs, des pèlerins, des chevaliers ou des seigneurs... Mais il s'agit là d'une infime partie de la population, qui de surcroît a un point d'attache ou un lien solide avec le milieu rural. Bien que les conditions économiques soient déjà en train de changer, ce n'est qu'à la fin du XIe et surtout au XIIe siècle que la renaissance du commerce, des villes, l'animation des voies anciennes ou la création de routes nouvelles amènent des modifications profondes au sein de la société traditionnelle et de la vie quotidienne. De nouveaux types humains, de nouvelles formes d'associations, un nouveau paysage apparaissent avec les bourgeois, les patriciens, les marins, les marchands, les confréries de quartier, les corporations d'artisans, les communes, le tissu urbain...

La vie commerciale.

« Au commencement, il y avait la route », a-t-on pu dire, avec moins de parodie que de vérité, pour exprimer l'importance fondamentale du chemin, qui permet de joindre, de débloquer des cellules autarciques et autonomes et qui canalise les idées, les techniques, les marchandises et les hommes.

L'Empire romain a légué à l'Occident médiéval — sauf dans les régions qu'il n'a jamais occupées durablement, à l'est du Rhin et au nord du Danube — un réseau remarquable de voies dallées et rectilignes qui suggéraient avec force la plupart des itinéraires et qui furent utilisées durant toute la période. A côté de cette *via lapide strata* ou *strata*, aux dalles robustes mais qui finissent par jouer les unes par rapport aux autres et rendent la route impraticable sauf sur ses bas-côtés, se juxtapose la route médiévale empierrée, avec des cailloux liés par la chaux, la « chaussée » ; elle est plus sinueuse que la voie car elle fait maint détour pour passer à tel château, telle abbaye, au lieu d'aller directement de ville à ville ou d'une ville au point de passage fixé par la nature et amélioré par l'homme : col, gué, chaussée entre des marécages, pont. On peut d'ailleurs, dès le début du Moyen Age, faire les distinctions actuelles entre les routes d'intérêt local, régional, national ou international. Au XIIIᵉ siècle, Ph. de Beaumanoir distingue les sentiers (3 pieds de large), les voières (8 pieds), les voies (15 pieds), les chemins (32 pieds) et les chemins royaux (54 pieds).

Ces derniers, les plus importants, ont toujours été animés. Y circulent d'abord les grands de ce monde, qui se déplacent sans cesse, avec une partie de leur entourage, non seulement pour aller de domaine en domaine, consommer les stocks de victuailles accumulées par les redevances, mais également pour gagner la cour du roi mérovingien, de l'empereur, du Capétien ou du Plantagenêt, pour intriguer à Rome et s'y faire attribuer un copieux bénéfice, une crosse et une mitre ; ou, tout simplement, pour gagner le synode provincial ; pour lancer une chevauchée contre un ennemi ou amener le contingent dû à l'ost féodal ; pour accomplir un pèlerinage qui apportera la guérison du corps ou le salut de l'âme. A ce niveau, on trouve un certain nombre de personnages beaucoup plus humbles, mus par les mêmes raisons : des soldats, des courriers, des pèlerins, des marchands, au XIIIᵉ siècle des moines mendiants. Beaucoup vont à pied ; peu utilisent le carrosse, ou, du moins, la voiture tirée par attelage, car route ou chaussée sont trop défoncées pour permettre qu'un voyage de quelque amplitude se déroule dans un confort relatif ; seuls de très courts trajets, kilométriquement parlant, sont accomplis au pas nonchalant des bœufs, qui rendent les cahots supportables et permettent d'acheminer des denrées pondéreuses; la plupart des gens moyennement aisés, ou riches et puissants, se déplacent à dos d'âne, de mulet, de cheval. Sur les routes, les animaux de selle ou de bât sont donc largement majoritaires, même pour certains transports de marchandises; on sait les ferrer depuis le Haut Moyen Age, ce qui assure un emploi plus judicieux de leur force et une moins grande fragilité. Les éperons — au moins un au pied gauche — permettent d'accélérer l'allure; l'apparition de la selle et de l'étrier améliorent l'assise du cavalier et diminuent sa fatigue. Malgré tout, la longueur de l'étape n'est pas considérable, au maximum une trentaine de kilomètres par jour, quel que soit le mode de locomotion adopté.

On a pu noter une certaine amélioration entre les Xe et XIIIe siècles. Or le relief n'est pas mieux maîtrisé, ni l'effet des intempéries car les routes, non entretenues par les seigneurs qui consacrent à autre chose les revenus de leurs tonlieux ou péages, sont semées de fondrières, de boue et difficilement praticables par pluie ou neige. Les techniques de transport ne se sont guère améliorées. Il faut donc voir plutôt, dans cette rapidité accrue, l'effet des conditions générales de sécurité, d'hébergement. Sécurité due en partie à la multiplication des ponts; à des passages mieux balisés dans les marais et, par-dessus tout, à une meilleure police, qui évite aux voyageurs de s'encombrer d'une lourde et lente escorte et qui permet de cheminer jusqu'au crépuscule, la nuit étant toujours, malheureusement, réservée aux brigands et voleurs de grand chemin. Enfin, multiplication des villes, des bourgades ou des gîtes le long d'une route de mieux en mieux «tenue» par les sédentaires. En effet, la dissémination première des châteaux accueillants, des «hospices» de moines ou des villages était plus un facteur de ralentissement que d'accélération, car on préférait une étape sûre de 10 kilomètres entre deux abbayes, et une étape aussi sûre de 25 kilomètres le lendemain, à une course aléatoire entre trois abbayes dont la troisième était à 25 kilomètres de la deuxième.

De ce fait, à cause de la lenteur générale des voyages, l'Occident était immensément plus vaste pour ses habitants que le monde actuel pour leurs descendants. Sauf avec des courriers extraordinaires — ceux des papes d'Avignon parcourant 90 kilomètres par jour ou des chevaliers pressés, ceux de l'entourage de Jeanne d'Arc, atteignant les 50 kilomètres quotidiens —, il faut près d'un mois pour aller de Bayonne à Gand, sans quitter le royaume de France, de 25 à 30 jours pour aller de Venise à Bruges par l'Allemagne du Sud.

Chose curieuse, la voie fluviale et surtout maritime est plus rapide ; un navire filant 5 nœuds (plus de 9 kilomètres à l'heure) peut en 24 heures, car il ne s'arrête pas la nuit s'il est au large, abattre environ 200 kilomètres. La voie d'eau porte aussi des marchandises en quantité et en poids beaucoup plus considérables que la voie de terre ; certains navires peuvent emmagasiner jusqu'à 500 tonnes métriques de denrées diverses (exceptionnellement 1 000) à la fin du Moyen Age. Par ailleurs, le confort et l'agrément des voyages par eau, et même leur sécurité, sont très supérieurs. Louis le Pieux en 840, très malade, quitte la route pour atteindre Ingelheim en bateau sur le Main et le Rhin.

A vrai dire, il faut distinguer eau douce et eau salée, époques et régions. La flotte d'eau douce n'est pas connue avec précision, sauf dans certains cas ; par exemple les bâtiments aidant à décharger les lourds navires de mer et opérant les transbordements dans les ports fluviaux du type Hambourg, Lübeck, Riga, etc. A fond plat, non pontés, mus par des rames et exceptionnellement la voile, occupant un équipage de 3 ou 4 hommes, les plus gros de ces esquifs ne dépassaient guère 12 tonnes ; la plupart étaient beaucoup plus petits, comparables aux *lodje* russes qui passent les rapides du Volhov et permettent d'atteindre Novgorod.

Les documents archéologiques ou figurés ne nous permettent guère d'atteindre que les bâtiments tenant la mer. Et le contraste est frappant entre le bateau méditerranéen et celui des mers du Nord. Disons pour simplifier que la galère, navire à voiles et à rames, telle que la construit Venise au XVe siècle, est l'accomplissement et l'épanouissement du navire romain puis byzantin ; étroite et basse mais pouvant être fort longue, elle est extraordinairement maniable et rapide, et peut transporter, outre des marchandises, un certain nombre de passagers. Mais elle a un nombre considérable de rameurs, jusqu'à 200, et une vingtaine d'arbalétriers recrutés par concours. Le tout exigeait des approvisionnements considérables et une solde globale élevée (la chiourme est composée d'hommes libres jusqu'au XVIe siècle), mais assurait une grande autonomie et une remarquable protection contre les aléas du voyage. Il y a souvent 3 mâts : trinquet à l'avant, avec petite voile carrée, grand mât, qui peut atteindre 30 mètres et est maintenu par 12 haubans de chaque côté, misaine. A côté de ce remarquable navire mixte existaient des naves, héritières du navire marchand de l'Antiquité, rondes, à voiles; elles pouvaient être énormes, porter jusqu'à 1 000 tonnes de marchandises (à Gênes); leurs bords étaient extraordinairement hauts, et le château de proue, véritable forteresse, dominait l'ensemble, comme l'a bien montré J. Heers. Moins manœuvrantes, moins rapides, mais mues par un équipage réduit, ces naves ont concurrencé les gros bateaux du Nord, dont elles ont adopté quelques caractéristiques.

Les bateaux saxons et scandinaves nous sont assez bien connus par d'admirables trouvailles archéologiques comme celles de Sutton-Hoo, en Est-Anglie, ou de Nydam. Il n'y a guère de mât, avant le VIIIe siècle, et la propulsion est assurée par 30 rameurs. Proue et poupe semblables, ce qui permet d'inverser instantanément la marche; pas de quille, mais une simple planche de carlingue; une rame-gouvernail, latérale et de la taille d'un aviron, des dimensions modestes; toute navigation en droiture paraît donc exclue, et ce bateau ne pouvait servir qu'à suivre les côtes. Le bâtiment de Kvasund a un mât et une petite voile. Mais c'est la trouvaille de Gokstad qui a permis de mesurer combien le *drakkar* (IXe siècle), sorte de baleinière de 24 mètres de long sur 5,20 mètres de largeur maximale, déplaçant 23 tonnes et mû par 32 avirons, était en progrès sur les précédents; admirablement stable grâce à sa quille, sa fidèle réplique, en 1893, a parfaitement traversé l'océan. Les Vikings pouvaient de même traverser en droiture, aborder en Angleterre, en Islande, au Groenland, voire en Amérique. Et de nouveaux perfectionnements allaient dans cet espace nordique créer les premiers rouliers des mers : les *kogge* et hourque hanséatiques. La première a la coque ronde et pansue, bien faite pour écraser les flots, une longue quille lui assurant une excellente stabilité, une voilure étendue lui permettant de remonter au vent grâce à un fort gouvernail d'étambot. La seconde, privée d'avant-bec, a presque obligatoirement un fond plat qui lui permet de s'échouer droite sur les hauts-fonds sablonneux des mers nordiques ou de remonter les fleuves; sa capacité est supérieure à celle de la *kogge*, car elle est de ce fait beaucoup plus pansue; son port en lourd peut dépasser 500 tonnes; son équipage est assez restreint : 30 à 40 matelots, mais s'y ajoutent de nombreux marchands, pèlerins, clercs. Enfin, sa vitesse est étonnante, car, remontant au vent et courant jour et nuit, elle peut couvrir 150 à 200 kilomètres par jour.

Les bateaux sont généralement mis au repos l'hiver ; à Bergen, laissés sur la grève, ils sont recouverts d'un toit ; ailleurs, dans les ports fluviaux, ils sont mis à l'abri sinon des glaces, du moins de la débâcle. On les repeint au printemps, et, au dégel, ils partent parmi les chants, la musique et les bénédictions ecclésiastiques. Les capitaines n'ont été formés à aucune école, ne possèdent pas d'instructions nautiques, que d'ailleurs ils ne sauraient lire ; ils se fient à la somme considérable de connaissances et d'expériences qu'ils ont vécues ou que leur ont transmises oralement leurs prédécesseurs ou leurs collègues. L'estime étant très incertaine, la navigation le long des côtes délicate, il faut admettre que les capitaines connaissaient parfaitement les points remarquables du littoral : roches, montagnes, caps, groupes d'arbres, château, tour, moulin et par-dessus tout ces admirables clochers élancés, élevés et détachés consciemment de la masse des autres monuments (comme à Reval) pour permettre un repérage sans équivoque. D'autres fois, on construit un amer dans telle passe dangereuse (ainsi celui de Falsterbo édifié par Valdemar en 1225, ou de Neuwerk, dans une île de l'Elbe), ou on établit des balises lumineuses, voire un phare. Le jour, le changement de couleur des eaux, d'après la profondeur, et surtout la sonde permettent d'éviter les échouages ; le matelot envoie le plus loin possible vers l'avant le plomb, de manière à l'avoir à la verticale quand le bateau arrive à l'endroit où il s'est enfoncé ; une petite cavité enduite de suif recueille sur le plomb quelques fragments du fond et permet à un œil exercé son identification. Un Vénitien déclarait en 1458 que, sur la Baltique, on ne naviguait ni au compas ni à la carte, mais uniquement à la sonde ; exagération, sans doute, mais qui souligne combien les mers nordiques et la Méditerranée réclamaient encore et utilisaient des procédés différents.

Dans les deux domaines, on peut simplement insister sur la solidité des techniques, même si elles sont empiriques, et l'excellence du matériel comme du personnel. Les risques de la navigation en étaient réduits au minimum, mais ils existaient. Obligés de passer à peu près tous aux abords des mêmes endroits, les bâtiments, peu manœuvrants dans le vent et les courants, sauf les galères, pouvaient entrer en collision les uns avec les autres. Ajoutons hauts-fonds, écueils découvrants ou non, selon l'heure de la marée dans les mers du Nord, les glaces précoces ou persistantes comme celles qui en 1410 interdisent toute communication entre Stralsund et la Prusse ; les tempêtes ou ouragans qui en 1404 endommagent 6 bâtiments de la flotte d'Elbing ou, en 1435, accablent pendant trois jours et trois nuits la flotte danoise aux alentours de Falsterbo. A ces dangers naturels s'ajoutent ceux, plus terribles, des pillards, pirates, corsaires, bâtiments de guerre ; les bateaux drossés à la côte, les épaves et les survivants sont « pillés » par les riverains. Jacques Cœur, au retour de son premier voyage en Orient, se trouve jeté sur les rochers de Corse en novembre 1432 ; et, comme dit le procès-verbal qui nous a été conservé, « tandis que les occupants gagnaient la terre sur une petite barque et tentaient de faire sortir ceux qui étaient restés dans la galée et de sauver les marchandises... survinrent [des habitants de l'île] qui se jetèrent [sur eux], les attaquèrent, leur prirent les biens et les affaires qu'ils portaient, les mirent à nu, leur enlevant vêtements, chausses et jusqu'à la chemise » ; ils les retinrent prisonniers, exigèrent une rançon pour les libérer et s'approprièrent tous leurs biens.

A ces pillards, qui attendent l'occasion, s'ajoutent les pirates, qui la font naître. Il est superflu de s'étendre sur l'activité des Slaves de la Narenta dans l'Adriatique du XIe siècle, des Barbaresques aux siècles suivants ou des écumeurs de la Baltique, les épouvantables *Vitalienbrüder*, à la fin du XIVe siècle ; et les guerres larvées permettent à des corsaires d'intercepter les bateaux qui ont échappé aux escadres de haute mer. Paul Beneke de Danzig s'empare non seulement de Jean de Salisbury puis du lord-maire de Londres, mais surtout, en 1473, entre Flandre et Angleterre, de la galère envoyée par le facteur des Médicis de Bruges, Thomas Portinari.

La voie de terre n'est guère mieux fréquentée, avec la masse des seigneurs ou chevaliers-brigands, les *Raubritter,* des routiers, des hors-la-loi ou des armées en campagne. Le principal but de ces voleurs de grand chemin n'est pas de détruire ou de saccager, mais de s'approprier des richesses, des marchandises. C'est dire l'importance du commerce dans l'animation et la vie des routes.

Or le courant commercial a subi des fluctuations considérables suivant les périodes et suivant les régions, et non seulement dans son ampleur, mais également dans ses modalités. Avant le Xe siècle, on ne peut signaler que des Syriens, Levantins ou Juifs, groupés en colonies marchandes et se déplaçant de ville en ville, ou alors des marchands itinérants, sans gros capitaux, aux pieds poudreux, qui sur de longues distances ne convoient guère que des denrées de luxe, pour une clientèle privilégiée et peu nombreuse — quelques milliers de personnes au maximum. Laine fine de Syrie, étoffes de soie et d'or de Byzance, cuir de Phénicie puis de Cordoue, pierres précieuses, verre, papyrus et, pour la vie courante du riche, des esclaves, des épices, du vin grec ou syrien, des dattes, des figues, des amandes et de l'huile d'olive, très réclamée sous des cieux ignorant l'olivier ; en gros, des denrées méditerranéennes ou transitant par la Méditerranée à destination d'un monde rural et forestier centré sur l'entre Loire et Rhin. Il est à noter que pour cet Occident héritier du Bas-Empire, de sa pauvreté et de sa division en petites cellules rurales, autonomes, voire autarciques, entre lesquelles ne circulait que ce mince courant commercial en faveur des puissants, la fulgurante conquête musulmane qui en moins d'un siècle (639-711) déferle sur la plus grande partie du bassin méditerranéen, axe du commerce antique, dut avoir de graves conséquences. Selon les uns, elle accentua sa ruralisation en le coupant définitivement des grands courants économiques ; selon d'autres, au contraire, elle réamorça le grand commerce en permettant aux Occidentaux de vendre aux musulmans bois, fer, esclaves, armes, fourrures contre du métal précieux récupéré lors de la conquête, obtenu par des pillages, par les tributs versés par Byzance ou amené du Soudan, de la Nubie ; avec ce métal précieux, l'Occident aurait pu acheter à Byzance étoffes, pourpre, parfums, épices, produits de luxe. D'autres encore mettent dans le circuit, à partir des IXe et surtout Xe siècles, les Scandinaves, dont des fouilles plus ou moins récentes ont prouvé les rapports tant avec le monde musulman (80 000 pièces arabes en Suède, dont 40 000 dans la seule île de Gotland) qu'avec l'Occident (stéatite scandinave en Germanie, verre rhénan en Scandinavie) ; reste à démontrer que, avant 950, ces trésors ne provenaient pas surtout de pillages, tout comme les 800 pièces anglaises retrouvées dans le sol finlandais. Quoi qu'il en soit,

tout le monde est d'accord pour admettre qu'à partir du XIe siècle eut lieu un remarquable essor du commerce en Occident,
amplifiant un mouvement commencé auparavant ou succédant à
une époque d'économie contractée et figée, mais de toute manière lié à la reprise démographique.

La première caractéristique de ce commerce est la foire, née
du marché local où l'économie domaniale écoulait ses surplus et
où l'on pouvait peut-être se procurer quelques produits artisanaux, voire où parfois on échangeait des denrées dans un cadre
interrégional; certains de ces marchés, déjà actifs au Xe siècle,
devinrent le lieu de rendez-vous temporaire, à date fixe, des
caravanes de marchands. Généralement, un cycle de foires dans
la même région permet des affaires quasi continues; ainsi en
Flandre pour la laine et les draps; à Ypres, Lille, Bruges,
Messine et Thourout; en Angleterre pour l'écoulement de
la laine : Winchester, Boston, Northampton, Saint-Yves et
Stamford; en Champagne surtout (Troyes, Provins, Lagny et
Bar-sur-Aube), où, grâce à l'habile politique des comtes,
confluaient les marchands du Nord, Flamands puis Allemands,
ceux du Sud, Italiens puis Catalans et Provençaux, et ce durant
toute l'année; ou encore, tout près de Paris, au Lendit, à côté de
Saint-Denis.

Chaque foire dure de 2 à 3 semaines au moins; les marchands
passent 8 jours à déballer la marchandise, louer les étaux; puis
ont lieu les ventes, pendant plusieurs jours; enfin, 8 à 10 jours
d' « issues » et de paiements ou de « clearing ». La foire du
Lendit a lieu entre la Saint-Barnabé et la Saint-Jean, en juin;
elle s'est greffée sur une fête religieuse commémorant la remise
des reliques à l'abbaye de Saint-Denis. Pour la préparer, des
marchands de Paris, dès le début de mai, vont trouver l'abbé ou
le prieur, ou un représentant de Saint-Denis, pour discuter des
emplacements; puis a lieu l'inauguration solennelle, au cours
d'une cérémonie présidée par l'évêque de Paris venu en procession depuis Notre-Dame bénir les marchands. Il y a des tentes,
des boutiques volantes, des étaux fixes, ouverts pour la circonstance un peu partout, dessinant ou marquant des rues; la
répartition se fait suivant les spécialités : ici, les vendeurs d'outils, de faux, de faucilles, de haches, de cognées; là, le commerce de l'alimentation; plus loin, les marchands drapiers, ceux
de toile, les merciers et les draps d'or et de soie; par-dessus

tout, les spécialistes des peaux, cuirs ou fourrures, les grands pelletiers qui habillent les riches et les nobles, les parcheminiers qui vendent aux écoliers et aux clercs, les cordouaniers, les tanneurs, les selliers, les savetiers, etc. Sont très fréquentés les tavernes ambulantes, les tentes abritant des débits de boissons et aussi les sièges des riches prêteurs, les Lombards.

L'organisation générale de ces foires posait divers problèmes; il fallait d'abord protéger, sur les routes d'Occident, tous ceux qui venaient ou revenaient avec leurs marchandises et leurs richesses, leur accorder un «conduit»; les comtes de Champagne firent confirmer le «conduit» de leurs foires par tous les princes territoriaux, et le roi de France en fut garant dès le début du XIIIe siècle. Il fallait aussi loger ces marchands; un quartier de Provins s'appelait le bourg des Allemands; les Lombards avaient droit à une loge spéciale; à Troyes, il existait des halles et des hôtels de gens de Montpellier, Lérida, Valence, Barcelone, Genève, Clermont, Ypres, Douai, Saint-Omer, etc. Les marchands d'une même ville se groupaient et finirent par élire des consuls pour les représenter auprès des autorités locales et arbitrer leurs différends.

Il fallait aussi surveiller les transactions et vérifier que la sécurité des marchands était respectée durant la foire; c'était le rôle des «gardes», qui eurent peu à peu un rôle de juridiction contentieuse puis gracieuse; au XIIIe siècle, beaucoup de marchands passaient devant eux des contrats que rédigeait un peuple de notaires; des sergents assuraient la police. Restait aussi la question des paiements; ils n'étaient pas réglés sur-le-champ; après les ventes avaient lieu des compensations, un apurement des comptes; celui qui avait plus vendu qu'acheté touchait la différence; celui qui avait plus acheté la déboursait. Mais le renom des foires de Champagne était tel que beaucoup des obligations passées toute l'année dans tout l'Occident et dans tous les milieux, chez les clercs, les nobles comme les marchands, étaient stipulées payables à ces foires; c'est donc un rôle d'apureur général, de *clearing house* pour tout l'Occident, que jouèrent ces foires du milieu du XIIIe au début du XIVe siècle. Ajoutons que toutes les monnaies possibles s'y côtoyaient, ce qui exigeait une intense activité de changeurs, une fixation des cours et des taux. C'est là que les techniques les plus avancées pour l'époque, celles des Siennois, des Florentins, et à

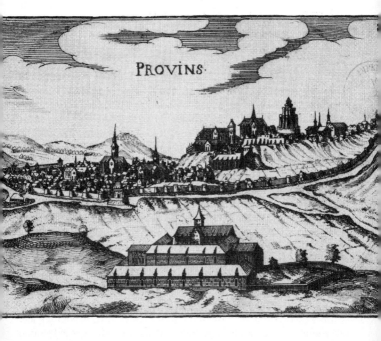

PROVINS.

Provins, l'une des principales villes des foires de Champagne, comporte deux parties nettement distinctes. L'une, la ville haute, construite autour du château des comtes de Champagne et de l'église, surmonte l'éperon rocheux. L'autre, marchande et religieuse, colonisée au XIIe siècle, occupe la plaine. Une enceinte fortifiée ornée de solides portes, orgueil de la ville, enserre l'ensemble au XIIIe siècle. Mais la muraille laisse à l'intérieur de vastes espaces non bâtis. La ville reste imprégnée de campagne : point de citadin qui ne soit en même temps jardinier et même parfois agriculteur et éleveur. (Album de Tassin, XVIIe siècle. Photo BN, Cartes et estampes.)

travers eux des Vénitiens ou des Génois, étaient apprises, assimilées et de là diffusées dans les autres places de la chrétienté.

Les activités d'échanges attirent de ce fait l'attention sur un deuxième caractère de la renaissance commerciale qui influence directement la vie quotidienne : l'usage des instruments de paiement et d'abord de la monnaie. En effet, avant le XIᵉ siècle, on est presque assuré que les pièces de monnaie n'étaient pas couramment utilisées par la grande majorité de la population occidentale. Entendons-nous ; même le monde scandinave ou slave connaissait le métal précieux, et l'argent était employé dans les transactions, mais brut, non monnayé, pesé comme une marchandise, au point que les monnaies étrangères étaient hachées menu ou réduites en lingot. L'aristocratie foncière, dans les pays anciennement romanisés, et les marchands avec qui elle traitait, continuaient à compter et à payer en sous d'or, mais ces sous étaient de plus en plus petits (tiers de sous) et contenaient de moins en moins d'or, presque 50 % d'argent ; au début du IXᵉ siècle, ils disparaissent même d'Occident. Certes, il reste une monnaie d'argent, le denier, dont le poids et le titre ont été encore améliorés par Charlemagne, mais cette pièce a déjà une certaine valeur, celle d'une cinquantaine de litres d'avoine ou d'une douzaine de pains. Or il n'y a pas de monnaie divisionnaire, à part l'obole, qui est la moitié (au sens propre) de ce denier, ce qui revient à supposer que la population rurale ne l'emploie pas pour ses achats quotidiens, qui s'exécutent alors suivant le système du troc ou qui n'ont guère lieu, parce que les cellules paysannes vivent en autarcie. De ce fait, le monnayage seigneurial, qui met en circulation dans un cadre géographique très restreint des pièces « noires », viles, de très faible valeur, peut mieux correspondre à la situation économique. Quand le paysan peut écouler auprès d'individus qui en ont besoin — car leur activité principale n'est pas agricole — les surplus de son exploitation, sans forcément leur acheter immédiatement quelques produits artisanaux ou amenés par le grand commerce, l'intermédiaire monétaire devient indispensable. Quant aux marchands qui pour leurs achats au loin emploient longtemps les monnaies internationales de l'époque : dinar d'or musulman ou sou d'or byzantin (« besant »), ils ont besoin des monnaies d'argent plus fortes et plus stables, reconnues si possible dans tout l'Occident et non dans une seule seigneurie ; ces préoccu-

pations se recoupent avec celles de très grands seigneurs souverains. Les premières pièces de ce type sont les « gros » d'argent vénitien (fin XIIe siècle), mais aussi les esterlins anglais
puis les gros de Saint Louis. La frappe des pièces d'or autochto-
nes, reprise par les États chrétiens en contact avec les musulmans (Catalogne, Castille, Portugal, Sicile) dès le XIe et le
XIIe siècle, ne devient fréquente qu'avec la reconstitution d'un
stock d'or amené par le commerce, puisque l'Occident n'en
produit pas lui-même, sauf en Hongrie. Lucques, Florence, qui
émet le florin, Gênes au milieu du XIIIe siècle puis Venise avec
son ducat, en 1284, donnent le signal que les monarchies ne
suivront qu'au XIVe siècle, bien que Henri III d'Angleterre ou
Saint Louis aient tenté d'émettre également des pièces d'or au
XIIIe siècle.

Mais si la monnaie diffusée par la ville et le marchand gagne
de plus en plus la campagne et révolutionne plus ou moins la vie
paysanne, d'autres problèmes sont posés aux marchands, en
particulier la difficulté de transporter de grosses sommes sur les
routes, d'utiliser des monnaies différentes suivant les régions où
ils passent ou de réunir des capitaux considérables.

Le système, de plus en plus répandu aux XIVe et XVe siècles,
de la lettre de change permet de régler un certain nombre de ces
problèmes. Prenons un exemple concret : un marchand ou un
banquier, Riccardo degli Alberti, désire faire parvenir, depuis
Bruges où il réside, à son correspondant de Barcelone, Brunaccio di Guido, une somme d'argent donnée ; il trouve facilement
un ou plusieurs marchands de Bruges, tel Guglielmo Barberi,
qui a besoin de se faire avancer de l'argent pour acheter des
marchandises (draps) qu'il désire envoyer à Barcelone à son
correspondant de la firme Francesco di Marco Datini. De la
sorte, Barberi emprunte cette somme à Riccardo et demande à
Datini de régler sa dette au correspondant des Alberti à Barcelone, Brunaccio di Guido. L'opération couvre à la fois un
change, monnaie de Flandre contre monnaie de Barcelone, une
opération commerciale, un transfert de fonds, un crédit et probablement un bénéfice pour le donneur — différence des changes entre Bruges et Barcelone — au bout d'un certain temps (au
moins celui que demande la lettre pour aller de Bruges à Barcelone, plus le délai pour l'honorer).

Pour la question plus précise de la réunion des capitaux,

plusieurs procédés ont été parallèlement employés avant que l'on connût ces emprunts déguisés par la lettre de change. Tout d'abord, certains marchands pouvaient sortir d'un milieu « enrichi » dans le cadre de l'exploitation domaniale : ministériaux du seigneur, chargés de l'approvisionnement en produits rares et chers, qui ont fait fortune et dont les fils, échappés à la servitude ou affranchis, continuent le commerce pour leur propre compte ; paysans enrichis par leur travail, leur chance, leur famille vigoureuse, un héritage, et qui commencent par consacrer une partie puis l'essentiel de leur activité aux échanges ; ou même, comme à Venise, gros propriétaires investissant directement les bénéfices de la terre dans le commerce maritime. D'autres peuvent être issus de la très mince couche marchande des siècles précédents et avoir quelques capitaux. Beaucoup, même avec une mise de fonds initiale, doivent s'adresser à des possesseurs d'argent « frais » pour développer leurs affaires. Dès le Xe siècle, on connaît à Venise le système qui prendra tant d'ampleur en Occident : la « commande ». Le marchand qui part sur les mers demande à un bailleur de fonds, en principe sédentaire, de lui confier de l'argent, à charge pour lui de le faire fructifier dans l'aventure ; au retour, le capital sera remboursé et tous les bénéfices attribués pour les trois quarts au capital et pour un quart au travail. Parfois, le marchand fournit un tiers du capital et touche la moitié des bénéfices : un quart pour son travail et un quart pour son capital. Bien entendu, le marchand avant son départ peut conclure plusieurs contrats de commande avec divers bailleurs, ce qui lui permettra d'accumuler les bénéfices, voire d'investir également de l'argent dans d'autres commandes dans lesquelles il jouera le rôle de bailleur de fonds.

Pour le trafic par voie de terre, en principe moins aléatoire, les sociétés durent plus que le temps d'un simple voyage ; elles groupent pour plusieurs années plusieurs personnes, souvent de la même famille, partageant le même pain — ce qu'indique le mot compagnon — mettant en commun leur capital, divisé en un certain nombre de parts non cessibles. Les bénéfices sont partagés au prorata des parts ; les associés sont solidairement responsables ; leur nombre leur permet de convoyer les marchandises, de s'établir à demeure dans les grandes places commerciales, etc. En plus du capital social, la « compagnie » peut disposer de dépôts versés, moyennant un intérêt fixe, par des gens qui ne sont donc pas actionnaires. A la fin du XIIIᵉ siècle, les grandes compagnies italiennes essaiment en succursales toutes solidaires. D'énormes organismes sont mis sur pied ; au début du XIVᵉ siècle, les Bardi, de Florence, ont ainsi 25 filiales, les Peruzzi, 16. Leur capital social frise les 150 000 florins dans le premier cas, et le chiffre d'affaires annuel atteint près de 900 000 florins à une époque où la seigneurie d'Avignon est achetée par le pape 80 000 florins ! Ces compagnies sont ruinées par les difficultés générales du XIVᵉ siècle et par la solidarité qui rend les succursales responsables les unes des autres. Mais une nouvelle génération, à la fin du XIVᵉ et au XVᵉ siècle, avec les compagnies Datini ou Médicis, a des assises plus solides. La plupart des filiales sont en effet autonomes et peuvent faire faillite sans entraîner les autres ; un actionnaire majoritaire dans toutes assure la direction générale ou la fait assurer par délégation. Le complexe Datini, bien équilibré, établi à Prato, Florence, Gênes, Pise, Avignon, Barcelone, Valence et Majorque, ayant des correspondants partout : à Bruges, Londres, Paris, Venise, Milan, etc., rapporte plus de 20 % de bénéfices par an ; son fondateur, parti de rien, meurt avec plus de 70 000 florins d'immeubles ou d'argent investi.

Le nouveau marchand, après une jeunesse passée à apprendre son métier sur les routes, les grands marchés, ne se déplace plus guère. Il consacre ses jours et ses nuits à rédiger des lettres ou à en recevoir — on en a conservé 150 000 pour le seul complexe Datini —, à donner des ordres d'achat ou de vente à ses correspondants ou facteurs sur les diverses places, à tenir les registres ou à les vérifier ; il choisit avec le plus grand soin ses dizaines (dans le cas de Bardi, ses centaines) de collaborateurs, chefs de service, facteurs, pour lesquels il exige une solide formation. La France a connu au moins un marchand de ce type, Jacques Cœur, qui cependant préfère participer à de nombreuses affaires de tout ordre sans mettre sur pied un système aussi organisé. Quant à l'Allemagne, elle connaît tant les grands marchands utilisant des petites sociétés, tel l'Hanséate Hildebrant Veckinchusen (début du XVᵉ siècle) et la plupart des grands commerçants du Nord, que les très gros complexes : en Allemagne rhénane et surtout en Allemagne du Sud. La grande société de Ravensbourg, qui dure de 1380 à 1530, a 13 « antennes », de nombreux agents ; à la fin du XVᵉ siècle, son capital est de

157 000 florins, et dès 1447 son principal actionnaire, Lutfrid
Muntprat, de Constance, meurt riche de 53 550 florins. La
compagnie Diesbach-Watt dure de 1420 à 1460 environ;
en 1436, l'un des fondateurs, le Bernois Nicolas de Diesbach,
possède 70 000 florins. Le chiffre d'affaires de la société Blum,
de Francfort, en deux ans (1491-1493) dépasse 300 000 florins.
Quant au complexe créé par le seul Jakob Fugger, il fait de son
chef l'homme le plus riche du monde, dont la fortune personnelle, en 1525, ne peut être exactement calculée mais se situe
entre 2 et 3 millions de florins.

De tels marchands, et tous ceux qui ont moins bien réussi,
mais ont œuvré suivant les mêmes méthodes, ont, par leur mode
de vie et leur mentalité, amené un changement profond dans la
société médiévale traditionnelle. Aux nobles, ils achètent des
excédents provenant des redevances agricoles et revenus fonciers: blé des *Junkers,* laine de la *gentry,* vins aquitains, etc.,
leur empruntant parfois des capitaux, mais par-dessus tout leur
en prêtant, au moins pour leur permettre d'acheter toutes les
denrées de luxe qu'ils leur offrent. En garantie, ils reçoivent des
bijoux, des monopoles d'exploitation, la ferme de revenus seigneuriaux ou même des terres; et ces terres qu'ils conservent ou
achètent, sur lesquelles ils placent leurs capitaux, par souci de
prestige ou parce que les aléas y sont moindres, leur donnent
une partie de la puissance que, par voie de conséquence, perdent
les nobles. Les paysans ne gagnent guère à avoir ces nouveaux
propriétaires, peut-être plus âpres au gain et qui veulent gérer
leurs terres comme une affaire commerciale, investir pour
augmenter la rentabilité, faire produire des denrées susceptibles
de trouver un marché facile et fructueux. Parfois, marchands et
nobles s'excluent mutuellement, se considèrent avec mépris: les
Florentins organisent des tournois parodiques, grimpés sur des
porcs, les cavaliers regardant vers la queue; des lois somptuaires en faveur de nobles tendent à interdire aux riches marchands
tel ou tel matériau de luxe. Parfois aussi, les marchands mènent
une vie « noble », servent à cheval, l'épée au côté, ont des
châteaux, des terres, finissent par marier leurs héritiers avec des
nobles ou entrent eux-mêmes dans la noblesse.

Vis-à-vis de l'Église, la position du marchand, non prévue
dans la société d'ordre, est difficile. Thomas d'Aquin dit bien
que « le commerce, considéré en lui-même, a un certain carac-

tère honteux », en raison du désir du gain, de l'amour de la
richesse, du fait aussi qu'il permet à l'argent d'engendrer l'argent, par l'intérêt des sommes prêtées, ce qui est usure abomi-
nable. Peu à peu, l'Église admet cependant que les risques, les
dommages subis par le marchand en cas de remboursement
retardé l'autorisent à percevoir un intérêt ; que, de plus, il doit
recevoir un juste prix pour son travail ou pour les services qu'il
rend à la société ; au XVe siècle, on en viendra même à admettre
l'idée suivant laquelle le grand commerce est voulu par Dieu.
D'ailleurs, divers ecclésiastiques ne se font pas faute de prêter à
intérêt, d'investir dans le commerce ; des ordres religieux, cisterciens ou templiers, par exemple, se font marchands de laine
ou banquiers ; les teutoniques bâtissent un grand organisme de
commerce entre Königsberg, Marienbourg et Bruges, et leurs
facteurs vont jusqu'à Novgorod la Grande. Et, inversement,
nombre de marchands finissent leurs jours dans des monastères,
suivant l'exemple de saint Homebon de Crémone, du Siennois
Bernardo Tolomei, fondateur des olivétains, ou du fils de marchand François d'Assise. La plupart des marchands tiennent
d'ailleurs un compte pour « Messire Dieu », c'est-à-dire pour
des œuvres de bienfaisance qui, espèrent-ils, leur feront par-
donner les libertés qu'ils prennent avec la doctrine de l'Église et
l'interdiction de l'usure ; et la peur de l'enfer, à leur mort, leur
fait parfois léguer tous leurs biens aux pauvres, tel Francesco di
Marco Datini. Enfin, comme le montre J. Le Goff, le purgatoire, la confession et la pénitence deviennent les jalons nécessaires d'une comptabilité de l'au-delà destinée à sauver de
l'enfer les marchands, les usuriers, les tenants du capitalisme
naissant.

Mais le marchand, même réconcilié avec l'Église, même
admis dans la société traditionnelle, n'en est pas moins l'enfant
terrible, le trublion. Il a une mentalité rationaliste d'organisateur
méthodique, qui calcule, suppute, prévoit, explique tout par la
raison ; il exige un enseignement bien différent de celui qu'on
reçoit dans les écoles ou universités sous le contrôle des clercs.
En particulier, il faut que ses enfants apprennent le calcul, une
écriture nette et rapide, des langues vivantes et non plus le latin,
des notions précises de géographie et de cartographie, non le
fatras mal digéré des sommes antiques ; des manuels sont là pour
présenter de manière commode le résumé de ce qu'il faut savoir

et mettent en évidence le sens du chiffre, du concret, du matériel, du temps exact et mesuré. Cette mentalité nouvelle se marque tout aussi bien dans l'art pictural ou architectural subventionné et inspiré par ces marchands. Aux thèmes uniquement religieux de la peinture traditionnelle, à sa vision plate et conventionnelle s'ajoutent des images nouvelles, des portraits de marchands dans leur intérieur, campés de manière réaliste dans une perspective exacte. Quant à l'influence du marchand sur l'architecture tout comme son attitude dans la politique, l'administration et la société, elle doit être replacée dans le cadre de sa demeure par excellence qui est la ville médiévale.

La ville et la vie urbaine.

A l'époque du Bas-Empire (IIIe-IVe siècle), l'Occident est semé de villes ; 1 200 ans plus tard, au XVe siècle, il est tout aussi urbanisé ; cependant, entre ces deux dates, les villes ont entièrement changé d'aspect, même si certaines sont restées sur le même site, ont un chiffre de population et une superficie comparables.

La transformation a commencé dès le IIIe siècle, sous l'empereur Aurélien ; la cité romaine, largement ouverte sur les campagnes, s'est enserrée dans un corset de remparts souvent dressés hâtivement avec les pierres des édifices détruits. Seul le cœur de cette ville a pu ainsi être protégé, et les faubourgs non défendus, dépeuplés par la déflation démographique et le départ des gros propriétaires sur leurs terres, ont été abandonnés, parfois ravagés par les Barbares. D'où ces deux premières caractéristiques de la ville pendant et après les grandes invasions : à l'intérieur d'un mur flanqué de tours, un noyau urbain peu étendu ; à part Rome et ses 1 275 hectares, Milan (400 hectares), Trèves (285 hectares), Mayence, Nîmes, Mérida, Toulouse ou Cologne, qui dépassent ou avoisinent les 100 hectares, la plupart des villes n'en couvrent pas même 50 ; Paris en a 10, Tours 6 ! Mais cette petite ville forteresse s'est peuplée de nombreux édifices nouveaux et originaux, les églises, parmi lesquelles, très généralement, une cathédrale, l'évêque étant le prêtre de la cité. C'est lui, souvent choisi parmi les grandes familles locales, qui maintient et anime la ferveur par diverses processions, le culte des reliques, les fondations de monastères

urbains, l'établissement d'une école, l'instruction des clercs et
des laïcs. C'est lui qui devient le père fondateur et ordonnateur
de cette cité qu'on se représente à l'image de celle de Dieu,
scandée par un temps sacré, celui de la généalogie de ses saints
évêques, et reconstruite en fonction d'un espace cultuel, celui
des églises, des monastères et des tombeaux. C'est encore
l'évêque qui, possédant de nombreuses terres, attire dans la cité
une partie de ses stocks, ses revenus d'origine foncière ; les
personnes de son entourage et lui-même constituent un marché
pour des artisans spécialisés dans des travaux plus délicats que
ceux des ateliers ruraux : étoffes fines, orfèvrerie, poterie, ou
pour des marchands venus de loin ou encore pour les communautés juives voisines. Les habitants du plat pays viennent à la
cité autant pour recevoir les sacrements, vénérer les reliques,
que pour acheter les quelques produits qui leur sont indispensables ou vendre l'excédent de leur propre production. Des pauvres s'y établissent pour s'y faire nourrir, surtout durant les
disettes ; le haut fonctionnaire qu'est le comte y passe à l'occasion rendre la justice ; parfois même, le roi y est accueilli, avec
sa cour itinérante, au milieu des chants et des processions. La
ville mérovingienne est donc loin d'être une cité morte, mais il
est exact de dire qu'elle n'a conservé que peu d'habitants à
l'intérieur de ses remparts, où commencent à apparaître, à la
place de monuments ruinés, des champs, des jardins ; exact
aussi qu'elle vit en grande partie de la campagne, où d'ailleurs
les puissants se sont réfugiés et où les Germains se sont souvent
établis, car ils ne se sentaient guère à l'aise dans les cités, forme
d'habitat qu'ils n'avaient pas connue ; et les Goths et les Van-
dales, moins rebelles à des villes plus denses, disparurent plus
rapidement. Aux VIIe et VIIIe siècles, la ville occidentale, toute
pénétrée d'influences rurales et ayant perdu pratiquement tout
son pouvoir politique sur sa campagne, frappe surtout par son
aspect monumental, ses remparts, la concentration des activités
religieuses ; au pied de ses murailles, et surtout quand elles sont
au centre d'un pays riche et fertile, ont recommencé à bour-
geonner des faubourgs, le long des routes, autour des monastères. Paris — dont la population n'a guère dû redescendre au-
dessous de 20 000 habitants — est loin de se concentrer dans la
seule île de la Cité ; son rempart a accueilli une église à laquelle
il sert de fondations ; la rive gauche de la Seine s'est peuplée de

maisons autour des églises et des monuments antiques. D'une manière générale, les remparts sont moins utiles, le noyau urbain trop étroit à une époque où la paix est mieux sauvegardée par les premiers Carolingiens, et où la reprise démographique devient sensible. C'est alors que naissent des villes ou agglomérations nouvelles, autour d'un palais ou d'une antique villa (Aix-la-Chapelle, Francfort), autour d'un point fort, d'un *castrum* (Douai, Gand, Nimègue, Utrecht, Bâle, Bonn), d'un monastère (Saint-Denis, Saint-Gall, Fulda, Reichenau, Saint-Riquier), d'un grand domaine, voire d'un port (Quentovic, Duurstede). Mais, surtout, à partir du VIIIe et du IXe siècle, à côté de la vieille cité épiscopale, du monastère, du point fort, se constitue une agglomération nouvelle dont la population n'est plus exclusivement attachée au travail de la terre. Cette apparition du *vik,* du *portus,* du *burgus,* clos par une palissade puis un mur, à portée d'un centre de consommation traditionnel, sur une route, un croisement, un confluent, ajoute à la cité médiévale une caractéristique supplémentaire. Ses habitants ont des activités d'un type nouveau, concernant la consommation (boulangers, débitants de boissons, bouchers, tonneliers), le transit (voituriers, débardeurs, merciers, marchands drapiers), voire la production (charrons, forgerons, tannage du cuir, tissage de la laine ou du lin, etc.).

L'Italie elle-même, où 5 villes sur 6 sont d'origine romaine et sièges d'évêques, voit peu à peu se modifier leur rôle, la composition de leur population et même leur tissu urbain. Pavie, Milan, Bergame connaissent aux IXe et Xe siècles un commerce actif tout autant que les agglomérations entre Loire et Rhin, plus directement portées par le système domanial.

Il n'est pas toujours facile de distinguer, au Moyen Age, une ville d'un simple village, si nous mettons à part les « cités », où se trouvent les évêques, aisément identifiables. Les agglomérations doivent présenter un certain nombre de caractéristiques pour être vraiment considérées comme urbaines; elles ne s'opposent pas absolument à la campagne, car elles possèdent de nombreux champs, vergers, jardins, granges, étables en leur sein, et beaucoup de leurs habitants gardent des activités rurales; le mur qui les entoure n'est pas non plus typique, car il y a des villages fortifiés; cependant, il sépare du plat pays, protège contre les attaques, filtre les entrées — canalisées par la grande porte — de gens comme de marchandises (octroi), oblige les habitations à se serrer, se tasser, surtout en période d'essor démographique ou économique, à élever des étages, à proliférer sur les ponts, contre les églises. On ne peut non plus décréter, comme de nos jours, qu'une ville se caractérise par un nombre d'habitants minimal, 2 000, car on connaît des villes médiévales en groupant péniblement quelques centaines. En revanche, d'autres considérations modernes sont acceptables : les occupations des citadins comme leur genre de vie et leur état d'esprit doivent les distinguer des occupants du plat pays ; exercice du commerce ou artisanat à demeure ; majorité du temps de fonction ou de travail passée à l'intérieur de l'agglomération (clergé ou noblesse urbains, métiers de l'alimentation, etc.), ou bien résidence (famille ou foyer) établie dans la ville — cas du marchand itinérant. La possession d'un marché, de fonctions administratives, judiciaires, religieuses, militaires, politiques, étend la domination de la ville sur le plat pays, donc l'en distingue encore plus nettement ; enfin, un « droit » urbain plus ou moins large, comportant des privilèges judiciaires ou politiques, différencie la partie la plus active et souvent la très grande majorité de la population du monde des paysans.

Des miniatures, des gravures, des tableaux ou des sceaux, encore mieux que les villes médiévales quasi intactes que nous avons conservées, nous montrent comment ces villes apparaissaient à la population : un entassement de tours et de clochers à l'intérieur d'une forte muraille, le tout aéré, par endroits, de nombreux jardins comme à Provins. Au-dehors, des maisons échelonnées le long des routes, de plus en plus denses au fur et à mesure qu'on approche des portes ; puis le fleuve, ou le fossé généralement alimenté en eau courante par une dérivation du fleuve et animant de nombreux moulins. Rarement la ville est loin d'une rivière, mais, placée souvent sur un abrupt, il lui est parfois difficile, voire impossible, de se protéger de surcroît par un fossé. De toute manière, la muraille est là, souvent colossale, truffée de tours et de bastions ; pensons à Avila, dans le désert castillan, à son mur de 2 400 mètres de long, haut de 12 mètres et fort de 88 tours massives, ou encore à Avignon, une des plus grandes villes (et au XIVᵉ siècle la capitale) de la chrétienté, avec peut-être 30 000 habitants, enclose sur 4 330 mètres. Là où les portes, rarement plus de 4, sont entourées d'un massif bastion, comparable, en plus grand, à celui qui protège la porte du château. Mais il ne faut pas croire que murailles et tours n'ont qu'une simple valeur défensive; elles sont tout autant symboles de puissance par rapport au plat pays ou une expression de l'esthétique urbaine; les tours se multiplient ou varient leurs formes sans besoin, et les portes prolifèrent ou se chargent d'ornements à l'époque où l'apparition de l'artillerie les rend particulièrement fragiles. La porte franchie, toute vue d'ensemble de la ville disparaît, sauf si on monte sur une des tours, d'où on n'aperçoit qu'une mer de toits trouée de tours voisines. On se faufile dans des rues étroites et sinueuses, entre des maisons ventrues ou à encorbellement qui ne dégagent qu'un mince lambeau de ciel; des ouvroirs et des boutiques empiètent sur une chaussée mal dallée, plus souvent boueuse, encombrée de paille, de déchets, avec une rigole au milieu. Par-ci par-là, une place d'étendue restreinte, formée par la confluence de deux ou plusieurs rues, autour d'une fontaine, d'une croix, près du palais (*palazzo*, hôtel) d'un riche marchand; les importants édifices religieux se voient sans le moindre recul, écrasants et vertigineux, tandis que derrière leurs murs ou leurs absides peuvent s'étendre de vrais champs cultivés. On arrive enfin à la place centrale, *plaza mayor, piazza maggiore*, caractéristique de la ville occidentale; vers elle affluent différentes rues qui rassemblent chacune les artisans d'une même spécialité aux belles enseignes de fer forgé; à Florence, ces rues portent encore les noms des « arts majeurs » qui les peuplèrent : Por San Maria (art de la soie), Calimala (affineurs de drap), Pelliceria. La place elle-même, vaste, au ciel large, est entourée des plus belles maisons, demeures des riches; elle est dominée par l'Hôtel de Ville *(palazzo communale, Rathaus)* et son beffroi *(campanile, Turm)*, homothétique du donjon seigneurial qui atteste autonomie et puissance; il s'agit souvent du plus beau bâtiment civil de la ville, qui sert à de nombreux usages : salle de réunion, de vente, de rencontre, de refuge; sa cave même est utilisée comme dépôt d'archives ou comme prison. Outre la large esplanade, où au son de la cloche d'alarme peuvent se réunir les milices ou bien les bourgeois s'érigeant en assemblée, se trouve généralement, au centre, le marché couvert ou la *Kaufhalle*, le *mercato* ouvert à la plupart des artisans et revendeurs, qui se groupent, comme dans les rues, par spécialités. Le

La bastide — dont le nom exprime bien l'action de bâtir — de Grenade-sur-Garonne est fondée en 1290, à un moment où, en Occident, la création des villes neuves s'essouffle. Mais cette construction est le fruit de la volonté politique des hommes du Nord, tel le sénéchal de Beaumarchais qui, sur ordre de Philippe le Bel, en fut l'instigateur. La charte de fondation qui prévoit « 3 000 emplacements pour y construire des maisons, et davantage si besoin est, 3 000 jardins et 2 000 arpents de terres labourables et vignes » répartis sur le terroir, ne laisse rien au hasard. Cette réalisation fut un succès comme en témoigne la rigueur du plan orthogonal, la place occupée par les halles fermées et la construction de la muraille au début du XIVe siècle. (Photo IGN; © SPADEM, 1982.)

grosse Ring de Breslau contient, par exemple, l'imposante halle aux draps et, à côté, le bâtiment où se retrouvent les tisserands de lin, les métiers du cuir, la boulangerie. Non loin de la grande et de la petite balance se dresse le gibet; le marché aux poissons fait transition vers le *Salzring* voisin. A Lübeck, disposition comparable, mais sur une immense place où se trouve également l'église Notre-Dame. L'union d'édifices laïcs et religieux n'est pas toujours aussi harmonieuse. De très belles églises (collégiales) et surtout la cathédrale se trouvent plutôt à l'écart et disposent d'une autre grand-place.

La double ou multiple origine de la ville se marque souvent dans son plan polynucléaire : Toulouse réunit le bourg Saint-Sernin à la cité dont le centre animé est le « Capitole », tandis que la cathédrale Saint-Étienne est à la périphérie. Cracovie a deux noyaux : Wawel avec cathédrale et château dominant une considérable ville marchande, groupée autour de sa halle aux draps ; entre les deux, une agglomération postérieure qui a servi de trait d'union. Lübeck avait 3 ou 4 petits noyaux primitifs : château, cathédrale et partie centrale avec les marchands et les artisans. Brunswick ou Hildesheim, 5. Chaque noyau est entouré de son rempart avant qu'une muraille commune finisse par les réunir avec les voisins sans modifier leurs caractères particuliers. Metz garde autour de sa cathédrale, dans sa cité, les clercs, les patriciens, des maisons plus aérées, des habitants à la vie plus calme. Parfois aussi, les noyaux restent distincts : à Provins, ville haute et ville basse sont séparées par un abrupt non construit ; la cité et le château de Limoges ne fusionnent pas. Dans le cas le plus simple et le plus harmonieux, Aix-la-Chapelle, Bruges, Florence, le développement se fait concentriquement autour d'un noyau unique ou unifié, palais, *castrum* clérical et comtal, *portus*. Mais le premier rempart d'une ville en plein essor empêche les maisons de s'étendre. Une phase d'attente et de « compression » précède donc la construction d'un nouveau rempart qui, pour un temps, donne de l'aise ; si l'essor continue, un troisième puis un quatrième rempart sont alors construits. Florence au début du XIVe siècle en est à son sixième, Vienne à son quatrième ; Gand, en moins d'un siècle et demi, en élève 5 successifs : en 1163, 1213, 1254, 1269 et 1299. Parfois, pour une ville créée de toutes pièces à une époque tardive, on a prévu à l'avance les besoins, voire le nombre de ses habitants, et on lui a donné un plan clair, rationnel, en damier, comme la nouvelle Carcassonne, Aigues-Mortes, les bastides du Sud-Ouest français comme Grenade-sur-Garonne, l'extension de plusieurs villes allemandes, etc.

De toute manière, ces villes ne sont jamais très étendues, même Gand, qui atteint à peine 600 hectares, un peu plus que Venise ou l'agglomération parisienne, en comptant la superficie habitée en dehors des remparts. Bien peu d'autres, comme Cologne, dépassent les 400 hectares ; mais la densité peut y être considérable ; sans aller jusqu'aux *grod* polonais du Haut Moyen Age qui semblent avoir groupé 1 000, 1 200 et même 2 000 habitants à l'hectare — plus que le Paris actuel —, des villes du Midi comme Albi ou Gênes ont dépassé les 600 habitants à l'hectare, grâce à des maisons à étages dont chaque « chambre » abrite une humble et nombreuse famille. Le chiffre de cette population doit donc être considéré comme très élevé, surtout dans le contexte économique d'alors. Réunir 200 000 habitants dans une ville de moins de 600 hectares a paru impossible ; pourtant, Paris, au moins, a dû les compter, de même que Gênes sur 110 hectares a entassé plus de 100 000 habitants, autant que Florence, Venise, Naples ou Milan. Gand (50 000), Londres (peut-être 80 000 ??), Cologne (30 000 habitants), doivent également figurer parmi les grandes villes médiévales. Cet extraordinaire entassement entre les remparts — d'autant plus important que les communautés religieuses y maintiennent de grands jardins – favorise au demeurant un certain nombre de catastrophes : l'incendie qui dévore rapidement une ville en bois. L'hygiène y est déplorable et les épidémies très meurtrières. A la population autochtone s'ajoutent, de plus, en toute saison, les visiteurs du type pélerin, touriste, marchand, paysan du voisinage.

Les rues, à la largeur encore réduite par les éventaires et les boutiques ouvertes, étaient animées en permanence, de l'aube au crépuscule, d'autant que la plupart des humbles, des enfants, des femmes, très étroitement et mal logés, y descendaient pour jouer, bavarder avec les voisins, faire quelques emplettes, admirer le spectacle constant offert par les boutiquiers, les clients, les seigneurs ou les clercs et la foule bigarrée des passants. Ici, le pelletier expose ses plus belles fourrures, agneaux blancs ou noirs, vair, martre, hermine ; là, l'épicier offre des drogues,

véritable « paradis à les sentir », du rosat pour accélérer votre
digestion, des électuaires, des sirops ; plus loin, le drapier,
l'apothicaire, l'orfèvre. Et partout des taverniers qui vous
convient à pénétrer dans leur antre, à s'asseoir sur les joncs qui
sèment leur sol de terre battue ; ils vous verseront de la cervoise
ou du vin, avec des harengs bien salés pour vous assoiffer
davantage ; chez eux, vous pouvez lier conversation avec les
chômeurs, les ribauds, les étudiants paresseux ou les aigrefins
qui y ont leur repaire ; vous pouvez jouer aux dés ou à tout autre
jeu susceptible de vous faire rapidement perdre les quelques
pièces que vous possédez. Et quand vous sortirez, ayant satisfait
chichement vos passions (jeu, vin, femmes), vous vous retrou-
verez dans le grand courant de foule qui serpente dans la rue
étroite. La célèbre fresque d'Ambrogio Lorenzetti nous dépeint
et nous résume l'incessante animation qui peut y régner ; on y
voit, à côté des marchands, boutiquiers et artisans installés
directement sur la chaussée, les écoliers au travail, les femmes
avec leur corbeille de linge sur la tête ou l'enfant dans les bras,
les transporteurs et leurs mulets, chargés de bois, de sacs, etc.,
le chevrier poussant une douzaine de bêtes, le chien qui le suit.
Manquent les porcs qui fouillent dans les immondices et la
boue, si fréquente sous les cieux plus nordiques que les bourgeois de Nuremberg sont obligés de se déplacer avec des patins
pour se moins souiller. Carrosses et voitures cheminent difficilement dans ces rues étroites et surpeuplées où passent mieux les
litières et les gens à cheval, nobles, patriciens, marchands
revenant d'une inspection ou d'un voyage. Fort souvent, une
procession bloque la circulation, attire un grand concours de
peuple : ce sont des clercs qui promènent les reliques pour
remercier Dieu, ou le supplier et attirer sa faveur sur la ville, ou
pour célébrer quelque fête ; ce sont les membres d'un même
métier honorant leur saint patron, dont ils accompagnent la
statue ; ou ceux d'une confrérie de quartier ou de paroisse, avec
des pénitents et les principaux de leurs membres dans leurs plus
beaux habits. Des spectacles un peu moins courants — et d'autant plus courus — réunissaient le peuple autour du pilori, de
l'échafaud ou du gibet pour assister au supplice et aux tortures
infligés au condamné ; la foule se montrait aussi excitée et lâche
que dans un passé récent, accablant d'injures, voire de coups,
celui qui allait mourir, et avec d'autant plus de joie qu'il avait

été plus puissant. Ainsi à Paris la pendaison du tout-puissant favori de Philippe le Bel, Enguerrand de Marigny (1316), les décollations d'Armagnacs sous la domination bourguignonne et *vice versa*, dans une atmosphère qui évoque les lynchages d'autres «collaborateurs» à la fin de la Seconde Guerre mondiale. D'autres spectacles moins écœurants et aussi populaires animaient les rues et les places : le baladin, montreur d'ours, le jongleur, le prédicateur fulminant contre les vices du monde, la représentation théâtrale sacrée (Mystères) ou joyeuse et canularesque (Fête des fous); les entrées solennelles des rois et des princes dans les villes décorées et jonchées de fleurs étaient aussi l'occasion de réjouissances publiques.

La plupart de ces jours étant chômés obligatoirement, on conçoit l'afflux de la population urbaine dans les lieux publics et l'arrivée en nombre considérable de gens du plat pays. Nul doute que, lors de ces fêtes, la foule ainsi rassemblée n'ait pris conscience d'appartenir à un corps politique commun; ainsi est né et s'est développé le patriotisme urbain.

La nuit, les portes de la ville étaient fermées et surveillées, les rues désertes et sombres; malgré les rondes régulières du guet, il était déconseillé de se promener à ces heures tardives sans une bonne escorte portant des torches et des armes; en effet, nombre de malandrins, dont les repaires étaient les cimetières ou les «cours des miracles», exécutaient leurs mauvais coups sans témoins, coupant les bourses, les jarrets, les gorges. Jamais une ville médiévale de quelque importance ne put se débarrasser de cette lie qui le jour arrondissait ses gains nocturnes en exerçant la mendicité ou en touchant le cœur charitable de ses semblables par l'exhibition de fausses infirmités. M. Defourneaux cite des ordonnances du roi de France contre ces « belîtres » et « belîtresses » qui « feignent d'être débiles de leurs membres, portant bâtons sans nécessité et contrefont maladies caduques, plaies sanglantes, rognes, galles, enflures d'enfants par application de drapeaux emplâtrés, peinture de safran, de farine, de sang et autres couleurs fausses, portant aussi fer en leurs mains, drapeau en leur tête et autres habillements boueux, ords, sales et gluants et abominables jusque dans les églises, et se laissant tomber en la plus grand-rue passant ou en la plus grand-compagnie et assemblée qu'ils pourront aviser, comme une procession générale, jetant par la bouche et les narines sang fait de mûres,

de vermillon ou autres couleurs, le tout pour extorquer injuste-
ment les aumônes qui sont dues aux vrais pauvres de Dieu».
Plus la ville était grande, plus l'espoir d'aumônes — et de
vols — était fort et plus les mendiants, vrais ou faux, affluaient;
le nombre de ces non-producteurs professionnels était si élevé
qu'il fallait de temps en temps procéder à des expulsions d'ensemble. Ainsi les «caïmans» de Paris déportés à Melun ou
ailleurs pour les mettre au travail, ainsi les vérifications minutieuses des bourgeois allemands écartant les pauvres «étrangers» qui pourraient concurrencer «leurs» pauvres indigènes,
rompre l'équilibre charité-pauvreté et grossir les émeutes en
liaison avec les plus déshérités des travailleurs.

La ville ne se définit pas seulement par son aspect extérieur et
par la vie des populations qu'elle abrite entre ses murs; nous
avons signalé qu'elle se définissait encore plus par le statut de
ses habitants, par son «droit», qui les différencie juridiquement
de ceux du plat pays ou de ceux que connaît la traditionnelle
société d'ordre. Les populations urbaines, minoritaires dans un
monde administré par le seigneur, sur un sol qui lui appartient,
exercent des activités soit rurales, en lui payant des droits, soit
partiellement artisanales ou commerciales, en versant des redevances, des péages, des tonlieux; elles comparaissent devant sa
justice, subissent l'effet de ses guerres, et se sentent d'autant
plus isolées qu'elles forment des noyaux denses et dynamiques
dont la solidarité est accrue par le rempart qui les tasse les unes
contre les autres tout en protégeant leurs richesses. La cohésion
doit en être cimentée; d'abord par une égalité juridique, c'est-à-
dire la liberté personnelle de tous, quelle que soit leur origine :
errants, serfs fugitifs, ministériaux, etc.; puis par la prestation
d'un serment, normal pour toute alliance, coalition ou contrat,
et qui engage tous les cojureurs de la «commune», tous ceux
qui résident dans l'agglomération. Et pour sauvegarder sa liberté personnelle, établir son autonomie, son auto-administra-
tion, la commune doit demander l'accord du seigneur; dans les
villes d'origine romaine, à Cologne, à Worms, à Cambrai, à
Laon, dans la plupart des villes italiennes, ce seigneur est un
évêque aux forces assez maigres mais à la volonté bien arrêtée
de ne pas abdiquer son peu d'autorité dans ce qui reste sa
résidence; d'où les nombreux conflits qui se terminent soit par
l'octroi de franchises après un difficile accord, soit par de

violents combats dont l'évêque sort victorieux (Cambrai 1077) ou, le plus souvent, vaincu et expulsé (Worms, Cologne, etc.), ou tenu en lisière (villes italiennes). Les seigneurs laïcs, qui habitent généralement en dehors de la ville, ou qui n'y viennent que de temps en temps (comte de Flandre à Bruges; comte de Champagne à Provins; duc de Bourgogne à Dijon), *a fortiori* les souverains, concèdent plus facilement des «franchises», moyennant finance. Philippe Auguste dispose de 39 bonnes villes; l'empereur-roi de Germanie coiffe dès le XIIe siècle une cinquantaine de villes impériales *(Reichsstädte)*, parmi lesquelles Lübeck, Aix, Cologne, Dortmund, Wetzlar, Goslar, Nuremberg, Ratisbonne, Francfort, Augsbourg et 7 ou 9 villes ex-épiscopales quasi indépendantes, les «villes libres» de Cologne, Mayence, Worms, Spire, Strasbourg, Bâle, Constance. Les rois d'Angleterre et de Castille accordèrent également des franchises, mais plus modérées, à nombre de leurs villes; et de même des princes non souverains, dont les plus typiques sont les *Fürsten* allemands, desquels près de 3 000 villes reçurent leur droit.

Une fois reconnue l'existence de leur «commune» et de l'assemblée constitutive, et autorisée la gestion d'une partie de leurs intérêts, beaucoup de ces villes se bornent à se faire accorder et garantir quelques droits, la perception de certaines taxes, l'autonomie de la basse justice et quelques libertés économiques. Enfoncées dans le monde rural, sur lequel elles exercent leur influence en diffusant la monnaie sur le marché local, elles restent fort dépendantes du seigneur territorial, qui ne renonce qu'à certains types de redevances: banvin, mainmorte, formariage, etc., voire à la basse justice; les cens, tailles, obligations militaires, ravitaillement pour l'ost, fourniture du contingent, dépendance judiciaire sont maintenus. D'autres villes, moins nombreuses, ont adopté un «travesti» féodal qui en fait des sortes de vassaux collectifs, fournissant des contingents pour l'ost et la chevauchée (Poitiers), payant l'aide aux trois cas (Abbeville), prêtant l'hommage par l'intermédiaire de leur chef, le maire, ou d'un certain nombre de leurs bourgeois (Châteauneuf-de-Tours), payant parfois la taille *(Reichssteuer)*, mais représentées alors au *Reichstag* (Diète d'Empire) au même titre que les princes *(Fürsten)*. Comme un seigneur collectif, la ville a son donjon — beffroi —, son mur, son sceau, son

contingent à cheval, sa justice, sa campagne étroitement subor-
donnée ; son autonomie peut se muer en véritable indépendance :
refus de serment à quiconque (Strasbourg, Bâle), propre politique extérieure, liberté absolue de former des ligues ou contrac-
ter des alliances, large *contado* paysan administré par la cité
et asseyant sa puissance (Florence, Sienne et autres villes italiennes).

De la plus humble à la plus huppée, la ville occidentale
possède aussi son assemblée délibérante et son organisme de
gestion : le « Conseil », parfois divisé en commissions spécialisées ou indépendantes. Les conseillers sont rarement très nombreux, généralement 12 en Allemagne ou en France du Sud,
parfois 24 comme à Fribourg-en-Brisgau, Mayence, Strasbourg ; ils sont élus ou cooptés, ou désignés par une succession
de tirages au sort, ont un ou plusieurs chefs, simultanés ou
successifs (maire, bourgmestre), et disposent pour les aider d'un
personnel de scribes, de sergents, de notaires qui peut grouper
plusieurs centaines de personnes — 200 à Lübeck ou Francfort.
Leur action dépend des franchises qu'a reçues leur ville ; particulièrement typiques par rapport aux magistrats italiens (assimilables aux membres d'un conseil souverain) ou magistrats
français et anglais (dont les initiatives doivent tenir compte
d'une forte monarchie centralisée ou d'un puissant seigneur
voisin) sont les conseillers allemands, qui se trouvent confrontés
à la plupart des cas envisageables. Une fois réglés les problèmes
avec l'autorité seigneuriale, restent les conflits possibles'avec
l'Église ; en particulier pour la justice, car on peut se demander
si le for des clercs s'applique à tous les biens qu'ils possèdent,
personnellement ou collectivement, et si leurs propriétés foncières paient des impôts à la ville ; également pour l'éducation,
de type plus laïc et concret, que les bourgeois désirent voir
dispenser à leurs fils. Lübeck obtient dès 1252 l'autorisation
d'ouvrir une école « secondaire », puis Breslau (1266), Wismar
(1269), Fribourg-en-Brisgau, Vienne ; Erfurt (1379), Cologne
(1388), Rostock associée au duc de Mecklembourg, peuvent
même présider à la naissance d'universités ; l'Église n'abdique
pas ses droits ni son monopole, mais admet que le Conseil
présente ou nomme un clerc écolâtre qui surveille l'ensemble
des maîtres. Dans le domaine de l'assistance publique, l'Église
est remplacée peu à peu par la ville, fondatrice ou gérante des

hôpitaux, organisant des stocks, voire nourrissant des pauvres ; enfin, comme un seigneur, la ville peut être patronne et proposer des clercs élus comme curés de paroisses — Lübeck acquiert ce privilège entre 1188 et 1226 — ou, comme maîtresse de ses finances, aider à la construction des grandes églises ou des cathédrales comme celles d'Ulm ou de Strasbourg.

A l'intérieur de ses murs et sur son district urbain, le Conseil accumule peu à peu la majorité des pouvoirs compatibles avec ceux que s'est réservés le prince ; la police, par exemple, pour réglementer le port d'armes, les attroupements illicites, pour protéger la sécurité des promenades nocturnes, faire appliquer le couvre-feu. Dans une ville de bois, le feu risquant de s'étendre et de provoquer des catastrophes, les ramonages de cheminées étaient soigneusement surveillés, les corps de pompiers occasionnels nombreux et entraînés ; l'hygiène et la moralité étaient une des préoccupations essentielles et tatillonnes de ces sévères bourgeois germaniques, l'une portant l'autre dans le cas de la syphilis, qui s'étend à la fin du XVᵉ siècle ; les jeux de hasard, les excès de table, les habits trop luxueux sont strictement interdits ou précisément réglementés par les lois somptuaires, qui fleurissent à partir du milieu du XIVᵉ siècle en Allemagne comme en Italie. Les charges militaires sont fort nombreuses et fort lourdes ; le bourgeois doit le service, à cheval s'il est «patricien», mais il peut se faire remplacer si le sort le désigne pour la mobilisation ; sans cela, il ne pourrait se livrer à ses activités normales. De la sorte, si la garde aux murs et aux portes, parfois même les rondes de nuit, sont souvent exécutées sous le contrôle de quelques bourgeois, les expéditions au-dehors ou la défense en cas d'attaque extérieure sont souvent confiées à un mercenariat de petits nobles besogneux. Le chef militaire, le capitaine, généralement noble, est le mieux payé des fonctionnaires ; aussi, malgré le nombre restreint de ses subordonnés — à Nuremberg, 27 en 1377, année de paix, et 87 en 1388, année de guerre —, si l'on ajoute les palefreniers pour soigner les indispensables chevaux, les maréchaux-ferrants, les charrons, pour les véhicules, les forgerons et les armuriers, les artilleurs, bombardiers, fondeurs de canons, et le matériel lui-même, on constate que les dépenses d'ordre militaire étaient celles qui grevaient le plus les budgets des villes allemandes (82 % de celles de Cologne en 1379, année de paix !).

Or les revenus normaux étaient peu abondants, pour l'excellente raison que les riches, étant au pouvoir, ne se taxaient guère (impôt sur le revenu «régressif» passant de 1 % pour les gens moyennement aisés à 0,4 % pour les plus riches); par ailleurs, les pauvres en étaient exempts. Ajoutons que les revenus domaniaux dépendaient de la taille du district urbain, en général peu étendu, que les impôts indirects, taxant les boissons ou la circulation des marchandises, étaient difficilement levés avant le XIVe siècle et que leur nombre et leur diversité — plusieurs dizaines de sortes — interdisaient d'avoir une idée claire de leur rapport. Cependant, la constitution d'une halle centrale *(Kaufhaus)* ou de diverses halles (aux draps, aux poissons, au sel, etc.), l'obligation pour les marchands, et en particulier les étrangers (hôtes), d'y déposer leurs marchandises (entrepôt) ou de les y vendre (étape) assuraient des rentrées moins irrégulières; et de même le droit de monnayage, acquis à Lübeck, par exemple, dès 1226.

L'ensemble de ces entrées équilibrait à peine le total des sorties ordinaires; dès qu'il fallait faire face à une dépense extraordinaire, le mieux était d'émettre un emprunt auprès des riches bourgeois, plus accessibles que les Juifs ou les Lombards, moyennant un certain nombre de garanties; ce sont les émissions de rentes viagères ou perpétuelles et rachetables à court terme; en 1351, toute la dette consolidée de Cologne est fondée sur 30 920 marks de rentes viagères à 10 %. A Venise, les impôts n'existent pas, mais on demande des contributions «volontaires», difficiles à refuser, qui portent intérêt et sont théoriquement remboursables par la caisse des *imprestedi*. On a conservé de nombreux comptes urbains de cette époque tant en Italie qu'en France, en Allemagne ou en Angleterre; nulle part on ne peut compter sur une fiscalité régulière et équitable; bien souvent, il faut déplorer l'esprit étroit et mesquin des fonctionnaires responsables, incapables de s'élever au-dessus des détails et d'imaginer un système simple et efficace. Néanmoins, aux XIVe et XVe siècles, une évolution se dessine. Un peu partout en Europe, et particulièrement en France, pour répondre aux besoins de la guerre (construction et entretien des murailles, levée des hommes d'armes, etc.) et aux exigences de la royauté, se met en place un système fiscal de plus en plus rigoureux; les comptes sont mieux tenus, les fonctionnaires responsables deviennent des technocrates. A Florence et en Toscane florentine on met sur pied en 1427 le gigantesque *catasto* pour établir l'impôt direct. On possède aussi de nombreux registres de tailles, à Paris, à Périgueux, à Saint-Flour...

Malgré ces efforts, les tâches financières restent particulièrement délicates, dans la mesure où les conseils, ou les magistrats en émanant, avaient à rendre compte non seulement devant la fraction plus ou moins large de la population urbaine qui les avait élus, mais encore devant l'ensemble des contribuables. Sans entrer dans le détail des influences prépondérantes et de leur succession chronologique, au fil de l'histoire sociale des villes occidentales, on peut rappeler que les villes italiennes du Nord et de Toscane ont connu en gros la même évolution : dans un premier temps (XIe-XIIe siècle), l'aristocratie unie contre le seigneur (évêque, par exemple) lui arrache le pouvoir et gouverne par ses consuls ; puis, déchirée par les factions (XIIe-début du XIIIe siècle), elle doit faire appel à un podestat étranger ; mais la nouvelle aristocratie de l'argent, dite le « peuple » (peuple gras, *popolo grasso*), organisée en corps de métiers *(arti)* par lesquels elle domine les artisans et le *popolo minuto* (le menu peuple), s'empare à son tour du pouvoir et gouverne sous la direction d'un capitaine du peuple (XIIIe siècle). Le mécontentement du menu peuple, longtemps contenu par les gros, finit par être utilisé par un puissant personnage qui se fait nommer à vie, voire à titre héréditaire, capitaine ou podestat d'une ville puis de plusieurs villes. La seigneurie urbaine sur une seule ville amène la principauté (groupe de villes ayant le même seigneur).

En Flandre, l'évolution est légèrement différente ; on note cependant aux XIIe et XIIIe siècles que le pouvoir est aux mains des riches, des « patriciens » qui dominent le « commun ». Puissamment organisés en lignages, se mariant entre eux, possédant le sol urbain et des propriétés foncières en dehors des murs, ces hommes « héritables » ont peu à peu abandonné le commerce qui les avait enrichis, ont pris à ferme des tonlieux, des gérances, ont adopté le genre de vie des nobles, servant à cheval, se faisant appeler sire, participant à des tournois. L'Allemagne a vu également apparaître dans ses villes, désertées au début par les nobles, un patriciat ayant la primauté économique et sociale, acquérant des fiefs, voire en donnant, monopolisant les fonctions administratives, dirigeant le *Rat* (Conseil), ayant l'exclu-

sivité du recrutement de certains chapitres ou collèges cano-
niaux. Entourés d'une clientèle, habitant une maison surmontée
d'une tour, se déplaçant à cheval, armés, avec des éperons, ces
patriciens ont rivalisé avec les nobles authentiques qui parfois
sont venus s'établir à leurs côtés (immigration depuis la campagne, ministériaux, chevaliers ou écuyers anoblis); parfois, des
mariages ont uni patriciens et nobles; parfois, les patriciens
n'ont pas franchi le stade envieux de noble en attente.

Au cours du XIIIe siècle, les patriciens flamands ou allemands
ont vu, comme les nobles urbains d'Italie, apparaître une nouvelle classe de riches qui s'est appuyée sur les métiers, dont elle
constituait les cadres supérieurs : petite bourgeoisie mesquine,
au protectionnisme étroit, elle a parfois évincé le patriciat du
gouvernement des villes, sans pour autant se concilier le
«commun». En Flandre, sa victoire a été éphémère, car dès le
XIVe siècle le «commun» a souvent soutenu contre elle un
tribun ou un patricien démagogue permettant au seigneur territorial de reprendre le contrôle des villes. En Allemagne, les
maîtres des métiers, aux horizons également bornés, visant à
surveiller la concurrence, à répartir également les profits du
travail, n'ont guère triomphé — et tardivement — que dans le
centre et le sud : à Magdebourg (1330), à Cologne (1396), à
Mayence, à Spire, à Memmingen, en Souabe, en Alsace, en
Suisse. Parfois, un équilibre s'est établi avec les patriciens,
comme à Constance, à Vienne ou à Strasbourg. Ailleurs, en
Allemagne du Nord, à Hambourg, à Lübeck, mais aussi à
Breslau, à Nuremberg, à Ratisbonne, à Leipzig, le patriciat,
resté très actif, riche, puissant et ouvert à de nouvelles familles,
a conservé la direction du grand commerce et de l'administration urbaine, malgré les dures secousses dues non seulement aux
maîtres des métiers, mais également à la «plèbe» nombreuse et
nécessiteuse qui formait le fond de la société urbaine. De ce
point de vue, la situation n'est pas sans rappeler celle de Florence ou d'autres villes italiennes face à la révolte de pauvres
ouvriers comme les *Ciompi* (1378), sous la direction du cardeur
Michele di Lando.

La vie à l'intérieur des murs de la ville ne se comprend guère
si l'on n'évoque pas, à côté des clercs et princes territoriaux qui
du dedans ou du dehors défendent leurs droits traditionnels ou
tentent de les imposer, ces rivalités souvent féroces entre l'aris-

tocratie (nobles ou patriciens), les riches marchands, les artisans, aisés ou non, et le monde des «exploités». Les marchands ont été dès le début, avec quelques ministériaux et propriétaires fonciers, l'élément le plus dynamique de la ville nouvelle; mais ces participants directs au grand commerce, même dans des places de transit comme Venise ou Lübeck, n'ont jamais formé qu'une mince minorité. L'activité urbaine essentielle, celle qui occupe, à côté de l'agriculture, le plus de bras, est sans conteste l'artisanat. Cet artisanat œuvre soit pour la consommation locale, soit pour l'exportation, est enserré dans les cadres d'une corporation ou théoriquement libre; il est de toute manière soumis à un certain nombre de règlements généraux qui, issus des autorités municipale ou seigneuriale, concernent les conditions du travail, les modalités d'acquisition des matières premières et d'écoulement des produits finis, la qualité de la production.

On ne connaît guère les travailleurs libres, bien qu'ils soient probablement majoritaires dans de nombreuses villes; certaines, comme Lyon, Bordeaux, Narbonne, ne connaissent pas le régime strict des corporations. Paris, d'après le *Livre des métiers* d'Étienne Boileau, n'aurait eu que 101 métiers jurés, sur plus de 300 que mentionnent les livres de taille, à la fin du XIIIᵉ siècle; mais on sait que l'enquête du prévôt de Paris est semée de grosses lacunes, les marchands de l'eau, les bouchers, les pelletiers, par exemple, ayant été « oubliés » dans le relevé final. Des règlements allemands font expressément mention d'ouvriers ou de maîtres travaillant «en dehors du métier», mais ayant les mêmes activités que les membres recensés. La situation est donc, en général, fort variable.

On remarque cependant, jusqu'au XIVᵉ siècle, un renforcement apparent des corporations, c'est-à-dire de ces associations de travailleurs se livrant au même métier et s'engageant sous serment à observer les règlements prescrits et à respecter l'autorité des jurés qui les surveillent. Ces « métiers » avaient, comme d'autres personnes morales, une caisse, un sceau, des emblèmes. Leur origine est obscure; aucun lien démontrable avec les *collegia* romains; en revanche, dans de nombreux cas, mais pas dans tous, influence considérable des «confréries», c'est-à-dire d'associations charitables, de secours mutuels, entre les membres, communiant dans la vénération d'un même saint et se réunissant plus ou moins régulièrement autour d'une table pour un banquet, une beuverie, ou dans la rue pour une procession en l'honneur de leur saint patron. Ces fraternités pouvaient s'organiser dans le cadre d'un quartier, d'un noyau d'immigrés ou même au sein d'une paroisse rurale ; mais les seules qu'on connaisse bien sont celles qui groupent des gens du même métier autour d'un saint qui passe pour les protéger, ainsi saint Blaise pour les maçons, saint Éloi pour les orfèvres. Par exemple, les orfèvres de Paris, à la fin du XIIIe siècle, s'engagent à entretenir leurs confrères malades ou tombés dans le dénuement et à apprendre un métier aux orphelins qu'ils laissent ; ils donnent également aux pauvres de l'Hôtel-Dieu le jour de la fête majeure, pour que tout le monde puisse se réjouir ce jour-là, et probablement pour que tout le monde connaisse la générosité des donateurs. Ils ont une caisse commune alimentée par les deniers-Dieu (perçus à la vente et à l'achat dans la proportion d'un denier par livre, soit 0,45 %), par la totalité des gains du seul atelier ouvert les jours fériés à cet effet, et peut-être par une cotisation des maîtres qui ne paient pas de droit d'entrée. De nombreux autres règlements de métiers, allemands ou italiens, ajoutent à ces activités les réunions dominicales pour resserrer les liens entre les membres, les banquets pour recevoir les nouveaux arrivants autour du tonneau de bière fourni par l'impétrant, la messe des morts en l'honneur de ceux qui viennent de partir, la *Morgensprache*, réunion en semaine pour discuter des problèmes du métier.

La confrérie a souvent précédé la corporation, à Tiel comme à Valenciennes, dès le milieu du XIe siècle ; parfois, les premiers règlements repérés ne parlent que du métier — à Mayence, à Saint-Omer —, et, à la fin du XIIIe siècle, à Paris, beaucoup de métiers n'évoquent dans leurs statuts que des questions professionnelles, sans aucune référence à une fraternité. De toute manière, les coalitions d'artisans du même métier ont été dès le début, et de plus en plus, contrôlées par les puissants, clercs et nobles, qui s'en méfiaient comme de toute organisation allant contre l'ordre établi par Dieu. Pour des raisons de concurrence avec les villes voisines, ou pour donner à beaucoup de membres une égalité de chances, ces structures d'accueil se muèrent en un regroupement hiérarchisé puis en un organisme de contrôle de la production et de réglementation. Le plein exercice du métier est finalement réservé à des maîtres (prud'hommes), chefs d'atelier recrutés par leurs pairs après avoir fait preuve et de leur capacité en réalisant un chef-d'œuvre, et de leur probité et de leur aisance en ayant un certain capital qui leur permettrait de payer des amendes en cas de forfaiture; la réception se fait en présence de nombreux témoins, avec prestation de serment et souvent un plantureux banquet; de plus en plus, il convient de payer le droit d'entrée, qui augmente constamment. Au-dessous des maîtres, les valets *(Knechte)* ou compagnons *(Gesellen)*, qui, bien qu'ayant toutes les capacités techniques requises, sont économiquement incapables d'ouvrir un atelier et donc obligés de s'embaucher comme salariés auprès d'un maître, à la tâche ou pour une certaine durée; cela aliène temporairement leur liberté — d'où leur nom de « valet », « sergent » — mais leur assure une certaine sécurité lors de la morte-saison; ils ne passent dans la catégorie supérieure que s'ils peuvent économiser de quoi payer la matière première de leur chef-d'œuvre, le banquet et le droit d'entrée, ou s'ils contractent un fructueux mariage qui double la force productive (femme travaillant) et apporte une dot rondelette (veuve de maître, par exemple). Les fils de maîtres ont de grosses facilités pour succéder à leur père.

Tandis que rien, en théorie, à part l'exiguïté du local ou l'envergure financière du maître, ne limite le nombre des valets, il est rare que l'on ait plus de 2 ou 3 apprentis *(Lehrlinge)* en dehors des éventuels enfants du maître. L'apprenti est généralement engagé par contrat signé par son père ou son tuteur, et reste d'autant plus longtemps que le métier à apprendre est difficile (10 ans, parfois 12 ans); à Paris, à la fin du XIIIe siècle, l'apprentissage durait de 2 à 4 ans dans 4 métiers, de 5 à 7 dans 9 métiers, de 8 à 10 dans 31 métiers et 12 ans dans 3 autres. Le maître perçoit une certaine somme pour entretenir et éduquer l'apprenti tant qu'il n'est pas productif; en plus, il profite d'une main-d'œuvre bon marché, peut même louer ce jeune garçon et percevoir son salaire, voire le céder ou le vendre à un collègue. Les premières années, l'apprenti est une sorte de domestique qui fait les commissions, promène les enfants, peut être battu par la maîtresse de maison; puis il apprend le métier et est déclaré « reçu » au terme fixé, soit après un examen de ses capacités, soit s'il est capable de gagner tout seul une somme lui permettant de subvenir à ses besoins.

La plupart du temps, l'atelier (l'ouvroir) est petit et sert également de boutique pour écouler la production ; apprentis comme valets déjeunent avec le maître et sa famille, pour moins perdre de temps ; d'où un caractère familial assez marqué et, finalement, très archaïque, des rapports entre les travailleurs. La division intérieure du travail est faible : le même ouvrier fabriquant le même objet depuis la matière brute jusqu'à sa finition ; en revanche, elle est poussée au niveau des métiers : Francfort-sur-le-Main a plus de 50 métiers travaillant le fer ! Et ne parlons pas des métiers du métal à Nuremberg — plus du quart du total ! Cette trop grande spécialisation limite la production tout en assurant peut-être la qualité ; celle-ci est d'ailleurs très surveillée par des jurés élus des maîtres ou désignés par l'autorité locale ou seigneuriale ; ils exigent une matière première « loyale », un travail fait au vu et au su de tout le monde, donc excluent le travail de nuit, qui donnerait au produit un caractère clandestin et réclamerait de plus un éclairage coûteux ; des peines considérables sont prévues contre les falsifications : amendes, prison, pilori et parfois bannissement. La journée de travail commençait au lever du soleil et se terminait aux chandelles allumées ; on conçoit que l'hiver, dans ces conditions, on ne travaillait guère qu'entre 8 heures et 17 heures. Quant aux longues journées d'été, elles étaient en partie compensées par les nombreuses fêtes chômées, les dimanches — avec arrêt du travail dès le samedi midi —, les messes en l'honneur de confrères, les enterrements, la célébration du saint patron. Il serait intéressant de pouvoir étudier les salaires nets perçus au mois ou à l'année ; c'est malheureusement impossible. Au début du XVe siècle, un manœuvre à Lyon est payé un sou tournois, l'équivalent de 8 livres de pain par jour de travail, en fait pas plus de 240 sous par an (moins de 6 livres de pain effectives par jour). Nous avons vu que, si la vie en temps normal était à peu près assurée, le moindre accident amenait l'incertitude puis la misère. A côté de la nourriture, le logement posait moins de problèmes, même dans une ville comme Paris, où les loyers étaient fort élevés ; R. Cazelles a pu calculer que le valet n'y consacrait que 8 % de son salaire et le maître maçon à peine 3 %. Reste le cas des travailleurs libres, soumis non aux stricts règlements corporatifs, mais aux dures lois de la concurrence ; ceux qui, en début de journée, à Paris comme à Cologne ou ailleurs, n'avaient pas trouvé de place au marché de l'embauche, soit devaient accepter un salaire très bas pour un travail non spécialisé, soit risquaient de jeûner.

On peut avoir une idée assez précise de la vie artisanale et de ses conséquences sur la société urbaine en étudiant le milieu des fabricants de drap et les complexes opérations nécessitées par la seule grande industrie occidentale. Prenons le cas bien connu de la Flandre. Il faut d'abord rappeler que la matière première, la laine brute, venait généralement d'Angleterre ; producteurs et emballeurs l'avaient déjà séparée en trois catégories : bonne, moyenne et médiocre ; au déballage, les fibres étaient à nouveau vérifiées et classées, suivant leur qualité, par des trieuses (« elis-seresses »); puis on les battait sur une claie avec des verges (les « archets »), pour les assouplir, et on leur enlevait par lavage le suint qui les rendait trop rigides ; une graisse pure et légère, parfois à base d'huile d'olive, leur était ensuite restituée pour accentuer leur moelleux. Puis on les peignait pour enlever la dernière bourre avec un peigne en fer, opération des « pigneres-ses », ou, pour écraser les nœuds et démêler les fils, on les cardait avec des chardons (au naturel ou en fer) fixés sur une planche. A la « carderesse » succède la « fileresse », qui tord les fibres autour d'une quenouille ou de fuseaux, formant le fil que la « dévideresse » assemble en écheveaux. L'apparition du rouet facilita, à la fin du XIIIe siècle, l'élaboration du fil, qui jusque-là était toujours fait à la main par des ménagères, campagnardes ou citadines, qui trouvaient là un travail d'appoint, peu payé mais compatible avec leurs autres tâches.

Le fil est ensuite tissé dans l'atelier d'un tisserand, qui pos-sède un métier de bois horizontal, instrument relativement coû-teux mais qui seul permet la production d'un drap de qualité ; les « ourdisseurs » préparent sur des baguettes souples appelées « li-ces » la chaîne de 1 000 à 3 000 fils ayant la longueur de la future pièce de drap (jusqu'à 56 aunes); puis des ouvriers éla-borent la trame en passant la navette alternativement sur ou sous les lices. L'étoffe ainsi obtenue est dégraissée à l'argile, rincée, piétinée à plusieurs reprises par des foulons ou, à partir du XIIIe siècle, par des moulins foulons ; lors du séchage, elle s'épaissit en rétrécissant, et on la « feutre », encore humide, par battage ou par frottements successifs, de haut en bas, entre des chardons de plus en plus acérés ; le drap obtenu était plusieurs fois mouillé, enduit de beurre ou de graisse et foulé pendant trois jours. Il était enfin «tendu», c'est-à-dire étiré, humide, dans le sens de la largeur et de la longueur, et «tondu» pour égaliser le feutre velouté qu'il avait acquis sur les deux faces.

Cela pour le drap blanc; mais, très généralement, le drap produit était de couleur. Il fallait donc avoir recours au teinturier; celui-ci traite assez rarement la laine non tissée, qui donnera alors une étoffe multicolore; la teinture est plutôt faite après un premier tondage; le drap est alors mis dans une cuve de cuivre où un puissant mordant — alun plus que cendre de conifères, voire chaux éteinte — le dégraisse à chaud et le rend apte à fixer la couleur; celle-ci était d'origine végétale (gaude jaune, garance) ou animale («graine» du chêne kermès, c'est-à-dire cochenille, d'un rouge éclatant). La teinture à la guède (pastel) nécessitait non l'alun, mais de la simple cendre; elle exigeait en revanche de longs trempages à l'eau chaude dans des cuves de bois et une lente oxydation à l'air. On voit la diversité considérable de la production flamande d'après la qualité de la laine, du fil, de la chaîne, de la teinture : tiretaine à partir de la laine de récupération, blanchet assez grossier, burel simple, saie peignée mais sans trame cardée, camelin peigné, estanfort solide, écarlate fin, serré et luxueux; *appleblossom* (fleur de pommier), *perkersblossom* (fleur de pêcher), sanguin, moiré, vert de bois clair, mêlé. On constate surtout le nombre des opérations (une trentaine environ), qui exigent au moins un mois et de nombreux transports d'un ouvroir à l'autre. Par-dessus tout, les différenciations sociales entre les divers ouvriers et producteurs; la ménagère non spécialisée, qui trie, peigne, carde ou file; le tisserand, qui choisit les fils, élabore le drap avec l'aide de valets relativement spécialisés qu'il paie au tarif fixé par la ville; le foulon ou le teinturier, qui emploie à bas prix une main-d'œuvre robuste pour piétiner ou manœuvrer de lourdes pièces de drap — de 20 à 30 mètres de long — ou se bleuir les ongles avec la teinture. Enfin, coiffant le tout, l'entrepreneur, celui qui commande le drap, fournit la matière première (laine, alun) et écoule la production, c'est-à-dire ce marchand drapier dont nous connaissons divers exemples au milieu du XIIIᵉ siècle et qui fait partie d'une oligarchie restreinte et riche; au-dessous de lui, le maître tisserand, qui doit débattre âprement du prix pour sauvegarder sa mince marge bénéficiaire, ou le maître teinturier, qui peut jouer sur des tarifs fixés à l'avance. Enfin, la masse des travailleurs, soit protégés (valets), soit employés à la tâche ou sous-payés, les «ongles bleus», qui sont, semble-t-il, de vrais prolétaires.

Sans qu'une telle situation soit générale dans toutes les villes d'Occident, on peut noter qu'elle est plus fréquente aux XIVe et XVe siècles, et pour des sociétés urbaines ne connaissant pas la seule industrie drapière. Le cas est bien connu en Italie, mais il est aussi patent en Allemagne. Les riches, mêlés au commerce international, continuent à s'enrichir. En 1418, Constance compte 137 bourgeois ayant plus de 2 000 livres de heller (5 413 en moyenne); en 1454, elle n'en a plus que 123, mais dont la fortune moyenne est de 6 377 livres. A Rostock, les gens payant moins de 8 schillings sont, en 1378, 24,4 %; en 1409, 34,4 %; en 1430, 46,2 %; en 1454, 37,9 %; en 1473, 48,3 %, et 66 % des 4 485 feux d'Augsbourg ne paient pas d'impôt, car ils sont estimés trop pauvres. La différenciation se fait également parmi les maîtres d'un même métier: en 1429, Bâle a 15 forgerons possédant moins de 10 gulden; 77 ayant de 10 à 150 gulden, 78 de 150 à 200, et 2 plus de 2 000 gulden. En 1443, à Görlitz, 23 tisserands possèdent moins de 10 marks; 75 entre 10 et 100 marks, 39 entre 100 et 500 marks. Les corporations ont alors essayé de lutter en pourchassant le travail noir, en interdisant le travail paysan à l'entour, en limitant le nombre de gens du métier, de maîtres, en restreignant l'étendue des ateliers, en définissant strictement les compétences des métiers voisins, en interdisant souvent le recours aux nouvelles inventions qui enlèveraient du travail aux maîtres peu aisés et favoriseraient les riches et leurs coûteuses machines. De plus, à la réaction contre les trop chanceux s'ajoutent les difficultés accrues que les corporations imposent au recrutement d'apprentis, à qui on demande de certifier qu'ils sont de naissance honnête, libre et allemande. Les taxes et temps d'apprentissage augmentent; le compagnon qui veut devenir maître doit être propriétaire dans la ville, payer le droit de bourgeoisie, avoir de quoi régler les frais de son chef-d'œuvre et l'acquisition d'un atelier. Mais le résultat est pire que le mal: d'une part, beaucoup de petits maîtres, tout en restant propriétaires de leur atelier et de leurs instruments de travail, doivent vendre leur force de travail à un entrepreneur à qui ils ont dû emprunter, de qui ils reçoivent la matière brute (dont le prix augmente) et à qui ils cèdent leur production. Les maîtres aisés deviennent entrepreneurs et se fondent dans la classe des marchands capitalistes. Sur les 7 plus riches contribuables d'Augsbourg, 4 proviennent du milieu des maîtres tisserands, y compris le plus riche, Jakob Fugger. Ainsi s'organisent des ateliers avec salariés, sortes de manufactures aux gros moyens, fournissant draps de laine, de soie, futaine (Strasbourg, Cologne, Saint-Gall), métaux et métallurgie différenciée, papier, verre, livres imprimés, etc. Ces activités, comme celles de la plupart des grands marchands, se déroulent en dehors du cadre trop étriqué des corporations.

Par ailleurs, les compagnons ne peuvent plus guère accéder à la maîtrise s'ils ne sont pas fils de maîtres ; de 1481 à 1498, 20 sur 30 compagnons charpentiers d'Erfurt sont dans ce cas. Ils s'unissent dans des « fraternités » de ville à ville pour un même métier, ou entre compagnons d'une même ville ; au cours de leur tour d'Allemagne, ils s'entraident pour trouver du travail ; ils pensent, par le boycott ou le soulèvement, faire améliorer leur salaire ou leurs conditions de travail ; ils exigent d'avoir leur *Trinkstube* où ils se rencontrent pour boire ou se concerter, et le « bon lundi » *(guter Montag)* chaque semaine ou deux fois par mois, jour de repos au cours duquel ils peuvent se baigner ou discuter, car, travaillant tout le reste du temps jusqu'à 16 heures par jour, ils ne pourraient en trouver autrement l'occasion. En 1407, près de 4 000 compagnons savetiers se mettent en grève dans toute la région du Rhin supérieur ; en 1470, grève générale de tous les compagnons fourreurs d'Alsace et du Rhin supérieur.

Enfin, la « plèbe » urbaine, c'est-à-dire les petits travailleurs dépendants et salariés, avec leur famille, est de plus en plus importante ; en font partie non seulement les gens au service direct des marchands : porteurs, dockers, emballeurs, mesureurs, peseurs, ouvriers de grues qui, à Cologne, constituent avec leurs femmes et enfants 4 % de la population, sans compter les nombreux bateliers, mariniers, etc. ; mais encore les compagnons à perpétuité, les travailleurs libres, les manœuvres, les ouvriers des mines ou des salines, les jardiniers, les tailleurs de vigne, les employés de la commune, les sergents, les petits revendeurs, les domestiques, les jongleurs, les prostituées, les familles de condamnés de droit commun, les mendiants, les aveugles, les névrosés, les syphilitiques. Les prix des céréales ont de brusques fluctuations, les denrées animales et matières premières sont en forte hausse ; il s'ensuit que les salaires, même s'ils augmentent nominalement, sont insuffisants ; en 1474, des employés, à Halle, demandent que le leur soit presque doublé. Enfin, l'immigration accroît encore à la fin du Moyen Age le nombre des marginaux dans les cités.

Nombre de villes occidentales connaissent ces problèmes que nous avons esquissés pour la seule Allemagne ; à la fin du Moyen Age, les tensions sociales à l'intérieur des villes ont fortement augmenté. Elles se sont marquées non seulement sur le plan professionnel ou économique, mais tout autant sur le plan de l'administration et de la politique. Et nous avons vu les différentes générations de riches se succédant au pouvoir avec l'aide du peuple mais se tournant rapidement contre le commun *(popolo minuto)* dès lors qu'il semblait mettre en cause les racines de leur richesse et de leur puissance.

L'essor du commerce et l'apparition d'un type nouveau de ville ont bien été l'événement fondamental des derniers siècles du Moyen Age. Certes, les paysans constituent de 60 à 90 % de la population occidentale, la noblesse et surtout le clergé possèdent d'énormes richesses foncières, le premier rang en dignité, la direction des affaires dans les principautés territoriales ; les villes de France et d'Angleterre sont tenues en lisières ; les villes allemandes sont surveillées et « récupérées » à la fin du XVe siècle, et les villes italiennes se donnent à de nouveaux seigneurs qu'elles ont souvent créés. Mais marchands, bourgeois, citadins ont fait apparaître, entre autres choses, au cœur de la vie quotidienne, l'argent liquide, le capital, disponible, facile à investir (pourvu que l'on ait le goût du risque), producteur d'argent, acheteur de travail, générateur de profits. La classe moyenne qui apparaissait au XIIIe siècle a été broyée aux XIVe et XVe siècles, et les conditions d'une lutte des classes, réalisées dans la ville, gagnent peu à peu le monde des campagnes à la faveur des crises. La société d'ordre, voulue par Dieu, en a été définitivement brisée.

Conclusion

Un aperçu, même très rapide, de la vie quotidienne au sein de la société médiévale permet de mieux approcher ce qui *a priori* semble si étranger aux hommes du XXᵉ siècle finissant.

Il met d'abord en évidence des structures de longue ou de très longue durée qui, par-delà le Moyen Age occidental, se rattachent parfois à l'Antiquité et souvent débouchent sur le monde actuel. L'exemple le plus frappant et le plus simple est fourni par les mille particularités de la vie paysanne, de la culture céréalière, de l'élevage individuel : la cuisine du cochon, la veillée hivernale devant la cheminée, les types de maisons régionales, leurs matériaux, le collier d'attelage, la ferrure des bœufs ou des chevaux, la brouette, les contes de la mère-grand, l'existence au rythme des saisons et des fêtes religieuses, le contact constant avec la terre, le végétal, l'arbre, l'animal, ont été la trame de la vie quotidienne de dizaines de millions d'Occidentaux au moins jusqu'à la Seconde Guerre mondiale. Les aristocrates ont conservé leurs armoiries, parfois leurs chasses, leurs châteaux et même leur profession guerrière. La hiérarchie, le dogme, voire l'influence de l'Église sur l'enseignement, la vie politique, n'ont guère varié ; et les grandes modifications du tissu urbain, souvent ponctué de nombreux édifices médiévaux, les révolutions qu'ont connues les moyens de transport ou de communication, ne datent que d'un siècle, ou même de quelques décennies seulement...

Mais, par-dessus ces continuités profondes et parfois occultes, il est juste de mesurer tout ce que le Moyen Age a connu et que nous avons peu à peu perdu : une nature plus vigoureuse et obsédante, une alimentation mal équilibrée, un costume peu diversifié, une vie beaucoup plus brève, des mentalités dont la

clarté gréco-latine s'était voilée et d'où le cartésianisme était
absent; une société en ordres, voulue par Dieu, peu susceptible
de grands changements, où ceux qui travaillent nourrissent ceux
qui combattent et ceux qui prient; et, comme le dit Robert
Fossier, « un monde où la bonne marchandise l'emportait sur le
gain, la fraternité sur la compagnie, le bien commun sur l'intérêt
privé,... la résignation sur l'entreprise,... la masse sur l'individu ».

Annexes

Chronologie sommaire

476	Fin de l'Empire d'Occident.
Vers 500	Baptême de Clovis. *Déclin de l'arianisme.*
590-604	Pontificat de Grégoire le Grand.
Vers 720	*Évangélisation de la Hesse et de la Thuringe.*
732	Charles Martel victorieux des Arabes à Poitiers.
735	Mort de Bède le Vénérable.
751-754	Sacre de Pépin le Bref, premier roi sacré.
	Émission du denier d'argent.
800	Couronnement impérial de Charlemagne.
842-843	Serments de Strasbourg et traité de Verdun.
Vers 850	*Multiplication des raids normands et arabes.*
910	Fondation de Cluny.
911	Traité de Saint-Clair-sur-Epte.
962	Couronnement impérial d'Otton Ier.
987	Élection d'Hugues Capet.
Vers 1000	Les Norvégiens en Amérique.
A partir de 1000	*Progrès des techniques agricoles. Vulgarisation de la selle et des étriers. Art roman.*
Vers 1030	*Généralisation de la trêve de Dieu.*
	Début du mouvement communal en Italie.
1054	Schisme entre l'Église romaine d'Occident et l'Église byzantine d'Orient.
1059	Installation des Normands en Italie du Sud.
1066	Bataille de Hastings.
1075	Décret des Investitures.
1085-1087	Rédaction du Domesday Book en Angleterre.
1087	Construction de Cluny III.
1095	Première croisade prêchée par Urbain II.
	Installation du Cid à Valence.
1099	Fondation du Royaume latin de Jérusalem.
Vers 1100	*Développement de l'érémitisme.*
	Diffusion de la doctrine cathare.

Vers 1120 *Apogée du mouvement communal. Fondation de villes neuves. Essor du commerce de Venise.*

Vers 1130 Rayonnement de saint Bernard et des cisterciens. Enseignement d'Abélard à Paris. Abbatiat de Pierre le Vénérable à Cluny (1122-1156). Apparition des troubadours en langue d'oc.

1140 Décret de Gratien, fondateur du droit canon.

1143 Fondation de l'ordre des Chevaliers teutoniques.

Vers 1150 *Déclin des châtellenies indépendantes.*
Mise en chantier de Notre-Dame de Paris.

Vers 1180 Apparition du moulin à vent.

1204 Sac de Byzance par les Croisés.
Venise maîtresse du Levant.

1209 Croisade contre les Albigeois.
Évangélisation des Prussiens.

1212 Victoire des chrétiens d'Espagne sur les Almohades à Las Navas de Tolosa.

1213 Bataille de Muret (défaite des seigneurs méridionaux devant Simon de Montfort).

1214 Philippe Auguste victorieux à Bouvines.

Vers 1215 Fin du pontificat d'Innocent III. IVe concile de Latran. Fondation de l'université de Paris. Fondation des ordres mendiants.

Vers 1230 *Essor de l'aristotélisme pourtant condamné.*

1250 Mort de Frédéric II.

Vers 1250 *Arrêt des défrichements. Émission de pièces d'or.*
Apogée des encyclopédies médiévales (Vincent de Beauvais et Albert le Grand).
Rédaction des coutumes.
Réglementation des corporations (Livre des métiers, d'Étienne Boileau en 1260).

1261 Fin de l'Empire latin de Constantinople.

1270 Mort de Louis IX.

1277 Condamnation des thèses thomistes unissant la foi et la raison *(Somme théologique).*

1291 Prise de Saint-Jean d'Acre par les musulmans.

1307 Arrestation des Templiers.

1314 Mort de Philippe IV le Bel.

1315-1317 Crise économique. *Retournement de la conjoncture.*

Vers 1320 *Développement accéléré des institutions monarchiques en France et en Angleterre.*

1337 Confiscation de la Guyenne.

1346   Victoire anglaise à Crécy. Faillites à Florence.
1348   Peste Noire.
              Fondation de l'université de Prague.
1356   Bulle d'Or. Organisation de Saint Empire Romain de la
              Nation germanique.
              Jean le Bon vaincu à Poitiers est prisonnier des Anglais.
1378   Naissance du grand schisme d'Occident.
1380-1382 Nombreuses révoltes en Europe.

1415   Victoire anglaise à Azincourt.
              Début du concile de Constance.
Vers 1415 *Apogée des idées démocratiques dans l'Église et dans
              l'État. Mouvement hussite.*
1431   Mort de Jeanne d'Arc.
Vers 1440 *Victoire du pouvoir royal et pontifical.*
1452   Naissance de Léonard de Vinci.
1453   Prise de Constantinople par les Turcs.
1455   Mort de Fra Angelico.
1465   Académie platonicienne à Florence.
1470   Une imprimerie à la Sorbonne.
Vers 1477 Naissance de Giorgione.
1483   Mort de Louis XI.
1492   Mort de Laurent de Médicis.
              Christophe Colomb atteint l'Amérique.
              Prise de Grenade par les Espagnols.

Glossaire

Adoubement, m. Cérémonie par laquelle on devient chevalier.

Aide, f. Catégorie de services dus par le vassal à son seigneur, comprenant des obligations d'ordre militaire (ost, chevauchée, garde du château) et d'ordre pécuniaire (rançons, croisades).

Alleu, m. Terre ne relevant d'aucun seigneur; par opposition à fief, l'alleu du seigneur ne comporte ni hommages ni services nobles. Par opposition à tenure, celui du paysan n'entraîne ni redevances, ni services, ni droits dus au seigneur foncier.

Amessement, m. Cérémonie religieuse et obligatoire, au cours de laquelle un clerc purifiait la jeune mère avant les relevailles.

Anneau de salut, m. Anneau scellé dans le mur extérieur d'une église qu'il suffisait de saisir pour échapper à la justice séculière.

Ban, m. Droit de commander, de contraindre, de punir. Par extension : ensemble de feudataires tenus envers le roi ou le seigneur au service militaire. Le roi « levait le ban », c'est-à-dire convoquait ses vassaux en armée pour faire la guerre.

Banalité, f. Monopole consistant dans l'usage obligatoire et public d'un objet appartenant au seigneur local (par ex. le moulin).

Bannière, f. Drapeau féodal, enseigne d'un ban. Par extension : ensemble des vassaux qui marchaient sous la bannière d'un seigneur.

Banvin, m. Proclamation par laquelle le seigneur autorisait l'ouverture de la saison de vente du vin. Aussi : monopole de vente de vin que se réservait le seigneur avant cette ouverture.

Barbacane, f. Ouvrage situé en avant d'une porte d'un château, dont il assure la défense, ou meurtrière étroite pratiquée dans les murs d'une enceinte fortifiée.

Bassinet, m. Casque en usage aux XIIIe et XIVe siècles, formé d'une visière mobile et souvent pointue, percée de trous.

Bastide, f. Ville neuve généralement fortifiée, fréquente dans le sud de la France.

Beffroi, m. Tour de ville (donjon), dans laquelle on plaçait des gardes pour surveiller la campagne et une cloche pour sonner l'alarme.

Béhourt ou **béhourd,** m. Joute, tournoi.

Bélître, m. Mendiant.

Bliaud, m. Tunique de laine ou de soie, aux manches très courtes, et serrée à la taille par une ceinture.

Braies, f. Pantalon ordinairement fendu sur le devant et retenu à la ceinture par une courroie.

Brassier, m.; aussi : **manouvrier.** Paysan ne possédant pratiquement pas de terre et louant le travail de ses bras aux voisins; par opposition au *laboureur* qui détient un train de labour.

Brigandine, f. Petite cotte de mailles ou armure légère en usage du XIIIe au XVIe siècle. Corselet de plates rivées sur cuir ou sur tissu.

Broigne, f. Justaucorps de cuir, de toile ou de soie, bardé extérieurement de pièces de métal ou de cuir.

Carreau, m. Trait d'arbalète dont le fer avait quatre faces.

Cens, m. Redevance annuelle, fixe, en argent ou en nature, recognitive de la tenure.

Centaine, f. Division territoriale du comté administrée par un centenier (Haut Moyen Age).

Chainse, f. Vêtement de toile porté, à l'époque romane, entre la chemise et le bliaud.

Champart, m. Redevance constituée par une quote-part de la récolte (1/6 à 1/11), due au seigneur des terres nouvellement défrichées. *Voir :* **terrage.**

Chevage, m. Redevance annuelle, fixe, pesant sur la tête de paysans considérés généralement comme serfs.

Collée, f. *Voir :* **paumée.**

Condottiere, m. Terme italien désignant un chef de partisans ou de soldats mercenaires en Italie.

Conduit, m. Garantie de protection accordée par les seigneurs aux commerçants et à leurs marchandises lors du transport et de la vente de celles-ci aux foires.

Conquêt, m. Bien acquis par le travail, à l'opposé de l'acquêt, bien acquis par les époux durant la communauté.

Conseil, m. Obligation des vassaux de participer à la cour du seigneur, de l'aider à rendre justice (jugement des pairs) et de manifester leur solidarité en toute occasion.

Convers, adj. « Frères convers », nom appliqué aux moines qui n'étaient pas clercs, plus tard aux frères qui ne recevaient pas les ordres et restaient chargés des emplois inférieurs.

Coutume, f. Usages et pratiques juridiques ayant pris peu à peu force de loi. On distinguait les pays coutumiers des pays de droit écrit ou de droit romain. Les « coutumes » ou « exactions » désignaient aussi les charges que le seigneur imposait aux paysans au nom du droit de ban et en contrepartie de la paix qu'il passait pour faire régner.

Dîme, f. Dixième partie (ou fraction variable) des récoltes payées à titre d'impôt à l'Église ou au seigneur. Dîme « novale » sur les terres récemment défrichées.

Dois, m. Mobilier. Banc mobile.

Donat, m. Laïque agrégé à une communauté monastique. Remettant ses biens au monastère, le donat participe partiellement aux mérites spirituels et aux privilèges fiscaux et judiciaires de la communauté. Vivant, il porte l'habit laïque ; mort, il est enterré avec l'habit monastique. *Voir :* **oblat.**

Douaire, m. Biens que le mari assignait à sa femme pour en jouir si elle lui survivait. Ce gain de survie, d'origine germanique (*voir :* **Morgengab**), était remis à la date de la célébration du mariage. L'adultère de la femme pouvait cependant en entraîner la déchéance.

Échauguette, f. Partie de fortification. Guérite pour le guet, placée généralement en encorbellement sur la muraille ou contre une tour.

Fehde, faïda, f. Vieux mot germanique désignant la vengeance privée que pouvait exercer une famille contre une autre, si celle-ci n'avait pas payé le prix du sang (*voir :* **Wergeld**).

Fief, m. Terre ou autre bien qu'un vassal tenait de son seigneur, bien d'abord viager, puis héréditaire, concédé à charge de certains services.

For, m. Le « for intérieur » désigne dans la juridiction ecclésiastique le tribunal de la conscience de chacun. Le « for extérieur » désigne l'autorité de la justice s'exerçant sur les personnes et sur les biens. En vertu du « privilège du for », les clercs sont justiciables seulement des tribunaux ecclésiastiques.

Formariage, m. Mariage contracté par un paysan, considéré en général comme serf, hors de la seigneurie, ou avec une personne d'une autre condition que la sienne. Le formariage nécessitait une autorisation seigneuriale, accordée moyennant le « droit de formariage », taxe variable suivant les régions.

Fredum, m. Dans la loi salique et la législation lombarde, partie (généralement un tiers) de l'amende qui revenait au pouvoir public (roi).

Gentry, f. Petite noblesse anglaise ayant droit à des armoiries, mais non titrée.

Guter Montag, m. («le bon lundi»). Jour de repos des artisans, ayant lieu chaque semaine ou deux fois par mois.

Hommage, m. Cérémonie au cours de laquelle le vassal se déclarait l'homme de son seigneur. Engagement total, ne pouvant être rompu que par la mort ou dans des cas très limités ; il s'accompagne de la «foi», serment de fidélité prêté sur l'Évangile, puis est généralement suivi de l'investiture d'un fief.

Honneur, m. Bien foncier et charge que le seigneur concède en jouissance à un haut fonctionnaire jusqu'à cessation de la charge de ce dernier.

Immunité, f. Dans le Haut Moyen Age, exemption d'impôts et soustraction à l'autorité des fonctionnaires publics (juges, comtes) de certaines terres d'origine fiscale. Devient plus tard privilège exclusif des terres ecclésiastiques. On distingue alors trois sortes d'immunité : immunité des lieux sacrés, jouissant du droit d'asile. Immunité réelle, exemptant les biens d'Église et objets du culte des taxes civiles. Immunité personnelle, exonérant les clercs des charges incompatibles avec leur état et de la juridiction séculière (*voir :* **for**).

Interdit, m. Une des trois censures dont dispose l'Église catholique (avec l'excommunication et la suspense) ; l'interdit local suspend l'exercice du culte dans un lieu déterminé et prive ses habitants des sacrements.

Junker. Nom donné aux propriétaires terriens surtout en Allemagne de l'Est *(Jungherr).*

Mainmorte, f. Droit en vertu duquel les paysans, en général considérés comme serfs, étaient empêchés de disposer par testament des biens qu'ils tenaient de leur seigneur. L'héritage du défunt pouvait être conservé par ses descendants moyennant une taxe.

Mangonneau, m. Sorte de catapulte fréquemment utilisée au XVe siècle. Il portait à une extrémité de son levier une poche pour loger le projectile, et, à l'autre, un fort contrepoids.

Manouvrier, m. *Voir :* **brassier.**

Manse, m. ou f. Exploitation agricole qui doit permettre à une famille paysanne de vivre. Concédée en usufruit par le maître du domaine, elle est, à l'époque carolingienne, utilisée pour la répartition des redevances et des services.

Morgengab, f. (« le don du matin »). Cadeau que le mari remettait à sa femme le lendemain de la nuit de noces en guise de compensation à la perte de la virginité ou de remerciement (Allemagne).

Morgensprache, f. (« la discussion matinale »). Réunion en semaine des membres de corporations d'artisans (Allemagne) en vue de discuter des problèmes du métier.

Motte, f. Éminence de terre, naturelle ou artificielle, sur laquelle l'on édifiait originellement un habitat seigneurial fortifié ; premier stade dans l'élaboration du château fort.

Oblat, oblate. Personne donnée ou se donnant à un monastère, et y vivant sans prononcer les vœux ni recevoir les ordres. *Voir :* **donat.**

Ost, m. Terme désignant l'armée. Le « service d'ost » était une des trois modalités du service militaire vassalique, avec la chevauchée et la garde. Il était généralement limité à 40 jours par an.

Paumée, f. (ou **collée,** f.). Confirmation de l'adoubement par un fort coup du plat de la main que le parrain administrait sur la nuque du nouveau chevalier.

Pouillé, m. Liste (tableau) des bénéfices dépendant d'une cure, d'une abbaye, d'un diocèse ou d'une province.

Poulaine, f. Soulier d'origine polonaise (introduit en France au XIVᵉ siècle), muni d'une pointe d'un demi-pied de long, baleinée ou rattachée à la jambe par une chaîne.

Propre, m. Biens composant le patrimoine personnel de chacun des époux.

Quadrivium, m. Groupe des quatre arts libéraux enseignés à l'université (arithmétique, géométrie, musique, astronomie) dont l'étude faisait suite au **trivium.**

Quarantaine le roi, f. Institution, attribuée à Saint Louis (1245), imposant une trêve de 40 jours avant le déclenchement de toute guerre privée.

Quintaine, f. Mannequin monté sur un pivot et armé d'un bâton, qui, lorsqu'on le frappait maladroitement avec la lance, tournait et assenait un coup sur le dos de celui qui l'avait frappé.

Rachimbourg, m. Homme libre, chez les Francs, faisant partie du jury du tribunal. Il était assis, contrairement au reste de l'assemblée, et indiquait la loi à appliquer et spécialement le mode de preuve.

Relief, droit de, m. Droit de mutation dû au seigneur en cas de transmission d'un fief autrement que par vente.

Sainteur, m. Homme libre, qui, délibérément et à une fin de pénitence et de rédemption, se faisait serf d'une église ou d'une abbaye.

Salade, f. Sorte de casque en usage du XVᵉ au XVIIᵉ siècle.

Sayon, m. Casaque de guerre en cuir, en laine (saie, gonelle) ou en maille de fer (cotte de mailles, haubert) portée sous l'armure.

Serf, m. Non-libre dont le statut, en principe héréditaire, implique une dépendance juridique, sociale, voire économique, étroite vis-à-vis de son seigneur.

Taille, f. Prélèvement opéré par le seigneur, en vertu de son droit de ban, sur les ressources de ses hommes. D'abord arbitraire, irrégulière et généralement perçue en nature, la taille devient au XIIᵉ siècle une redevance annuelle, fixe, perçue en deniers.

Terrage, m. Prélèvement direct opéré par l'agent du seigneur sur la récolte d'un tenancier, et proportionnel à cette récolte. *Voir :* **champart.**

Tonlieu, m. Droit de péage et de marché sur les marchandises transportées par terre ou par eau.

Trébuchet, m. Machine de jet de la famille des mangonneaux, employée pour abattre des murailles.

Trivium, m. Groupe des trois arts libéraux (grammaire, rhétorique, dialectique) dont l'étude précédait le **quadrivium.**

Vilains, m. Gens du peuple, par opposition à ceux de la classe noble. Dans un sens plus restreint : le paysan, par opposition au bourgeois, ou aussi le paysan libre (vilain franc), opposé au serf. En Angleterre, le vilain est considéré comme serf.

Wergeld, n. Dans le droit germanique et franc, indemnité que l'auteur d'un fait dommageable payait à la victime ou à ses proches (« prix du sang ») pour se soustraire à leur vengeance.

Orientation bibliographique

Ouvrages généraux.

S. Bertrand, *La Tapisserie de Bayeux et la Manière de vivre au XIᵉ siècle,* Paris, La Pierre qui vire, Zodiaque, 1966.

F. Braudel, *Civilisation matérielle, économie et capitalisme, XVᵉ-XVIIIᵉ siècle,* Paris, Colin, 1979, 3 vol.

N. F. Cantor, *Medieval History,* New York, Macmillan, 1963.

P. Contamine, *La Vie quotidienne pendant la guerre de Cent ans, France et Angleterre,* Paris, Hachette, 1976.

M. Defourneaux, *La Vie quotidienne au temps de Jeanne d'Arc,* Paris, Hachette, 1952.

R. Delort, *Introduction aux sciences auxiliaires de l'histoire,* Paris, Colin, 1969.

—, C. de la Roncière, Ph. Contamine, M. Rouche, *L'Europe au Moyen Age. Documents expliqués,* Paris, Colin, 1969-1971, 3 vol.

G. Duby (sous la direction de), *Histoire de France,* Paris, Larousse, 1971, t. I et II.

—, *Guerriers et paysans : premier essor de l'économie européenne,* Paris, Gallimard, 1973.

—, *Le Temps des cathédrales, l'Art et la Société, 980-1420,* Paris, Gallimard, 1976.

—, R. Mandrou, *Histoire de la civilisation française,* Paris, Colin, 1980, t. I, 5ᵉ éd.

N. Elias, *Über den Prozess der Zivilisation,* Francfort, 1939; trad. fr. : *la Civilisation des mœurs; la Société de cour; la Dynamique de l'Occident,* 1975 sq.

J. Evans, *Life in Medieval France,* Londres, Oxford University Press, 1925.

—, *Flowering of the Middle Ages,* Londres, Great Civilization Series, 1966.

E. Faral, *La Vie quotidienne au temps de Saint Louis*, Paris, Hachette, 1938.

H. Focillon, *Art d'Occident*, t. I, *Le Moyen Age roman*, t. II, *Le Moyen Age gothique*, Paris, Colin, 1965, n^lle éd.

R. H. Foerster, *Das Leben in der Gotik*, Munich, 1969.

R. Fossier, *Histoire sociale de l'Occident médiéval*, Paris, Colin, 1970.

G. Fourquin, *Histoire économique de l'Occident médiéval*, Paris, Colin, 1979, 3e éd.

L. Genicot, *Le XIIIe siècle européen*, Paris, PUF, 1968.

J. Huizinga, *L'Automne du Moyen Age*, Leyde, 1919; Paris, Payot, 1975, n^lle éd.

V. Husa, J. Petran, A. Subrtova, *Hommes et métiers dans l'art du XIIe au XVIIe siècle, en Europe centrale*, Prague, Gründ, 1967; Paris, 1969.

C. V. Langlois, *La Vie en France au Moyen Age, du XIIe siècle au milieu du XIVe siècle*, Paris, 1926-1928, 4 vol.; Genève, Slatkine repr., 1970, n^lle éd.

J. Le Goff, *Civilisation de l'Occident médiéval*, Paris, Arthaud, 1964.

—, *Le Moyen Age (1060-1330)*, Paris, Bordas, 1971.

C. Lelong, *La Vie quotidienne en Gaule à l'époque mérovingienne*, Paris, Hachette, 1963.

J.-F. Lemarignier, *La France médiévale. Institutions et société*, Paris, Colin, 1981, 6e éd.

M. Mollat, *Genèse médiévale de la France moderne*, Paris, Arthaud, 1970; Paris, Éd. du Seuil, coll. « Points-Histoire », 1977, n^lle éd.

—, *Les Pauvres au Moyen Age*, Paris, Hachette, 1978.

M. M. Postan, *The Medieval Economy and Society*, Londres, Weidenfeld and Nicolson, 1972.

— et Ch. Hill, *The Pelican Economic History of Britain*, Londres, 1972; trad. fr.: *Histoire économique et sociale de la Grande-Bretagne*, t. I, *Des origines au XVIIIe siècle*, Paris, Éd. du Seuil, coll. « L'univers historique », 1977.

M. et G. H. B. Quenell, *A History of Everyday Things in England (1066-1499)*, Londres, B. T. Batsford, 1953.

P. Riché, *La Vie quotidienne dans l'Empire carolingien*, Paris, Hachette, 1973.

E. Salin, *La Civilisation mérovingienne d'après les sépultures, des textes et le laboratoire*, Paris, Picard, 1950-1959, 4 vol.

A. Schultz, *Deutsches Leben im 14. und 15. Jahrhundert*, Vienne, Tempsky, 1892.

D. M. Stenton, *English Society in the Early Middle Ages*, Harmondsworth, Penguin Books, 1952.

L'homme et le milieu.

Archéologie du village déserté, Paris, Colin, 1970, 2 vol.

Archéologie du village médiéval, Louvain et Gand, Centre belge d'histoire rurale, 1967.

A. Armengaud, M. Reinhard, J. Dupâquier, *Histoire générale de la population mondiale*, Paris, Montchrestien, 1968, 3ᵉ éd.

E. Baratier, *La Démographie provençale du XIIIᵉ au XVIᵉ siècle*, Paris, SEVPEN, 1961.

M. Beresford, *The Lost Villages of England*, Londres, Lutterworth Press, 1963.

—, J. K. Saint Joseph, *Medieval England. An Aerial Survey*, Cambridge University Press, 1958.

—, J. G. Hurst, *Deserted Medieval Villages*, Londres, Lutterworth Press, 1971.

J.-N. Biraben, *Les Hommes et la Peste en France et dans les pays européens*, Paris-Leyde, Mouton, 1975, 2 vol.

M. Bloch, *Les Caractères originaux de l'histoire rurale française*, Paris, Colin, 1976, 6ᵉ éd., 2 vol.

M. de Boüard, *Manuel d'archéologie médiévale. De la fouille à l'Histoire*, Paris, SEDES, 1975.

F. Boucher, *Histoire du costume en Occident de l'Antiquité à nos jours*, Paris, Flammarion, 1965.

A. R. Bridbury, *Economic Growth : England in the Later Middle Ages*, Londres, Allen and Unwin, 1962.

E. Carpentier, *Une ville devant la peste : Orvieto et la peste Noire de 1348*, Paris, Imprimerie nationale, 1962.

R. Delort, *Le Commerce des fourrures en Occident à la fin du Moyen Age*, Rome, École française, 1978, 2 vol.

M. Devèze, *Histoire des forêts*, Paris, PUF, 1969.

B. Gille, *Recherches sur les instruments de labour au Moyen Age*, Bibliothèque de l'École des Chartes, 1962, t. 120.

A. Gottschalk, *Histoire de l'alimentation et de la gastronomie*, Paris, Hippocrate, 1948, 2 vol.

P. Guillaume, J.-P. Poussou, *Démographie historique*, Paris, Colin, 1968.

D. Herlihy, C. Klapisch-Zuber, *Les Toscans et leurs familles, une étude du Catasto florentin de 1427*, Paris, Presse de la fondation nationale des sciences politiques, 1978.

C. Higounet, *Les Forêts de l'Europe occidentale du Ve siècle à l'an mil*, XIII, Settimana di Studio del Centro italiano di sull'Alto Medio Evo, Spolète, 1965, Presso la Sede del Centro, 1966.

A. Higounet-Nadal, *Périgueux aux XIVe et XVe siècles, étude de démographie historique*, Bordeaux, Fédération historique du Sud-Ouest, 1978.

La Construction au Moyen Age, Actes du Congrès de la Société des historiens médiévistes de l'enseignement supérieur public (Besançon, 1972), Paris, 1973.

La Démographie au Moyen Age. Problèmes et méthodes, Actes du Congrès de la Société des historiens médiévistes de l'enseignement supérieur public (Nice, 1970), Nice, 1972.

J. Le Goff, P. Nora (sous la direction de), *Faire de l'histoire*, Paris, Gallimard, 1974, 3 vol.

E. Le Roy Ladurie, *Histoire du climat depuis l'an mil*, Paris, Flammarion, 1967.

—, *Le Territoire de l'historien*, Paris, Gallimard, 1973, 1977, n^{lle} éd.

F. Piponnier, *Costume et vie sociale, la cour d'Anjou, XIVe-XVe siècle*, Paris, Mouton, 1970.

P. Pirazzoli, *Les Variations du niveau marin depuis 2000 ans*, Dinard, Laboratoire de géomorphologie-EPHE, 1976.

R. L. Pisetzky, *Storia del costume in Italia*, Rome, Istituto ed. Italiano, 1964.

G. Roupnel, *Histoire de la campagne française*, Paris, 1932; rééd. Paris, Grasset, 1973.

J. C. Russell, *Late Ancient and Medieval Population*, Philadelphie, The American Philosophical Society, 1958.

E. Sereni, *Storia del paesaggio italiano*, Bari, 1957; trad. fr. : Paris, Julliard, 1964.

L. Stouff, *Ravitaillement et alimentation en Provence aux XIVe et XVe siècles*, Paris-Leyde, Mouton, 1970.

Villages désertés et histoire économique, Paris, SEVPEN, 1965.

J. Vogt (sous la direction de), *Les Tremblements de terre en France*, Orléans, BGRM, 1979.

C. Weikinn, *Quellentexte zur Witterungsgeschichte Europas*, Berlin, Akademie Verlag, 1958, 3 vol.

L. White, *Medieval Technology and Social Change*, Oxford, Clarendon Press, 1962.

Structures mentales et vie sociale.

F. Autrand, *Naissance d'un grand corps de l'État. Les gens du Parlement de Paris, 1345-1454*, Paris, Publications de la Sorbonne, 1981.

M. Bloch, *Les Rois thaumaturges*, Paris, 1923; Paris, Colin, 1961, n^lle éd.

B. Blumenkranz (sous la direction de), *Histoire des Juifs en France*, Toulouse, Privat, coll. « Franco-Judaïca », 1972.

G. Bois, *Crise du féodalisme; recherches sur l'économie rurale et la démographie, du début du XIVe siècle au début du XVIe siècle en Normandie*, Paris, Presses de la Fondation nationale des sciences politiques, 1976.

G. de Champeaux, Dom S. Sterckx, *Introduction au monde des symboles*, Saint-Léger-Vauban, La Pierre qui vire, Zodiaque, 1966.

J. Chiffoleau, *La Comptabilité de l'au-delà, les hommes, la mort et la religion dans la région d'Avignon à la fin du Moyen Age*, Rome, École française, 1980.

G. Duby, *Les Trois Ordres ou l'Imaginaire du féodalisme*, Paris, Gallimard, 1978.

—, *Le Chevalier, la Femme et le Prêtre; le mariage dans la France féodale*, Paris, Hachette, 1981.

Famille et parenté dans l'Occident médiéval, Colloque de l'École française de Rome, Rome, École française, 1977.

R. Fédou, *Les Hommes de loi lyonnais à la fin du Moyen Age. Étude sur les origines de la classe de robe*, Lyon, Annales de l'université de Lyon, 1964.

R. Folz, *L'Idée d'empire en Occident du Ve au XVe siècle*, Paris, Aubier, 1953.

E. Gilson, *La Philosophie au Moyen Age, des origines patristiques à la fin du XIVe siècle*, Paris, Vrin, 1944, 2e éd.

M. Gonon, *La Vie familiale en Forez au XIVe siècle*, Paris, Société des belles lettres, 1961.

B. Guenée, *Tribunaux et gens de justice dans le bailliage de Senlis à la fin du Moyen Age*, Gap, Impr. Louis Jean, 1963.

—, *Histoire et culture historique dans l'Occident médiéval*, Paris, Aubier, 1980.

B. Guenée (sous la direction de), *Le Métier d'historien au Moyen Age*, Paris, Publications de la Sorbonne, 1977.

J. Heers, *Le Clan familial au Moyen Age. Étude sur les structures politiques et sociales des milieux urbains*, Paris, PUF, 1974.

La Mort au Moyen Age, Actes du Congrès de la Société des historiens médiévistes de l'enseignement supérieur public (Strasbourg, 1975), Strasbourg, 1977.

J. Le Goff, *Pour un autre Moyen Age*, Paris, Gallimard, 1977.

—, *La Naissance du Purgatoire*, Paris, Gallimard, 1981.

M. T. Lorcin, *Vivre et mourir en Lyonnais à la fin du Moyen Age*, Paris, Éd. du CNRS, 1981.

L'Historiographie en Occident du Ve au XVe siècle, Actes du Congrès de la Société des historiens médiévistes de l'enseignement supérieur public (Tours, 1977), Rennes, 1980.

M. Mollat (sous la direction de), *Le Navire et l'Économie maritime*, Paris, SEVPEN, 1958-1960, 2 vol.

M. Pastoureau, *Traité d'héraldique*, Paris, Picard, 1979.

E. Poulle, *Les Instruments de la théorie des planètes selon Ptolémée : équatoires et horlogerie planétaire du XIIIe au XVIe siècle*, Genève-Paris, Droz, 1980.

P. Riché, *De l'éducation antique à l'éducation chevaleresque*, Paris, Flammarion, 1968.

J.-P. Roux, *Les Explorateurs au Moyen Age*, Paris, Éd. du Seuil, 1961.

B. Roy, *L'Érotisme au Moyen Age*, Montréal, L'Aurore, 1977.

J.-C. Schmitt, *Le Saint Lévrier, Guinefort, guérisseur d'enfants depuis le XIIIe siècle*, Paris, Flammarion, 1979.

P. Wolff, *Histoire de la pensée européenne*, t. I, *L'Éveil intellectuel de l'Europe*, Paris, Éd. du Seuil, 1971.

Ceux qui travaillent : les paysans.

W. Abel, *Geschichte der deutschen Landwirtschaft*, Stuttgart, 1962 ; trad. fr. : Paris, Flammarion, 1973.

M. Berthe, *Le Comté de Bigorre. Un milieu rural au Bas Moyen Age, d'après les censiers de 1313 et 1429*, Paris, SEVPEN, 1976.

P. Bonnassie, *La Catalogne du milieu du Xe siècle à la fin du XIe siècle*, Toulouse, Association des publications de l'université de Toulouse, 1975-1976, 2 vol.

R. Boutruche, *La Crise d'une société. Seigneurs et paysans du Bordelais pendant la guerre de Cent ans*, Paris, 1947 ; Paris, Les Belles Lettres, 1963, 2e éd.

J. Chapelot et R. Fossier, *Le Village et la Maison au Moyen Age*, Paris, Hachette, 1980.

P. Charbonnier, *Une autre France, la seigneurie rurale en Basse Auvergne du XIVe au XVIe siècle*, Clermont-Ferrand, Institut d'études du Massif Central, 1980.

G. Devailly, *Le Berry du Xe siècle au milieu du XIIIe siècle*, Paris-Leyde, Mouton, 1973.

G. Duby, *La Société aux XIe et XIIe siècles dans la région mâconnaise*, Paris, 1953 ; Colin, 1971, n^{lle} éd.

—, *L'Économie rurale et la Vie des campagnes dans l'Occident médiéval du IXe au XVe siècle*, Paris, Aubier, 1962.

G. Duby et A. Wallon (sous la direction de), *Histoire de la France rurale*, Paris, Éd. du Seuil, 1975, t. I et II.

R. Fossier, *La Terre et les Hommes en Picardie*, Paris, Nauwelaerts, 1968, 2 vol.

G. Fournier, *Le Peuplement rural en Basse Auvergne durant le Haut Moyen Age*, Paris, Éd. du CNRS, 1962.

G. Fourquin, *Les Campagnes de la région parisienne à la fin du Moyen Age*, Paris, PUF, 1964.

G. Franz, *Geschichte des deutschen Bauernstandes*, Stuttgart, Ulmer, 1970.

C. Gaignebet, *Le Carnaval*, Paris, Payot, 1974.

B. Gille, *Histoire des techniques*, Paris, La Pléiade, 1978.

R. Grand (en collaboration avec R. Delatouche), *L'Agriculture au Moyen Age de la fin de l'Empire romain au XVIe siècle*, Paris, De Boccard, 1950.

J. Heers, *Fêtes, jeux et joutes dans les sociétés d'Occident à la fin du Moyen Age*, Montréal-Paris, Vrin, 1971.

R. H. Hilton, *The English Peasantry in the Later Middle Ages*, Oxford, Clarendon Press, 1975.

—, *Les Mouvements paysans du Moyen Age*, Paris, Flammarion, 1979.

E. Le Roy Ladurie, *Montaillou, village occitan*, Paris, Gallimard, 1975.

M. T. Lorcin, *Les Campagnes de la région lyonnaise aux XIVe et XVe siècles*, Lyon, Impr. Bosc, 1974.

F. Lutge, *Geschichte der deutschen Agrarverfassung*, Stuttgart, Ulmer, 1963.

G. Sivery, *Les Structures agraires et la Vie rurale dans le Hainaut (de la fin du XIIIe siècle au début du XVIe siècle)*, Lille, Presses de l'université de Lille, 1977-1980.

B. H. Slicher van Bath, *The Agrarian History of Western Europe (A. D. 500-1850)*, Londres, E. Arnold, 1966.

P. Toubert, *Les Structures du Latium médiéval*, Rome, École française, 1973, 2 vol.

R. Vaultier, *Le Folklore pendant la guerre de Cent ans, d'après les lettres de rémission du Trésor des Chartes*, Paris, Guénégaud, 1965.

Ceux qui combattent : les chevaliers.

W. Anderson, *Castles of Europe*, Londres, 1970.

C. T. Allmand (sous la direction de), *War, Literature and Politics in the Late Middle Ages*, Liverpool, University Press, 1976.

M. Bloch, *La Société féodale*, Paris, 1939-1940; Paris, Colin, 1968, n^{lle} éd.

R. Boutruche, *Seigneurie et féodalité*, Paris, Aubier, 1959 et 1970, 2 vol.

M. Bur, *La Formation du comté de Champagne, 950-1150*, Nancy, Université de Nancy, 1977.

P. Contamine, *Guerre, État et société à la fin du Moyen Age. Étude sur les armées des rois de France 1337-1494*, Paris-Leyde, Mouton, 1972.

P. Contamine (réunis par), *La Noblesse au Moyen Age, du XIe au XVe siècle, essais à la mémoire de R. Boutruche*, Paris, PUF, 1976.

—, *La Guerre au Moyen Age*, Paris, PUF, 1980.

G. Duby, *Le Dimanche de Bouvines*, Paris, Gallimard, 1973.

—, *Hommes et structures du Moyen Age*, Paris-Leyde, Mouton, 1973.

J. F. Finò, *Forteresses de la France médiévale*, Paris, Picard, 1970, 1977, n^{lle} éd.

G. Fournier, *Le Château fort dans la France médiévale*, Paris, Aubier, 1978.

L. Genicot, *L'Économie rurale namuroise au Bas Moyen Age*, Louvain, Publications de l'université de Louvain, 1960, 2 vol.

E. Koehler, *Trobadorlyrik und höfischer Roman*, Berlin, 1962 ; trad. fr. : *l'Aventure chevaleresque*, Paris, Gallimard, 1974.

Le Paysage rural, réalités et représentations, Actes du Congrès de la Société des historiens médiévistes de l'enseignement supérieur public (Lille, 1979), Lille, 1980.

H.-I. Marrou, *Les Troubadours*, Paris, Éd. du Seuil, 1971.

R. Nelli, *L'Érotique des troubadours*, Toulouse, Union générale d'éditions, 1963.

M. Parisse, *La Noblesse lorraine, XI-XIIIe siècle*, Lille-Paris, Université de Lille, 1976.

M. Pastoureau, *La Vie quotidienne en France et en Angleterre au temps des chevaliers de la Table ronde (XIIe-XIIIe siècle)*, Paris, Hachette, 1976.

A. Schultz, *Das höfische Leben zur Zeit der Minnesinger*, Leipzig, Hirzel, 1879-1880, 2 vol.

Structures féodales et féodalisme dans l'Occident méditerranéen (Xe-XIIIe siècle), Colloque de l'École française de Rome, 1978, Rome, 1980.

Ceux qui prient : les clercs.

J. Chélini, *Histoire religieuse de l'Occident médiéval*, Paris, Colin, 1968.

E. Delaruelle, *La Piété populaire au Moyen Age*, Turin, Bottega d'Erasmo, 1975.

J. Devisse, *Hincmar, archevêque de Reims (845-882)*, Genève, Protat frères, 1975.

J. Evans, *Monastic Life at Cluny, 910-1157*, Londres, H. Milford, 1931.

J. Gimpel, *Les Bâtisseurs de cathédrales*, Paris, Éd. du Seuil, 1966.

B. Guillemain, *La Cour pontificale d'Avignon (1309-1376). Étude d'une société*, Paris, De Boccard, 1962.

Hérésies et sociétés, Actes du Colloque de Royaumont, 1962, présentés par J. Le Goff, Paris-Leyde, Mouton, 1968.

C. Higounet, *La Grange de Vaulerent*, Paris, SEVPEN, 1965.

M. D. Knowles, D. Obolensky, *Nouvelle histoire de l'Église*, Paris, Éd. du Seuil, 1968, t. II.

G. Leff, *Heresy in the Later Middle Ages. The Relation of Heterodoxy to Dissent 1250-1450*, New York, Barnes and Noble, 1967.

—, *Paris and Oxford Universities in the XIIIth and XIVth centuries and Institutional and Intellectual history*, New York-Londres-Sidney, Wiley, 1968.

J. Le Goff, *Les Intellectuels au Moyen Age*, Paris, Éd. du Seuil, 1968, n^{lle} éd.

E. Male, *L'Art religieux de la fin du Moyen Age en France*, Paris, Colin, 1922.

—, *L'Art religieux du XIIe siècle en France*, Paris, Colin, 1938.

—, *L'Art religieux du XIIIe siècle en France*, Paris, 1925; Paris, Colin, 1969, n^{lle} éd.

H. Martin, *Les Ordres mendiants en Bretagne (1230-1250)*, Paris, Klincksieck, 1975.

C. Morrisson, *Les Croisades*, Paris, PUF, 1969.

R. Oursel, *Les Pèlerins au Moyen Age*, Paris, Fayard, 1963.

M. Pacaut, *Les Ordres monastiques et religieux au Moyen Age*, Paris, Nathan, 1970.

J. Prawer, *Histoire du Royaume latin de Jérusalem*, Paris, Éd. du CNRS, 1969-1970.

F. Rapp, *L'Église et la Vie religieuse en Occident à la fin du Moyen Age*, Paris, PUF, 1971.

P. Riché, *Éducation et culture dans l'Occident barbare, VIe-VIIIe siècle*, Paris, Sirey, 1972, 3e éd.

—, *Les Écoles et l'Enseignement dans l'Occident chrétien de la fin du Ve siècle au milieu du XIe siècle*, Paris, Aubier, 1979.

J.-C. Schmitt, *Mort d'une hérésie, l'Église et les clercs face aux béguines et aux béghards du Rhin supérieur du XIVe au XVe siècle*, Paris-Leyde-New York, Mouton, 1978.

J. Toussaert, *Le Sentiment religieux en Flandre à la fin du Moyen Age*, Paris, Plon, 1963.

W. Ullmann, *The Growth of Papal Government in the Middle Ages*, Londres, Methuen, 1955.

A. Vauchez, *La Spiritualité au Moyen Age*, Paris, PUF, 1975.

—, *La Sainteté en Occident aux derniers siècles du Moyen Age*, Rome-Paris, École française, 1981.

J. Verger, *Les Universités au Moyen Age*, Paris, PUF, 1973.

Le monde des villes : marchands, artisans et bourgeois.

M. Balard, *La Romanie génoise (XIIᵉ-début du XVᵉ siècle)*, Paris-Rome, École française, 1978, 2 vol.

Y. Barel, *La Ville médiévale, système social, système urbain*, Grenoble, Presses universitaires, 1975.

J. Boussard, *Nouvelle histoire de Paris. Paris, de la fin du siège de 885-886 à la mort de Philippe Auguste*, Paris, Hachette, 1976.

E. Coornaert, *Les Corporations en France avant 1789*, Paris, 1941 ; Paris, Éditions sociales, 1968, nᵉˡˡᵉ éd.

E. M. Carus-Wilson, *Medieval Merchant Venturers*, Londres, Methuen, 1954.

C. Carrère, *Barcelone, centre économique à l'époque des difficultés 1380-1462*, Paris, Mouton, 1967.

F. Cazelles, *Nouvelle histoire de Paris. Paris de la fin du règne de Philippe Auguste à la mort de Charles V*, Paris, Hachette, 1972.

B. Chevalier, *Tours, ville royale (1356-1520). Origine et développement d'une capitale à la fin du Moyen Age*, Louvain-Paris, Université de Lille, 1975.

R. Delort, P. Braunstein, *Venise, portrait historique d'une cité*, Paris, Éd. du Seuil, coll. « Points-Histoire », 1971, 1978, 3ᵉ éd.

R. De Roover, *The Medici Bank : its Organization, Management, Operations and Decline*, Londres-New York, 1948 ; New York University Press, 1969, nᵉˡˡᵉ éd.

—, *The Bruges Money Market around 1400*, Bruxelles, Paleis der Academiër, 1968.

P. Desportes, *Reims et les Rémois aux XIIIᵉ et XIVᵉ siècles*, Paris, Picard, 1979.

P. Dollinger, *La Hanse (XIIᵉ-XVIIIᵉ siècle)*, Paris, Aubier, 1964.

H. Dubois, *Les Foires de Châlon et le Commerce dans la vallée de la Saône à la fin du Moyen Age*, Paris, Imprimerie nationale, 1976.

G. Duby (sous la direction de), *Histoire de la France urbaine*, t. II, *La Ville médiévale*, Paris, Éd. du Seuil, 1980.

J. Favier, *Nouvelle histoire de Paris, 1380-1500. Paris au XVe siècle*, Paris, Hachette, 1974.

R. Favreau, *La Ville de Poitiers à la fin du Moyen Age. Une capitale régionale*, Poitiers, Impr. Oudin, 1978.

R. Fiétier, *La Cité de Besançon de la fin du XIIe siècle au milieu du XIVe siècle. Étude d'une société urbaine*, Lille-Paris, Université de Lille, 1978.

E. Fournial, *Les Villes et l'Économie d'échange en Forez aux XIIIe et XIVe siècles*, Paris, Presses du Palais-Royal, 1967.

B. Geremek, *Le Salariat dans l'artisanat parisien aux XIIIe-XVe siècles. Étude sur le marché de la main-d'œuvre au Moyen Age*, Paris-Leyde, Mouton, 1968.

—, *Les Marginaux parisiens aux XIVe et XVe siècles*, Paris, Flammarion, 1976.

E. A. Gutkind, *International History of City development*, Londres, Collier-Macmillan, 1964-1972, 5 vol.

J. Heers, *Gênes au XVe siècle. Activité économique et problèmes sociaux*, Paris, SEVPEN, 1961.

—, *Le Travail au Moyen Age*, Paris, PUF, 1968.

W. Heyd, *Histoire du commerce du Levant au Moyen Age*, Leipzig, 1885-1886; Amsterdam, A. M. Halkert, 1967, nlle éd.

J. C. Hocquet, *Le Sel et la Fortune de Venise*, Lille, Université de Lille, 1978-1979, 2 vol.

J.-P. Leguay, *Un réseau urbain au Moyen Age : les villes du duché de Bretagne aux XIVe et XVe siècles*, Paris, Maloine, 1981.

J. Le Goff, *Marchands et banquiers au Moyen Age*, Paris, PUF, 1969.

Le Paysage urbain au Moyen Age, Actes du Congrès de la Société des historiens médiévistes de l'enseignement supérieur public (Lyon, 1979), Lyon, 1981.

M. Mollat, *Le Commerce maritime normand à la fin du Moyen Age*, Paris, Plon, 1952.

—, P. Wolff, *Ongles bleus, Jacques et Ciompi. Les révolutions populaires en Europe, aux XIVe et XVe siècles*, Paris, Calmann-Lévy, 1970.

I. M. Origo, *The Merchant of Prato*, Londres, 1957; trad. fr.; Paris, Albin Michel, 1959.

A. et S. Plaisse, *La Vie municipale à Évreux pendant la guerre de Cent ans*, Évreux, Société libre de l'Eure, 1978.

G. de Poerk, *La Draperie médiévale en Flandre et en Artois, technique et terminologie*, Bruges, «De Tempel», 1951, 3 vol.

Y Renouard, *Les Hommes d'affaires italiens du Moyen Age*, Paris, PUF, 1949.

—, *Les Villes d'Italie de la fin du Xe siècle au début du XIVe siècle*, Paris, SEDES, 1969.

J. Schneider, *La Ville de Metz aux XIIIe et XIVe siècles*, Nancy, Impr. G. Thomas, 1950.

J. Touchard, *Le Commerce maritime breton à la fin du Moyen Age*, Paris, Les Belles Lettres, 1967.

P. Wolff, *Commerces et marchands de Toulouse (1350-1450)*, Paris, Plon, 1954.

—, *Histoire générale du travail. L'âge de l'artisanat (Ve-XIIIe siècle)*, Paris, Sant'Andrea, 1960.

F. Thiriet, *La Romanie vénitienne au Moyen Age*, Paris, De Boccard, 1959.

COMPLÉMENTS BIBLIOGRAPHIQUES
1990

Ouvrages généraux.

Alltag und Fest im Mittelalter : gothische Kunstwerke als Bilddokumente, Vienne, 1970.

Ph. Ariès, G. Duby (sous la direction de), *Histoire de la vie privée*, Paris, Éd. du Seuil, 1985-1987.

Aus dem Alltag der mittelalterlichen Stadt, Brême, 1983.

P. Bonnassie, *Les cinquante mots clés de l'histoire médiévale*, Toulouse, Privat, 1981.

A. Borst, *Lebensformen im Mittelalter*, Berlin, Ullstein, 1973, rééd. 1982.

—, *Barbaren, Ketzer und Artisten*, Munich-Zurich, R. Piper, 1988.

G. Cherubini, *Storia della società italiana,* Milan, 1981 et suivantes.

R. Comba Contadini, *Signori e mercanti nel Piemonte medievale,* Laterza, Rome, 1988.

Das Weiterleben des Mittelalters in der deutschen Literatur, Königstein, 1983.

G. Duby, *Hommes et structures du Moyen Age,* Paris-La Haye, Mouton, 1984.

La famiglia e la vita quotidiana in Europa, Rome, 1986.

Frau und spätmittelalterlicher Alltag, Vienne, Verl. der Österreichischen Akademie der Wissenschaften, 1986.

V. Fumagalli, *Quando il cielo s'oscura : moda di vita nel Medioevo,* Bologne, Il Mulino, 1987.

—, *La pietra viva,* Bologne, Il Mulino, 1988.

L'Historiographie en Occident, Rennes, 1980.

U. T. Holmes (Jr.), *Daily living in the XIIth Century,* Westport Conn., 1980.

Jeder Tag ist Leben; zur Frage nach dem Sinn des Alltages, Cologne-Zurich, 1985.

J. Gage, *Life in Italy at the Time of the Medici,* Londres, 1968.

H. W. Goetz, *Leben im Mittelalter,* Munich, Beck Verlag, 1986.

W. Hansen, *Kalenderminiaturen der Studenbucher,* Munich, Callwey, 1984.

H. Kühnel, *Alltag im Spätmittelalter,* Graz-Vienne, Kaleidoscop, 1986.

P. Larivaille, *La Vie quotidienne en Italie au temps de Machiavel,* Paris, Hachette, 1979.

C. Meckseper, E. Schraut, *Mentalität und Alltag im Spätmittelalter,* Göttingen, Vandenhoeck und Ruprecht, 1985.

Medieval Lives and the Historian : Studies in Medieval Prosopography, Kalamazoo, 1986.

Y. Metman, M. Garrigues, *La Vie au Moyen Age illustrée par les sceaux,* Paris, Archives nationales, 1985.

Th. et M. Metzger, *La Vie juive au Moyen Age,* Fribourg, Office du livre; Paris, Vilo, 1982.

F. Micheau, M. Zimmermann..., *Vivre au Moyen Age,* Paris, Documentation française, 1980.

H. Pleticha, *Ritter, Bürger, Bauersmann : das Leben im Mittelalter,* Würzburg, Arena Verlag, 1985.

E. Pognon, *La Vie quotidienne en l'an mille,* Paris, Hachette, 1981.

Quaderni storici : Storia della cultura materiale, Urbin, 1976.

M. Rowling, *Everyday Life in Medieval Times,* Londres, 1968.

D. Schwarz, *Sachgüter und Lebensformen,* Berlin, 1970.

G. Trease, *Les Mutations : l'évolution de la vie quotidienne,* Tournai, Casterman, 1985.

E. Uitz, *Die Frau in der mittelalterlichen Stadt,* Leipzig, Ed. Leipzig, B. Abend, 1988.

L'homme et le milieu.

P. Alexandre, *Le Climat en Europe au Moyen Age,* Paris, EHESS, 1987.

G. Barker, R. Hodges, *Archaeology and Italian Society,* Oxford, Academic Press, 1981.

J. Bernard, *Le Sang et l'histoire,* Paris, Buchet-Chastel, 1983.

U. Boccioli, *Archeologia e Medioevo,* Rome, 1986.

P. Boglioni, *La Culture populaire au Moyen Age,* Montréal, L'Aurore, 1979.

La Chasse au Moyen Age, Université de Nice, 1980.

R. Delort, *Les animaux ont une histoire,* Paris, Éd. du Seuil, 1984.

J. Le Goff, *Il meraviglioso e il quotidiano nell'Occidente medievale,* Rome, Laterza, 1984.

M. A. Levi, *Società e costume,* Turin, 1964-1971, 5 vol.

M. Madou, *Le Costume civil,* Turnhout, Brepols, 1986.

F. Melis, *Documenti per la storia economica dei secoli XIII-XVI,* Florence, L. S. Olschki, 1972.

M. Montanari, *Porci e porcari nel Medio Evo,* Bologne, CLUEB, 1981.

D. Persall, E. Salter, *Landscapes and Seasons of the Medieval World,* New York, 1967.

F. della Peruta, *Malattia e medicina,* Turin, G. Einaudi, 1984.

N. Pounds, *An Historical Geography of Europe (BC 450-AD 1330),* Londres, Cambridge University Press, 1973.

C. Price, *Made in the Middle Ages,* Londres, The Bodley Head, 1973.

J. Ruffié, C. Sournia, *Les Épidémies dans l'histoire,* Paris, Flammarion, 1984.

Le Sens de l'ordinaire, Colloque quotidienneté et historicité, Paris, CNRS, 1983.

Strutture familiari, epidemie, Migrazioni nell'Italia medievale, Naples, Ed. scientifiche italiane, 1984.

F. Unterkirchen, *Tacuinum sanitatis in Medicina,* Dortmund, Harenberg Kommunikation, 1989.

P. Ziegler, *The Black Death,* New York, 1969.

Structures mentales et vie sociale.

M. Berthe, *Famines et épidémies dans les campagnes navarraises à la fin du Moyen Age,* Paris, SFIED, 1984.

The Cambridge History of Medieval Political Thought, Cambridge University Press, 1988.

C. Frugoni, *Una lontana città,* Turin, G. Einaudi, 1983.

H. W. Goetz, *Mentalität und Alltag im Spätmittelalter,* Göttingen, 1985.

A. I. Gourevitch, *Les Catégories de la culture médiévale,* Paris, Gallimard, 1983.

—, *Medieval Popular Culture : Problems of Belief and Perception,* Cambridge-Paris, Cambridge University Press et Éd. de la Maison des Sciences de l'homme, 1988.

A. Haverkamp, *Haus und Familie in der spätmittelalterlichen Stadt,* Cologne, Böhlau, 1984.

J. Heers, *Fête des fous et carnaval,* Paris, Fayard, 1983.

F. de Medeiros, *L'Occident et l'Afrique (XIIIe-XVe siècle),* Paris, Karthala-Centre de recherches africaines, 1985.

R. Morenedge, *The Role of Women in the Middle Ages,* Albany, 1975.

Les Mutations socioculturelles au tournant des XIe-XIIe siècles, Paris, CNRS, 1984.

Oriente et Occidente nel Medioevo : filosofia e scienza, Rome, 1971.

A. Pardailhé-Galabrun, *La Naissance de l'intime,* Paris, PUF, 1988.

M. Petrocchi, *Il simbolismo delle piante in Rabano Mauro e altri studi di storia medievale,* Rome, Edizioni di storia e letteratura, 1982.

M. Piccat, *Rappresentazioni popolari e feste in Revello nella metà del secolo XV,* Turin, 1986.

J. Rossiaud, *La Prostitution médiévale.* Paris, Flammarion, 1988.

F. J. Schmale, *Funktion und Formen mittelalterlicher Geschichtsschrei-bung,* Ed. Wissenschaftliche Buchgesellschaft, Darmstadt, 1985.

Städtische Randgruppen und Minderheiten, J. Thorbecke, Sigmaringen, 1986.

S. M. Stuart, *Women in Medieval Society,* Filadelfia, 1976.

R. Tannahill, *Le Sexe dans l'histoire,* Paris, Laffont, 1982.

B. Vetere, *Pensiero politico e pensiero religioso nel medioevo : aspetti e momenti,* Galatino, Congedo, 1984.

C. Violante, *Atti privati e storia medievale : problemi di metodo,* Centro di ricerca pergamene medioevali, Rome, 1982.

J. Werner, *Die Passion des armen Mannes,* Fribourg-en-Brisgau, Verl. Rombach, 1980.

C. T. Wood, *The Quest for Eternity : Medieval Manners and Moral,* Hanover-London, Ed. Darmouth College by University Press of New England, rééd. 1983.

S. L. Thrupp, *Change in Medieval Society,* Toronto Buffalo-Londres, Medieval Academy of America, 1988.

M. Zimmermann, *La Vie au Moyen Age,* Rennes, Ouest France, 1987.

Ceux qui travaillent : les paysans.

G. Bonnebas, *L'An mil : un manuscrit et un calendrier agricole du temps de Fulbert,* Chartres, Centre départemental de documentation pédago-gique, 1986.

M. Bourin et R. Durand, *Vivre au village au Moyen Age. Les solidarités paysannes du XIᵉ au XIIIᵉ siècle,* Paris, Temps actuels-Messidor, 1984.

R. Comba, *Contadini, signori e mercanti nel Piemonte,* Laterza, Rome, 1988.

R. Fossier, *Paysans d'Occident, XIᵉ-XIVᵉ,* Paris, PUF, 1984.

V. Fumagalli, *Città e campagna nell'Italia medievale,* Bologne, Patròn, 1985.

P. D. A. Harvey, *The Peasant Land Market in Medieval England,* Oxford, Clarendon Press, 1984.

G. Jaritz, *Landherr, Bauer, Ackerknecht. Der Bauer im Mittelalter,* Vienne, H. Böhlaus, 1985.

P. Mane, *Calendriers et techniques agricoles; France, Italie, XIIe-XIIIe*, Paris, Le Sycomore, 1983.

M. S. Mazzi, *Gli uomini e le cose nelle campagne fiorentine del Quattrocento*, Florence, L. S. Olschki, 1983.

M. Montanari, *L'alimentazione contadina nell'alto medioevo*, Naples, Liguori, 1979.

—, *Campagne medievali*, Turin, Einaudi, 1984.

R. Noel, *Quatre siècles de vie rurale entre la Semois et la Chiers (1050-1470)*, Louvain-Paris, Centre belge d'histoire rurale-Les Belles Lettres, 1977.

Le prestazioni d'opera nelle campagne italiane del medioevo, Bologne, CLUEB, 1987.

G. Rossetti, *Medioevo rurale : sulle tracce della civiltà contadina*, Il Mulino, Bologne, 1985.

C. de Seta, *Il paesaggio*, Turin, Einaudi, 1982.

Ceux qui combattent : les chevaliers.

D. Barthélémy, *Les Deux âges de la seigneurie banale*, Paris, Publications de la Sorbonne, 1984.

B. B. Broughton, *Dictionary of Medieval knighthood*, New York-Londres, Greenwood Press, 1986.

J. Bumke, *Höfische Kultur : Literatur und Gesellschaft im hohen Mittelalter*, Münich, Deutscher Toschenbuch, 1986.

F. Cardini, *Quell'antica festa crudele : guerra e cultura della guerra*, Florence, G. C. Sansoni, 1982.

—, *Alle radici della cavalleria medievale*, Florence, La Nuova Italia, 1982.

M. L. Chenerie, *Le Chevalier errant dans les romans arthuriens*, Genève, Droz, 1986.

Das ritterliche Turnier im Mittelalter, Göttingen, Vandenhoeck und Rupprecht, 1985.

J. Flori, *L'Essor de la chevalerie*, Genève-Paris, Droz, 1986.

H. Grassotti, *Las instituciones feudo-vassalliticas en Leon y Castilla*, Spoleto, Centro italiano di studi sull'Alto Medioevo, 1969.

C. G. Jochmann, *Zur Naturgeschichte des Adels*, Heidelberg, C. Winter, 1982.

M. H. Keen, *Chivalry*, New Haven, Yale University Press, 1984.

F. von Lobstein, *Nobiltà e città calabresi infeudate*, Chiaravalle, 1982.

E. Müller-Mertens, *Feudalismus : Entstehung und Wesen*, Berlin, Akademie Verlag, 1985.

N. Orme, *From childhood to Chivalry : the Education of the English Kings*, Londres, Methuen, 1984.

J. E. Ruiz-Domènec, *La memoria de los feudales*, Barcelone, Argot, 1984.

K. Schmid, *Gebetsgedenken und adliges Selbstverständnis im Mittelalter*, J. Thorbecke, Sigmaringen, 1983.

Structures féodales et féodalisme dans l'Occident méditerranéen, Paris, CNRS, 1980.

Ceux qui prient : les clercs.

M. d'Alatri, *Ereteci e inquisitori in Italia*, Rome, Ed. Istituto storico dei cappucini, 1986-1987.

C. W. Bynum, *Jesus as Mother : Studies in the Spirituality of the Middle Ages*, Berkeley, University of California Press, 1982.

G. P. Carratelli, *Dall'eremo al cenobio*, Rome, 1987.

Convegno internazionale nell'VIII° Centenario della nascita di san Francesco d'Assisi. Il movimento religioso femminile in Umbria nei secoli XIII-XIV, Città di Castello, 1982.

Cristianizzazione ed organizzazione ecclesiastica delle campagne, Spoleto, Centro italiano di studi sull'alto Medioevo, 1982.

J. Fournée, *La Spiritualité en Normandie au temps de Guillaume le Conquérant*, Flers, «Le Pays Bas-normand», 1987.

L. Moulin, *La Vie quotidienne des religieux*, Paris, Hachette, 1987.

J.-C. Schmitt, *Religione, folklore e società nell'occidente medievale*, Rome, Laterza, 1988.

A. M. Voci, *Petrarca e la vita religiosa*, Rome, Istituto storico italiano per l'età moderna e contemporanea, 1983.

Le monde des villes : marchands, artisans et bourgeois.

Aus dem Alltag des mittelalterlichen Stadt, Brême, Bremer Landesmuseum f. Kunstgesch., 1982.

Beiträge zum hoshmittelalterlichen Städtewesen, Cologne-Vienne, Böhlau, 1982.

H. Boockmann, *Die Stadt im späten Mittelalter,* Munich, C. H. Beck, 1987.

R. Bordone, *La società cittadina del regno d'Italia (XI-XII),* Turin, Deputazione subalpina di storia patria, 1987.

V. Branca, *Mercanti scrittori,* Milan, Rusconi, 1986.

G. Caselli, *Une famille de marchands de la Renaissance,* Paris, 1986.

B. Caunedo del Potro, *Mercaderes castellanos en el golfo de Vizcaya,* Madrid, Universita Autonoma, 1983.

La Charte de Beaumont, Nancy, Presses universitaires, 1988.

C. J. Classen, *Die Stadt im Spiegel des Descriptiones und Laudes in der antiken und mittelalterlichen Literatur,* Hildesheim-New York, G. Olms, 1980.

K. Elm, *Stellung und Wirksamkeit des Bettelorden in der städtischen Gesellschaft,* Berlin, Duncker und Humblot, 1980.

R. Elze, *Aristocrazia cittadina e ceti popolari in Italia e in Germania,* Bologne, Il Mulino, 1984.

R. Elze, *La città in Italia e in Germania nel Medio evo : cultura, istituzioni, vita,* Bologne, Il Mulino, 1981.

J. Favier, *De l'or et des épices : naissance de l'homme d'affaires au Moyen Age,* Paris, Fayard, 1987.

L. Gambuzzi, *Venezia come simbolo,* Venise, Helvetia, 1981.

N. Guglielmi, *La ciudad medieval y sus gentes,* Buenos Ayres, Fundación para la educación, 1981.

A. d'Haenens, *Le Monde de la mer du Nord et de la Baltique,* Paris, Albin Michel, 1984.

P. J. Heinig, *Reichsstädte, freie Städte und Königtum (1389-1450),* Wiesbaden, F. Steiner, 1983.

H. Höing, *Kloster und Stadt,* Münster, Aschendorff, 1981.

D. Hooke, *Anglo-Saxon settlements,* Oxford, B. Blackwell, 1988.

Horizons marins, itinéraires spirituels, Paris, Publications de la Sorbonne, 1987.

O. Kammerer, *La Lorraine des marchands à Saint-Nicolas-de-Port,* Saint-Nicolas-de-Port, Hôtel de ville, 1985.

L. A. Kotelnikova, *Città e campagne nel medio evo italiano,* Rome, Ed. Riuniti, 1986.

H. Kugler, *Die Vorstellung der Stadt in der Literatur des deutschen Mittelalters,* Münich, Artemis Verl., 1986.

F. C. Lane, *I mercanti di Venezia,* Turin, Einaudi, 1982.

S. Lebecq, *Marchands et navigateurs frisons du Haut Moyen Age,* Lille, Presses universitaires, 1983.

A. Lauret, *Bastides : villes nouvelles du Moyen Age,* Toulouse, Éd. Milan, 1988.

J. P. Legua, *La Rue au Moyen Age,* Rennes, Ouest France, 1984.

T. H. Lloyd, *Alien Merchants in England in the High Middle Ages,* Brighton, Harvester Press, 1982.

P. Maschke, *Städte und Menschen,* Wiesbaden, F. Steiner, 1980.

M. Meissner, *Die Welt der sieben Meere : auf den Spuren arabischer Kaufleute,* Leipzig, G. Kiepenhauer, 1980.

E. Muir, *Civic Ritual in Renaissance Venice,* Princeton, Princeton University Press, 1981.

T. O'Neill, *Merchants and Mariners in Medieval Ireland,* Belfast, Irish Academic Press, 1987.

U. Peters, *Literatur in der Stadt,* Tübingen, M. Niemeyer, 1983.

A. I. Pini, *Città, communi e corporazioni nel Medioevo italiano,* Bologne, CLUEB, 1986.

J. H. Pryor, *Commerce, Shipping, and Naval Warfare in the Medieval Mediterranean,* Londres, Variorum Reprints, 1987.

G. Rossetti, *Spazio, società, potere nell'Italia dei comuni,* Naples, Liguori, 1986.

Stadtvorstellungen : die Gestalt der mittelalterlischen Städte, Zürich-Munich, Artemis Verlag, 1988.

H. Steuer, *Zur Lebensweise in der Stadt um 1200,* Cologne, Rheinland Verlag, 1986.

C. Vivanti, *Economia naturale, economia monetaria,* Turin, Einaudi, 1983.

E. Wedemeyer-Moore, *The Fairs of Medieval England,* Toronto, Pontifical Institute of mediaeval studies, 1985.

COMPLÉMENTS BIBLIOGRAPHIQUES
1997

Ouvrages généraux.

A. Borst, *Lebensformen im Mittelalter*, Propyläen Verlag.

—, *Comprendre le Moyen Age,* Mélanges M.-T. Lorcin, éd. P. Guichard et D. Alexandre-Bidon, Lyon, 1995.

—, *Die Erforschung von Alltag und Kultur*, Verlag der öst. Akademie, Vienne, 1984.

G. Duby, *Féodalité*, Quarto Gallimard, Paris, 1996.

—, *Einführung in die Geschichte des Mittelalters*, Hartmut Bookman, Beck, Munich, 1992.

—, *Frankfurt-Berlin-Wien*, 1973, (éd. italienne 1993).

H. Fuhrmann, *Überall ist Mittelalter*, Beck, Munich, 1996.

V. Fumagalli, *L'alba del Medioevo*, Il Mulino, Bologne, 1993.

—, *L'uomo e l'ambiente nel Medioevo*, Laterza, Rome, 1992.

A. Gerhards, *La Société médiévale*, MA, Paris, 1986.

D. Herlihy, *Medieval Households*, Harvard Univ. Press, Cambridge.

—, *Lexikon des Mittelalters*, Arthémis Verlag, Munich, 1988 sq.

—, *Mensch und Umwelt*, Deutscher Verlag, éd. B. Herrmann, Stuttgart, 1987, 1993².

—, *Mensch und Natur im Mittelalter*, Andreas Speer, éd. A. Zimmermann, Munich, 1991.

—, *Nouvelle Histoire de la France au Moyen Age*, une collection jeune et dynamique en 5 volumes, « Points Histoire », Seuil, Paris, 1990 sq.

—, *Symbole des Alltags*, (Mélanges Harry Kühnelt), éd. G. Blaschitz, Akad., Vienne, 1992.

G. Tabacco, *Medioevo*, Il Mulino, Bologne, 1990.

H. Werner Goetz, *Leben im Mittelalter*, Beck, Munich, 1987. (Mass.), Londres, 1985.

Histoires diachroniques sur des problèmes particuliers ou généraux.

Histoire de la famille, A. Colin, 1988 sq., C. Klapish-Zuber, M. Segalen, F. Zonabend.

Histoire de la population française, PUF, 1988 sq., sous la direction de J. Dupâquier.

Histoire de la vie privée, Seuil, 1985 sq., sous la direction de P. Ariès et G. Duby.

Histoire des femmes, Plon, 1990 sq., sous la direction de G. Duby et M. Perrot.

Livres ou colloques globaux.

Sur la diachronie : R. Fossier, *La Société médiévale*, A. Colin, Paris, 1992.

Sur une époque : *La France de l'an mil*, 5 vol., Picard, Generalitat de Barcelone, 1990 sq.

Sur un homme : J. Le Goff, *Saint-Louis*, Gallimard, Paris, 1996.

Sur un pays : C. Gauvard, *La France au Moyen Age*, PUF, Paris, 1996.

Collections réunissant des articles sur des thèmes chaque année différents.

Le Cheval en France au Moyen Age, 1994.

Le Corps et ses énigmes, 1992.

Le Temps, sa mesure et sa perception au Moyen Age, 1991.

Les Colloques de Flaran, Auch, 1980 sq. : *Les Catastrophes naturelles au Moyen Age et à l'époque moderne*, éd. B. Bernassar, Toulouse, 1995.

Les « Sénéfiances » du CUERMA, Aix-en-Provence (32 vol. en 1996).

Medievalia chez Paradigme, (dir. B. Ribémont), Orléans, 1987 sq.

Colloques annuels.

Actes du Congrès international de Luxembourg, 1994.

Actes du Congrès international de Najac, 1988.

Château Gaillard, *Études de castellologie médiévale*, Caen, 1962 sq.

Rencontres internationales de Commarque, Périgueux, 1986 sq. éd. A. Chastel, *Le Château, la chasse et la forêt*, 1988-1990.

Settimane di Studio, Spoleto : *L'ambiente vegetale nell'alto medioevo*, 1988.

Sur le milieu, l'environnement, divers ouvrages pionniers.

P. Alexandre, *Le Climat en Europe au Moyen Age*, EHESS, Paris, 1987.

D. Alexandre-Bidon, *Le Corps paré*, Univ. Nice, 1987

C. Barrington, *Women and Writing in medieval Europe*, Routledge, Londres-New York, 1995.

C. Beck et R. Delort (éd.), *Pour une Histoire de l'environnement*, CNRS, Paris, 1993.

P. Benoît, *Les Mutations techniques et scientifiques de la fin du Moyen Age à la Renaissance*, Lille, 1994.

F. Bériac, *Des Lépreux aux cagots*, Bordeaux, 1990.

S. Caucanas, *Moulins et irrigation en Roussillon (IXe-XVe)*, CNRS éd., 1995.

—, *Comprendre et maîtriser la Nature*, Mélanges G. Beaujouan, EPHE 5e, Paris, 1994.

P. Contamine (dir.), *L'Économie médiévale*, A. Colin, Paris, 1994.

—, *Le Corps masqué*, Razo 6, Univ. Nice, 1986.

—, *L'Eau dans la société médiévale : fonctions, enjeux, images*, École française de Rome, Paris, 1992.

C. Gauvard, *De grâce espécial. Crime, état et société*, Publ. de la Sorbonne, Paris, 1991.

D. Herlihy, *Women, Family and Society in medieval Europe*, Berghahn Books, Providence, 1995.

J.-C. Hocquet, *Anciens systèmes de poids et mesures en Occident*, Londres, 1992.

—, *L'Homme, l'animal domestique et l'environnement*, Colloque de Nantes, éd. R. Durand, 1993.

—, *L'Homme et la nature au Moyen Age*, Colloque de Grenoble, éd. M. Colardelle, 1996.

V. F. Hopper, *La Symbolique médiévale des nombres*, rééd. Monfort, Paris, 1995.

C. Jorgensen Intyre, *Medieval Family Roles*, Garland, New York-Londres, 1996.

B. Laurioux *et al.*, *Le Moyen Age à table*, A. Biro, Paris, 1989.

—, *Du manuscrit à la table*. « Essai sur la cuisine au Moyen Age », Colloque de Montréal, 1992.

F. Piponnier et P. Mane, *Se vêtir au Moyen Age*, A. Biro, Paris, 1995.

D. Poirion, *L'Art de vivre au Moyen Age*, P. Lebaud, Paris, 1995.

J. Verdon, *Le Plaisir au Moyen Age*, Perrin, Paris, 1996.

Sur les paysans.

B. Andreolli et V. Fumagalli, *Le campagne italiane prima e dopo il Mille*, Coop. Libr., Bologne, 1985.

—, *Baüerliche Sachkultur des Mittelalters*, (Colloque de Krems), AK. Verlag, Vienne, 1984.

M. Bourin et R. Durand, *Vivre au village*, Ouest France, 1989.

M. Colardelle, E. Verdel *et al.*, *L'Homme et son espace*, Mélanges, R. Fossier, *Les Habitats du lac de Paladru*, Maison des Sciences de l'Homme, Paris, 1993.

G. Comet, *Le Paysan et son outil*. Essai d'histoire des techniques des céréales, EFR Rome, 1992.

R. Fossier, *Villages et villageois au Moyen Age*, Christian, Paris, 1996.

—, *Morphogenèse du village médiéval*, (IXe-XIIe siècles). Colloque de Montpellier, 1996.

D. Sweeney, *Agriculture in the Middle Ages : Technology, Practice and Representation*, Univ. of Pennsylvania, 1995.

J. Tricard, *Les Campagnes limousines du XIVe au XVIe*, Publ. de la Sorbonne, 1996.

—, *Villages et villageois au Moyen Age*, Congrès de la SHMESP, (Adriaan Verhulst intr.), Publ. de la Sorbonne, Paris, 1992.

Sur les seigneurs.

M. Aurell, *La Noblesse en Occident*, Cursus, A. Colin, 1996.

D. Barthélémy, *La Société dans le comté de Vendôme de l'an mil au XIVe siècle*, Fayard, Paris, 1993.

—, *Le Combattant au Moyen Age*, Société des médiévistes, 1995.

M. Keen, *Nobles, Knight and Men-at-arms*, Hambledon, Londres, 1996.

D. Nicolle, *Medieval Warfare. Arms and Armoiries*, New York, 1996.

A. Sachkultur (Colloque de Krems), Akad. Vienne, 1991.

W. Volkert, *Adel bis Zunft : ein Lexikon des Mittelalters*, Beck, Munich, 1991.

314   *Orientation bibliographique*

Sur l'église.

—, *The art of devotion of the late Middle Ages in Europe (1300-1500)*, Rijksmuseum, Amsterdam, 1994.

R. Backford-Brooke, *Popular religion in the Middle Ages*, Thames and Hudson, Londres, 1994.

—, *Le Clerc au Moyen Age*, CUERMA, éd. M. Bertrand, Aix-en-Provence, 1995.

—, *L'Environnement des églises et la topographie religieuse des campagnes médiévales*, Congrès d'archéologie médiévale, éd. M. Fixot et E. Zadora-Rio, Aix-en-Provence, 1994.

A. Graf, *Miti, leggende e superstizioni nel Medioevo*, Studio Tesi, Pordenone, 1993.

B. Merdrignac, *La Vie religieuse en France*, Ophrys, Paris, 1994.

M. Pacaut, *L'Ordre de Cluny*, 1989.

—, *Les Ordres monastiques et religieux*, 1993.

A. Vauchez, *La Spiritualité du Moyen Age Occidental*, Seuil, Paris, 1994.

Sur la ville et les marchands.

—, *Archéologie des villes dans le Nord-Ouest de l'Europe*, éd. P. Demolon et H. Galinié, Douai, 1994.

—, *Coloniser au Moyen Age*, éd. A. Ducellier et M. Balard, A. Colin, Paris, 1995.

J. Day, *Monnaies et marchés au Moyen Age*, Comité pour l'histoire économique et financière de la France, Paris, 1994.

J. Heers, *La Ville au Moyen Age*, 1990.

R. Hodges, *Dark ages economic*, Bristol, 1989.

G. Hutchinson, *Medieval Ships and Shipping*, Londres, 1994.

J.-P. Legay, *La Rue au Moyen Age*, Ouest France, 1984.

—, *Le Marchand au Moyen Age*, Soc. des médiévistes, 1992.

C. Mazzoli-Gontard, *Villes d'Al Andalous*, PU, Rennes, 1996.

—, *Les Métiers au Moyen Age*, éd. P. Lambrechts et J.-P. Sosson, Louvain-la-Neuve, 1994.

S. Roux, *Le Monde des villes*, Hachette, 1994.

S*ozialer Wandel im Mittelalter*, éd. Jürgen Miethke und Klaus Schreiner, Thorbeke Sigmaringen, 1994.

COMPLÉMENTS BIBLIOGRAPHIQUES
2002 - 2003

Dictionnaires.

J. Favier, *Dictionnaire de la France médiévale*, Paris, Fayard, 1993.

C. Gauvard, A. de Libera, M. Zink (dir.), *Dictionnaire du Moyen Age*, Paris, PUF, 2002.

G. Hasenohr, M. Zink (éd.), *Dictionnaire des Lettres françaises. Le Moyen Age*, Paris, Le Livre de poche « La Pochotèque », 1992.

J. Le Goff, J.-P. Schmitt (dir.), *Dictionnaire raisonné de l'Occident médiéval*, Paris, Fayard, 1999.

Lexikon des Mittelalters, Munich, 10 vol. (1994-1999).

A. Vauchez (dir.), *Dictionnaire encyclopédique du Moyen Age*, Paris, Cerf, 1997, 2 vol.

Vocabulaires.

P. Bonnassie, *Cinquante mots-clefs de l'histoire médiévale*, Toulouse, Privat, 1981.

F. O. Touati, *Vocabulaire historique du Moyen Age (Occident, Byzance, Islam)*, 3ᵉ éd., Paris, Boutique de l'Histoire, 2000.

Manuels.

M. Balard, J.-P. Genet, M. Rouche, *Le Moyen Age en Occident*, Paris, Hachette (mise à jour 2002).

A. Demurger, *L'Occident médiéval (XIIIᵉ-XVᵉ siècles)*, Paris, Hachette, 1995.

R. Fossier (dir.), *Le Moyen Age*, Paris, A. Colin, 1982-1983, 3 vol.

–, *L'Occident médiéval (Vᵉ-XIIIᵉ siècles)*, Paris, Hachette, 1995.

M. Kaplan (dir.), *Le Moyen Age*, Paris, Bréal, 1994, 2 vol.

C. Vincent, *Introduction à l'histoire de l'Occident médiéval*, Paris, Le Livre de poche, 1995.

Ouvrages généraux.

D. Alexandre-Bidon, avec D. Lett, *Les Enfants au Moyen Age. V-XVᵉ siècles*, Paris, Hachette, 1997.

–, *La Mort au Moyen Age. XIII-XVIᵉ*, Paris, Hachette, 1998.

F. Autrand, C. Gauvard, J.-M. Moeglin (éd.), *Saint Denis et la Royauté. Mélanges B. Guenée*, Paris, Publications de la Sorbonne, 1999.

M. Balard, A. Ducellier (dir.), *Coloniser au Moyen Age*, Paris, A. Colin, 1995.

P. Boglioni, R. Delort, C. Gauvard (dir.), *Le Petit Peuple au Moyen Age*, Montréal, 2002.

P. Bonnassie, *Les Sociétés de l'an mil. Un monde entre deux âges*, Bruxelles, De Boeck, 1999.

M. Bourin, M. Parisse, *L'Europe au siècle de l'an mil*, Paris, Le Livre de poche, 1999.

C. Bruhl, *Naissance de deux peuples. Français et Allemands (IXᵉ-XIᵉ siècles)*, Paris, Fayard, 1995.

A. Castaldo, *Introduction historique au droit*, Paris, Dalloz, 1999.

N. Charbonnel, J. E. Iung (dir.), *Gerbert l'Européen*, Aurillac, Ed. Gerbert, 1997.

P. Contamine (dir.), *L'Économie médiévale*, Paris, A. Colin, 1997.

B. Cursente, *Des maisons et des hommes. Essai sur la Gascogne médiévale*, Toulouse, Presses universitaires du Mirail, 1998.

B. Demotz, *Le Comté de Savoie du XIᵉ au XVᵉ siècle*, Genève, Slatkine, 2000.

A. Derville, *La Société française au Moyen Age*, Lille, Le Septentrion, 2000.

J. Favier, *Charlemagne*, Paris, Fayard, 1999.

L. Feller, *Les Abruzzes médiévales. Territoire, économie et société en Italie centrale (IX-XIIᵉ)*, Rome, École française de Rome, 1998.

J. Flori, *Richard Cœur de Lion. Le roi chevalier*, Paris, Payot-Rivages, 1999.

R. Fossier, *Le Travail au Moyen Age*, Paris, Hachette 2001.

–, *La Société médiévale*, Paris, A. Colin, 1997.

N. Gauthier, H. Galinié (dir.), *Grégoire de Tours et l'espace gaulois*, Tours, Revue Archéologique du Centre de la France, 1997.

J.-P. Genet (dir.), *L'État moderne et les élites (XIIIᵉ-XVIIIᵉ)*, Paris, Publication de la Sorbonne, 1996.

M.-C. Gerbet, *L'Espagne au Moyen Age. VIIIᵉ-XVᵉ*, Paris, A. Colin, 2000.

B. Guenée, *Politique et Histoire au Moyen Age*, Paris, Publication de la Sorbonne, 1981.

I. Heullant-Donat, J.-P. Delumeau, *L'Italie au Moyen Age (Vᵉ-XVᵉ)*, Paris, Hachette, 2000.

J. Le Goff, *Pour un autre Moyen Age*, Paris, Gallimard, 1999.

M. Le Mené, *Villes et Campagnes de l'Ouest au Moyen Age*, Nantes, Ouest-Éditions, 2001.

B. Leroy, *Le Royaume de Navarre. Les hommes et le pouvoir (XIIIᵉ-XVᵉ)*, Biarritz, J. & D., 1995.

F. Rapp, *Le Saint-Empire romain germanique*, Paris, Tallandier, 2000.

L'homme et l'environnement.

W. Abelshauser (éd.), *Umweltgeschichte*, Göttingen, Vandenhoeck & Ruprecht, 1994.

H. Ahrweiler, M. Aymard, *Les Européens*, Paris, Hermann, 2000.

F. Audoin-Rouzeau, *Hommes et animaux en Europe de l'époque antique aux Temps modernes*, Paris, CNRS-Éditions, 1993.

J. P. Bardet, J. Dupaquier (dir.), *Histoire des populations de l'Europe*, Paris, Fayard, 1997-1999, 3 vol.

A. Berger, *Le Climat de la Terre. Un passé pour quel avenir ?*, Bruxelles, De Boeck Université, 1992.

P. Bevilacqua, *Tra Natura e Storia. Ambiente, economia, risorse in Italia*, Rome, Donzelli, 1996.

J. Blancou, *Histoire de la surveillance et du contrôle des maladies animales transmissibles*, Paris, OIE, 2000.

L. Cavalli Sforza, P. Menozzi, A. Piazza, *The History and Geography of Human Genes*, Princeton, Princeton University Press, 1996.

A. Corvol (textes réunis par), *Le Bois, source d'énergie. Naguère et aujourd'hui*, Paris, Institut d'histoire moderne et contemporaine, 2000.

R. Delort, F. Walter, *Histoire de l'environnement européen*, Paris, PUF, 2001.

J. Diamond, *De l'inégalité parmi les sociétés. Essai sur l'homme et l'environnement dans l'histoire*, Paris, Gallimard, 2000.

J.-L. Flandrin, M. Montanari (dir.), *Histoire de l'alimentation*, Paris, Fayard, 1996.

V. Fumagalli, *L'uomo e l'ambiente*, Bologne, Ed. Laterza, 1992.

M. L. von Franz, *L'Interprétation des contes de fées*, Paris, La Fontaine de Pierre, 1990.

P. Galetti, *Abitare nel Medioevo*, Florence, La Lettere, 1997.

M. D. Grmek, B. Fantini, *Histoire de la pensée médicale en Occident*, Paris, Seuil, 1995.

J. Guilaine (dir.), *Premiers Paysans du monde. Naissance des agricultures*, Paris, Errance, 2000.

J.-P. Gutton, *Bruits et sons dans notre histoire. Essai sur la reconstitution du paysage sonore*, Paris, P. U. F, 1999.

Homme et l'Environnement : quelle histoire ? (Rendez-vous de L'Histoire, Blois, 2001) Nantes, 2002

M. Hotyat, P. Arnould, L. Simon, *Les Forêts d'Europe*, Paris, Nathan, 1997.

D. Jacquart, *La Médecine médiévale dans le cadre parisien*, Paris, Fayard, 1998.

R. Jütte, *Geschichte der fünf Sinne. Von der Antike bis zum Cyberspace*, Munich, C. H. Beck, 2000.

R. Kandel, *L'Incertitude des climats*, Paris, Hachette, 1998.

H. Küster, *Geschichte der Landschaft in Mitteleropa*, Munich, C. H. Beck, 1996.

–, *Geschichte des Waldes*, Munich, C. H. Beck, 1998.

D. Lett avec , *Les Enfants au Moyen Age. V^e-XVe siècle*, Paris, Hachette, 1997.

–, *Famille et Parenté au Moyen Age*, Paris, Hachette, 2000.

H. Martin, *Mentalités médiévales (XI-XVe)*, Paris, P. U. F, 1998-2001, 2 vol.

J. M. Martin (éd.), *Zones côtières littorales dans le monde méditerranéen au Moyen Age*, Rome-Madrid, École française de Rome/Casa de Velàzquez, 2001.

E. Mornet, F. Morenzoni (dir.), *Milieux naturels. Espaces sociaux*, Paris, Publications de la Sorbonne, 1997.

G. Ortalli Lupi Genti Culture. *Uomo e Ambiente nel Medioevo*, Turin, Einaudi, 1997.

P. P. Pirazzoli, *Sea Level Changes. The Last 20 000 years*, Chichester,J. Willey, 1996.

C. Polet, R. Orban, R. Noël, *Les Dents et les ossements humains. Que mangeait-on au Moyen Age ?*, Turnhout, Brepols, 2001.

J. Radkau, *Natur und Macht. Eine Weltgeschichte der Umwelt*, Munich, C. H. Beck, 2000.

B. Ribémont, *De Natura Rerum,* Orléans, Paradigme, 1995.

G. Rougerie, *L'Homme et son milieu. L'évolution du cadre de vie*, Paris, Nathan, 2000.

S. Schama, *Le Paysage et la Mémoire*, Paris, Le Seuil, 1999.

J.-P. Schmitt, *Histoire des jeunes en Occident ; t. 1 : De l'Antiquité à l'époque moderne*, Paris, Le Seuil, 1996.

F. O. Touati, *Maladie et Société au Moyen Age. La lèpre, lépreux et léproseries…*, Bruxelles, De Bœck, 1998.

A. Vauchez, *La Spiritualité au Moyen Age*, Paris, Le Seuil,1994.

J. Verdon, *La Femme au Moyen Age*, Paris, J.-P. Gisserot, 1999.

–, *La Nuit au Moyen Age*, Paris, Hachette,1995.

–, *Le Plaisir au Moyen Age*, Paris, Perrin,1996.

–, *Voyager au Moyen Age*, Paris, Perrin,1998.

Y. Veyret, P. Pech, *L'Homme et l'Environnement*, 2e édition, Paris, P. U. F,1997.

Ceux qui travaillent : les paysans.

A. Antoine, *Le Paysage de l'historien. Archéologie des bocages à l'Ouest de la France*, Rennes, Presses universitaires de Rennes, 2000.

M. Berthe (dir.), *Endettement paysan et Crédit rural dans l'Europe médiévale et moderne*, Toulouse, Presses universitaires du Mirail, 1998.

G. Brunel, O. Guyotjeannin, J.-M. Moriceau, *Terriers et plans terriers (XIII-XVIIIe)*, Paris, Association d'histoire des sociétés rurales/École de Chartres, 2002.

G. Comet, *Le Paysan et son outil*, Rome, École française de Rome, 1992.

F. Menant, *Campagnes lombardes au Moyen Age*, Rome, École française de Rome, 1993.

J.-P. Molénat, *Campagnes et Monts de Tolède*, Madrid, Casa de Velàzquez, 1997.

Z. Razi, R. Smith, *Medieval Society and the Manor Court*, Oxford, Clarendon Press, 1996.

D. Reynard, *Histoire d'eaux : Bisses et irrigation en Valais au XVe siècle*, Lausanne, Université de Lausanne, 2002.

J. Tricard, *Les Campagnes limousines du XIVe au XVIe siècle*, Paris, Publications de la Sorbonne, 1996.

M. Zerner, *Le Cadastre, le pouvoir et la terre. Le Comtat venaissin pontifical au début du XVᵉ*, Rome, École française de Rome, 1993.

Religion, culture, esthétique.

M. Balard, *Croisades et Orient latin*, Paris, A. Colin, 2001.

J. Berlioz (dir.), *Le Pays cathare. Les religions médiévales et leurs expressions méridionales*, Paris, Le Seuil, 2000.

J. Bialostocki, *L'Art du XVᵉ des Parler à Dürer*, Paris, Le Livre de poche « La Pochotèque », 1993.

J. Bührer-Thierry, *Évêques et pouvoirs dans le royaume de Germanie (873-976)*, Paris, Picard, 1997.

T. H. Borchert, *Le Siècle de Van Eyck. Le monde méditerranéen et les primitifs flamands*, Gand, Ludion, 2002.

J.-P. Boudet, A. Guerreau-Jalabert, M. Sot, *Histoire culturelle de l'Europe. Le Moyen Age*, Paris, Le Seuil, 1997.

F. Bougard (dir.), *Le Christianisme en Occident du début du VIIᵉ au milieu du XIᵉ*, Paris, Sedes, 1997.

A. C. Brenon, *Les Cathares. Vie et mort d'une Église chrétienne*, Paris, J. Grancher,1996.

S. Cassagnes, *D'art et d'argent*, Rennes, Presses universitaires de Rennes, 2001.

A. Corban, *English University Life in the Middle Ages*, Londres, 1999.

B. Delmaire, *Le Diocèse d'Arras de 1093 au milieu du XIIIᵉ*, Arras, Commission départementale d'histoire et d'archéologie du Pas-de-Calais 1994.

A. Dupront, *Le Mythe de Croisade*, Paris, Gallimard, 1997, 4 vol.

A. Erlande-Brandenburg, *De pierre, d'or et de feu*, Paris, Fayard, 1999.

L. Feller, *L'Église et la Société en Occident du VIIᵉ au XIᵉ siècle*, Paris, Sedes, 2001.

F. Ferrand, *Guide de la musique au Moyen Age*, Paris, Fayard, 1999.

J. Flori, *La Guerre sainte. La formation de l'idée de Croisade dans l'Occident chrétien*, Paris, Aubier, 2001.

J.-P. Genet, *La Mutation de l'éducation et de la culture médiévales*, Paris, S. Arslan,1999, 2 vol.

S. Gouguenheim, *Les Fausses Terreurs de l'an Mil*, Paris, Picard, 1999.

B. Guillemain, *Les Papes d'Avignon*, Paris, Le Cerf, 1998.

P. Henriet, *La Parole et la Prière au Moyen Age,* Bruxelles, De Bœck, 2000.

J. Le Goff, *Saint François d'Assise*, Paris, Gallimard, 1999.

P. Lhermitte-Leclercq, *L'Église et les Femmes*, Turnhout, Brepols, 1998.

A de Libera, *La Philosophie médiévale*, Paris, P. U. F, 1993.

–, *La Querelle des universités*, Paris, Le Seuil, 1996.

F. Morenzoni, *Des écoles aux paroisses*, Paris, Institut d'études augustiniennes, 1995.

M. Ornato, N. Pons, *Pratiques de la culture écrite en France au XVᵉ siècle*, Louvain, Fédération internationale des instituts d'études médiévales, 1995.

C. Prigent (dir.), *Art et société en France au XVᵉ siècle*, Paris, Maisonneuve et Larose, 1999.

J. Richard, *Histoire des Croisades*, Paris, Fayard,1996.

L. Stouff, *L'Église et la vie religieuse à Arles et en Provence au Moyen Age*, Aix-en-Provence, Publication de l'université de Provence, 2001.

A. Vauchez, *La Religion civique à l'époque médiévale et moderne*, Rome, École française de Rome, 1995.

J. Verger, *L'Essor des universités au XIIIᵉ siècle*, Paris, Le Cerf, 1997.

–, *Les Gens de savoir à la fin du Moyen Age*, Paris, P. U. F, 1997.

–, *Culture, enseignement et société en Occident aux XIIᵉ et XIIIᵉ siècles*, Rennes, P. U. R, 1999.

C. Vincent, *Les Confréries médiévale*, Paris, Albin Michel, 1994.

R. Weis, *Gli ultimi catarri. La repressione di un' eresia, Montaillou 1290-1329,* Milan, Mandadori, 2002.

Ceux qui combattent : chevaliers, nobles, seigneurs… Les pouvoirs.

M. Aurell, *La Noblesse en Occident. Vᵉ-XVᵉ siècle*, Paris, A. Colin, 1996.

D. Barthelemy, *La Société dans le comté de Vendôme de l'an mil au XIVᵉ siècle*, Paris, Fayard, 1993.

–, *L'An mil et la paix de Dieu. La France chrétienne et féodale (980-1060)*, Paris, Fayard, 1999.

M. Bur, *La Formation du comté de Champagne*, Lille, Service de reproduction des thèses, 1977.

–, *Le Château*, Turnhout, Brepots, 1999.

P. Contamine, O. Matteoni, *La France des principautés*, Paris, Comité pour l'Histoire économique et financière de la France, 1996.

G. Duby, *Féodalité*, Paris, Gallimard,1999.

T. Dutour, *Une société de l'honneur. Les notables et leur monde à Dijon*, Paris, H. Champion,1998.

J. Flori, *Chevaliers et chevalerie au Moyen Age*, Paris, Hachette, 1998.

J.-P. Genet, *L'État moderne et les élites. XIII-XVIIIe*, Paris, Publications de la Sorbonne, 1996.

M. C. Gerbet, *Les Noblesses espagnoles au Moyen Age. XIV-XVe*, Paris, A. Colin,1994.

J. Heers, *Louis XI*, Paris, Perrin,1999.

R. Le Jan, *Famille et pouvoir dans le monde franc (VII-IXe siècles)*, Paris, Publications de la Sorbonne, 1995.

O. Matteoni, *Servir le prince. Les officiers du duc de Bourbon (1356-1523)*, Paris, Publications de la Sorbonne,1998.

J. Morsel, *La Noblesse contre le prince. L'espace social des Thüngen à la fin du Moyen Age*, Stuttgart, Thorbecke, 2000.

F. Neveux, *La Normandie des ducs aux rois (X-XIIe)*, Rennes, Ed. Ouest-France, 1998.

J. Paviot, *La Politique navale des ducs de Bourgogne*, Lille, Presses universitaires de Lille, 1995.

J.-P. Poly, E. Bournazel (dir.), *Les Féodalités*, Paris, P. U. F, 1998.

A. Renoux (dir.), *Palais royaux et princiers au Moyen Age*, Le Mans, Publications de l'Université du Maine, 1996.

S. Reynolds, *Fiefs and Vassals. The Medieval Evidence Reinterpreted*, Oxford, Oxford university press, 1994.

M. Somme, *Isabelle de Portugal, duchesse de Bourgogne. Une femme au pouvoir*, Villeneuve d'Ascq, Presses universitaires du Septentrion, 1998.

K. F. Werner, *Naissance de la noblesse*, Paris, Fayard,1998.

Marchands et villes.

C. Billot, *Chartres à la fin du Moyen Age*, Paris, Ed. de l'E. H. E. S. S, 1986.

R. Bonney (dir.), *Système économique et Finances publiques*, Paris, P. U. F,1996.

P. Boucheron, *Le Pouvoir de bâtir. Urbanisme et politique édilitaire à Milan (XIV-XVᵉ siècle)*, Rome, École française de Rome, 1998.

D. Cardon, *La Draperie au Moyen Age. Essor d'une grande industrie européenne*, Paris, CNRS éd. ,1999.

P. Contamine (dir.), *Guerre et concurrence entre les États européens du XIVᵉ au XVIIIᵉ siècle*, Paris, P. U. F, 1998.

–, *La Noblesse au royaume de France. De Philippe le Bel à Louis XII*, Paris, P. U. F, 1997.

E. Crouzet-Pavan, *Venise, une invention de la ville. XIIIᵉ-XVᵉ siècles*, Seyssel, Champvallon , 1998.

J.-P. Delumeau, *Arezzo, espace et société, 715-1230*, Rome, École française de Rome, 1996.

S. R. Epstein, *Freedom and Growth. The Rise of States and Markets in Europe, 1300-1750*, Londres, Routledge, 2000.

G. Jehel, P. Racinet, *La Ville médiévale de l'Occident chrétien à l'Orient musulman*, Paris, A. Colin, 1996.

M. McCormick, *Origin of the European Economy Communications and Commerce (AD300-900)*, Oxford.

D. Menjot (dir.), *La Fiscalité des villes au Moyen Age (France méridionale, Catalogne, Castille)*, Toulouse, Ed. Privat, 1996.

P. Monnet, *Les Rohrbach de Francfort. Pouvoirs, affaires et parentés à l'aube de la Renaissance*, Genève, Droz,1997.

O. Redon, *L'Espace d'une cité. Sienne et le pays siennois*, Rome, École française de Rome, 1994.

A. Saint-Denis, *Laon et le Laonnais aux XIIᵉ et XIIIᵉ siècles Apogée d'une cité.*, Nancy, Presses Universitaires de Nancy, 1994.

K. Weidenfeld, *La Police de la petite voirie à Paris, à la fin du Moyen Age*, Paris, LGDJ, 1996.

Table

Table des illustrations

Les illustrations des pages 19, 34, 80, 132, 151, 184 et 202 sont reprises de l'édition originale publiée par Edita SA (Suisse).

Du même auteur

La Moscovie au XVIᵉ siècle
Calmann-Lévy, Paris, 1965

L'Europe au Moyen Age
*(documents expliqués) en collaboration avec
Charles de La Roncière et Philippe Contamine
Armand Colin, Paris, 1968-1971, 3 vol.*

Introduction aux sciences auxiliaires de l'histoire
Armand Colin, Paris, 1969

Histoire des Croisades
*de Jean-François Michaud
présenté et édité par Robert Delort
Laffont, Paris, 1969*

Venise, portrait historique d'une cité
*en collaboration avec Philippe Braunstein
Seuil, Paris, 1971 et rééd. 1978*

Le Moyen Age
Histoire illustrée de la vie quotidienne
*Edita, Lausanne, 1972
Seuil, Paris, 1983*

Life in the Middle Ages
*New York, 1973
Londres, 1974*

Le Commerce des fourrures en Occident
à la fin du Moyen Age
*De Boccard, Rome-Paris,
1978-1980, 2 vol.*

Récits des temps mérovingiens
*d'Augustin Thierry
présenté par Robert Delort
L'Arbre double, 1981*

Les animaux ont une histoire
Seuil, Paris, 1984 et réed. 1994

Charlemagne
M. A., 1986

Histoire des fourrures
Edita, Lausanne, 1987

Maladie et Société
en collaboration avec N. Bulst
colloque de Bielefeld
CNRS, Paris, 1989

La France de l'an Mil
collectif
Seuil, Paris, 1990

Les Éléphants, piliers du monde
Gallimard, Paris, 1991

Pour une histoire de l'environnement
CNRS, Paris, 1992

Histoire de l'environnement européen
en collaboration avec F. Walter
PUF, Paris, 2001

Le Petit peuble au Moyen Age
en collaboration avec P. Boglioni et C. Gauvard ed.
Montréal, 2002

COMPOSITION : MAME IMPRIMEURS À TOURS
IMPRESSION : MAURY-EUROLIVRES - 45300 MANCHECOURT (01-2003)
DÉPÔT LÉGAL : JUIN 1982 – N° 6194-8 (02/12/98985)

Collection Points

SÉRIE HISTOIRE